Philosophie zwischen Sein und Sollen

Philosophie zwischen Sein und Sollen

Normative Theorie und empirische Forschung im Spannungsfeld

Herausgegeben von Alexander Max Bauer und Malte Ingo Meyerhuber

DE GRUYTER

ISBN 978-3-11-076329-4
e-ISBN (PDF) 978-3-11-061377-3
e-ISBN (EPUB) 978-3-11-061215-8

Bibliographic information published by the Deutsche Nationalbibliothek
The Deutsche Nationalbibliothek lists this publication in the Deutsche Nationalbibliografie;
detailed bibliographic data are available on the Internet at http://dnb.dnb.de.

© 2021 Walter de Gruyter GmbH, Berlin/Boston
Dieser Band ist text- und seitenidentisch mit der 2019 erschienenen gebundenen Ausgabe.

Cover image: M.C. Escher's „Gallery" © 2018 The M.C. Escher Company – The Netherlands.
All rights reserved. www.mcescher.com
Printing and binding: CPI books GmbH, Leck

www.degruyter.com

Inhalt

Geleitwort —— VII

Vorwort —— XI

Alexander Max Bauer und Malte Ingo Meyerhuber
Einleitung —— 1

Alexander Max Bauer und Malte Ingo Meyerhuber
Zwei Welten am Rande der Kollision
  Zum Verhältnis von empirischer Forschung und normativer Theorie, insbesondere vor dem Hintergrund der Ethik —— 13

Kurt Bayertz
Empirische Antworten auf philosophische Fragen?
  Zum Verhältnis von philosophischer Ethik und empirischer Glücksforschung —— 39

Sebastian Schleidgen
Praktisch wirksame Ethik, Metaethik und empirische Erkenntnis
  Eine Verhältnisbestimmung —— 53

Mark Schweda
Empirische Sozialforschung in der Medizinethik
  Aufgaben, Methoden, Anwendungsbeispiele —— 73

Widukind Andreas Schweiberer
Zur Legitimation von Werturteilen —— 93

Philip Penew
Normativitätsbegründung und immanente Kritik
  Hegels Konzeption einer systematischen immanenten Kritik in der *Phänomenologie des Geistes* —— 113

Elsa Romfeld
Bridging the Gap?
  Vom Nutzen und Nachteil des Brückenprinzips für die Ethik —— 121

Reinhard Schulz
Praktiken der Normativität und Normativität der Praktiken —— 139

Daniel Füger
Die Umwälzung der wissenschaftlichen und zivilisierten Welt
    Zum Verhältnis von Evidenz und Normativität in der frühen
    Chemiewissenschaft —— 159

Alexander Max Bauer
Zur Grundlegung empirisch informierter Maße der Bedarfsgerechtigkeit
    Zwei Desiderata zwischen normativer Theorie, formaler Modellierung und
    empirischer Sozialforschung —— 179

Alexander Max Bauer und Malte Ingo Meyerhuber
Epilog
    Zwischen *doxa* und *aletheia* —— 219

Zu den Autorinnen und Autoren —— 225

Stichwortverzeichnis —— 227

Namensverzeichnis —— 233

Geleitwort

Sollen impliziert Können. So lässt sich eine Pflicht nur demjenigen auferlegen, der dazu in der Lage ist, sie zu erfüllen. Es lässt sich also durchaus sagen, dass normative Aussagen deskriptive Aussagen implizieren. Allerdings handelt es sich dabei um einen eher schwachen Typ deskriptiver Aussagen, nämlich um Aussagen über die *Möglichkeit* des zugehörigen Seins. Das *Sein selbst* lässt sich dem Sollen nicht entnehmen. Wenn Anna einem Notleidenden Geld geben sollte, dann heißt das zwar, dass dies für sie möglich ist, aber es bedeutet nicht, dass sie tatsächlich entsprechend handelt.

Auch umgekehrt folgt daraus, dass etwas so-und-so ist, nicht, dass es so sein sollte. Es mag verlockend sein, dem mit Verweis auf Beispiele wie das folgende zu widersprechen: „Anna sollte dem Mann Geld geben, weil er sonst hungern wird." Aber dies liegt nur daran, dass wir das Argument stillschweigend durch die *normative* Prämisse anreichern, der drohende Hunger des Mannes sei etwas Schlechtes. Beschränkt man sich auf die *deskriptive* Prämisse, dass der Mann hungern wird, ergibt sich daraus noch nicht, dass Anna ihm Geld geben sollte. Denn Hunger ist nicht als ein grundsätzlich schlechter Zustand definiert, sondern kann beispielsweise in therapeutischen Situationen erwünscht sein.

In dieser Art argumentiert einer der Väter der Analytischen Philosophie, G. E. Moore, in seinen *Principia Ethica*. Schlüsse vom Sein aufs Sollen nennt er „naturalistische Fehlschlüsse". Er sieht sie nicht nur dann am Werk, wenn der Utilitarist John Stuart Mill Moralprinzipien durch Freud und Leid begründen will, sondern auch dann, wenn der Deontologe Immanuel Kant dabei von Annahmen über den freien Willen ausgeht.

Fügt man die eben genannten Überlegungen zusammen, dann sind Sein und Sollen strikt voneinander zu trennen, da in beide Richtungen keine Folgerungen möglich sind. Normative Theorie und empirische Forschung scheinen so durch einen unüberwindbaren logischen Graben geschieden. Und wenn die Philosophie gemäß dem Titel des vorliegenden Sammelbandes *zwischen* Sein und Sollen steht, dann droht sie in diesem Graben zu verschwinden.

Würden die beiden Herausgeber Max Bauer und Malte Meyerhuber die Lage derart pessimistisch einschätzen, hätten sie vermutlich nicht im September 2017 an der Universität Oldenburg die Sommerschule *Empirical Research and Normative Theory* veranstaltet, aus der dieser Sammelband zu großen Teilen hervorgegangen ist. Und tatsächlich ergibt sich aus der logischen Trennung auch nicht, dass es keinerlei Bezüge zwischen Sein und Sollen gibt. Dazu ein Beispiel.

Max Bauer ist Mitarbeiter in meinem Projekt „Maße der Bedarfsgerechtigkeit, Expertise und Kohärenz". Dieses Projekt ist Teil der Forschergruppe „Bedarfsgerechtigkeit und Verteilungsprozeduren", die seit 2015 von der Deutschen Forschungsgemeinschaft finanziert wird. Die Forschergruppe ist hochgradig interdisziplinär angelegt: Beteiligt sind (in alphabetischer Reihenfolge) Philosophie, Politikwissenschaft, Psychologie, Soziologie und Wirtschaftswissenschaft. Ein methodisches Bindeglied besteht darin, dass in jedem der Teilprojekte empirische Studien betrieben werden. Für einen Philosophen kann dies eine große Herausforderung darstellen. Zuerst einmal sind hohe Hürden in der Vorbereitung, Durchführung und Auswertung valider Experimente zu nehmen. Sind diese Hürden dann gemeistert, können sich immer noch Ergebnisse zeigen, die nicht im Einklang mit den philosophischen Überlegungen stehen. Eines dieser Ergebnisse beschreibt Max Bauer in seinem Beitrag.

Nehmen wir an, zwei Haushalte haben jeweils einen Bedarf an 1.000 (fiktiven) Einheiten Wohnraum. Einer der Haushalte besitzt nur spärliche 400 Einheiten, während der andere zwar auch unterversorgt ist, aber zumindest über 800 Einheiten verfügt. Wenn dann die Möglichkeit besteht, einem der Haushalte 200 Einheiten mehr zu geben, erscheint es aus der Gerechtigkeitsperspektive geboten, dass der stark unterversorgte Haushalt von diesem Zuwachs profitiert. Dies würde zumindest das von vielen Philosophen vertretene Prioritätsprinzip diktieren, nachdem zuerst den am schlechtesten Gestellten zu helfen ist. Die Versuchspersonen in unserem Experiment dagegen haben einen stärkeren Gerechtigkeitsanstieg konstatiert, wenn es von 800 auf 1.000 Einheiten ging, als bei einer Erhöhung von 400 auf 600 Einheiten.

Auch hier passen Sein und Sollen nicht zusammen. Da Bewertungen von hypothetischen Verteilungen vorzunehmen sind, steht auf der Seinsseite zwar nicht eine *reale Verteilung*, die normativ fragwürdig ist; wir werden aber mit normativ fragwürdigen *Urteilen* über Verteilungen konfrontiert. Was als gerechter *empfunden* wird, ist nicht identisch mit dem, was aus einer theoretischen Perspektive gerechter *ist*. Sein und Sollen stehen hier also insofern in Konflikt, als empirisch vorfindliche Urteile einen Inhalt haben, der dem widerspricht, was die normative Theorie empfiehlt.

Solche Konflikte werfen sowohl für die empirische wie auch für die normative Seite schwierige Fragen auf: Sind sich die Versuchspersonen über die Konsequenzen ihrer Beurteilung im Klaren? Gemäß dem, was sie sagen, müsste man doch für mehr Gerechtigkeit sorgen können, indem man einem Haushalt mit 600 Einheiten 200 Einheiten wegnimmt, um sie einem Haushalt mit 800 Einheiten zu geben. Kommt es eventuell zu einer kognitiven Verzerrung, da zu stark auf die Bedarfsschwelle von 1.000 Einheiten fokussiert wird? Oder sind gar nicht die empirisch vorfindlichen Urteile falsch, sondern die vorausgesetzte normative Theorie? So könnte der Suffizientarist argumentieren, dass die Fokussierung auf

Bedarfsdeckung vollkommen korrekt ist, weil es letztlich darauf ankommt, dass möglichst viele genug haben.

Wie auch immer diese Fragen zu beantworten sind, sie zeigen deutlich, dass der logische Graben zwischen Sein und Sollen keineswegs Konfliktfreiheit nach sich zieht. Ein Graben ist manchmal ein Segen, weil er dafür sorgt, dass die durch ihn getrennten Seiten sich nicht ins Gehege kommen. Das ist hier anders: Es kann sehr wohl Diskussionsbedarf entstehen, weil im Experiment ermittelte Urteilsinhalte und normative Theorie nicht zusammen wahr sein können. Dieser Konflikt erzeugt beiderseitig Druck auf diejenigen, die an Wahrheit interessiert sind. Die große Aufgabe ist dann, den Druck in fruchtbare Überlegungen umzulenken.

Der Theoretiker könnte aus seinem Lehnstuhl heraus versucht sein, dem Druck auszuweichen, indem er die Urteile der Versuchspersonen abwertet – als unüberlegt, kurzsichtig oder einfach als „Stammtisch". Wenn diese Abwertung jedoch keine weitere Begründung erfährt, dann entsteht die Frage, ob der Theoretiker nur diejenigen Stimmen ernstnimmt, die seine eigene Meinung verstärken. Sollte er zudem an einer Überführung seiner Theorie in die Praxis interessiert sein, entsteht zusätzlicher Druck. Denn selbst wenn der Theoretiker die Urteile abwerten kann, bleibt das praktische Problem, dass er etwas durchsetzen möchte, was von einem nicht unbeträchtlichen Teil seiner Mitmenschen als falsch empfunden wird.

Der Empiriker wiederum muss sich die Frage gefallen lassen, ob seine Versuchspersonen nur deshalb Antworten geben, die der normativen Theorie widersprechen, weil das Experimentdesign ihnen nicht die Möglichkeit gibt, fundiert zu antworten. So kann man spekulieren, dass die Gerechtigkeitsanstiege in unserer Studie anders beurteilt worden wären, wenn man den Versuchspersonen die Möglichkeit gegeben hätte, sich über die Konsequenzen von entsprechenden Umverteilungen klarzuwerden. Ob dem so ist, können nur weitere Experimente zeigen.

Dies sind bloß rudimentäre Überlegungen zum Zusammenhang von normativer Theorie und empirischer Forschung. In den folgenden Beiträgen wird dieses Feld um einiges ausführlicher und tiefgehender behandelt. Max Bauer und Malte Meyerhuber ist sehr dafür zu danken, dass sie einen Sammelband mit einer Reihe ausgezeichneter Beiträge zu dieser Problematik veröffentlicht haben. Hinzu kommt, dass sie ihn durch einen Band in englischer Sprache mit dem Titel *Empirical Research and Normative Theory – Transdisciplinary Perspectives on Two Methodical Traditions Between Separation and Interdependence* ergänzt haben, der unter anderem weitere Vorträge ihrer gleichnamigen Sommerschule enthält. Es ist zu hoffen, dass sich eine wachsende Zahl kluger Köpfe mit diesem Thema beschäftigen wird. Dass es nicht nur wissenschaftlich, sondern auch gesamtgesellschaftlich relevant ist, zeigen neben Fragen der Gerechtigkeit die aktuellen

Diskussionen um das autonome Fahren: Bislang ist noch reichlich unklar, wie hier normative Überlegungen und empirische Studien zu den Einschätzungen „von Mann und Frau auf der Straße" zusammenkommen können, um den technischen Prozess gesellschaftlich akzeptabel zu gestalten.

Mark Siebel   Oldenburg, im Januar 2019

Vorwort

Der vorliegende Band wirft Schlaglichter auf das weite Spannungsfeld, das sich zwischen Sein und Sollen auftut. Mit seinen Beiträgen hoffen wir, Ihnen als Leserinnen und Leser einige interessante Einblicke in die kontroversen Debatten bieten zu können, die sich um das Verhältnis von Sein und Sollen sowie von empirischer Forschung und normativer Theorie entspinnen. Wir laden Sie ein, mit uns sowie mit unseren Autorinnen und Autoren kritisch über dieses Spannungsfeld zu reflektieren, und wünschen Ihnen mit der Lektüre eine anregende Zeit – ebenso wie wir sie bei der Zusammenstellung dieses Bandes hatten: Er geht ursprünglich zurück auf eine internationale Sommerschule zu diesem Thema, die vom 28. bis zum 29. September 2017 im Rahmen der „Oldenburg School for the Social Sciences and the Humanities" stattfand und Vorträge von Max Agostini, Martijn Boot, Maarten Derksen, Niklas Dworazik, Carlos de Matos Fernandes, Andrea Klonschinski, Jannis Kreienkamp, Marvin Kunz, Bert Musschenga, Elsa Romfeld, Hanno Sauer, Sebastian Schleidgen, Mark Schweda und Lars Schwettmann sowie zwei öffentliche Vorträge von Stefan Müller-Doohm und Philipp Hübl vereinen konnte.

Ihnen allen sei an dieser Stelle noch einmal sehr herzlich gedankt, ebenso wie der Graduiertenschule für Gesellschafts- und Geisteswissenschaften (3GO) – insbesondere auch ihrer Koordinatorin Rea Kodalle und unseren Hilfskräften Lukas Brüggen, Philipp Kochan und Isabel Sturm –, unter deren Dach die Veranstaltung stattfinden konnte. Ermöglicht wurde sie außerdem durch die Unterstützung des Gründungs- und Innovationszentrums, des Allgemeinen Studierendenausschusses, des Instituts für Philosophie sowie der Fakultäten II und IV der Carl von Ossietzky Universität Oldenburg, ferner des Graduiertenkollegs „Selbst-Bildungen – Praktiken der Subjektivierung" der Deutschen Forschungsgemeinschaft sowie der Promotionsprogramme „Kulturen der Partizipation" und „Migrationsgesellschaftliche Grenzformationen".

Für uns beide stellten der vorliegende sowie der englischsprachige Schwesterband *Empirical Research and Normative Theory – Transdisciplinary Perspectives on Two Methodical Traditions Between Separation and Interdependence* das erste Vorhaben dieser Art dar. Wir konnten dabei glücklicherweise zurückgreifen auf die Erfahrung anderer. Theorie und Praxis aber sind bekanntermaßen zwei verschiedene Paar Schuhe. Und so ist es doch etwas gänzlich anderes, von den Erfahrungen anderer zu lesen oder zu hören, als sie selbst zu machen. Beim Sammeln dieser Erfahrungen unterstützt haben uns insbesondere Christoph Schirmer, Tim Vogel, Nancy Christ und Jana Habermann bei Walter de Gruyter, die uns stets geduldig und hilfsbereit zur Seite standen. Oliver Schoenbeck danken wir außerdem für wichtige Einsichten; Matthias Hoesch für die Ermöglichung eines Wiederabdrucks. Gesammelt haben wir unsere Erfahrungen auch gemeinsam mit den beitragenden Autoren, mit denen zusammenzuarbeiten uns eine große Freude war: Ohne Max Agostini, Kurt Bayertz, Daniel Füger, Carlos de Matos Fernandes, Guillermina Jasso, James Konow, Jannis Kreienkamp, Marvin Kunz, Marcel Mertz, Sylke Meyerhuber, David Miller, Albert Musschenga, Norbert Paulo, Philip Penew, Elsa Romfeld, Sebastian Schleidgen, Reinhard Schulz, Mark Schweda, Lars Schwettmann, Stephen Sullivan, Widukind Andreas Schweiberer und Peter Wiersbinski wären dieser sowie der englische Schwesterband nicht das, was sie heute sind. Der vorliegende Band verdankt dem gründlichen Korrektorat durch Gisella Vorderobermeier und Konrad Vorderobermeier seinen orthographischen Schliff. Mark Siebel hat ihm außerdem nicht nur ein Geleitwort gegeben, er hat auch seinen Druck zuallererst ermöglicht.

Zudem danken wir Margareth Verbakel von der M. C. Escher Company für die Möglichkeit, Eschers „Gallery" als Titelabbildung nutzen zu können. Der Druck verbindet auf intuitiv unmöglich erscheinende Weise verschiedene Perspektiven: Den offenen Blick in das All mit seinen Planeten, Sternen und Galaxien auf der einen Seite und einen von Kratern übersäten Planetenboden auf der anderen Seite. Die verschiedenen Blickwinkel werden vermittelt durch ein sich in der Ferne verlierendes Raster aus Torbögen. Das soll uns an dieser Stelle einmal sinnbildlich für die Vermittlung von Empirie und Normativität stehen, die Gegenstand des vorliegenden Bandes ist.

Außerdem ist den Freunden zu danken, an deren Küchentischen und auf deren Sofas wir arbeiten konnten, wann immer wir Gelegenheit dazu brauchten. Herzlicher Dank gebührt hier unter anderem Wolfgang Altmann, Tobias Horst Bocklage, Ann-Christin Gerber, Emily Dora Heitmann, Kai Henke, Jonas Ferdinand Hilgefort, Hauke Kolweyh, Gerrit Kolweyh, Felix Mitrovics, Tibor Mitrovics, Anna Nitzsche, Ulrieke Offermann, Linda Tezlow sowie der gesamten Familie Zomer. Als besonders geduldig erwiesen hat sich dabei Lena Marie Zomer. Nicht unerwähnt bleiben sollen außerdem Jessica Allermann, Jan Romann, Xenia Sharon Wolfgramm und Marco Zieger. Auch unseren Eltern gebührt Dank, Marion und Manfred Bauer sowie Ursel und Udo Meyerhuber haben sich während unserer Arbeit an diesen beiden Bänden einmal mehr als äußerst geduldig erwiesen.

Alexander Max Bauer und Malte Ingo Meyerhuber   Bremen, im November 2018

Alexander Max Bauer und Malte Ingo Meyerhuber
Einleitung[1]

1 Von den Rändern eines Grabens aus betrachtet

Unser Blick auf die Welt ist häufig geprägt von zwei Fragen: Wir fragen uns zum einen, was ist, und wir fragen uns zum anderen, was sein sollte. Diese beiden Perspektiven offenbaren uns eine ganze Reihe von Dualismen, die prägend für unser Denken geworden sind: Neben „Fakten" und „Werten" sind da zum Beispiel das „Deskriptive" und das „Normative", der „Verstand" und das „Gefühl" beziehungsweise das „Rationale" und das „Emotionale", das „Objektive" und das „Subjektive", „Ursachen" und „Gründe", „Wissenschaft" und „Ethik" oder – „Sein" und „Sollen". Die Philosophie, so ließe sich sagen, bewegt sich spätestens mit dem Aufkommen dieser Dualismen zwischen beiden Polen, wenn sie versucht, sowohl zu verstehen als auch zu ordnen.

Dabei lässt sich argumentieren, dass die sich in diesen Dichotomien ausdrückende Exkludierung von Werten aus der natürlichen Welt geistesgeschichtlich relativ jung ist (Marchetti und Marchetti 2017a). So, wie auch – um eine weitere Zweiteilung zu bemühen – „a priori" und „a posteriori" erst mit Kant zu Unterscheidungskriterien bei der Klassifizierung der Quellen von Erkenntnis avancierten, bei dem sie einen empirischen und einen nicht-empirischen Zugang scheiden, nachdem sie ursprünglich, bei Albert von Sachsen, bloß dazu dienten, Beweise zu klassifizieren, die entweder von den Ursachen auf ihre Wirkungen oder aber von den Wirkungen auf deren Ursachen zielen (Höffe 1993).

Mit Dewey (1939, S. 192) lässt sich die Entstehung dieser Scheidung vielleicht auf das 16. oder 17. Jahrhundert datieren. Bis dahin ist, so argumentiert Dewey, die Annahme prägend gewesen, dass die Natur selbst Zwecke beherberge, wobei die klassische Philosophie *ens*, *verum* und *bonum* gleichsetzte, wodurch es keinen Bedarf für eine separate Problematisierung von Werten gab, die gerade als integrale Bestandteile in der Struktur der Welt selbst aufgehoben waren. Erst mit der Abkehr von solchen teleologischen Perspektiven auf die Natur ist das *bonum* als eigenständiges Problem entstanden.

Trotz ihres philosophisch jungen Alters erweist sich diese Differenzierung als wirkmächtig. Im Kielwasser von Transzendentalphilosophie und Deutschem Idealismus – anders als zum Beispiel im Britischen Empirismus – wird Ethik etwa im deutschsprachigen Raum gerne als etwas gesehen, das mitnichten auf die

---
[1] Der erste Teil der Einleitung findet sich auch auf Englisch in Bauer und Meyerhuber (2020a).

schnöden, bloß kontingenten Ergebnisse empirischer Forschung angewiesen ist, nachdem Immanuel Kant für sich in Anspruch genommen hat, seine Ethik sei „von allem, was nur empirisch sein mag und zur Anthropologie gehört, völlig gesäubert" (Kant 1999, S. 389).

Neben Kant mag einem hier aber auch dessen englischsprachiger Zeitgenosse David Hume in den Sinn kommen, der mit dem nach ihm benannten „Gesetz" (*Hume's Law*) einen im ethischen Diskurs ebenso wirkmächtigen Graben zwischen Sein und Sollen aufgetan hat. In seinem *Traktat über die menschliche Natur* schreibt er:

> In jedem Moralsystem, das mir bisher vorkam, habe ich immer bemerkt, daß der Verfasser eine Zeitlang in der gewöhnlichen Betrachtungsweise vorgeht, das Dasein Gottes feststellt oder Beobachtungen über menschliche Dinge vorbringt. Plötzlich werde ich damit überrascht, daß mir anstatt der üblichen Verbindungen von Worten mit „ist" und „ist nicht" kein Satz mehr begegnet, in dem nicht ein „sollte" oder „sollte nicht" sich fände. Dieser Wechsel vollzieht sich unmerklich; aber er ist von größter Wichtigkeit. Dies sollte oder sollte nicht drückt eine neue Beziehung oder Behauptung aus, muß also notwendigerweise beachtet und erklärt werden. Gleichzeitig muß ein Grund angegeben werden für etwas, das sonst ganz unbegreiflich scheint, nämlich dafür, wie diese neue Beziehung zurückgeführt werden kann auf andere, die von ihr ganz verschieden sind (Hume 1906, S. 211).

Hume fügt selbstsicher an: „[I]ch bin überzeugt, daß dieser kleine Akt der Aufmerksamkeit alle gewöhnlichen Moralsysteme umwerfen [...] würde" (Hume 1906, S. 211 f.). In der Regel ist dieses „Gesetz" interpretiert worden als die Formulierung eines logischen Fehlschlusses, demzufolge es nicht folgerichtig möglich ist, aus deskriptiven Prämissen präskriptive Konklusionen abzuleiten, da es einen grundlegenden Unterschied gibt zwischen Propositionen, die beschreiben, was ist, und Propositionen, die beschreiben, was sein soll (Hudson 1969). – In der Folge hat man versucht, sich auf möglichst konsensfähige normative Prämissen zur Fundierung von ethischen Theorien zurückzuziehen. Dabei mag die Rolle von zusätzlichen empirischen Prämissen aus dem Blick geraten sein, obwohl sie von Hume mitnichten kategorisch ausgeschlossen werden (Eckensberger und Gähde 1993a).

Auch aus anderer erkenntnistheoretischer Perspektive hat Hume gewirkt – und mit Bertrand Arthur William Russel, Alfred Jules Ayer oder Charles Leslie Stevenson Advokaten gefunden, für die außerhalb der Naturwissenschaften nichts Objektives mehr Bestand hat (Marchetti und Marchetti 2017a). Man denke in diesem Zusammenhang exemplarisch auch an Rudolf Carnaps (1931) *Überwindung der Metaphysik durch die logische Analyse der Sprache*, an Bertrand Russels (1935) *Religion and Science* oder an Max Weber, der in *Wissenschaft als Beruf* auf Tolstoj zurückgeht, um eine Antwort auf die Frage zu finden, was denn der Sinn von Wissenschaft als Beruf sei: „Sie ist sinnlos", schreibt er, „weil sie auf die allein für uns wichtige Frage: ‚Was sollen wir tun? Wie sollen wir leben?' keine Antwort gibt" (Weber 1995, S. 25). Bezogen auf ethische Fragen vermöge Wissenschaft lediglich, zu einer gewissen Klarheit zu gelangen:

> Vorausgesetzt natürlich, daß wir sie [die Klarheit] selbst besitzen. Soweit dies der Fall ist, können wir Ihnen deutlich machen: man kann zu dem Wertproblem, um das es sich jeweils handelt […] praktisch die und die verschiedene Stellung einnehmen. […] Er kann Ihnen ferner natürlich sagen: wenn Sie den und den Zweck wollen, dann müssen Sie die und die Nebenerfolge, die dann erfahrungsgemäß eintreten, mit in Kauf nehmen: […] Und damit erst gelangen wir zu der letzten Leistung, welche die Wissenschaft als solche im Dienste der Klarheit vollbringen kann, und zugleich zu ihren Grenzen: wir können – und sollen – Ihnen auch sagen: die und die praktische Stellungnahme lässt sich mit innerer Konsequenz […] ableiten aus der und der letzten weltanschauungsmäßigen Grundposition […], aber aus den und den anderen nicht. […] Die Fachdisziplin der Philosophie und die dem Wesen nach philosophischen prinzipiellen Erörterungen der Einzeldisziplinen versuchen das zu leisten (Weber 1995, S. 38 f.).

Aber nicht nur gesellschafts-, sondern auch naturwissenschaftliche Forschung spielt in dieser Debatte eine Rolle; dann nämlich, wenn sie durch den Regelungsbedarf, der durch neue technische Entwicklungen entstanden ist, mit ethischer Reflexion konfrontiert wird (Lenk 2001). Man denke hier zum Beispiel an Albert Einstein, der 1939 in einem Brief an Franklin Roosevelt, dem damaligen Präsidenten der Vereinigten Staaten, vor den möglichen Folgen warnte, falls es den Nationalsozialisten gelingen sollte, eine funktionsfähige Atomwaffe zu entwickeln. Hierin mag einer der Grundsteine für die Gründung des Manhattan-Projekts gesehen werden. Erst nach den verheerenden Abwürfen über Hiroshima und Nagasaki wurden sich Einstein und andere der Konsequenzen ihrer Bemühungen bewusst, was in der Gründung des *Komitees zur Verhütung eines Atomkrieges* mündete (Green 2015). Ebenso mögen einem die *Göttinger Achtzehn* in den Sinn kommen; ein Zusammenschluss von 18 Physikern aus der Bundesrepublik, die 1957 eine Erklärung gegen die Bestrebungen veröffentlichten, die Bundeswehr atomar aufzurüsten (Wetzel 2004).

In jüngster Zeit entspinnt sich eine Debatte um einen solchen Regelungsbedarf beispielsweise außerdem aus einer psychologischen Perspektive: 2017 haben Lance Dodes und Joseph Schachter einen öffentlichen Brief an die *New York Times* verfasst, der von 33 weiteren Kollegen unterzeichnet wurde und der Spekulationen über den psychischen Gesundheitszustand von Donald Trump, dem amtierenden Präsidenten der Vereinigten Staaten, enthält: Sowohl seine Rede als auch die Handlungen von Donald Trump würden eine Unfähigkeit offenbaren, andere Ansichten als seine eigenen zu tolerieren, was zu Wutreaktionen führe. Das deute auf eine Unfähigkeit zur Empathie hin. Die Verfasser schließen mit der Einschätzung, dass die schwere emotionale Instabilität, die sich in Rede und Handlungen von Donald Trump zeige, ihn unfähig mache, als Präsident zu dienen (Dodes und Schachter 2017). Mit *The Dangerous Case of Donald Trump* (Lee 2017) haben zudem 27 Wissenschaftler ihre Diagnosen als Buch publiziert. Damit brechen sie bewusst mit der sogenannten „Goldwater-Regel" (American Psychiatric Association 2013): 1973 hatte die *American Psychiatric Association* proklamiert, dass es unethisch wäre, jemanden aus der Ferne zu diagnostizieren und eine solche Diagnose öffentlich zu machen. Damit hatte sie auf eine Kontroverse um die Veröffentlichung psychiatrischer Diagnosen zu dem Präsidentschaftskandidaten Barry Goldwater reagiert. „Wir befürchten, dass zu viel auf dem Spiel steht, als dass wir länger schweigen könnten", schreiben Dodes und Schachter (2013, Abs. 2).[2]

Neben solchen mutigen Sprüngen über den Graben lassen sich aktuell sowohl von Seiten der Einzelwissenschaften wie von Seiten der Philosophie auch gegenseitige methodische Annäherungsversuche beobachten, zum Beispiel, wenn Einzelwissenschaften sich dem Gegenstand der Moral widmen – so wird im Bereich der Psychologie etwa untersucht, wie Emotionen und Intuitionen unsere ethische Theoriebildung beeinflussen, in der Verhaltensökonomik wird der Einfluss von Moral auf rationale Entscheidungsfindung erforscht, in der Anthropologie versucht man sich an einer Rekonstruktion der historischen Ursprünge moralischer Charakterzüge, in der Primatenforschung wird nach Grundbausteinen menschlicher Moralität bei Primaten gesucht (Christen et al. 2014a) und die Sozialwissenschaften untersuchen Präferenzen zu Fragen der Verteilungsgerechtigkeit – oder wenn empirisch informierte Ethik oder experimentelle Philosophie versuchen, die Methoden oder Ergebnisse empirischer Forschung für ihre Gegenstände und ihre Fragestellungen fruchtbar zu machen. Dabei wurde auch die Dichotomie selbst von prominenten Stimmen aus dem Feld zum Gegenstand gemacht, etwa durch Donald Davidson, Philippa Foot, John McDowell, Iris Murdoch, Hilary Putnam, Ruth Putnam oder Richard Rorty (Marchetti und Marchetti 2017a).

Damit mag das Spannungsfeld zwischen den beiden Sphären von Sein und Sollen angedeutet sein, in dem wir uns hier bewegen. Es hat einige in unseren Augen herausragende Arbeiten befördert; hier sei nur exemplarisch für den deutschsprachigen Raum auf den von Lutz Eckensberger und Ulrich Gähde (1993b) herausgegebenen Band *Ethische Norm und empirische Hypothese* oder für den englischsprachigen Raum auf den von Giancarlo Marchetti und Sarin

---

[2] Eigene Übersetzung. Originaler Wortlaut: „We fear that too much is at stake to be silent any longer."

Marchetti (2017b) herausgegebenen Band *Facts and Values – The Ethics and Metaphysics of Normativity* sowie auf den von Markus Christen, Carel van Schaik, Johannes Fischer, Markus Huppenbauer und Carmen Tanner (2014b) herausgegebenen Band *Empirically Informed Ethics – Morality between Facts and Norms* verwiesen. Gerade im deutschsprachigen Raum scheint uns das Feld aber nichtsdestotrotz kaum die Beachtung zu erfahren, die es unserer Meinung nach verdiente. Dabei ist uns die gemeinsame und kontroverse Diskussion ein besonderes Anliegen. Wir wollen um Antworten ringen auf die Fragen, die sich aus dem skizzierten Graben ergeben; sei es, ob und wieweit der normative Diskurs faktenbezogen zu sein hat, wie unser Denken über Fakten von Normen geleitet wird, oder an welchen Schnittstellen sich die beiden Sphären treffen und wie ihr Verhältnis dort zu bestimmen ist.

Die interessierte Leserin und der interessierte Leser werden beim Durchgang durch diesen sowie unseren englischen Schwesterband (Bauer und Meyerhuber 2020b) bemerken, dass die einzelnen Beiträge stellenweise durchaus widerstreitende Positionen einnehmen. Wir möchten bewusst kein kohärentes, aus einem Guss stammendes Gesamtwerk vorlegen, in dem die Argumente der einzelnen Beiträge Hand in Hand gehen oder wie Zahnräder ineinandergreifen, sondern wir wollen dazu einladen, mit uns hinaus auf eine Agora zu treten, auf der – ganz im Sinne antiker agonaler Kultur – um den Kern der Sache gerungen wird. Dabei vereint unser Streifzug über die Agora Überlegungen zu Brückenprinzipien und zur Praxistheorie ebenso wie historische Perspektiven (bei denen der Blick gerichtet wird auf die Chemie des späten 18. Jahrhunderts, auf Kant und Hegel sowie mit Hannah Arendt auf Sokrates und Platon) und aktuelle methodische Erwägungen, Letztere insbesondere vor dem Hintergrund Praktischer Philosophie (bei denen jeweils das Glück, die angewandte Ethik oder die Medizinethik im Fokus stehen). Dabei hoffen wir, mit diesem sowie dem englischsprachigen Schwesterband auch einen kleinen Beitrag dazu leisten zu können, weiteres Interesse für dieses sowohl gesellschaftlich wie auch wissenschaftlich und philosophisch wichtige Gebiet zu wecken, das allzu oft nur implizit behandelt wird, um in Zukunft noch tiefere und breitere Auseinandersetzungen damit zu befördern.

2 Zu den Beiträgen in diesem Band

Alexander Max Bauer und Malte Ingo Meyerhuber (Kapitel 1) argumentieren, dass sich die theoretische Spannung zwischen Sein und Sollen auf bestimmte historische Entwicklungen zurückführen lässt. Vor diesem Hintergrund werden von ihnen einige exemplarische historische Argumente, Debatten und Entwicklungen beleuchtet. Sie gehen der Frage nach, welche Positionen hinsichtlich einer Integration dieser beiden Bereiche exemplarisch für Fragen der Ethik eingenommen werden: Während aus „platonischer" Perspektive für eine Trennung der beiden Sphären plädiert wird, wird aus „aristotelischer" Perspektive für ihre Integration argumentiert. Abschließend werden einige systemische Interdependenzen zwischen beiden Bereichen veranschaulicht und mögliche Einflüsse zwischen Sein und Sollen sowie empirischer Forschung und normativer Theorie dargestellt.

Mit Fragen der Ethik befasst sich auch Kurt Bayertz (Kapitel 2). Seit der Antike ist „Glück" ein zentraler Begriff in ethischen Theorien. Bayertz geht der Frage nach, was die in den letzten Dekaden verstärkt aufkommende empirische Glücksforschung in diesem Zusammenhang zu leisten vermag. Dabei wird auch die philosophische Theoriebildung auf die Ergebnisse dieser Forschung einzugehen haben. Die empirische Forschung wiederum ist auf einen gewissen Teilbereich der relevanten Fragen beschränkt, die begrifflichen Grundlagen müssen philosophisch erarbeitet werden.

Sebastian Schleidgen (Kapitel 3) nimmt in den Blick, welche Fundamente für eine sinnvolle Zusammenarbeit von (angewandter) Ethik und empirischen Wissenschaften notwendig sind. Es mag weitgehend Einigkeit darüber bestehen, dass angewandte ethische Erwägungen auf empirische Beschreibungen und Erklärungen angewiesen sind, zum Beispiel hinsichtlich unserer Lebenswelt oder der sozialen Umwelt. Obwohl über diese Dependenz oft reflektiert worden ist, bleibt aber weitgehend unklar, wie eine solche Zusammenarbeit adäquat fundiert werden kann: Hier stellt sich insbesondere die Frage, warum welche Daten und Erkenntnisse in welchem Sinne notwendig für welche ethischen Erwägungen sind. Schleidgen analysiert die Präsuppositionen, die bestimmte Sachverhalte in bestimmten Kontexten als angewandt-ethisch relevant auszeichnen und empirisch erfasst werden müssen. Zudem werden verschiedene metaethische Positionen und ihre Konsequenzen für eine solche empirisch-ethische Zusammenarbeit herausgearbeitet.

Mit Mark Schweda (Kapitel 4) wandert der Fokus im Anschluss auf die Medizinethik. Er geht anhand konkreter Beispiele der Frage nach, welche Bedeutung verschiedene Methoden und Ergebnisse empirischer Sozialforschung für die medizinethische Urteils- und Theoriebildung haben können. Besonderes Augenmerk liegt auf dem Konzept einer „inklusiven Deliberation" über moralische Fragen im Kontext von Medizin und Gesundheitsversorgung. In den letzten zwei Jahrzehnten hat es eine tiefgreifende „empirische Wende" in der medizinischen Ethik und Bioethik gegeben. Die systematische Kombination von normativer ethischer Reflexion und empirischer Sozialforschung stellt heute einen weit verbreiteten Ansatz in den Bereichen Medizin, Gesundheitswesen und Lebenswissenschaften dar. Vor diesem Hintergrund fasst Schweda einige der grundlegendsten theoretischen Motivationen und der wichtigsten methodischen

Implikationen der „empirischen Wende" zusammen. Zunächst werden Vorbehalte gegen die Einbeziehung empirischer Forschung in die ethische Reflexion diskutiert. Anschließend werden zentrale methodische Anforderungen skizziert und diskutiert.

Den Begriff des „Werturteils" nimmt Widukind Andreas Schweiberer (Kapitel 5) anhand der kantischen Moralphilosophie in den Blick. Zunächst wird der Begriff bestimmt, erläutert und in seiner Funktion als Begründungshilfe für Axiologien beziehungsweise Wertgütertheorien ins Verhältnis zu konsequentialistischen und antikonsequentialistischen Ethiktheorien gesetzt. Im Anschluss folgt eine Skizze der mangelnden Begründungs-, Rechtfertigungs- und Legitimationsfähigkeit des „Werturteils". Dabei wird anhand der kantischen Moralphilosophie die auf den Bereich des *quid facti* eingeschränkte und nicht auf den Bereich des *quid iuris* übertragbare Abhängigkeit des Werturteils von der ihm immanenten Subjekt-Objekt-Struktur kritisiert. Nach Schweiberer erweist sich die Einschränkung des Werturteils auf einen bloß relativen und folglich bedingten Wertbegriff als logische Konsequenz der Gebundenheit des Werturteils an einen empirischen Wertträger, also ein erkenntnistheoretisches Objekt, dem der Urteilende ein *bonum* oder ein *malum* zuteilt. Eine solche Werttheorie, argumentiert er, begreift „Wert" immer nur als eine individualistische Zuschreibung durch ein einzelnes Subjekt, die nur durch Induktion auf dem Wege der Akkumulation gleicher Urteile komparative Verallgemeinerung für sich in Anspruch nimmt und demnach lediglich als eine logische Präsumtion, nicht jedoch als ein deduktiver Vernunftschluss betrachtet werden kann. Der Beitrag schließt mit dem Appell, sich der Untauglichkeit von Werturteilen zur objektiven Beantwortung ethischer Fragen bewusst zu werden und die sich daraus ergebenden Konsequenzen zu ziehen und umzusetzen.

Philip Penew (Kapitel 6) wiederum ergründet mit Hegel das Potential von immanenter Kritik als möglichem Begründungswerkzeug normativer Theorie. Nach Penew ist aufklärerisches Denken, bestimmt als eine Haltung, die „nichts ungeprüft" bestehen lassen möchte, immanente Kritik. Wenn das aufklärerische Denken die Vernünftigkeit einer Sache prüft, untersucht es diese auf interne Widerspruchsfreiheit. Sollte es hierbei Widersprüche aufdecken, ist die betreffende Sache zu verwerfen. In einer endlichen Welt, so Penew, sei aber potentiell alles – zumindest anteilig – unvernünftig. Er fragt: Lassen sich auf Grundlage des Prinzips der immanenten Kritik auch positive normative Resultate gewinnen? Oder droht hier eine bloß negative Haltung, die über eine nicht abbrechende und damit unproduktive Kritik nicht hinauskommt? Nach Penew hat Hegel dieses Problem mit aller Klarheit gesehen. Seine *Phänomenologie des Geistes* stelle unter anderem den Versuch dar, zu zeigen, wie immanente Kritik und produktives Philosophieren in Einklang zu bringen sind. Vor diesem Hintergrund versucht

Penew, Hegels Argumentation nachzuvollziehen und für die Frage nach einer produktiven immanenten Kritik in systematischer Hinsicht fruchtbar zu machen.

Elsa Romfeld (Kapitel 7) widmet sich im Anschluss ausführlicher dem Nutzen und Nachteil sogenannter „Brückenprinzipien". Diese haben den Anspruch, bei der Überwindung der logischen Kluft zwischen empirischer Forschung und normativer Theorie zu helfen, indem sie in Form zusätzlicher Prämissen eine Brücke im Ableitungszusammenhang zwischen Sein und Sollen bilden. Nach kurzer Rekapitulation relevanter Aspekte der Sein-Sollen-Dichotomie veranschaulicht Romfeld anhand einer differenzierten Explikation und Analyse des Realisierbarkeitspostulats „Sollen setzt Können voraus" das Potential sowie die Grenzen der Leistungsfähigkeit solcher Brückenprinzipien. Deren Nützlichkeit ist nicht zuletzt deshalb umstritten, weil bei aller Fruchtbarkeit Fakten allein zur Ethikbegründung nicht ausreichen. Möglicherweise muss man daher, so argumentiert Romfeld, wenigstens ab und an den Sprung über die Sein-Sollen-Kluft wagen. Was dieser erfordert und wie er im Einzelnen aussehen könnte, wird abschließend näher beleuchtet.

Reinhard Schulz (Kapitel 8) wendet sich der Bildung dieser Kluft selbst zu und wirft einen kritischen Blick auf die Konstruktion der Trennung von normativer Theorie und empirischer Forschung vor dem Hintergrund der Praxistheorie. Empirische Forschung erfolgt seiner Auffassung nach in der Regel unter der Maßgabe der Subjekt-Objekt-Spaltung, verbunden mit den Ansprüchen von Gewissheit und Werturteilsfreiheit. Eine solche Trennung von Fakten und Urteilen wurde aufgrund der hybriden Struktur vieler Forschungsgegenstände als „große Reinigung" kritisiert und hat die Suche nach einer „Praxis jenseits von Moralität und Kausalität" stimuliert, die eine Erweiterung der Sprechweise von moralischen hin zu sozialen Normen nahelegt. Die Verschränkung der Zuschauer- (Praktiken) und Teilnehmerperspektive (Praxis) in der Praxistheorie kann, so argumentiert Schulz, ein Modell für die Untersuchung hybrider Forschungsgegenstände liefern.

Daniel Füger (Kapitel 9) lenkt den Blick dann auf die wissenschaftliche Praxis. Am Beispiel der Phlogiston- und Oxidationstheorie in der Chemie des späten 18. Jahrhunderts zeigt er normative Praktiken innerhalb der wissenschaftlichen Gemeinschaft auf. In einem ersten Schritt wird die Theorie des Phlogistons vorgestellt. Im Anschluss daran werden die Argumente untersucht, die dazu geführt haben, dass sie am Ende des 18. Jahrhunderts vollständig durch die Oxidationstheorie ersetzt wurde. Füger argumentiert, dass dieser spezielle Diskurs ein Beispiel dafür sei, wie die Forderung nach Beweisen notwendigerweise mit normativen Praktiken innerhalb der wissenschaftlichen Gemeinschaft verknüpft sei. Er argumentiert ferner, dass es notwendig sei, den wechselseitigen Zusammenhang zwischen normativen Forderungen und Beweisanforderungen zu untersuchen, um den Fortschritt der wissenschaftlichen Erkenntnisse zu verstehen.

Alexander Max Bauer (Kapitel 10) widmet sich schließlich philosophischen Theorien der Verteilungsgerechtigkeit und zeigt exemplarisch, wie empirische Untersuchungen in diesem Rahmen zur Erweiterung der eigenen Reflexion genutzt werden können: Theorien der Verteilungsgerechtigkeit sind in der Regel rein verbal formuliert. Daher ist nicht immer klar, wie sie tatsächlich auf verschiedene spezifische Verteilungssituationen anzuwenden sind. Es ist oft nicht möglich zu sagen, welchen Einfluss beispielsweise kleine Variationen von Verteilungen auf ihre Bewertung haben sollten. Um dieses Problem der Vagheit zu lösen, wurde jüngst versucht, Bedarfsgerechtigkeit durch Indizes zu formalisieren, um so präzise mathematische Werkzeuge zur Beurteilung der Gerechtigkeit von Verteilungen zu erhalten. Bauer stellt zwei Klassen von Axiomen vor – „Monotonie" und „Monotoniesensitivität" –, die grundlegende Annahmen für die Konstruktion solcher Indizes darstellen. Darüber hinaus werden empirische Untersuchungen bei Laien zu den normativen Überlegungen durchgeführt, die diesen Klassen von Axiomen zugrunde liegen. Anschließend werden die Ergebnisse dieser Untersuchungen als Grundlage weiterer Reflexionen herangezogen.

Die Herausgeber (Kapitel 11) rekapitulieren im Anschluss noch einmal die Schlussfolgerungen aus den einzelnen Beiträgen des Bandes. Abschließend werfen Sie einen knappen Blick auf einen möglichen Ursprung der Trennung von empirischer Forschung und normativer Theorie, mithin von Sein und Sollen, der noch weit vor dem 16. oder 17. Jahrhundert liegt: Alfred North Whitehead bemerkte bekanntlich, dass die wahrscheinlich sicherste allgemeine Charakterisierung der europäischen philosophischen Tradition die wäre, dass sie aus einer Reihe von Fußnoten zu Platon bestehe. Es könnte sich daher lohnen, auch in dieser Sache einen Blick auf Platon zu werfen. Tatsächlich ist dieser bekannt für die Trennung zwischen *doxa* – der bloßen Meinung – und *aletheia* – der Wahrheit –, aber die Frage bleibt: Wie kam er dazu? Hannah Arendt formulierte eine These, mit der dieser Frage begegnet werden kann, indem sie Platons Beziehung zu Sokrates untersuchte.

Mit den skizzierten Beiträgen wirft der vorliegende Band Schlaglichter auf das weite Spannungsfeld, das zwischen Sein und Sollen liegt. Er möchte – und kann – nicht erschöpfend sein; zu vielfältig sind die Fragen, die sich aus dieser Dichotomie entspinnen: Sind diese Bereiche tatsächlich so trennscharf voneinander zu scheiden? Verspricht eine Verbindung derselben fruchtbar zu sein? Welche Einflüsse von Normativität oder normativer Theorie wirken im Empirischen oder in empirischer Forschung? Welche Einflüsse von Empirischem oder von empirischer Forschung wirken in normativen Urteilen oder Theorien? Welche normativen Aspekte soll empirische Forschung berücksichtigen? Welche empirischen Erkenntnisse soll normative Theorie berücksichtigen? Der vorliegende Band nimmt einige dieser Fragen auf und möchte damit einen kleinen Beitrag zur Reflexion auf diese wichtigen Grenz- und Dependenzbestimmungen leisten.

Literatur

American Psychiatric Association (Hrsg.) (2013): *The Principles of Medical Ethics. With Annotations Especially Applicable to Psychiatry*. Arlington: American Psychiatric Association.

Bauer, Alexander Max und Meyerhuber, Malte Ingo (2020a): „Introduction". In: dies. (Hrsg.): *Empirical Research and Normative Theory. Transdisciplinary Perspectives on Two Methodical Traditions Between Separation and Interdependence*. Berlin und Boston: Walter de Gruyter.

Bauer, Alexander Max und Meyerhuber, Malte Ingo (Hrsg.) (2020b): *Empirical Research and Normative Theory. Transdisciplinary Perspectives on Two Methodical Traditions Between Separation and Interdependence*. Berlin und Boston: Walter de Gruyter.

Carnap, Rudolf (1931): „Überwindung der Metaphysik durch logische Analyse der Sprache". In: *Erkenntnis* 2 (1), S. 219–241.

Christen, Markus; van Schaik, Carel; Fischer, Johannes; Huppenbauer, Markus und Tanner, Carmen (2014a): „Introduction. Bridging the Is-Ought-Dichotomy". In: dies. (Hrsg.): *Empirically Informed Ethics. Morality Between Facts and Norms*. Cham: Springer. S. IX-X.

Christen, Markus; van Schaik, Carel; Fischer, Johannes; Huppenbauer, Markus und Tanner, Carmen (Hrsg.) (2014b): *Empirically Informed Ethics. Morality Between Facts and Norms*. Cham: Springer.

Dewey, John (1939): „Theory of Valuation". In: Boydston, Jo Ann (Hrsg.): *The Later Works of John Dewey 1925–1953*. Bd. 13: *1938–1939. Experience and Education, Freedom and Culture, Theory of Valuation, and Essays*. Carbondale: Southern Illinois University Press. S. 203–228.

Dodes, Lance und Schachter, Joseph (2017): „A Mental Health Warning on Trump". In: *The New York Times*. https://www.nytimes.com/2017/02/13/opinion/mental-health-professionals-warn-about-trump.html, abgerufen am 4. November 2018.

Eckensberger, Lutz und Gähde, Ulrich (1993a): „Einleitung". In: dies. (Hrsg.): *Ethische Norm und empirische Hypothese*. Frankfurt am Main: Suhrkamp. S. 7–19.

Eckensberger, Lutz und Gähde, Ulrich (Hrsg.) (1993b): *Ethische Norm und empirische Hypothese*. Frankfurt am Main: Suhrkamp.

Green, Jim (2015): „Albert Einstein on Nuclear Weapons". In: *Nuclear Monitor* 802 (4466), S. 7–8.

Höffe, Otfried (1993): „Empirie und Apriori in Kants Rechtsethik". In: Eckensberger, Lutz und Gähde, Ulrich (Hrsg.): *Ethische Norm und empirische Hypothese*. Frankfurt am Main: Suhrkamp. S. 21–44.

Hume, David (1906): *David Hume's Traktat über die menschliche Natur. Buch 2: Über die Affekte. Buch 3: Über Moral*. Hamburg und Leipzig: Leopold Voss.

Hudson, Donald (Hrsg.) (1969): *The Is-Ought Question. A Collection of Papers on the Central Problems in Moral Philosophy*. London: Macmillan.

Kant, Immanuel (1999): *Grundlegung zur Metaphysik der Sitten*. Hamburg: Felix Meiner.

Lee, Bandy (2017): *The Dangerous Case of Donald Trump. 27 Psychiatrists and Mental Health Experts Assess a President.* New York: St. Martin's Press.
Lenk, Hans (2001): *Wissenschaft und Ethik.* Stuttgart: Reclam.
Marchetti, Giancarlo und Marchetti, Sarin (2017a): „Behind and Beyond the Fact/Value Dichotomy". In: dies. (Hrsg.): *Facts and Values. The Ethics and Metaphysics of Normativity.* New York und London: Routledge. S. 1–23.
Marchetti, Giancarlo und Marchetti, Sarin (Hrsg.) (2017b): *Facts and Values. The Ethics and Metaphysics of Normativity.* New York und London: Routledge.
Russell, Bertrand (1935): *Religion and Science.* Oxford: Oxford University Press.
Ruß, Hans Günther (2002): *Empirisches Wissen und Moralkonstruktion. Eine Untersuchung zur Möglichkeit und Reichweite von Brückenprinzipien in der Natur- und Bioethik.* Frankfurt am Main und New York: Hänsel-Hohenhausen.
Weber, Max (1995): *Wissenschaft als Beruf.* Stuttgart: Reclam.
Wetzel, Manfred (2004). *Praktisch-politische Philosophie.* Bd. 1: *Allgemeine Grundlagen.* Würzburg: Königshausen & Neumann.

Alexander Max Bauer und Malte Ingo Meyerhuber
Zwei Welten am Rande der Kollision[1]

Zum Verhältnis von empirischer Forschung und normativer Theorie, insbesondere vor dem Hintergrund der Ethik

English title and abstract: *Two Worlds on the Brink of Colliding. On the Relationship of Empirical Research and Normative Theory, Especially against the Background of Ethics.* Many people today may see empirical research (say, e.g., empirical social research) and normative theorising (say, e.g., ethics) as two distinct fields, that either have little to no relation to each other, or which, if they do, seem to be at tension constantly. The conflict both areas experience today, it is argued, can be traced back to certain historical developments, such as the advent of modern sciences. Against this background, some exemplary historical arguments, debates and developments are highlighted. After that, two positions regarding this relation will be elaborated upon more deeply: While proponents of Platonic positions argue for a separation of the two domains, advocates of an Aristotelic position argue for their integration. Lastly, interdependencies between the two fields are illustrated, and the potential influences between empirical research and normative theory are explored, as well as their more philosophical counterparts of "is" and "ought".

Jüngst sprach sich der deutsche Wissenschaftskabarettist Vince Ebert (2018, Abs. 6) gegen moralische Argumente in der Wissenschaft aus. „Das Problem an moralischen Argumenten ist [...] die Abkehr von einem sachlichen, wissenschaftlichen Diskurs", schrieb er in einer Kolumne und proklamierte: „Die Methode der Wissenschaft ist deswegen so erfolgreich, weil sie gerade nicht an moralische Autoritäten gebunden ist und weil sie unideologisch an Fragen her-

---

[1] Der vorliegende Beitrag ist leicht abgewandelt in englischer Sprache erschienen als Bauer und Meyerhuber (2020). Er hat sehr profitiert von der kritischen Durchsicht von Allard Tamminga und Mark Siebel, denen wir herzlich danken. Ein herzlicher Dank gebührt außerdem den Diskutanten bei Vorträgen auf dem 10. Doktorandinnen-Symposium der Österreichischen Gesellschaft für Philosophie an der Alpen-Adria-Universität Klagenfurt, auf dem Workshop der wissenschaftlichen Mitarbeiter der Forschergruppe „Bedarfsgerechtigkeit und Verteilungsprozeduren" der Deutschen Forschungsgemeinschaft an der Universität Bremen, auf der 3. Konferenz der Deutschen Gesellschaft für Positiv-Psychologische Forschung an der Ruhr-Universität Bochum sowie auf einem Vortragsabend der Karl-Jaspers-Gesellschaft in Oldenburg.

https://doi.org/10.1515/9783110613773-004

angeht".[2] Zum einen wird damit suggeriert, das moralische Argumente *per se* nicht sachlich oder wissenschaftlich wären, zum anderen führt dies die tradierte – und auch im internationalen Diskurs prominent vertretene (siehe z. B. Mankiw 2011) – Annahme fort, dass Wissenschaft wertfrei, unideologisch, neutral oder von vornherein objektiv sei (Lacey 1999).

Dass die Sache so einfach nicht liegt, mag sich bereits in der „reinsten" Wissenschaft, der Mathematik, andeuten. Über eine Ästhetik des Formelhaften hält hier Normativität Einzug in den Forschungsprozess. Ein Beweis beispielsweise kann als „schön" angesehen werden, wenn er auf möglichst wenigen zusätzlichen Annahmen oder vorangestellten Ergebnissen aufbaut, wenn er in diesem Sinne also besonders prägnant ist. Der erste Beweis, der gefunden wird, mag vor diesem Hintergrund also noch nicht als der beste gelten. So gibt es zum Satz des Pythagoras hunderte bekannte Beweise (Loomis 1972). Das mag in diesem Feld an und für sich noch wenig bedenklich erscheinen. Aber auch in der Theoretischen Physik ist man – gerade bei dem Vorstoß in Bereiche, für die wenige oder noch keine Beobachtungsdaten vorliegen – geneigt, die Theoriefindung an einer solchen „Schönheit" zu orientieren; mit Folgen dafür, was in den Fokus der Forschung sowie ihrer begrenzten Ressourcen gerät (Hossenfelder 2018). Vor diesem Hintergrund mag einem auch das Prinzip der Parsimonie, *Ockhams Rasiermesser*, in den Sinn kommen (Mole 2003), das seit der Scholastik seine Wirkung entfaltet und bis in die moderne Wissenschaftstheorie hineinwirkt (siehe z. B. Glymour 1980, Harman 1965, Kelly 2007).

In solchen Fällen lässt sich durchaus von einem gewollten normativen Einfluss sprechen; man sucht eine Richtschnur, an der man sich im Umgang mit Theorien orientieren kann, wenn oder solange sich diese schwerlich an der Empirie messen lassen. Aber bei weitem nicht jeder normative Einfluss auf die Forschung ist in einem solchen Sinne gewollt; zum Beispiel dann, wenn der Zeitgeist wissenschaftliche Ergebnisse unbewusst einfärbt. Die prähistorische Geschlechterforschung etwa untersucht die sozialen Ordnungen unserer frühen Vorfahren. Bloß: Die dabei getätigten Zuschreibungen scheinen zum Teil auch der jeweils eigenen Sozialisation der Forscher zu entstammen. Bei einer Bestattung von Mann und Frau in einem Grab mit einem Wagen und vielen weiteren Beigaben spricht die Fachliteratur etwa von dem „Fürst, der mit seiner Gattin bestattet wurde", auch wenn die Belege dafür durchaus dünn zu sein scheinen (Selg 2016, Abs. 22). In der näheren – aber nicht weniger kontrovers interpretierten – Ver-

---

[2] Man denke hier auch an die Richard Dawkins zugeschriebene Aussage, dass Wissenschaft eine „disinterested search for the objective truth about the material world" sei (zitiert nach Singh 2004, S. 497).

gangenheit liegt die Zeit der Wikinger: Nachdem kämpfende Wikingerfrauen lange Zeit als Mythos abgetan wurden, haben jüngst DNA-Analysen von Gebeinen aus dem prototypischen Grab eines vermeintlich männlichen Wikingerkriegers ergeben, dass es sich bei ihm mitnichten um einen Mann, sondern um eine Frau handelt (Hedenstierna-Jonson et al. 2017). Ein solcher Einfluss von gesellschaftlichen Normen lässt sich, wie Joan Roughgarden feststellt, außerdem für die Biologie ausmachen, etwa wenn Tieren fälschlicherweise eine Heteronormativität unterstellt wird (Roughgarden 2004). Solche Einflüsse bestimmen zudem, was in den Fokus der Forschung gerät und was nicht. Ellen Støkken Dahl illustriert diesen Umstand anschaulich vor dem Hintergrund ihres Versuchs, für ein Buchprojekt herauszufinden, „wie gross [sic] der Anteil der Mädchen war, die nach dem ersten sexuellen Kontakt bluteten. Das sollte etwas sein, das einfach zu erforschen ist. Doch die Gynäkologen finden das unwichtig, weil es keine Krankheit betrifft. Sie ignorieren die Tatsache, dass es einen gesellschaftlichen Grund gibt, diese Frage zu klären" (Bracher 2018, Abs. 24). Hier kommt pointiert eine bestimmte Verengung des Blicks zum Ausdruck: Der Fokus medizinischer Forschung liegt in diesem Fall auf krankheitsrelevanten gesellschaftlichen Annahmen; er blendet dabei aus, dass es andere relevante Forschungsmotive geben mag.

Was haben all diese Beispiele gemeinsam? Sie stellen eine – mal mehr, mal weniger explizite – Verquickung von Sein und Sollen, von Empirie und Normativität dar. Diese beiden Konzepte bilden einen der großen Dualismen unserer Erkenntnisbestrebungen, unserer Wissenschaftspraxis sowie unserer Sprache. Beide beschreiben komplexe Konzepte, die sehr unterschiedlich interpretiert werden können. Da der vorliegende Band verschiedene Perspektiven aus unterschiedlichen Denkrichtungen vereint und sich dieses Kapitel zugleich als eine Einführung versteht, möchten wir uns an dieser Stelle auf den größten gemeinsamen Nenner beschränken, der sich vielleicht auf der semantischen Ebene ausmachen lässt: Hier wird unterschieden zwischen verschiedenen Aussagetypen, um sprachliche Aussagen – beziehungsweise deren Inhalt – zu kategorisieren (Opp 1972, Hare 1991). Dabei wird deskriptiven Sätzen eine beschreibende, explikativen Sätzen eine erklärende, präskriptiven Sätzen eine vorschreibende und evaluativen Sätzen eine bewertende Funktion zugeschrieben. Dieser linguistisch konstruierte Rahmen[3] beinhaltet freilich Implikationen, die über die Sprache hinausreichen. Mit der semantischen Differenz verbunden sind zum Beispiel auch Fragen einer epistemischen oder ontischen Differenz: Sein, oder

---

3 Als solcher scheint dieser Rahmen auch alles andere als naturgegeben. Augenscheinlich wird dies, wenn man einen Blick darauf wirft, wie geistesgeschichtlich jung die Verwendung des Terminus „präskriptiv" im ethischen Denken ist (Vossenkuhl 1989).

besser – mit Heidegger (2006) gesprochen – Seiendes, wird in der Regel als empirisch erkennbar angenommen; Beobachtung und Experiment scheinen hier die Mittel der Wahl zu sein, um Wissen über den fraglichen Gegenstand zu erlangen. Das, was sein soll, dagegen, wird vorrangig mittels Reflexion (z. B. Kant 2003) oder durch Diskurse (z. B. Apel 1988, Habermas 1983) zu bestimmen versucht; von einigen wenigen Ausnahmen einmal abgesehen.[4]

Dass diese beiden Sphären von Sein und Sollen – sowie von empirischer Forschung und normativer Theorie, die diese zu erschließen suchen – so einfach nicht zu trennen sind, wie gelegentlich angenommen wird, sollte sich schon aus dem Vorhergesagten erahnen lassen. Nachfolgend soll daher – im Anschluss an einen kurzen historischen Rückblick – der Frage nachgegangen werden, welche Positionen es hinsichtlich einer Integration dieser beiden Bereiche – hier exemplarisch für Fragen der Ethik – gibt, bevor abschließend versucht wird, in einem knappen Abriss mögliche Interdependenzen zwischen diesen beiden Sphären systematisch aufzuzeigen.

1 Zum historischen Hintergrund

Was uns heute als Spannungsverhältnis entgegentritt, zeigt sich bei genauerer Betrachtung als das Ergebnis einer geschichtlichen Entwicklung. Daher scheint es sinnvoll, zunächst einen Blick in die Historie der hier behandelten Kategorien zu werfen (z. B. Kreuzer 2004, Ritter 1971), bevor einige Worte auf die möglichen systematischen Verhältnisbestimmungen von Sein und Sollen sowie von empirischer Forschung und normativer Theorie verwendet werden sollen. Ein solcher Blick kann in diesem knappen Rahmen freilich nur ein verkürzter und selektiver sein.[5] Nichtsdestotrotz offenbart er: Sein und Sollen sowie normative Theorie und empirische Forschung scheinen unter dem Mantel der Philosophie lange Zeit Hand in Hand gegangen zu sein: In vielen klassischen Bestimmungsversuchen der Philosophie finden sich diese beiden Aspekte gemeinsam aufgeführt; im klassischen Verständnis des Feldes scheint Philosophie hier grundlegend universell gedacht zu sein (z. B. Aristoteles 2000, Cassiodor 2003, Descartes 1983). Obgleich sich kaum ein Konsens darüber finden lassen wird, was Philosophie eigentlich sei, weder intertemporal noch unter den mit ihr befassten Denkern

---

4 Man denke hier an Theorien des ethischen oder moralischen Naturalismus, in denen davon ausgegangen wird, dass ethische Eigenschaften auf nicht-ethische Eigenschaften reduziert werden können (z. B. Carrier 2011, Harris 2010). Für eine kritische Auseinandersetzung siehe zum Beispiel Hunter und Nedelisky (2018).
5 Er ist außerdem eurozentrisch und männlich geprägt (Elberfeld 2012).

einer jeweiligen Zeit, und obgleich es freilich Gegenpositionen gibt, scheint sich diese methodisch und gegenständlich holistische Perspektive zumindest wiederkehrend als zentrales Motiv ausmachen zu lassen. Dieses Hand-in-Hand-Gehen muss keineswegs in eine „Auflösung der Philosophie in Einzelwissenschaft" (Adorno 1997, S. 331) münden, wie sie für die nachidealistische Philosophie vermutet werden könnte (Jung 2017), sondern kann vielmehr ein konstruktives, aufeinander bezogenes Miteinander darstellen.

Problematisch mag dieses Verhältnis spätestens mit der Emanzipation der Einzelwissenschaften geworden sein, die Dilthey bereits für den Ausgang des Mittelalters ansetzt (Dilthey 2013, S. 6).[6] Spätestens seit dieser Zeit scheinen sich empirische Forschung und normative Theorie in einem zuweilen schwierigen und nicht immer eindeutig bestimmbaren Verhältnis zu befinden. Diese generelle Spannung wird deutlich in verschiedenen ethischen Argumenten, in der Entwicklung unterschiedlicher epistemischer Denkschulen sowie in diversen wissenschaftstheoretischen Kontroversen. Im deutschsprachigen Raum wurde das Verhältnis von Empirie und Normativität zum Beispiel prominent im Deutschen Idealismus verhandelt (z. B. Kant 2003), ebenso wie in zwei jüngeren Methodendisputen: Im späten 19. und frühen 20. Jahrhundert haben Protagonisten wie Max Weber, Werner Sombart, Gustav Schmoller oder Rudolf Goldscheid im Rahmen des *Werturteilsstreits* unter anderem über die mögliche Rolle der Sozialwissenschaften für die Formulierung von normativen Empfehlungen für politische Maßnahmen disputiert (Albert 1972). Weber (1995, S. 149) beispielsweise forderte, es könne „niemals Aufgabe einer Erfahrungswissenschaft sein [...], bindende Normen und Ideale zu ermitteln, um daraus für die Praxis Rezepte ableiten zu können". Gegen die sogenannten „Kathedersozialisten" stellte er fest: „Eine empirische Wissenschaft vermag niemanden zu lehren, was er soll. Sondern nur, was er kann und – unter Umständen – was er will" (Weber 1995, S. 151). Ähnlich Simmel (1904, S. 321), wenn er schreibt: „Was man normative Wissenschaft nennt, ist tatsächlich nur Wissenschaft vom Normativen. Sie selbst normiert nichts, sondern sie erklärt nur Normen und ihre Zusammenhänge, denn Wissenschaft fragt stets nur kausal, nicht teleologisch, und Normen und Zwecke können wohl so gut wie alles andere den Gegenstand ihrer Untersuchung, aber nicht ihr eigenes

---

6 Eine grundlegende Kritik an dieser Perspektive versucht Schnädelbach (2012, S. 22), wenn er bezogen auf den Prozess einer Emanzipation der Einzelwissenschaften schreibt: „Diese Sicht der Dinge ist [...] irreführend, denn die Vorstellung, es habe jemals eine Systematik der verschiedenen wissenschaftlichen Disziplinen unter dem Primat der Philosophie existiert, aus der heraus sich jene zu ‚Einzelwissenschaften' hätten vereinzeln können, ist historisch unhaltbar; sie ist in Wahrheit eine Projektion von Philosophen wie Hegel".

Wesen bilden". Was in den Blick genommen werden kann, wären damit zumindest noch die in der Welt vorfindlichen Ansichten.

In den Sechzigerjahren des 20. Jahrhunderts folgte als „zweiter Methodenstreit" der *Positivismusstreit*, in dem Vertreter eines Kritischen Rationalismus, wie Karl Popper oder Hans Albert, mit Vertretern der Kritischen Theorie der Frankfurter Schule, wie Theodor Adorno oder Jürgen Habermas, debattierten. Popper und Adorno waren sich weitgehend einig, dass Werturteile in wissenschaftlicher Theoriebildung wirken. Dissens herrschte aber unter anderem hinsichtlich einer möglichen gesellschaftskritischen Funktion von Wissenschaft: Für die Frankfurter Schule war Wissenschaft, das heißt Soziologie im Speziellen, maßgeblich zu verstehen vor ihrem metaphysischen Hintergrund: Die empirischen Fragen der Soziologie sind, zurückgehend beispielsweise auf Hegel oder Marx, verwoben in grundlegende philosophische Fragen (Adorno et al. 1976, Dahms 1994).

Einige Wissenschaftler haben erneut die Trennung von empirischer und normativer Arbeit in ihrem Feld erkannt. Laut David Miller (1992) scheinen sich etwa die Politische Theorie auf der einen Seite sowie die empirische Forschung zu Fragen desselben Gegenstandsbereichs auf der anderen Seite parallel entwickelt zu haben, ohne voneinander groß Notiz zu nehmen. Ähnliches zeigt sich zum Beispiel auch im ökonomischen Kontext: Auf der einen Seite werden auf dem Gebiet der Verhaltensökonomie und der positiven Ökonomik deskriptive Methoden verwendet; auf der anderen Seite folgt man in der normativen Ökonomik präskriptiven Ansätzen (Schwettmann 2015, siehe auch Konow 2003, Konow und Schwettmann 2015, Gächter und Riedl 2006, Herrero, Moreno-Ternero und Ponti 2010).

Solche Feststellungen freilich führen zu alten Fragen zurück: Sind diese Bereiche tatsächlich so trennscharf voneinander zu scheiden? Verspricht eine Verbindung derselben fruchtbar zu sein? Welche Einflüsse von Normativität wirken im Empirischen oder in empirischer Forschung? Welche Einflüsse von Empirischem oder von empirischer Forschung wirken in normativen Urteilen oder Theorien? Welche normativen Aspekte soll empirische Forschung berücksichtigen? Welche empirischen Erkenntnisse soll normative Theorie berücksichtigen? Die möglichen Argumente sind hier vielfältig. Um diese Vielfalt einmal beispielhaft zu illustrieren, wollen wir im Folgenden das Für und Wider hinsichtlich einer Integration von Ergebnissen empirischer Forschung in die ethische Theoriebildung betrachten.

2 Kritische Argumente bezüglich einer Integration von empirischer Forschung in ethische Theorie

Die möglichen Positionen, die zu der Frage eingenommen werden, ob normative – hier insbesondere ethische – Theorien empirische Daten berücksichtigen können, sollen oder müssen, lassen sich vielleicht auf zwei entgegengesetzte Perspektiven zuspitzen, die sich als *platonisch* und *aristotelisch* bezeichnen lassen (Miller 1994, S. 178, siehe auch Schwettmann 2009, S. 20 f.).[7] Wenden wir uns zunächst der platonischen Perspektive zu. Im Laufe der Zeit wurden verschiedenste Argumente vorgebracht, die das Verhältnis von empirischen Daten und ethischen Theorien problematisiert haben. Ein bekanntes Beispiel ist die von David Hume (1960) formulierte *Sein-Sollen-Dichotomie*. Hume argumentiert, dass eine präskriptive Aussage nicht ausschließlich aus deskriptiven Aussagen abgeleitet werden kann. Auch George Edward Moores (1993) *naturalistischer Fehlschluss* mag einem hier in den Sinn kommen. Moore argumentierte, dass es nicht möglich sei, das Prädikat „gut" unter Rückgriff auf zum Beispiel natürliche Eigenschaften zu definieren. Ebenso mag einem hier Webers (1995) oben aufgeführte Bestimmung aus der *Wissenschaft als Beruf* in den Sinn kommen.[8]

Solche Problemstellungen deuten den Tenor der Skepsis an, der auch in vielen klassischen Ansätzen ethischer Untersuchung mitschwingt. Er lässt sich durch das Paradigma charakterisieren, dass kritische Reflexion, Introspektion und gründliche Bewertung von Argumenten die zentralen Elemente der Theoriefindung sind. Empirie mag dabei, auch wenn sie nicht grundsätzlich aus dem Erkenntnisprozess ausgeschlossen sein muss, eher eine nachrangige Rolle spielen, insbesondere, wenn es um die Befragung von Laien zu bestimmten Problemstellungen geht. Eine Ansicht, die Miller (1994, S. 178) naheliegenderweise in Verbindung mit der elitären Position Platons bringt, der in seiner Auseinandersetzung mit dem Schicksal des Sokrates eine ausgesprochene Aversion gegen die *doxa* – die bloße Meinung – entwickelt und ein Modell von Wahrheit etabliert hat, das sich scharf gegen diese alltäglichen Überzeugungen abgrenzt (Arendt 2016).

---

[7] Alternativ spricht Kauppinen (2014, S. 280 f.) von „Armchair Traditionalism" und „Ethical Empiricism".
[8] Hier mag man sich vielleicht außerdem erinnert fühlen an den Begriff der sich nicht überschneidenden Lehrgebiete, die Annahme, dass Religion und Wissenschaft nicht in einen Konflikt geraten können, da ihnen zwei unterschiedliche Untersuchungsgegenstände zugrunde liegen (Gould 1997, Whitehead 1925).

Nur durch eine besondere Methode des Denkens, die dem Philosophen eigen ist, so die Annahme, kann Wissen erlangt werden (Schwettmann 2009). Damit einher geht die deutliche Abwertung oder Ablehnung der gemeinen Meinung und damit auch der Relevanz empirischer Forschung, die sich mit solchen faktischen Urteilen befasst (Christen und Alfano 2014). Hier ist die Annahme grundlegend, dass doxastische Konzepte von Laien – im Gegensatz zu denen von Experten – falsch, konfus oder unpräzise sein können, da ihre Träger nicht mit angemessenen Mitteln der Reflexion operieren (Kauppinen 2007, S. 96).

Vor diesem Hintergrund listen Knobe und Nichols (2008) eine Reihe weiterer – in diesem Sinne – platonischer Argumente auf: Man könne zum Beispiel davon ausgehen, dass jede andere Disziplin sich auf ausgebildete und qualifizierte Experten anstatt auf Laien verlasse. Daraus ergibt sich die Frage, warum dies in empirischen Untersuchungen zu philosophischen Fragen anders sein sollte. Schließlich wäre es auch absurd, wenn ein Physiker oder Biologe Umfragen unter Laien durchführen würde, um Erkenntnisse über seinen Forschungsgegenstand zu erlangen. Diesem Einwand mag entgegnet werden, dass viele philosophische Probleme erst aus den Intuitionen von Laien erwachsen, wodurch diese Intuitionen selbst zu einem relevanten Forschungsgegenstand avancieren mögen. Aber selbst wenn man dies zugesteht, kann der Einwand folgen, dass nichtsdestotrotz Philosophen diejenigen sind, die durch ihre Ausbildung über die Befähigung verfügen, mit den fraglichen Konzepten präzise umzugehen. Wenn man also empirisch Intuitionen erheben möchte, dann doch solche von Experten. Darüber hinaus wird argumentiert, dass Philosophie sich nicht darin erschöpfen kann, nur vorherrschende Meinungen zu sammeln. Vielmehr gehöre es zu ihrem Geschäft, solche Meinungen kritisch zu untersuchen. Und schlussendlich mag uns empirische Forschung zwar zeigen, was Menschen denken oder welche psychischen Prozesse zu welchen Resultaten führen; sie kann uns aber kein Kriterium an die Hand geben, das uns zu entscheiden erlaubt, ob solche Prozesse verlässlich oder ob die resultierenden Intuitionen korrekt sind. Die Beurteilung des Beobachteten kann nicht in weiterer empirischer Beobachtung begründet liegen.

Solche platonischen Positionen sind als „Lehnstuhlphilosophie" tradiert. Nichtsdestotrotz haben sich in jüngerer Zeit auch verstärkt Positionen entwickelt, die gegen eine derart strikte Trennung argumentieren. Nachfolgend soll diesen Positionen auf den Grund gegangen werden.

3 Affirmative Argumente bezüglich einer Integration von empirischer Forschung in ethische Theorie

In Anlehnung an Aristoteles' methodische Orientierung an einem „common sense"[9] wird aus einer *aristotelischen* Perspektive (Miller 1994) angenommen, dass ethische Theoriefindung maßgeblich von empirischen Daten profitieren kann; auch solchen, die die Meinungen von Laien zu philosophischen Problemen darstellen. Während also aus platonischer Perspektive davon ausgegangen wird, dass ausschließlich die Intuitionen oder Reflexionen von Experten maßgebend sind, da diese sich im Gegensatz zu Laien freimachen können von kulturellen, sozioökonomischen oder anderen ungewollten Verzerrungen, relativiert die aristotelische Perspektive eine solche Privilegierung.

Dabei wird eine Vielzahl an Argumenten für eine Integration von empirischen Daten in ethische Theorie ins Feld geführt. Schwettmann (2015) beispielsweise kommt zu dem Schluss, dass empirische Arbeiten dazu genutzt werden könnten, die Akzeptanz normativer Ideen durch Laien zu untersuchen, Verzerrungen bei Forschern oder Theoretikern zu identifizieren, neue normative Fragen aufzudecken oder theoretische Ansätze zu ergänzen. Bar-Hillel und Yaari (1993) sprechen in diesem Zusammenhang von einem Prozess der Selbstkorrektur: Im Regelfall gehen in die Theoriebildung nur die Intuitionen des Theoretikers ein. Hier kann durch empirische Daten quasi die Grundgesamtheit der Introspektionen erweitert werden, über die reflektiert wird. Da solche Intuitionen nach wie vor als bedeutende Begründungsinstanzen herangezogen werden, erscheint eine solche Reflexion besonders wichtig.[10] Die damit einhergehende Relativierung des oben skizzierten epistemischen Vorrangs von philosophischen Experten erfährt unter anderem Unterstützung durch eine empirische Untersuchung von Vaesen und Kollegen (2013), in der gezeigt wird, dass sich die Intuitionen von philosophischen Experten hinsichtlich einer epistemischen Fragestellung entlang von Sprachzugehörigkeiten systematisch unterscheiden, obwohl sie einer kulturell und aka-

---

[9] Man denke hier zum Beispiel an eine Passage aus seiner *Politik*, in der es heißt: „Und da ist nun freilich für sich genommen der einzelne aus dieser Gesamtheit mit jenem einen verglichen meistens der schlechtere, allein der Staat besteht eben aus vielen, und ein Schmaus, zu dem viele beitragen, fällt vorzüglicher aus als ein solcher, der ausschließlich von einem einzigen veranstaltet wird, aus dem gleichen Grunde aber entscheidet über viele Dinge auch die große Menge richtiger als ein einzelner, er sei wer er sei" (Aristoteles 2009, S. 167).
[10] Und das auch außerhalb der Philosophie, zum Beispiel von Elster und Harsanyi, die darlegen, dass ihre Konzepte aus dem gesunden Menschenverstand folgen (Schwettmann 2009, S. 21).

demisch relativ homogenen Gruppe anzugehören scheinen. Sie sind (zumindest in diesem Fall) also gerade nicht (im Gegensatz zu Laien) frei von ungewollten Verzerrungen.[11] Zu ähnlichen Ergebnissen kommen neben Weinberg und Kollegen (2010) auch Machery und Kollegen (2004, 2013), die die Bedeutung von kulturellen und sozioökonomischen Hintergründen darlegen, sowie Nichols und Kollegen (2003), die den Einfluss des Bildungshintergrunds hervorheben. Demzufolge würde Expertise kein hinreichendes Kriterium für die Güte von Intuitionen darstellen. – Einen Überblick über Versuche, normative Theorien empirisch zu informieren, liefern Appiah (2008), Knobe und Nichols (2008) sowie Alfano und Loeb (2017). Darüber hinaus argumentieren Knobe und Nichols (2008, S. 12), dass die Muster, die in den Intuitionen der Menschen zu finden sind, auf wichtige Erkenntnisse darüber hinweisen können, wie der Verstand funktioniert, und dass diese Erkenntnisse wiederum große Bedeutung für traditionelle philosophische Fragen erlangen können.

Ein weiterer möglicher Beitrag von empirischer Forschung für ethische Theorie mag darin liegen, bisher nicht erkannte moralische Probleme zu identifizieren oder praktische Dilemmata aufzuzeigen, die auf Defizite in bereits formulierten ethischen Theorien hinweisen können (Braddock 1994, de Vries und Gordijn 2009). Eine solche Identifikation moralisch relevanter Probleme (Salloch et al. 2015, S. 6) kann zum Beispiel im Bereich der Biologie und Medizin beobachtet werden: Man braucht einen Begriff der „Stammzelle", um die damit verbundenen moralischen Probleme allererst erkennen und reflektieren zu können. Der Terminus selbst taucht zwar mit Ernst Haeckel bereits in der zweiten Hälfte des 19. Jahrhunderts auf, wo damit (zunächst und unter anderem) einzellige Vorfahren aller mehrzelligen Organismen gemeint sind (Ramalho-Santos und Willenbring 2007), aber erst der Zugriff durch die Zellforschung, eine empirische Wissenschaft, eröffnet das Konzept und mit ihm das technisch-medizinische Potential, vor dessen Hintergrund sich die aktuell debattierten ethischen Kontroversen überhaupt entfalten konnten.

Empirische Forschung kann des Weiteren auch dazu dienen, empirische Annahmen in bestehenden normativen Theorien zu falsifizieren oder empirische Fakten für weitere normative Theorien zu liefern (Salloch et al. 2015, S. 6). Mit neuen empirischen Methoden können Annahmen, die in der Vergangenheit zu normativen Fragen getroffen wurden, neu untersucht werden: In Anlehnung an

---

11 Sie stellen fest: „[…] contrary to what is commonly assumed by armchair philosophers, the epistemic intuitions of trained philosophers are susceptible to a linguistic background effect" (Vaesen, Peterson und van Bezooijen 2013, S. 560). Für die daraus resultierende doxastische Diversifikation und das Problem, das diese möglicherweise für den moralischen Realismus darstellt, siehe Doris et al. (2017).

diesen Gedanken stellte von Kutschera (1988, S. 670) fest: „Läßt sich etwa das Menschenbild nicht aufrecht erhalten, das unsere ethischen Maximen voraussetzen, so sind auch diese zu revidieren". Ein Beispiel für solche Bemühungen, Prämissen ethischer Theorien zu testen, findet sich in Bezug auf John Rawls' (2005) *Theory of Justice*, in der gewisse Annahmen über menschliches Urteilen und Verhalten getroffen werden: In empirischen Untersuchungen wird versucht, die in der Theorie vorausgesetzte Position hinter einem „Schleier der Unwissenheit" in einer Laborsituation möglichst ideal nachzustellen, um ihre tatsächlichen Auswirkungen zu untersuchen und die Ergebnisse mit den theoretischen Annahmen von Rawls zu vergleichen (Fröhlich und Oppenheimer 2002).[12] Andere Untersuchungen befassen sich etwa aus empirischer Perspektive mit Gerechtigkeitsvorstellungen (Cappelen et al. 2007, 2013, Deutsch 1975, Konow 2003, 2009, Miller 1992, Swift 2003, Traub et al. 2005). Dieses Vorgehen ist freilich nicht beschränkt auf Fragen der ethischen Theorie, sondern kann in den verschiedensten Domänen zur Untersuchung von stillschweigend angenommenen empirischen Voraussetzungen eingesetzt werden. So haben Kahnemann und Kollegen (1986) beispielsweise mit dem Vertrauensspiel (*dictator game*) die Maximierungsannahme der ökonomischen Theorie einer empirischen Prüfung unterzogen (Engel 2011, S. 26). Ferner wird in den Politikwissenschaften zum Beispiel die Rolle der Deliberation, etwa zur Wahrheitsfindung, empirisch untersucht (Habermas 2006, Chambers 2005).

Schließlich gibt es auch eine Reihe von pragmatischen Überlegungen, die hinsichtlich der Verwendung empirischer Methoden oder Daten in den Blick genommen werden können. Geht man davon aus, dass eine normative Theorie gebildet wird, um schließlich in Praxis zu münden, dann gilt es letztlich auch, Akzeptanz für sie zu finden. Hier können die Ergebnisse empirischer Studien Erkenntnisse über mögliche Schwierigkeiten oder Missverständnisse bei der allgemeinen Öffentlichkeit liefern (Williams 1985), indem sie das Verhältnis einer Theorie zu existierenden moralischen Normen beleuchten, um Aussagen über die praktische Umsetzbarkeit oder ihre Akzeptanz treffen zu können (de Vries und Gordijn 2009). Neben dieser Ex-ante-Perspektive gibt es auch eine Ex-post-Perspektive: Werden Maßnahmen, etwa durch die Politik, implementiert, um vor einem moralischen Hintergrund gewisse Handlungsweisen zu fördern, lässt sich im Nachhinein der Erfolg solcher Vorhaben evaluieren (Sugarman und Sulmasy 2001, Salloch et al. 2015).

---

[12] Rawls (1974–1975) freilich war daran gelegen, seine Theorie als unabhängig von solchen Untersuchungen darzustellen.

Entsprechend solchen Überlegungen finden an der Grenze von empirischer Forschung und normativer Theorie neue Entwicklungen statt, die auf eine Synthese von empirischen Methoden und normativen Fragen zielen, etwa mit dem Aufkommen von Experimenteller Philosophie oder empirisch informierter Ethik.

Erstere, die Experimentelle Philosophie, versteht sich als ein neuer interdisziplinärer Ansatz, der mit der Verwendung von Methoden, die zum Beispiel aus der empirischen Sozialforschung adaptiert werden, philosophische Fragestellungen erhellen möchte. Philosophische Konzepte, die sonst vorrangig durch die Introspektion und Reflexionen eines Denkers oder durch weniger systematische empirische Herangehensweisen behandelt werden, sollen beispielsweise durch systematische Umfragen untersucht werden, in denen häufig die Intuitionen von Laien zu den fraglichen Konzepten abgefragt werden, um dadurch auch Einsichten zu gewinnen, die die theoretische Reflexion befördern können (für einen methodischen Überblick siehe Sytsma und Livengood 2015). Einige Autoren argumentieren, dass dieses Vorgehen weniger ein grundlegend neues Herangehen sei (wie es unter anderem verstanden wird von Appiah 2007, Lackman 2006) als vielmehr eine gewissermaßen konsequente Weiterführung dessen, was geschichtlich ohnehin als Einheit von empirischer Forschung und philosophischem Denken schon vorgedacht gewesen sei (Knobe et al. 2012).

Vor dem Hintergrund, dass Intuitionen eine wichtige Rolle für philosophische Reflexionen spielen und oft als bedeutende Quelle für Evidenz gelten (Knobe et al. 2012, S. 82), scheint es hier nur konsequent, auch die Intuitionen von Laien in die Betrachtung miteinzubeziehen. Dies gilt insbesondere auch, da es – wie oben bereits erwähnt – Hinweise darauf gibt, dass die Intuitionen von Experten solchen von Laien nicht grundsätzlich überlegen, sondern ebenso von Verzerrungen betroffen sind. Mehr noch, Annahmen über Intuitionen, die in theoretischen Arbeiten getroffen werden, können – bis zu einem gewissen Grad – in kontrollierten Experimenten überprüft werden. Experimentelle Philosophen gehen daher davon aus, dass es nicht förderlich ist, eine strikte Trennung zum Beispiel zwischen Philosophie und Psychologie aufrechtzuerhalten (Knobe et al. 2012, S. 82). Dabei wird – wie Knobe und Kollegen (2012) verdeutlichen – bereits eine ganze Reihe philosophischer Probleme empirisch untersucht, darunter die Objektivität moralischer Propositionen (Beebe und Sackris 2010, Brink 1989, Goodwin und Darley 2008, Mackie 1977, Nichols 2004a, Shafer-Landau 2003, Smith 1994), der freie Wille und sein Verhältnis zu deterministischen Konzepten (Nichols und Knobe 2007, Weigel 2011, Feltz und Cokely 2009, Nahmias, Coates und Kvaran 2007, Nahmias und Murray 2010), Wissen (Machery et al. 2017, Mukerji 2016, Weinberg, Nichols und Stich 2001, Swain, Alexander und Weinberg 2008, Nagel, Juan und Mar 2013, Kim und Yuan 2015), Kohärenz (Koscholke und Jekel 2016, Schippers und Koscholke 2019), Bewusstsein (Gray, Gray und Wegner 2007, Gray und Wegner

2009, 2010, Johnson 2003, Knobe 2011, Knobe und Prinz 2008, Sytsma und Machery 2009) und natürliche Arten (Pinder 2017). Vor dem Hintergrund dieser Arbeiten entstehen auch neue methodische Konzepte, so wie das der experimentellen Explikation (Schupbach 2017).

Zweitere, die empirisch informierte Ethik (z. B. Lütge, Rusch und Uhl 2014), kann vielleicht verstanden werden als eine Reaktion auf das verstärkte Aufkommen von empirischen Publikationen zur Moral, das von Ethikern sehr verschieden aufgenommen wurde. Diejenigen, die solchen empirischen Untersuchungen offen gegenüberstehen und ihnen eine gewisse Relevanz für ihr Denken zusprechen, argumentieren unter anderem, dass Moral in der Tat zwischen Fakten und Normen angesiedelt sei (Christen et al. 2014). Die aus empirischen Untersuchungen zur Moral gewonnenen Einsichten könnten dementsprechend genutzt werden, etwa hinsichtlich der Begründung von normativen Theorien (Nichols 2004b), um die Relevanz von Intuitionen zu unterminieren (Singer 2005) oder um die Kontextsensitivität von Theorien zu verbessern (Musschenga 2005). Dabei wird nicht nur die Relevanz empirischer Ergebnisse für die normative Theorie stark gemacht, sondern diese Relevanz auch in umgekehrter Richtung eingefordert: „Da die empirische Moralforschung ein Verständnis von ihrem Gegenstand immer schon voraussetzen muss, könne daher für sie der Austausch mit der Ethik und die Rezeption der dort gewonnenen Einsichten befruchtend sein" (Fischer und Gruden 2010, S. 8).

Fischer und Gruden deuten damit bereits an, dass nicht nur empirische Erkenntnisse in die Bildung und Bewertung ethischer Theorien eingehen können, sondern dass auch normative Theorie einen Einfluss auf empirische Forschung hat. Im Folgenden sollen daher abschließend mögliche systematische Zusammenhänge zwischen empirischer Forschung und normativer Theorie untersucht werden, um die Breite des Spektrums zu illustrieren, das hinter unseren anfangs aufgeworfenen Fragen liegt.

4 Bestimmungsversuche zum Verhältnis von Seiendem und Sollendem sowie empirischer Forschung und normativer Theorie

Bei näherer Betrachtung fallen eine Reihe von Interdependenzen zwischen Normativität und Empirie, hier im allgemeinen Sinne von Sollendem und Seiendem, sowie zwischen normativer Theorie und empirischer Forschung ins Auge, die hier – überwiegend im *modus potentialis*, zudem vereinfacht und ohne Anspruch auf Vollständigkeit – als zwölf Thesen aufgeführt werden sollen:

(1) Sollendes kann bezogen sein auf Seiendes.
(2) Empirische Forschung kann Sollendes in Form von empirisch vorfindlichen Urteilen untersuchen.
(3) Seiendes kann empirisch vorfindliche Urteile über Sollendes enthalten.
(4) Empirische Forschung kann in normative Theorie eingehen.
(5) Normative Theorien können Sollendes untersuchen. Sie stellen dabei zugleich selbst Sollendes dar.
(6) Sollendes kann normative Theorien beeinflussen.
(7) Normative Theorien können bezogen sein auf Seiendes. Sie stellen dabei zugleich selbst Seiendes dar.
(8) Seiendes kann normative Theorien beeinflussen.
(9) Empirische Forschung kann Seiendes untersuchen. Sie stellt dabei zugleich selbst Seiendes dar.
(10) Sollendes kann empirische Forschung beeinflussen.
(11) Seiendes kann Gegenstand von empirischer Forschung sein.
(12) Normative Theorie kann empirische Forschung beeinflussen.

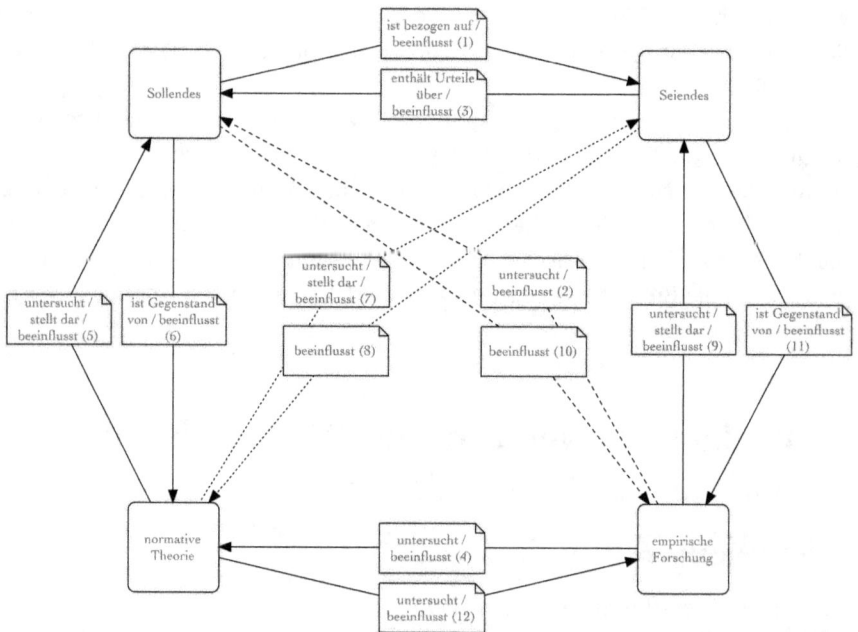

Abb. 1: Interdependenzen zwischen empirischer Forschung und normativer Theorie sowie Seiendem und Sollendem

Seiendes – all jenes, was durch sein In-der-Welt-Sein gegeben ist, zum Beispiel als Gegenstand oder Tatsache – ist die vielleicht weiteste Kategorie in diesem Zusammenhang. Sie mag auch das inkorporieren, was als empirische Forschung sowie als normative Theorie in der Welt ist. Ob es dagegen „normative Tatsachen" gibt, ist strittig (z. B. Ayer 1936, Stevenson 1937). In der Regel ist Sollendes hier von Seiendem (ontisch) geschieden.

Sollendes bezieht sich häufig auf Seiendes (1). Am Beispiel der Moral lässt sich das verdeutlichen: Sie wird erst durch empirische Gegebenheiten nötig und zielt wiederum auf eine Beeinflussung eben jener Gegebenheiten.[13] Moral ist in einem sozialen Kontext verortet; zwischen Handlungen, Urteilen, Verhandlungen und anderen Interaktionen von sozialen Wesen. Dabei leitet Normativität Gedanken, Gefühle, Deliberation und Verhalten von Menschen, wodurch sie wiederum in die empirische Erfahrungswirklichkeit hineinwirkt (Christen und Alfano 2014). Moralische Fragen sind in der Regel konzeptuell verbunden mit dieser empirischen Welt; sie operieren mit Fakten und Konzepten, die moralische Probleme allererst artikulierbar machen.[14] Verlässt man den Bereich der Moralität, ließe sich – im Geiste Aristoteles' – mit Christen und Alfano (2014) argumentieren, dass Normativität selbst in die basalsten empirisch erfahrbaren Strukturen des Lebens eingewoben ist. Jede Lebensform – seien es Pflanzen, Bakterien oder Menschen – verfügt über so etwas wie angestrebte Zustände vor dem Hintergrund von grundlegenden Bedarfen oder Gefahren, sowie über Sensoren, um diese zu erkennen und Handlungen, um das Angestrebte zu erreichen oder Gefahren zu vermeiden. In diesem *Telos*, dem Sollen vor dem Hintergrund eines Noch-nicht-so-Seins in der empirischen Wirklichkeit, findet sich hier das Normative.

In jüngerer Zeit ist Normativität auch häufig zum Gegenstand von empirischer Forschung geworden (2). Moralische Urteile (3), so eine mögliche These hinter dieser Forschung, sind nicht autonom, sondern abhängig von Bedingungen, zum Beispiel historischen oder psychischen. Geht man außerdem davon aus, dass normative Theorie in geschichtliche Bewegungen eingebunden ist (Ellmers und Elbe 2011), mag empirische Forschung, in Form zum Beispiel von historischer Untersuchung (4), auch einen Beitrag dazu leisten können, die historische Bedingtheit normativer Theoriebildung zu verstehen. Vor diesem Hintergrund kön-

---

13 Hier mag einem exemplarisch Hans Jonas' (1979) *Das Prinzip Verantwortung* in den Sinn kommen oder auch die programmatische Äußerung Rosa Luxemburgs (1972, S. 36): „Wie Lassalle sagte, ist und bleibt die revolutionärste Tat, immer ‚das laut zu sagen, was ist'".
14 Dabei kann versucht werden, normative Fragen auf Sachfragen zurückzuführen (Christen und Alfano 2014). Hinter solchen Sachfragen, die zunächst frei von Normativität zu sein scheinen, können sich dann allerdings wiederum normative Annahmen verbergen; man denke hier an krypto-normative, implizite Werturteile (Albert 1965).

nen normative Theorien als Kind ihrer Zeit verstanden werden; ihre Entstehung ist eingebunden in die Erfahrungswirklichkeit der Theoretiker.[15]

Normative Theorie untersucht und bestimmt Sollendes (5), dabei unterliegt sie in ihrer Entwicklung selbst normativen Annahmen (6) darüber, was gute normative Theorien ausmacht. Man denke hier an Forderungen wie jene der Widerspruchsfreiheit. Außerdem stoßen normative Theorien die Entwicklung neuer normativer Theorien an, etwa, um die ursprünglichen zu kritisieren oder affirmativ weiterzuentwickeln. Sie sind dabei, wie Sollendes generell, bezogen auf Seiendes (7). Vor diesem Hintergrund können sie auch die Ergebnisse empirischer Forschung aufnehmen (4). Normative Theoriebildung kann außerdem mit ähnlichen methodischen Problemen zu kämpfen haben wie empirische Forschung (8): So mag auch hier ein Theoretiker gewissen kognitiven Verzerrungen unterliegen, wenn er sich Methoden wie der Introspektion oder der Begriffsanalyse bedient beziehungsweise seine Intuitionen als Begründungsmoment heranzieht. Wie bei empirischer Forschung kann auch hier der Zeitgeist einen Einfluss auf die Theoriefindung ausüben.

Darüber hinaus können normative Theorien freilich auch zu neuer empirischer Forschung führen (4). Etwa, um die gesellschaftliche Akzeptanz von Theorien auf den Prüfstand zu stellen oder um die Grundannahmen einer Theorie, etwa zur Natur des Menschen, zu untersuchen.

Empirische Forschung wiederum untersucht Seiendes (9). Es zeigt sich, dass sie schwerlich autonom sein kann: Empirische Forschungsvorhaben sind beeinflusst von normativen Vorstellungen darüber (10), was gute Forschung ist; Wissenschaftstheorie untersucht, wie empirische Forschung methodisch zu funktionieren hat und was innerhalb und außerhalb ihrer legitimen Möglichkeiten liegt oder als (zum Beispiel auch moralisch) akzeptable Forschungsfrage oder -methode gilt (12). Man denke hier zum Beispiel an Kuhns (1962) Konzept der Forschungsparadigmen. Auch der Zeitgeist kann durch geltende Normen auf die Entstehung von empirischer Forschung wirken (11). Empirische Forschung zieht dabei außerdem weitere empirische Forschung nach sich, etwa, um ihre Ergebnisse in Replikationsversuchen zu überprüfen, oder weil sich aus ihnen neue Forschungsfragen ergeben. Außerdem kann der Forschungsprozess als Seiendes selbst Gegenstand reflexiver empirischer Forschung werden (11).

Schließlich kann empirische Forschung auch neue normative Debatten eröffnen (4). Dies zeigt sich deutlich an einem historischen Beispiel aus dem Be-

---

15 Gleich, ob ein solches Unterfangen philosophisch (etwa bei Nietzsche 1999) oder empirisch in Angriff genommen wird, bleibt der Versuch, die Phylogenese der Moral zu entschlüsseln, immer auch stark beeinflusst von dem eigenen Vorverständnis (Christen 2010).

reich Physik und Technik: 1939 schreibt Albert Einstein einen folgenschweren Brief an den damaligen Präsidenten der Vereinigten Staaten, Franklin Roosevelt, in dem er eindringlich vor den Folgen warnt, sollte es dem nationalsozialistischen Deutschland gelingen, eine Atomwaffe zu entwickeln. Dieser Brief – in Kombination auch mit weiterem Drängen von Einstein und Kollegen, den Deutschen in der Entwicklung einer Atomwaffe zuvor zu kommen – trug zur Gründung des Manhattan-Projekts bei. Erst nach den Schrecken von Hiroshima und Nagasaki wurden sich Einstein und viele andere der Folgen ihrer Bemühungen bewusst, was schließlich zur Gründung des *Komitees zur Verhütung eines Atomkrieges* führte (Green 2015). In ähnlicher Weise wandten sich in den 1960er Jahren viele namenhafte deutsche Physiker, unter anderem Carl Friedrich von Weizsäcker und Werner Heisenberg, mit dem Appell an die Öffentlichkeit, Forschungsergebnisse aus der Kernphysik nicht zum Zwecke der Aufrüstung der Bundeswehr zu nutzen (Wetzel 2004, S. 467 f.; siehe auch Heisenberg 1969, Lorenz 2011). Solche Debatten wirkten auch prominent in die Literatur hinein, zum Beispiel mit Dürrenmatts (1962) *Die Physiker*.

Diese Verquickung von empirischer Forschung und normativen Überlegungen zeigt sich beispielsweise auch im psychologischen Kontext. Die *American Psychiatric Association* hat 1973 als Reaktion auf eine Kontroverse um die Veröffentlichung psychiatrischer Diagnosen hinsichtlich des Präsidentschaftskandidaten Barry Goldwater verkündet, dass es unethisch sei, einen Menschen aus der Ferne zu diagnostizieren und eine solche Diagnose öffentlich zu machen. Bis heute beruft man sich auf diese Goldwater-Regel (American Psychiatry Association 2013). Nichtsdestotrotz wird mit ihr auch immer wieder gebrochen: Im Februar 2017 haben Lance Dodes und Joseph Schachter einen öffentlichen Brief an die *New York Times* verfasst, der von 33 weiteren Kollegen unterzeichnet ist. Sein Inhalt: Annahmen über den psychischen Gesundheitszustand von Donald Trump, dem amtierenden Präsidenten der Vereinigten Staaten (Dodes und Schachter 2017). Mit *The Dangerous Case of Donald Trump* (Lee 2017) haben 27 Wissenschaftler ihre fachliche Einschätzung zu selbigem außerdem als Buch publiziert. Eine der Annahmen dahinter mag sein, dass Fachwissen auch Verantwortung für die Gesellschaft birgt. Entsprechend zitiert *Die Zeit* die Psychologin Sabine Herperz: „Man darf sich in solch bedrohlichen Situationen, auf die wir zusteuern könnten, nicht auf wissenschaftliche Neutralität zurückziehen. Deswegen habe ich mich entschieden, Stellung zu beziehen" (Schweitzer 2017, Abs. 10).[16]

---

[16] In diesem generellen Zusammenhang mag man auch an die aktuelle Problematisierung des Klimawandels denken, wenn sich Wissenschaftler berufen fühlen, öffentlich Stellung zu beziehen, wie zum Beispiel Schellnhuber: „Natürlich wäre mein Leben leichter, wenn ich einfach nur

Hiermit mag das komplexe Beziehungsgeflecht, mit dem wir es zu tun haben, versuchsweise angedeutet sein. Vor seinem Hintergrund entfalten die eingangs gestellten Fragen neues Gewicht: Sind diese Bereiche tatsächlich so trennscharf voneinander zu scheiden? Verspricht eine Verbindung derselben fruchtbar zu sein? Welche Einflüsse von Normativität oder normativer Theorie wirken im Empirischen oder in empirischer Forschung? Welche Einflüsse von Empirischem oder von empirischer Forschung wirken in normativen Urteilen oder Theorien? Welche normativen Aspekte soll empirische Forschung berücksichtigen? Welche empirischen Erkenntnisse soll normative Theorie berücksichtigen? Einige dieser Fragen werden in diesem Band aufgegriffen und kontrovers diskutiert, um zu der schwierigen Grenzbestimmungen zwischen Sein und Sollen beizutragen.

Literatur

Adorno, Theodor; Albert, Hans; Dahrendorf, Ralf; Habermas, Jürgen; Pilot, Harald und Popper, Karl (1976): *The Positivist Dispute in German Sociology*. London: Heinemann.

Adorno, Theodor (1997): „Die Aktualität der Philosophie". In: ders.: *Gesammelte Schriften*. Bd. 1: *Philosophische Frühschriften*. Frankfurt am Main: Suhrkamp. S. 325–344.

Albert, Hans (1965): „Wertfreiheit als methodisches Prinzip. Zur Frage der Notwendigkeit einer normativen Sozialwissenschaft". In: Topitsch, Ernst (Hrsg.): *Logik der Sozialwissenschaften*. Köln: Kiepenheuer & Witsch. S. 181–210.

Albert, Hans (1972): *Ökonomische Ideologie und politische Theorie*. Göttingen: Otto Schwartz.

Alfano, Mark und Loeb, Don (2017): „Experimental Moral Philosophy". In: Zalta, Edward (Hrsg.): *The Stanford Encyclopedia of Philosophy*. https://plato.stanford.edu/archives/fall2017/entries/experimental-moral/, abgerufen am 22. November 2018.

American Psychiatric Association (Hrsg.) (2013): *The Principles of Medical Ethics. With Annotations Especially Applicable to Psychiatry*. Arlington: American Psychiatric Association.

Apel, Karl-Otto (1988): *Diskurs und Verantwortung. Das Problem des Übergangs zur postkonventionellen Moral*. Frankfurt am Main: Suhrkamp.

Appiah, Kwame (2007): „The New New Philosophy". In: *The New York Times*. https://www.nytimes.com/2007/12/09/magazine/09wwln-idealab-t.html, abgerufen am 14. November 2018.

Appiah, Kwame (2008): *Experiments in Ethics*. Cambridge: Harvard University Press.

Studie auf Studie häufen würde. Aber als Wissenschaftler bin ich auch Gewissenschaftler – ich sehe mich in der Verantwortung, nicht bloß mit anderen Forschern unsere Erkenntnisse zu teilen. Sondern mit all jenen, die von den Folgen des Klimawandels am Ende betroffen sein werden. Und in deren Macht es steht, ihn zu stoppen" (Potsdam-Institut für Klimafolgenforschung 2015, Abs. 3). Schon 1986 zitierte der *Spiegel* Sherwood Rowland: „Was nützt eine Wissenschaft, die hinlänglich zuverlässige Vorhersagen machen kann, wenn alle nur herumstehen und warten, daß die Prognosen auch eintreffen?" (o. V. 1986, S. 134).

Arendt, Hannah (2016): „Sokrates". In: dies.: *Sokrates. Apologie der Pluralität.* Berlin: Matthes & Seitz. S. 34–85.
Aristoteles (2000). *Metaphysik. Schriften zur Ersten Philosophie.* Stuttgart: Reclam.
Aristoteles (2009): *Politik.* Reinbek bei Hamburg: Rowohlt.
Ayer, Alfred (1936): *Language, Truth and Logic.* London: Victor Gollancz.
Bar-Hillel, Maya und Yaari, Menahem (1993): „Judgments of Distributive Justice". In: Mellers, Barbara und Baron, Jonathan (Hrsg.): *Psychological Perspectives on Justice. Theory and Applications.* Cambridge: Cambridge University Press. S. 55–84.
Bauer, Alexander Max und Meyerhuber, Malte Ingo (2020): „Two Worlds on the Brink of Colliding. On the Relationship Between Empirical Research and Normative Theory". In: dies. (Hrsg.): *Empirical Research and Normative Theory. Transdisciplinary Perspectives on Two Methodical Traditions Between Separation and Interdependence.* Berlin und Boston: Walter de Gruyter.
Beebe, James und Buckwalter, Wesley (2010): „The Epistemic Side-Effect Effect". In: *Mind & Language* 25 (4), S. 474–498.
Bracher, Katharina (2018): „Diese beiden Frauen verhelfen Ihnen zu besserem Sex". In: *NZZ am Sonntag.* https://nzzas.nzz.ch/gesellschaft/diese-beiden-frauen-verhelfen-ihnen-zu-besserem-sex-ld.1359722, abgerufen am 9. November 2018.
Braddock, Clarence (1994): „The Role of Empirical Research in Medical Ethics. Asking Questions or Answering Them?". In: *The Journal of Clinical Ethics* 5 (2), S. 144–147.
Brink, David (1989): *Moral Realism and the Foundations of Ethics.* Cambridge: Cambridge University Press.
Cappelen, Alexander; Hole, Astri; Sørensen, Erik und Tungodden, Bertil (2007): „The Pluralism of Fairness Ideals. An Experimental Approach". In: *American Economic Review* 97 (3), S. 818–827.
Cappelen, Alexander; Moene, Karl; Sørensen, Erik und Tungodden, Bertil (2013): „Needs Versus Entitlements. An International Fairness Experiment". In: *Journal of the European Economic Association* 11 (3), S. 574–598.
Carrier, Richard (2011): „Moral Facts Naturally Exist (and Science Could Find Them)". In: Loftus, John (Hrsg.): *The End of Christianity.* Amherst: Prometheus Books. S. 333–364.
Cassiodor (2003): *Institutiones divinarum et saecularium litterarum. Einführung in die geistlichen und weltlichen Wissenschaften.* Bd. 2. Freiburg im Breisgau: Herder.
Chambers, Simone (2005): „Measuring Publicity's Effect. Reconciling Empirical Research and Normative Theory". In: *Acta Politica* 40 (2), S. 255–266.
Christen, Markus (2010): „Naturalisierung von Moral? Einschätzung des Beitrags der Neurowissenschaft zum Verständnis moralischer Orientierung". In: Fischer, Johannes und Gruden, Stefan (Hrsg.): *Die Struktur der moralischen Orientierung. Interdisziplinäre Perspektiven.* Berlin: LIT Verlag. S. 49–123.
Christen, Markus und Alfano, Mark (2014): „Outlining the Field. A Research Program for Empirically Informed Ethics". In: Christen, Markus; van Schaik, Carel; Fischer, Johannes; Huppenbauer, Markus und Tanner, Carmen (Hrsg.): *Empirically Informed Ethics. Morality Between Facts and Norms.* Cham: Springer. S. 3–27.
Christen, Markus; van Schaik, Carel; Fischer, Johannes; Huppenbauer, Markus und Tanner, Carmen (2014): „Introduction. Bridging the Is-Ought-Dichotomy". In: dies. (Hrsg.): *Empirically Informed Ethics. Morality Between Facts and Norms.* Cham: Springer. S. IX-X.

Dahms, Hans-Joachim (1994): *Positivismusstreit. Die Auseinandersetzungen der Frankfurter Schule mit dem logischen Positivismus, dem amerikanischen Pragmatismus und dem kritischen Rationalismus*. Frankfurt am Main: Suhrkamp.

de Vries, Ron und Gordijn, Bert (2009): „Empirical Ethics and Its Alleged Meta-Ethical Fallacies". In: *Bioethics* 23 (4), S. 193–201.

Descartes, René (1983): *Principia philosophiae. Principles of Philosophy*. Dordrecht: Reidel.

Deutsch, Morton (1975): „Equity, Equality and Need. What Determines Which Value Will Be Used as the Basis of Distributive Justice?". In: *Journal of Social Issues* 31 (3), S. 137–149.

Dilthey, Wilhelm (2013): *Einleitung in die Geisteswissenschaften. Versuch einer Grundlegung für das Studium der Gesellschaft und ihrer Geschichte*. Berlin: Holzinger.

Dodes, Lance und Schachter, Joseph (2017): „A Mental Health Warning on Trump". In: *The New York Times*. https://www.nytimes.com/2017/02/13/opinion/mental-health-professionals-warn-about-trump.html, abgerufen am 6. November 2018.

Doris, John; Stich, Stephen; Phillips, Jonathan und Walmsley, Lachlan (2017): „Moral Psychology. Empirical Approaches". In: Zalta, Edward (Hrsg.): *The Stanford Encyclopedia of Philosophy*. https://plato.stanford.edu/entries/moral-psych-emp/, abgerufen am 7. November 2018.

Dürrenmatt, Friedrich (2001): *Die Physiker*. Zürich: Diogenes.

Ebert, Vince (2018): „Was wäre, wenn Wissenschaft moralisch wäre?". In: *Spektrum*. https://www.spektrum.de/kolumne/was-waere-wenn-wissenschaft-moralisch-waere/1551994, abgerufen am 1. November 2018.

Elberfeld, Rolf (2012): „Einleitung". In: ders. (Hrsg.): *Was ist Philosophie? Programmatische Texte von Platon bis Derrida*. Stuttgart: Reclam. S. 13–15.

Ellmers, Sven und Elbe, Ingo (2011): „Vorwort". In: dies. (Hrsg.): *Die Moral in der Kritik. Ethik als Grundlage und Gegenstand kritischer Gesellschaftstheorie*. Würzburg: Königshausen & Neumann. S. 7–10.

Engel, Christoph (2011): „Dictator Games. A Meta Study". In: *Experimental Economics* 14 (4), S. 583–610.

Feltz, Adam und Cokely, Edward (2009): „Do Judgments About Freedom and Responsibility Depend on Who You Are? Personality Differences in Intuitions About Compatibilism and Incompatibilism". In: *Consciousness and Cognition* 18 (1), S. 342–350.

Fischer, Johannes und Gruden, Stefan (Hrsg.) (2010): *Die Struktur der moralischen Orientierung. Interdisziplinäre Perspektiven*. Münster: LIT Verlag.

Fröhlich, Norman und Oppenheimer, Joe (2002): „Empirical Approaches to Normative Theory". In: *Political Economy of the Good Society* 11 (2), S. 27–32.

Gächter, Simon und Riedl, Arno (2006): „Dividing Justly in Bargaining Problems With Claims. Normative Judgments and Actual Negotiations". In: *Social Choice and Welfare* 27 (3), S. 571–594.

Glymour, Clark (1980): *Theory and Evidence*. Princeton: Princeton University Press.

Goodwin, Geoffrey und Darley, John (2008): „The Psychology of Meta-Ethics. Exploring Objectivism". In: *Cognition* 106 (3), S. 1339–1366.

Gould, Stephen (1997): „Nonoverlapping Magisteria". In: *Natural History* 106 (2), S. 16–22.

Gray, Heather; Gray, Kurt und Wegner, Daniel (2007): „Dimensions of Mind Perception". In: *Science* 315 (5812), S. 619.

Gray, Kurt und Wegner, Daniel (2009): „Moral Typecasting. Divergent Perceptions of Moral Agents and Moral Patients". In: *Journal of Personality and Social Psychology* 96 (3), S. 505–520.
Gray, Kurt und Wegner, Daniel (2010): „Blaming God for Our Pain. Human Suffering and the Divine Mind". In: *Personality and Social Psychology Review* 14 (1), S. 7–16.
Green, Jim (2015): „Albert Einstein on Nuclear Weapons". In: *Nuclear Monitor* 802 (4466), S. 7–8.
Habermas, Jürgen (1983): *Moralbewußtsein und kommunikatives Handeln*. Frankfurt am Main: Suhrkamp.
Habermas, Jürgen (2006): „Political Communication in Media Society. Does Democracy Still Enjoy an Epistemic Dimension? The Impact of Normative Theory on Empirical Research". In: *Communication Theory* 16 (4), S. 411–426.
Hare, Richard (1991): *The Language of Morals*. Oxford: Oxford University Press.
Harman, Gilbert (1965): „The Inference to the Best Explanation". In: *Philosophical Review* 74 (1), S. 88–95.
Harris, Sam (2010): *The Moral Landscape. How Science Can Determine Human Values*. New York: Free Press.
Hedenstierna-Jonson, Charlotte; Kjellström, Anna; Zachrisson, Torun; Krzewińska, Maja; Sobrado, Veronica; Price, Neil; Günther, Torsten; Jakobsson, Mattias; Götherström, Anders und Storå, Jan (2017): „A Female Viking Warrior Confirmed by Genomics". In: *American Journal of Physical Anthropology* 164 (4), S. 853–860.
Heidegger, Martin (2006): *Was ist Metaphysik?* Frankfurt am Main: Vittorio Klostermann.
Heisenberg, Werner (1969): *Der Teil und das Ganze. Gespräche im Umkreis der Atomphysik*. München: Piper.
Herrero, Carmen; Moreno-Ternero, Juan und Ponti, Giovanni (2010): „On the Adjudication of Conflicting Claims. An Experimental Study". In: *Social Choice and Welfare* 34 (1), S. 145–179.
Hossenfelder, Sabine (2018): *Das hässliche Universum. Warum unsere Suche nach Schönheit die Physik in die Sackgasse führt*. Frankfurt am Main: S. Fischer.
Hume, David (1960): *A Treatise of Human Nature*. Oxford: Clarendon Press.
Hunter, James und Nedelisky, Paul (2018): *Science and the Good. The Tragic Quest for the Foundations of Morality*. New Haven und London: Yale University Press.
Johnson, Susan (2003): „Detecting Agents". In: *Philosophical Transactions of the Royal Society of London B, Biological Sciences* 358 (1431), S. 549–559.
Jonas, Hans: *Das Prinzip Verantwortung. Versuch einer Ethik für die technologische Zivilisation*. Frankfurt am Main: Suhrkamp.
Jung, Thomas (2017): *Nachlese. Fermente Kritischer Theorie*. Köln: PapyRossa.
Kahneman, Daniel; Knetsch, Jack und Thaler, Richard (1986): „Fairness and the Assumptions of Economics". In: *Journal of Business* 59 (4), S. 285–300.
Kant, Immanuel (2003): *Kritik der praktischen Vernunft*. Hamburg: Felix Meiner.
Kauppinen, Antti (2007): „The Rise and Fall of Experimental Philosophy". In: *Philosophical Explorations* 10 (2), S. 95–118.
Kauppinen, Antti (2014): „Ethics and Empirical Psychology. Critical Remarks to Empirically Informed Ethics". In: Christen, Markus; van Schaik, Carel; Fischer, Johannes; Huppenbauer, Markus und Tanner, Carmen (Hrsg.): *Empirically Informed Ethics. Morality Between Facts and Norms*. Cham: Springer. S. 279–305.

Kelly, Kevin (2007): „A New Solution to the Puzzle of Simplicity". In: *Philosophy of Science* 74 (5), S. 561–573.
Kim, Minsun und Yuan, Yuan (2015): „No Cross-Cultural Differences in the Gettier Car Case Intuition. A Replication Study of Weinberg et al. 2001". In: *Episteme* 12 (3), S. 355–361.
Knobe, Joshua (2011): „Finding the Mind in the Body". In: Brockman, Max (Hrsg.): *Future Science. Essays From the Cutting Edge*. New York: Vintage. S. 184–196.
Knobe, Joshua; Buckwalter, Wesley; Nichols, Shaun; Robbins, Phillip; Sarkissian, Hagop und Sommers, Tamler (2012): „Experimental Philosophy". In: *Annual Review of Psychology* 63 (1), S. 81–99.
Knobe, Joshua und Nichols, Shaun (2008): *Experimental Philosophy*. New York: Oxford University Press.
Knobe, Joshua und Prinz, Jesse (2008): „Intuitions About Consciousness. Experimental Studies". In: *Phenomenology and the Cognitive Sciences* 7 (1), S. 67–83.
Konow, James (2003): „Which Is the Fairest One of All? A Positive Analysis of Justice Theories". In: *Journal of Economic Literature* 41 (4), S. 1188–1239.
Konow, James (2009): „Is Fairness in the Eye of the Beholder? An Impartial Spectator Analysis of Justice". In: *Social Choice and Welfare* 33 (1), S. 101–127.
Konow, James und Schwettmann, Lars (2015): „The Economics of Justice". In: Sabbagh, Clara und Schmitt, Manfred (Hrsg.): *Handbook of Social Justice Theory and Research*. New York: Springer. S. 83–106.
Koscholke, Jakob und Jekel, Marc (2017): „Probabilistic Coherence Measures. A Psychological Study of Coherence Assessment". In: *Synthese* 194 (4), S. 1303–1322.
Kreuzer, Johann (2004): *Über Philosophiegeschichte*. Oldenburg: BIS-Verlag.
Kuhn, Thomas (1962): *The Structure of Scientific Revolutions*. Chicago: The University of Chicago Press.
Lacey, Hugh: *Is Science Value Free? Values and Scientific Understanding*. London: Routledge.
Lackman, Jon (2006): „The X-Philes. Philosophy Meets the Real World". In: *Slate*. http://www.slate.com/articles/health_and_science/science/2006/03/the_xphiles.html, abgerufen am 14. November 2018.
Lee, Bandy (2017): *The Dangerous Case of Donald Trump. 27 Psychiatrists and Mental Health Experts Assess a President*. New York: St. Martin's Press.
Loomis, Elisha (1972): *The Pythagorean Proposition. Its Demonstrations Analyzed and Classified*. Washington: National Council of Teachers of Mathematics.
Lorenz, Robert (2011): *Protest der Physiker. Die „Göttinger Erklärung" von 1957*. Bielefeld: transcript.
Lütge, Christoph; Rusch, Hannes und Uhl, Matthias (Hrsg.) (2014): *Experimental Ethics. Toward an Empirical Moral Philosophy*. New York: Palgrave Macmillan.
Luxemburg, Rosa (1972): „In revolutionärer Stunde: Was weiter?". In: dies.: *Gesammelte Werke*. Bd. 2. Berlin: Dietz. S. 11–36.
Machery, Edouard; Mallon, Ron; Nichols, Shaun und Stich, Stephen (2004): „Semantics, Cross-Cultural Style". In: *Cognition* 92 (3), S. 1–12.
Machery, Edouard; Mallon, Ron; Nichols, Shaun und Stich, Stephen (2013): „If Folk Intuitions Vary, Then What?". In: *Philosophy and Phenomenological Research* 86 (3), S. 618–635.
Machery, Edouard; Stich, Stephen; Rose, David; Chatterjee, Amita; Karasawa, Kaori; Struchiner, Noel; Sirker, Smita; Usui, Naoki und Hashimoto, Takaaki (2017): „Gettier Across Cultures". In: *Noûs* 5 (3), S. 645–664.

Mackie, John (1977): *Ethics. Inventing Right and Wrong.* Harmondsworth: Penguin.
Mankiw, Gregory (2011): „Know What You're Protesting". In: *The New York Times.* https://www.nytimes.com/2011/12/04/business/know-what-youre-protesting-economic-view.html, abgerufen am 22. November 2018.
Miller, David (1992): „Distributive Justice. What the People Think". In: *Ethics* 102 (3), S. 555–593.
Miller, David (1994): „Review of K. R. Scherer (ed.): Justice. Interdisciplinary Perspectives". In: *Social Justice Research* 7 (1), S. 167–188.
Mole, Phil (2003): „Ockham's Razor Cuts Both Ways. The Uses and Abuses of Simplicity in Scientific Theories". In: *Skeptic* 1 (10), S. 40–47.
Moore, George (1993): *Principia Ethica.* Cambridge: Cambridge University Press.
Mukerji, Nikil (2016): *Einführung in die experimentelle Philosophie.* Paderborn: Wilhelm Fink.
Musschenga, Albert (2005): „Empirical Ethics, Context-Sensitivity, and Contextualism". In: *The Journal of Medicine and Philosophy* 30 (5), S. 467–490.
Nahmias, Eddy; Coates, Justin und Kvaran, Trevor (2007): „Free Will, Moral Responsibility, and Mechanism. Experiments on Folk Intuitions". In: *Midwest Studies in Philosophy* 31 (1), S. 214–242.
Nahmias, Eddy und Murray, Dylan (2010): „Experimental Philosophy on Free Will. An Error Theory for Incompatibilist Intuitions". In: Aguilar, Jesús; Buckareff, Andrei und Frankish, Keith (Hrsg.): *New Waves in Philosophy of Action.* Basingstoke und New York: Palgrave Macmillan. S. 189–216.
Nagel, Jennifer; Juan, Valerie und Mar, Raymond (2013): „Lay Denial of Knowledge for Justified True Beliefs". In: *Cognition* 129 (3), S. 652–661.
Nichols, Shaun (2004a): „After Objectivity. An Empirical Study of Moral Judgment". In: *Philosophical Psychology* 17 (1), S. 3–26.
Nichols, Shaun (2004b): *Sentimental Rules. On the Natural Foundations of Moral Judgment.* Oxford: Oxford University Press.
Nichols, Shaun und Knobe, Joshua (2007): „Moral Responsibility and Determinism. The Cognitive Science of Folk Intuitions". In: *Nous* 41 (4), S. 663–685.
Nichols, Shaun; Stich, Stephen und Weinberg, Jonathan (2003): „Metaskepticism. Meditations in Ethno-Epistemology". In: Luper, Steven (Hrsg.): *The Skeptics.* Aldershot: Ashgate Publishing. S. 227–258.
Nietzsche, Friedrich (1999): *Jenseits von Gut und Böse. Zur Genealogie der Moral.* München, Berlin und New York: Deutscher Taschenbuchverlag und Walter de Gruyter.
Opp, Karl-Dieter (1972): *Methodologie der Sozialwissenschaften. Einführung in Probleme ihrer Theoriebildung.* Hamburg: Rowohlt.
o. V. (1986): „Das Weltklima gerät aus den Fugen". In: *Der Spiegel* 33, S. 122–134.
Pinder, Mark (2017): „Experimental Philosophy Versus Natural Kind Essentialism". In: *Philosophy Now* 120, S. 30–32.
Potsdam-Institut für Klimafolgenforschung (2015): „,Selbstverbrennung'. Schellnhubers Blick aufs Ganze". In: *Potsdam-Institut für Klimafolgenforschung.* https://www.pik-potsdam.de/aktuelles/pressemitteilungen/selbstverbrennung-schellnhubers-blick-aufs-ganze, abgerufen am 13. November 2018.
Ramalho-Santos, Miguel und Willenbring, Holger (2007): „On the Origin of the Term ‚Stem Cell'". In: *Cell Stem Cell* 1 (1), S. 35–38.

Rawls, John (1974–1975): „The Independence of Moral Theory". In: *The American Philosophical Association Centennial Series* 48 (5), S. 283–298.

Rawls, John (2005): *A Theory of Justice*. Cambridge: Belknap Press.

Ritter, Joachim (1971): „Vorwort". In: Ritter, Joachim; Gründer, Karlfried und Eisler, Rudolf (Hrsg.): *Historisches Wörterbuch der Philosophie*. Bd. 1. Basel: Schwabe. S. V-XI.

Roughgarden, Joan (2004): *Evolution's Rainbow. Diversity, Gender, and Sexuality in Nature and People*. Berkeley, Los Angeles und London: University of California Press.

Salloch, Sabine; Vollmann, Jochen; Schildmann, Jan und Wäscher, Sebastian (2015): „The Normative Background of Empirical-Ethical Research. First Steps Towards a Transparent and Reasoned Approach in the Selection of an Ethical Theory". In: *BMC Medical Ethics* 16 (1).

Schippers, Michael und Koscholke, Jakob (2019): *Kohärenz und Wahrscheinlichkeit. Eine Untersuchung probabilistischer Kohärenzmaße*. Berlin und Boston: Walter de Gruyter.

Schnädelbach, Herbert (2012): *Was Philosophen wissen und was man von ihnen lernen kann*. München: C. H. Beck.

Schupbach, Jonah (2017): „Experimental Explication". In: *Philosophy and Phenomenological Research* 94 (3), S. 672–710.

Schweitzer, Jan (2017): „Aus der Ferne". In: *Die Zeit*. https://www.zeit.de/2017/45/psychologie-donald-trump-ferndiagnose/komplettansicht, abgerufen am 15. November 2018.

Schwettmann, Lars (2009): *Trading off Competing Allocation Principles. Theoretical Approaches and Empirical Investigations*. Frankfurt am Main: Peter Lang.

Schwettmann, Lars (2015): „The (Difficult) Interdependence Between Empirical and Normative Research. Empirical Social Choice and the Fair Distribution of Health Care Resources". In: *Volkswirtschaftliche Diskussionsbeiträge* 78.

Selg, Anette (2016): „Forscher entzaubern die Steinzeit-Klischees". In: *Deutschlandfunk Kultur*. http://www.deutschlandfunkkultur.de/geschlechterrollen-forscher-entzaubern-die-steinzeit.976.de.html?dram:article_id=342902, abgerufen am 22. November 2018.

Shafer-Landau, Russ (2003): *Moral Realism. A Defence*. Oxford: Clarendon.

Simmel, Georg (1904): *Einleitung in die Moralwissenschaft. Eine Kritik der ethischen Grundbegriffe*. Bd. 1. Berlin: Hertz.

Singer, Peter (2005): „Ethics and Intuitions". In: *The Journal of Ethics* 9 (3–4), S. 331–352.

Singh, Simon (2004): *Big Bang. The Most Important Scientific Discovery of All Time and Why You Need to Know About It*. London und New York: Fourth Estate.

Smith, Michael (1994): *The Moral Problem*. Oxford: Blackwell.

Stevenson, Charles (1937): „The Emotive Meaning of Ethical Terms". In: *Mind, New Series* 46 (181), S. 14–31.

Sugarman, Jeremy und Sulmasy, Daniel (2001): *Methods in Medical Ethics*. Washington: Georgetown University Press.

Swain, Stacey; Alexander, Joshua und Weinberg, Jonathan (2008): „The Instability of Philosophical Intuitions. Running Hot and Cold on Truetemp". In: *Philosophy and Phenomenological Research* 76 (1), S. 138–155.

Swift, Adam (2003): „Social Justice. Why Does It Matter What the People Think?". In: Bell, Daniel und de-Shalit, Avner (Hrsg.): *Forms of Justice. Critical Perspectives on David Miller's Political Philosophy*. Lanham: Rowman & Littlefield. S. 13–28.

Sytsma, Justin und Livengood, Jonathan (2015): *The Theory and Practice of Experimental Philosophy*. Peterborough: Broadview Press.

Sytsma, Justin und Machery, Edouard (2009): „How to Study Folk Intuitions About Phenomenal Consciousness". In: *Philosophical Psychology* 22 (1), S. 21–35.

Traub, Stefan; Seidl, Christian; Schmidt, Ulrich und Levati, Maria (2005): „Friedman, Harsanyi, Rawls, Boulding – or Somebody Else? An Experimental Investigation of Distributive Justice". In: *Social Choice and Welfare* 24 (2), S. 283–309.

Vaesen, Krist; Peterson, Martin und van Bezooijen, Bert (2013): „The Reliability of Armchair Intuitions". In: *Metaphilosophy* 44 (5), S. 559–578.

von Kutschera, Franz (1988): „Empirische Grundlagen der Ethik". In: Henrich, Dieter und Horstmann, Rolf-Peter (Hrsg.): *Metaphysik nach Kant? Stuttgarter Hegel-Kongreß 1987*. Stuttgart: Klett-Cotta. S. 659–670.

Vossenkuhl, Wilhelm (1989): „Präskriptiv". In: Ritter, Joachim und Gründer, Karlfried (Hrsg.): *Historisches Wörterbuch der Philosophie*. Bd. 7. Sp. 1265–1266.

Weber, Max (1995): *Wissenschaft als Beruf*. Stuttgart: Reclam.

Weigel, Chris (2011): „Distance, Anger, Freedom. An Account of the Role of Abstraction in Compatibilist and Incompatibilist Intuitions". In: *Philosophical Psychology* 24 (6), S. 803–823.

Weinberg, Jonathan; Gonnerman, Chad; Buckner, Cameron und Alexander, Joshua (2010): „Are Philosophers Expert Intuiters?". In: *Philosophical Psychology* 23 (3), S. 331–355.

Weinberg, Jonathan; Nichols, Shaun und Stich, Stephen (2001): „Normativity and Epistemic Intuitions". In: *Philosophical Topics* 29 (1–2), S. 429–460.

Wetzel, Manfred (2004). *Praktisch-politische Philosophie*. Bd. 1: *Allgemeine Grundlagen*. Würzburg: Königshausen & Neumann.

Whitehead, Alfred (1925): „Religion and Science". In: *The Atlantic*. https://www.theatlantic.com/magazine/archive/1925/08/religion-and-science/304220/, abgerufen am 26. November 2018.

Williams, Bernard (1985): *Ethics and the Limits of Philosophy*. London: Routledge.

Kurt Bayertz
Empirische Antworten auf philosophische Fragen?[1]

Zum Verhältnis von philosophischer Ethik und empirischer Glücksforschung

English title and abstract: *Empirical Answers to Philosophical Questions? On the Relationship Between Philosophical Ethics and Empirical Happiness Research.* Happiness has been a central concept in ethical theories since classical antiquity. The author discusses to what degree philosophical considerations have helped to understand what constitutes happiness, and how people can achieve it. He examines subjectivist and objectivist interpretations of happiness, and asks whether and how scientific research can investigate these classical philosophical questions. After highlighting contemporary empirical research on happiness from different disciplines, he illustrates how empirical sciences can help to answer the questions at hand (and how philosophy may still play a role in answering them). Furthermore, he illustrates that happiness as a concept still requires a philosophical definition, and puts forth several theses concerning the question of what exactly may constitute happiness and how (and whether) empirical research or philosophical theorising may help to answer them.

Auf der Hitliste der Themen, die unser alltägliches Denken in Anspruch nehmen, steht das Glück sicher nicht auf einem der obersten Plätze. Wir beschäftigen uns mehr mit dem Einkauf für das nächste Wochenende, mit den aktuellen Fußballergebnissen oder dem Verbleib unserer Brille („Wo steckt das verdammte Ding schon wieder?") als mit der Frage, ob wir glücklich sind oder ob es unsere Partner, unsere Freunde oder unsere Kollegen sind. Andererseits fällt das Nachdenken über das Glück aber auch nicht unter die Kategorie „exotisches Verhalten". Jedenfalls dann nicht, wenn wir den Terminus „Glück" in einem undramatischen Sinne verstehen: als einen Begriff, mit dem wir uns darauf beziehen, wie es jemandem geht.

Man kann die *philosophische* Frage nach dem Glück als eine Art Verlängerung alltäglicher Überlegungen ansehen, die wir über die Qualität des Lebens einer

---

[1] Der vorliegende Text stellt eine leicht überarbeitete und erweiterte Fassung von Bayertz (2013) dar.

Person anstellen. Sie ist das Bemühen, dieses alltägliche Fragen von der Ebene konkreter, punktueller, kontextbezogener Urteile auf die abstraktere Ebene einer allgemeinen Theorie zu heben. Spätestens seitdem Sokrates die Philosophie vom Himmel herabgeholt und in der menschlichen Gesellschaft heimisch gemacht hat, gehört die Frage nach dem Glück zum Kernbestand der Probleme, mit denen sich das philosophische Denken befasst. Sie bildet den Kern dessen, was in der Antike und weit darüber hinaus „Ethik" hieß. Nach einer Periode eher mäßigen Interesses an der Glücksfrage hat die Beschäftigung mit ihr in der jüngeren Vergangenheit wieder deutlich zugenommen. Je schwächer die Hoffnung auf eine menschenfreundliche Gestaltung der wirtschaftlichen und gesellschaftlichen Verhältnisse in den vergangenen Jahrzehnten geworden ist, desto stärker wurde das Interesse am (individuellen) Glück und seinen Konstituenten. In der internationalen philosophischen Diskussion erleben daher nicht nur einzelne Theoreme und Begriffe der antiken Ethik eine Renaissance: Ihr ganzer Ansatz als Theorie des guten oder glücklichen Lebens erscheint aktueller denn je.

1 Eine Wissenschaft vom Glück

Doch wie weit ist das philosophische Denken bei der Entwicklung einer allgemeinen Theorie des Glücks gekommen? Auch ein wohlwollender Blick auf die zweieinhalbtausendjährigen Bemühungen seit Sokrates wird nicht übersehen können, dass von durchschlagenden Erfolgen keine Rede sein kann. Nicht, dass die Philosophen keine Antworten zu geben wüssten; wie immer besteht das Problem darin, dass sie zu viele geben. Wer theoretische Klarheit über das Glück wünscht, sieht sich mit einer Fülle konkurrierender und divergierender Angebote konfrontiert. Gerade in den Kernfragen („Was ist ‚Glück'?" und „Wie wird man glücklich?") gehen die Ansichten nach wie vor weit auseinander. Es sind *grosso modo* noch immer die zentralen Kontroversen der Antike, die die philosophische Debatte auch heute prägen: vor allem die Konfrontation zwischen subjektivistischen und objektivistischen Deutungen des Glücks.

Was zeigt dieser Überschuss an inkompatiblen Ergebnissen des philosophischen Denkens in einem Bereich, den es selbst unter seine Kernkompetenzen rechnet? *Eine* mögliche Antwort besteht in der These, dass es sich bei der Frage nach dem Glück um ein Problem handelt, für das es keine allgemeine theoretische Lösung gibt, weil es keine geben *kann*. Das Glück ist demnach eine gänzlich subjektive, individuelle, kulturrelative oder kontingente Sache und daher nicht in allgemeinen Begriffen fassbar. So sind nach Kant (1968, S. 418) „alle Elemente, die zum Begriff der Glückseligkeit gehören, insgesammt empirisch" und daher kein möglicher Gegenstand philosophischer Erkenntnis. – Anders motiviert und begründet, im Ergebnis aber nicht allzu weit entfernt von der kantischen These, das Glück sei eine gänzlich empirische Angelegenheit, sind die neueren Bemühungen, das menschliche Glück aus den ungelenken Händen der Philosophie zu befreien und in den Kompetenzbereich der *wissenschaftlichen* Forschung zu legen. Ausgesprochen oder unausgesprochen steht hinter diesen Bemühungen die Überzeugung, dass echte Einsichten über das Glück nur dann gewonnen werden können, wenn es nicht mehr nur mit den Mitteln spekulativen oder begrifflichen Denkens, sondern mit dem anderweitig so erfolgreichen Instrumentarium der empirischen Wissenschaften angegangen wird. Tatsächlich haben sich in der jüngeren Vergangenheit, weitgehend unbemerkt von der Philosophie, Vertreter verschiedener Fachwissenschaften dem Thema „Glück" zugewandt und eine Vielzahl von damit verbundenen Problemen empirisch untersucht. Die folgende Aufzählung gibt einen (unvollständigen) Eindruck von der Breite dieser internationalen „Forschungsfront", insbesondere von der Fülle der beteiligten Disziplinen mit ihren jeweils unterschiedlich akzentuierten Fragestellungen:

- Zunächst ist die Psychologie zu nennen. Nachdem sie sich in den ersten 100 Jahren ihrer Existenz vornehmlich, wenn nicht ausschließlich mit krankhaften Störungen der menschlichen Psyche, mit Leiden wie Depression und mit negativen Gefühlen wie Angst befasst hat, ist das Interesse an der gesunden Psyche und an positiven Gefühlen wie Freude inzwischen deutlich gestiegen. Auf der Basis dieser Verschiebung des Forschungsinteresses hat sich in den vergangenen beiden Jahrzehnten das Konzept der „Positiven Psychologie" herausgebildet und international etabliert, das sich auf die Untersuchung der Bedingungen und Faktoren menschlichen Glücks konzentriert.
- Auch in den *Sozialwissenschaften* ist das Interesse am Glück deutlich gestiegen. Hier geht es weniger um die Untersuchung des Glücks von Individuen als um das Glück von Gruppen oder ganzen Nationen. Erst seit wenigen Jahrzehnten sind die dafür notwendigen Erhebungen finanziell, technisch und methodisch möglich. So gibt es inzwischen in verschiedenen Ländern großangelegte Longitudinalstudien, in denen neben anderen Daten auch solche über die Lebenszufriedenheit und -qualität über Jahre hinweg erhoben und ausgewertet werden. Dazu gehört auch das in Deutschland seit 1984 regelmäßig durchgeführte „Sozio-ökonomische Panel". Die hier gesammelten Daten machen es möglich, die Entwicklung der kollektiven Lebensverhältnisse in Deutschland unter verschiedenen Gesichtspunkten einschließlich des Wohlergehens festzustellen, aber auch die biographische Entwicklung einzelner Personen nachzuverfolgen und auf diese Weise zum Beispiel die Auswirkungen markanter Lebensereignisse wie Heirat oder Tod des Partners auf das Glück zu ermitteln. Auf der Basis solcher Daten ist es dann auch

möglich, das Wohlergehen in verschiedenen Ländern miteinander zu vergleichen.
– Wenn man davon ausgeht, dass unser Glück auch von der Verfügbarkeit bestimmter Güter wie Lebensmittel oder Medikamente abhängt, und wenn man weiter in Rechnung stellt, dass die Strategien und Mechanismen der Versorgung mit solchen Gütern Gegenstand der Wirtschaftswissenschaften sind, so wird schnell klar, dass das Glück auch ein für die *Ökonomie* relevantes Thema ist. Im 18. Jahrhundert und teilweise auch noch später war dies eine Selbstverständlichkeit unter Ökonomen; später erschien der Glücksbegriff vielen als zu vage und zu subjektivistisch und verschwand aus der Theoriebildung. In den letzten Jahren hat sich dieser Trend wieder umgekehrt.
– Schließlich ist das Glück auch ein Thema verschiedener *biologischer Wissenschaften* geworden, darunter der Evolutions- und Neurobiologie, der Genetik und der Medizin. Untersucht werden hier vor allem die verschiedenen Arten biologischer Faktoren, die mit Glückszuständen (kausal) verbunden sind. Dazu gehören etwa die individuellen genetischen Dispositionen für Glück oder, im Gegenteil, für Depression und andere psychische Störungen; sowie auch die epigenetischen oder sonstigen Faktoren, die Einfluss auf das Glück haben können, zum Beispiel das Geburtsgewicht oder die Ernährung. Zunehmend erforscht werden auch die neuronalen Substrate verschiedener emotionaler Zustände und die Zusammenhänge zwischen Gehirnprozessen und dem „affektiven Stil" eines Individuums. Aus einer evolutionstheoretischen Perspektive stellt sich die Frage nach den Möglichkeiten und Schwierigkeiten des menschlichen Glücks: Hat das Glück im Rahmen unseres *species designs* überhaupt adaptiven Wert oder ist es biologisch eher dysfunktional?

Betrachtet man die Vielfalt dieser Ansätze als Momente eines gemeinsamen Unternehmens, so zeichnet sich am Horizont eine *Wissenschaft vom Glück* ab, die in nicht allzu ferner Zukunft genau das zu leisten verspricht, woran das philosophische Denken in seiner langen Geschichte gescheitert ist: die Identifikation gesicherter Tatsachen und auf dieser Basis eine belastbare allgemeine Theorie des Glücks.[2] Der Philosophie scheint damit im Hinblick auf das Glück ein ähnlicher Prozess bevorzustehen, wie sie ihn im 17. Jahrhundert hinsichtlich der Natur durchzumachen hatte, als bis dahin für genuin philosophisch gehaltene Fragen

---

[2] Von einer „Glückswissenschaft" beziehungsweise „Wissenschaft vom Wohlergehen" ist in verschiedenen Buchtiteln als einer bereits bestehenden Tatsache die Rede. So bei Diener (2009) oder bei Huppert, Baylis und Keverne (2005). Einen guten Überblick über das gesamte Forschungsfeld gibt die vierbändige Aufsatzsammlung von Huppert und Linley (2011); vgl. auch den Literaturbericht in Bayertz (2010).

wie die nach der Struktur der Materie oder nach der Entstehung des Kosmos in den Zugriff der experimentellen Methode gerieten und aus dem Kompetenzbereich der Philosophie in den von Naturwissenschaften wie Physik und Chemie übergingen. Wird also die Frage nach dem Glück ihre ethische Heimat verlassen und in das gelobte Land der empirischen Wissenschaften auswandern?

Dieses Bild zeichnen jedenfalls die Psychologen Pelin Kesebir und Ed Diener in einem gemeinsamen Aufsatz mit dem programmatischen Untertitel *Empirical Answers to Philosophical Questions*. Beachtenswert ist dieser Aufsatz nicht zuletzt deshalb, weil seine Autoren die zweieinhalbtausendjährigen philosophischen Bemühungen um das Glück überhaupt der Erwähnung für würdig erachten. Die große Mehrheit der mit dem Glück befassten empirischen Wissenschaftler macht sich diese Mühe gar nicht erst und hält die philosophischen Reflexionen der Vergangenheit, aber natürlich auch der Gegenwart, offenbar für vollständig irrelevant. Kesebir und Diener (2009, S. 71) hingegen schreiben diesen Bemühungen das Verdienst zu, wichtige Fragen aufgeworfen zu haben, an deren Beantwortung sich die heutige empirische Wissenschaft versuchen kann:

> Our discussion suggests that, though some thinkers' insights about the nature of happiness were penetrating and profound, the arguments of numerous other philosophers simply could not be substantiated by available data. These great minds provided the most important questions regarding happiness, yet their answers disagreed with each other more often than not. It was by looking at the questions posed by philosophers and by using the methods of science that we have been able to provide some initial answers to crucial questions that have vexed thinkers for millennia. If we have seen farther than our betters, it was by standing on the shoulders of the great philosophers and on the platform of science.

Das klingt höflich und ist vermutlich auch so gemeint. Der anschließende Satz plädiert jedenfalls nicht für eine Überwindung der Philosophie, sondern für eine produktive Zusammenarbeit zwischen Philosophie und empirischer Wissenschaft:

> It is our hope that the fields of philosophy and psychology will continue to mutually inspire and enrich each other, so that future psychologists and philosophers will be able to see even farther (Kesebir und Diener 2009, S. 71).

In aller Höflichkeit ist damit gesagt, (a) dass die Philosophie zwar Fragen zu stellen, aber nicht zu beantworten vermag; und (b) dass ihre großen Leistungen in der Vergangenheit liegen, während der Wissenschaft die Gegenwart und vor allem die Zukunft gehört. Der Philosophie bleibt das Schicksal, die pensionsreife Themensouffleuse für die empirische Forschung zu geben. Ob das eine attraktive Rolle im glückstheoretischen Theater der Zukunft ist, kann uns gleichgültig bleiben. Wir wollen wissen, was Glück ist und wie man glücklich wird; und wenn uns die Empiriker bessere Antworten auf diese Fragen geben, so gibt es keinen vernünftigen Grund, thematische Prärogativen für die Philosophie zu reklamieren. Und in diesem Fall wird die Theorieentwicklung auf die Wünsche philosophischer Glückstheoretiker ebenso wenig Rücksicht nehmen, wie sie es im 17. Jahrhundert auf die angesichts des Aufstiegs der Physik indignierten Naturphilosophen tat.

2 Was wollen wir wissen?

Wenn die empirische Wissenschaft sich anschickt, die Fragen der Philosophie endlich zu beantworten, so setzt das natürlich voraus, dass klar ist, welche Fragen die Philosophie gestellt hat. Und wenn, wie oben angedeutet, das philosophische Denken eine „Verlängerung", eine Theoretisierung, Methodisierung, Professionalisierung des Alltagsdenkens ist, dann können wir weiter fragen: Was wollen wir im Alltag wissen, wenn wir nach dem Glück fragen? – Kesebir und Diener scheinen hier überhaupt kein Problem zu sehen: die klassischen Philosophen, auf deren Schultern sie nach eigenem Bekunden stehen, haben nach dem Glück gefragt! Und dasselbe tun wir auch im Alltag.

In einem gewissen Sinne und auf den ersten Blick ist das natürlich richtig. Einleitend wurde daher auch schon gesagt: Wenn wir nach dem Glück fragen, interessiert uns das Wohlergehen, die Qualität des Lebens einer Person (oder Personengruppe); es interessiert uns, wie es ihr geht. Auf den zweiten Blick aber wird erkennbar, dass diese Bestimmung noch zu unspezifisch ist. Denn die Frage nach der „Lebensqualität" kann sich auf ganz unterschiedliche Dinge beziehen; und mit „Glück" können sehr unterschiedliche Phänomene gemeint sein:
- Ist damit ein subjektiver Zustand gemeint, ein Zustand psychischen Wohlbefindens etwa; oder ein objektiver Zustand, der beispielsweise Gesundheit und Wohlstand einschließt?
- Sind damit kurze Episoden des Lebens gemeint; oder eher lange Perioden, letzten Endes das ganze Leben einer Person?
- Sind damit euphorische, ekstatische, rauschhafte Zustände gemeint; oder reicht eine gewisse Zufriedenheit, um von „Glück" sprechen zu können?
- Ist ein faktisch gegebener Zustand gemeint, über dessen Vorliegen die betreffende Person souverän zu urteilen vermag; oder fragen wir nach Eigenschaften eines Lebens, die auch aus der Außenperspektive erkennbar sind?
- Ist ein bloß innerer Zustand gemeint; oder muss dieser Zustand objektive evaluative Eigenschaften haben, also zum Beispiel moralisch respektabel sein?

Es ist leicht erkennbar, dass zwischen einigen dieser Alternativen Beziehungen bestehen. Wer etwa der Ansicht ist, dass „zur Idee der Glückseligkeit ein absolutes Ganzes, ein Maximum des Wohlbefindens, in meinem gegenwärtigen und jedem zukünftigen Zustande erforderlich ist" (Kant 1968, S. 418), der wird mit „Glück" eher kurze Episoden des Lebens meinen (und zu dem Schluss kommen, dass es ein glückliches Leben nicht geben kann oder dass es eine rare Ausnahme bleiben wird). Und wer davon ausgeht, dass „Glück" ein objektiver Zustand ist, legt sich zugleich darauf fest, dass dieser Zustand nicht nur von innen, sondern auch von außen diagnostizierbar ist.

Aber welche dieser Auffassungen ist die richtige? Es dürfte nicht schwer sein, sich für *jede* der genannten Fragen eine Situation vorzustellen, in der wir sie sinnvoll stellen können. Um nur ein Beispiel zu nehmen: Wir können bei der Beerdigung von Tante T. sinnvoll sagen, dass sie alles in allem ein gutes und glückliches Leben geführt hat; und ebenso sinnvoll können wir sagen, dass das Brautpaar bei seiner Hochzeit einen glücklichen Eindruck gemacht hat. Im ersten Fall beziehen wir uns auf ein ganzes Leben; im zweiten auf eine eher kurze Episode (und es bleibt wahr, dass das Brautpaar bei der Hochzeit glücklich war, auch wenn die beiden sich später nur noch gestritten haben und drei Jahre später geschieden wurden). Es ist nicht zu sehen, dass eine dieser Verwendungsweisen von „Glück" richtig, die andere aber falsch sein sollte. Anders ausgedrückt: Dass wir in einem Fall das Glück des ganzen Lebens meinen, schließt in keiner Weise aus, dass wir in anderen Fällen ein episodisches Phänomen vor Augen haben, wenn wir von „Glück" sprechen.

Als Ergebnis dieser Überlegung möchte ich eine erste These formulieren, aus der sich sogleich eine zweite These ergibt. (1) Mit dem Ausdruck „Glück" können unterschiedliche Dinge gemeint sein; und was tatsächlich gemeint ist, hängt von der jeweiligen Situation und ihrem Kontext ab. Die Bedeutung des Glücksbegriffs verändert sich also in Abhängigkeit von dem situativen Kontext, in dem er benutzt wird. (2) Wenn das philosophische Denken am besten als die Explikation und Elaboration dessen zu verstehen ist, was wir im Alltag denken, sagen oder fragen, dann gibt es nicht die eine richtige Theorie des Glücks; es gibt vielmehr verschiedene gleichermaßen mögliche und angemessene Theorien. Angemessen sind sie dann, wenn sie das, worauf es uns in bestimmten Situationen ankommt, systematisch zum Ausdruck bringen.

Aus der Fülle verschiedener Situationen, in denen die Frage nach dem Glück gestellt werden kann, möchte ich nun zwei Typen herausheben, die sich deutlich voneinander unterscheiden und die zugleich relevant sind für die nähere Bestimmung dessen, was die empirische Glücksforschung zu leisten vermag.

- Im Situationstyp S1 haben wir eine Person vor uns, die sich ein Bild vom Leben einer anderen Person (oder Personengruppe) macht und dabei zu dem

Urteil kommt, dass es dieser anderen Person gut oder schlecht geht. Im Alltag ist dies gang und gäbe; es geschieht meistens eher flüchtig und oberflächlich – und ist irrtumsanfällig wie jedes andere Urteil. Wir können sagen, dass unser Kollege O. wieder einmal schlechte Laune hat; dass die jüngst verstorbene Tante T. ein insgesamt gutes Leben gehabt hat, ein besseres jedenfalls als Onkel A.; oder dass man in der Südsee besser lebt als im Braunkohletagebaugebiet.

- Im Situationstyp S2 haben wir es demgegenüber mit einer Person zu tun, die über eine wichtige, ihr weiteres Leben vermutlich stark beeinflussende Entscheidung nachdenkt. Es könnte sich dabei um die Wahl des Studienfachs oder des Berufs handeln, um eine Heirat oder einen Wechsel des Wohnorts. In den dabei angestellten Überlegungen werden vermutlich verschiedene Gesichtspunkte eine Rolle spielen. Einen davon möchte ich besonders hervorheben: Die betreffende Person wird sich die Frage stellen, ob es ihr mit *diesem* Studium und in *diesem* Beruf gut gehen wird, ob sie mit *diesem* Partner oder in *dieser* Stadt glücklich werden wird. Ob in den entsprechenden Überlegungen oder den Gesprächen, die diese Person mit Eltern oder Freunden führt, *der Ausdruck* „Glück" vorkommt oder nicht und ob neben den glücksbezogenen Überlegungen auch noch andere (zum Beispiel moralische) Überlegungen eine Rolle spielen, ist von sekundärer Bedeutung. Wichtig allein ist, dass die Frage nach den Auswirkungen der jeweiligen Entscheidung auf das künftige Leben und seine „Qualität" in der Regel von erheblicher Relevanz sein wird. Dies dürfte sich vor allem im negativen Fall zeigen: Wenn die Person zu dem Ergebnis kommt, dass die Wahl dieses Studienfachs oder Berufs, die Ehe mit diesem Mann oder dieser Frau, das Wohnen in dieser Stadt ihrem Glück oder Wohlergehen (vermutlich) abträglich sein wird, dann wird sie dies als einen entscheidenden Grund gegen die betreffende Option ansehen.

Beide Situationstypen unterscheiden sich in mehrfacher Hinsicht. Zu betonen ist zum einen, dass im Fall von S1 das fragende Subjekt von der Person, um deren Glück es geht, verschieden ist, während im Fall von S2 beide zusammenfallen. Im Rahmen von S1 wird die Frage nach dem Glück also aus der Außenperspektive gestellt, im Rahmen von S2 aus der Innenperspektive. Zum anderen geht es im ersten Situationstypus um ein primär epistemisches Problem: Gefragt wird, ob die betreffende Person glücklich ist und wie sie es geworden ist. Im zweiten Situationstypus geht es um ein primär praktisches Problem. Gefragt wird: Wie werde ich glücklich?

Meine dritte These lautet nun: (3) Die empirische Glücksforschung ist typischerweise mit dem Situationstypus S1 befasst. Sie stellt die (meist statistischen)

Zusammenhänge zwischen Glückszuständen auf der einen Seite und verschiedenen (demographischen, ökonomischen, sozialen, psychologischen et cetera) Faktoren auf der anderen Seite fest. Ihre Befunde haben also die Form „Unter Voraussetzung von X weist ein Prozentsatz von Y der untersuchten Personen einen Glücksgrad von Z auf". Unter günstigen Voraussetzungen können auf der Basis solcher statistischen Aussagen dann auch Hypothesen über Glücks-*Ursachen* gebildet und validiert werden. Es wäre arrogant, empirische Befunde dieser Art unter einen generellen Trivialitätsverdacht zu stellen. Selbst wenn sie (in einigen Fällen) nur bestätigen mögen, was von Philosophen schon in der Antike behauptet wurde, so macht eben diese Bestätigung doch einen Unterschied; nicht alles, wofür es gute philosophische Argumente gibt, muss deshalb schon empirisch zutreffend sein.

Zugleich darf allerdings nicht übersehen werden, dass die Tragweite solcher Befunde für die Beantwortung der Fragen, die sich im Rahmen von S2 stellen, begrenzt ist. Wer im Rahmen dieses Situationstypus Entscheidungen zu treffen hat, ist gut beraten, die Befunde der empirischen Glücksforschung zur Kenntnis zu nehmen und zu berücksichtigen. Die Information, dass unter Voraussetzung von X die Chancen auf Glücksgewinne steigen oder fallen, kann *instrumentell* relevant sein und von einem Entscheider sinnvoll genutzt werden; sie kann ihm aber auch aus zwei Gründen die existentielle Entscheidung nicht abnehmen: (a) Zum einen muss auf diesen Entscheider nicht zwingend zutreffen, was im Allgemeinen zutrifft. Selbst wenn die allermeisten Menschen durch regelmäßige Leibesübungen glücklicher werden, könnte er zu den wenigen „Freaks" gehören, deren Glück durch sportliche Betätigung sinkt. Das hängt auch damit zusammen, dass es (b) verschiedene Auffassungen davon gibt, was ein gutes Leben ausmacht. Man kann glücklich werden, indem man sein Leben ganz der Kunst, der Religion oder dem Sport widmet. Daraus folgt natürlich nicht, dass jeder Lebensentwurf gleich gut ist und gleiche Aussichten auf Glück bietet. Der empirischen Forschung lassen sich gut bestätigte Hinweise über die unterschiedlichen Glücksaussichten entnehmen, die mit einigen Lebensentwürfen verbunden sind; doch zeichnet sie nicht *eine* als allein erfolgversprechend aus. Die Last der Entscheidung zwischen alternativen Lebensentwürfen bleibt daher bei den Individuen; und die empirische Wissenschaft kann sie ihnen schon deshalb nicht abnehmen, weil es sich dabei um *Wert*-Entscheidungen handelt. Damit wäre dann zugleich auch eine wichtige Differenz zwischen empirischer und philosophischer Glücksforschung angesprochen. Wenn die philosophische Frage nach dem Glück die systematisierende Fortsetzung alltäglicher Überlegungen zum Wohlergehen ist, dann wird sie die Wertdimension nicht ausklammern können, die in Entscheidungssituationen vom Typ S2 unausweichlich präsent ist.

3 Wie empirisch ist die empirische Glücksforschung?

Überblickt man die vielfältigen Studien, die im Rahmen der empirischen Glücksforschung durchgeführt wurden und werden, so lassen sich zunächst grob drei zentrale Forschungsfragen unterscheiden. Zum einen wird untersucht, ob bestimmte (Gruppen von) Individuen glücklich *sind*. Dies geschieht meist mit Hilfe von Fragebögen: Die Individuen werden gefragt, wie zufrieden sie mit ihrem Leben sind oder wie gut sie sich fühlen, und werden gebeten, ihre entsprechende Befindlichkeit quantitativ anzugeben. Dies kann etwa mit Hilfe einer numerischen Skala von 1 bis 10 erfolgen, wobei 1 als „sehr unglücklich" und 10 als „sehr glücklich" definiert ist. Solche Untersuchungen werden inzwischen in großem Maßstab, das heißt in repräsentativen Untersuchungen ganzer Populationen, durchgeführt. Die dabei gewonnenen Ergebnisse können dann zweitens mit demographischen Faktoren oder anderen Merkmalen korreliert werden. Man kann also untersuchen, ob das Glück mit steigendem Alter zu- oder abnimmt; ob Männer glücklicher sind als Frauen; ob Wohlhabende glücklicher sind als Arme; ob Atheisten glücklicher sind als Gläubige; ob Europäer glücklicher sind als Asiaten. Auf der Basis solcher Korrelationen können dann drittens kausale Hypothesen formuliert werden, die besagen, was glücklich *macht*. Auf diesem Wege nähert man sich der theoretischen Erklärung bestimmter empirischer Phänomene; beispielsweise der Tatsache, dass Einkommenszuwächse ab einer bestimmten Schwelle nicht zu proportionalen Glückszuwächsen führen.

Auf die Einzelheiten dieser Forschung kommt es hier nicht an. Festzuhalten ist aber, dass es sich hier um Aufgaben handelt, für die Philosophen über keine spezifischen, über den *common sense* hinausgehenden Kompetenzen verfügen. Sie tun daher gut daran, allen Ambitionen auf diesem Gebiet zu entsagen und die Untersuchungen denen zu überlassen, die über entsprechende Mittel und Methoden verfügen: den empirischen Wissenschaften.

Aber sind die Probleme, die sich bei der Erforschung des Glücks stellen, damit erschöpft? Geht es allein um die Feststellung, wer glücklich ist und warum? Lassen sich alle einschlägigen Fragen empirisch beantworten? Und lässt sich mit Hilfe der Empirie alle Philosophie vermeiden? Das ist nicht der Fall (ob „zum Glück" oder „leider", kann Geschmackssache bleiben). Der entscheidende Grund dafür besteht darin, dass all diese empirische Forschung einen Begriff von Glück *voraussetzt*; und dass dieser Begriff daher nicht das *Resultat* von empirischer Forschung sein kann. In dem Aufsatz von Kesebir und Diener wird dies deutlich, wenn die Autoren darauf hinweisen, dass ein klar definierter und operationalisierter Glücksbegriff unerlässlich ist, um eine „Wissenschaft vom Glück" aufbauen und vorantreiben zu können. Dafür bietet sich ihrer Überzeugung nach das Konzept des „subjective well-being" (SWB) an, das Diener in vielen Arbeiten entwickelt und begründet hat. Dieses Konzept schließt zwei Komponenten ein: zum einen die affektive Bewertung eigener Stimmungen und Emotionen, zum anderen die kognitive Beurteilung der eigenen Zufriedenheit, die aufgeschlüsselt werden kann in die Zufriedenheit mit verschiedenen Lebenssphären (Gesundheit, Arbeit, Partnerschaft). Auf die Vorzüge oder Mängel dieses Konzepts kommt es hier nicht an. Entscheidend ist zunächst lediglich, dass sich die Autoren mit diesem Konzept auf den Boden einer bestimmten *philosophischen* Position in der Glücksdebatte stellen. Das SWB-Konzept ist eine Variante jenes Subjektivismus, für den das Glück (a) ein psychologischer Zustand ist, zu dem (b) das betreffende Subjekt einen privilegierten Zugang hat. Von einer Überwindung der Philosophie durch empirische Forschung kann hier offensichtlich keine Rede sein.

Dies zeigt sich weiter an der Art und Weise, in der Kesebir und Diener ihr SWB-Konzept *rechtfertigen*. Ihr zentrales Argument besagt nämlich, dass die objektivistischen Glückskonzeptionen der Antike das Resultat eines elitären Misstrauens gegenüber den intellektuellen Kompetenzen der „Vielen" gewesen seien, während das SWB-Konzept die subjektive Natur des Glücks betont und deshalb die betreffenden menschlichen Individuen als „the single best judges of their own happiness" (Kesebir und Diener 2009, S. 61) ansieht. Mit dieser Abgrenzung vom Elitismus der Antike soll zum Ausdruck gebracht werden, dass es unter den Bedingungen einer modernen demokratischen Gesellschaft unangemessen wäre, der Mehrheit der Bevölkerung die Urteilskompetenz hinsichtlich ihres eigenen Glücks abzusprechen. Jedes Individuum soll vielmehr als souverän hinsichtlich seines eigenen Glücks anerkannt werden.

Was auch immer man von diesem Argument halten mag: In jedem Fall ist es kein empirisches, sondern ein moralisch-politisches Argument, wie es auch von philosophischer Seite aus vorgebracht und verteidigt werden könnte. Kesebir und Diener entscheiden sich also nicht nur für eine bestimmte philosophische Position als Grundlage ihrer empirischen Forschung, sondern rechtfertigen diese Entscheidung durch genuin philosophische Argumente. – Verallgemeinert heißt das: Jede empirische Glücksforschung setzt ein theoretisches Verständnis von „Glück" voraus, das seinerseits nicht ausschließlich empirisch gerechtfertigt werden kann. Bei der Begründung eines solchen Verständnisses erweisen sich damit Argumentationsformen als unvermeidbar, wie sie für die Philosophie charakteristisch sind. Philosophie (oder genauer: philosophische Denk- und Argumentationsformen) kann also nicht vermieden werden.

Dieser Befund lässt sich an zwei Punkten erhärten. Zum einen bei der Frage der Werturteilsfreiheit. Kesebir und Diener weisen objektivistische Glücksbegriffe zurück, weil diese auf Werturteilen beruhen würden und daher nicht wissenschaftlich objektiv seien. Sie übersehen dabei aber, dass sie selbst das von ihnen vertretene SWB-Konzept mit einem normativen Argument begründen. Zum anderen lässt die konstatierte Unvermeidbarkeit von philosophischen Denk- und Argumentationsformen erwarten, dass wir in den Grundlagenfragen der empirischen Glücksforschung ähnliche Kontroversen finden, wie wir sie seit jeher in der philosophischen Debatte antreffen. Genau das ist der Fall: Neben dem von Kesebir und Diener favorisierten SWB-Konzept finden wir tatsächlich auch konkurrierende objektivistische Konzepte, die sich in Anknüpfung an antike Vorbilder oft „eudämonistisch" nennen.[3] Auch in diesem Punkt kann also von einer Überwindung der Philosophie nicht die Rede sein.

Kesebir und Diener (2009, S. 62) räumen dann auch beiläufig ein, dass ihr SWB-Konzept kein Begriff von Glück oder Wohlergehen schlechthin ist, sondern nur ein „proxy"; und dass die empirische Forschung daher keine „direkten" Antworten auf philosophische Fragen zu liefern vermag:

> It is reasonable to use subjective well-being as a proxy for well-being, even if it is not a perfect match. Admittedly, current empirical psychological research cannot directly answer the ancient philosophical question of how to live well. As researchers of subjective well-being, our hope is that we answer this question indirectly by illuminating a sine qua non of the good life – namely subjective well-being.

Das ist eine deutlich abgespeckte Version des in der Überschrift ihres Aufsatzes erhobenen Anspruchs, empirische Antworten auf philosophische Fragen geben zu können. Es ist das Eingeständnis, dass nicht alle relevanten Fragen empirischer Natur sind. Während die Frage, wer wodurch in welchem Maße glücklich (geworden) ist, nur durch empirische Forschung beantwortet werden kann, lässt sich die Frage, was Glück ist, nicht auf diese Weise beantworten. Eine adäquate Definition von Glück ist eher eine Aufgabe des philosophischen Denkens (wenn auch nicht notwendigerweise des Denkens von Philosophen, denn es ist eine offene Frage, ob das philosophische Denken ein Monopolbesitz von Philosophen ist).

Wahrscheinlich liegt hier, wo es um grundlegende begriffliche Probleme geht, jenes Feld, auf dem gelten wird: „philosophy and psychology will continue to mutually inspire and enrich each other" (Kesebir und Diener 2009, S. 71). Denn so wenig auf der einen Seite Definitionsfragen rein empirische Fragen sind, so wenig sind sie auf der anderen Seite angemessen beantwortbar, ohne dabei die relevanten Tatsachen zu beachten. Die von einigen Philosophen vertretene Ansicht,

---

[3] Kesebir und Diener erwähnen selbst die Arbeiten von Ryan und Deci (2000) sowie von Ryff und Singer (1996).

dass begriffliche Fragen analytisch und in keinem Sinne von Tatsachen abhängig seien, sollte verabschiedet werden. Eine adäquate Definition von „Glück" wird unter anderem in Rechnung zu stellen haben, wie dieser Begriff allgemein verwendet und verstanden wird. Um das zu ermitteln, wird man in Zukunft nicht mehr darum herumkommen, die Erhebungen zur Kenntnis zu nehmen, die über das tatsächliche Glücksverständnis der allgemeinen Bevölkerung durchgeführt werden. Wir sind heute nicht mehr, wie seinerzeit Aristoteles, auf vage Mutmaßungen angewiesen, wenn es um die Frage geht, was die diesbezüglichen „endoxa", die weithin geteilten Meinungen über den Begriff des Glücks, besagen.

4 Zusammenfassung und Schlussfolgerungen

- In den vergangenen Jahrzehnten hat sich eine interdisziplinäre Forschungsfront etabliert, die den Phänomenbereich „Glück" mit den Mitteln und Methoden der empirischen Forschung untersucht.
- Die philosophische Theoriebildung über Fragen des Glücks wird die Resultate dieser Forschung künftig in Rechnung zu stellen haben. So wenig wie Naturphilosophie heute an den Ergebnissen der Naturwissenschaften vorbeikommt, so wenig kann eine Ethik ernst genommen werden, die die Resultate der empirischen Glücksforschung ignoriert.
- Die empirische Glücksforschung erstreckt sich aber nur auf einen Teil der Fragen, die im Hinblick auf den Phänomenbereich „Glück" gestellt werden. Sie ist aufgrund ihres methodischen Zugriffs auf die Feststellung von Tatsachen und ihre theoretische Deutung beschränkt.
- Und auch in diesem Bereich der Feststellung und Deutung von Tatsachen ist sie nicht vollkommen souverän. Die begrifflichen Grundlagen ihrer empirischen Untersuchungen können nicht selbst vollständig mit empirischen Mitteln formuliert werden. Sie ist daher auf einen Denk- und Argumentationstypus angewiesen, der eher für die Philosophie charakteristisch ist.

Literatur

Bayertz, Kurt (2010): „Eine Wissenschaft vom Glück?". In: *Zeitschrift für philosophische Forschung* 64, S. 410–429 und 560–578.
Bayertz, Kurt (2013): „Empirische Antworten auf philosophische Fragen? Zum Verhältnis von philosophischer Ethik und empirischer Glücksforschung". In: Hoesch, Matthias; Muders, Sebastian und Rüther, Markus (Hrsg.): *Glück, Werte, Sinn. Metaethische, ethische und theologische Zugänge zur Frage nach dem guten Leben*. Berlin und Boston: Walter de Gruyter. S. 35–47.

Diener, Ed (Hrsg.) (2009): *The Science of Well-Being. The Collected Works of Ed Diener*. Dordrecht: Springer.
Huppert, Felicia; Baylis, Nick und Keverne, Barry (Hrsg.) (2005): *The Science of Well-Being*. Oxford und New York: Oxford University Press.
Huppert, Felicia und Linley, Alex (Hrsg.) (2011): *Happiness and Well-Being*. London: Routledge.
Kant, Immanuel (1968): *Grundlegung zur Metaphysik der Sitten*. Berlin: Walter de Gruyter.
Kesebir, Pelin und Diener, Ed (2009): „In Pursuit of Happiness. Empirical Answers to Philosophical Questions". In: Diener, Ed (Hrsg.): *The Science of Well-Being. The Collected Works of Ed Diener*. Dordrecht: Springer. S. 59–74.
Ryan, Richard und Deci, Edward (2000): „Self-Determination Theory and the Facilitation of Intrinsic Motivation, Social Development and Well-Being". In: *American Psychologist* 55 (1), S. 68–70.
Ryff, Carol und Singer, Burton (1996): „Psychological Well-Being. Meaning, Measurement, and Implications for Psychotherapy Research". In: *Psychotherapy and Psychosomatics* 65 (1), S. 14–23.

Sebastian Schleidgen
Praktisch wirksame Ethik, Metaethik und empirische Erkenntnis

Eine Verhältnisbestimmung

English title and abstract: *Practically Effective Ethics, Metaethics, and Empirical Insight. Determining Relations.* Any ethics claiming practical effectiveness necessarily relies on empirical data or empirically substantiated descriptions and explanations. Although this has been discussed extensively, it is still often unclear for which reasons which data, descriptions and explanations are relevant for which ethical considerations in which sense. This is due not only to justificatory and methodical fuzziness, but particularly to metaethical lack of clarity: Any practically effective ethics must be aware of its metaethical points of reference to allow for a comprehensive identification of empirical data, descriptions and explanations relevant to specific ethical considerations. To demonstrate this, several prominent metaethical positions are outlined and their respective implications for a practically effective ethics with regard to the question of relevant empirical data, descriptions and explanations are illustrated.

1 Ethik und empirische Information

1.1 Praktisch wirksame Ethik ist notwendig empirisch informiert

Die Ethik – als *normative* Wissenschaft der Moral[1] – ist mit der „Formulierung, Rechtfertigung, logische[n] Systematisierung, Interpretation und Anwendung von

---

[1] Für die folgenden Überlegungen ist es dabei unerheblich, ob Ethik *im gleichen Sinne* als Wissenschaft verstanden wird wie etwa die Kultur- und Naturwissenschaften – beispielsweise unter Rekurs auf ihre Erfahrungsabhängigkeit (Brink 1989, S. 182 ff.) oder, gegenteilig, auf ihre partielle Erfahrungsunabhängigkeit (Ernst 2008, S. 169 ff., 2016, S. 30 ff.) – oder ob sie als *besondere*, von den Natur- und Kulturwissenschaften zu unterscheidende Wissenschaft aufgefasst wird, etwa mit Blick auf den Status ihrer Satzsysteme (von Kutschera 1999, S. 42 ff., Patzig 1980, S. 4 ff.) oder hinsichtlich ihres Geltungsanspruchs (Herrschaft 1995, S. 20 ff., Krijnen 2006, S. 290 f.). Entscheidend ist lediglich, dass Ethik – wie jede Wissenschaft – bestimmten *wissenschaftstheoretischen Mindestanforderungen* genügen muss, etwa ein konsistentes und kohärentes Satzsystem

https://doi.org/10.1515/9783110613773-006

Normen"[2] (Langanke und Kirschke 2014, S. 70) befasst. Insofern sie in diesem Sinne umfassend verstanden wird, ist Ethik immer auch *praktische* Wissenschaft: Ihr geht es nicht (nur) um bloße Erkenntnis, sondern notwendig auch um *praktische Wirksamkeit* beziehungsweise Handlungsbeeinflussung (Ricken 2003, S. 25, Langanke und Kirschke 2014, S. 69, 74). Umfassend ethische Erwägungen haben nicht nur das Ziel, bestimmte Handlungen unter Rekurs auf zuvor gerechtfertigte Normen als moralisch richtig (oder falsch, erlaubt oder empfohlen) zu *identifizieren*, sondern darüber hinaus den Anspruch, *handlungsleitend* zu sein; sie geben uns Antworten auf die Frage: „Wie soll (beziehungsweise sollte) ich angesichts der Norm N (in dieser Situation) (nicht) handeln?" und *halten uns an*, entsprechend dieser Antworten zu handeln.

Aus diesem Anspruch auf praktische Wirksamkeit ergibt sich unmittelbar, *dass* Ethik – unabhängig von ihrer materialen Provenienz (siehe exemplarisch Nida-Rümelin 1996, S. 3 ff., Birnbacher 2003, S. 57 ff., Ricken 2003, S. 16 ff., Steigleder 2006, S. 15 ff., Quante 2011, S. 9 ff.) – *notwendig* auf empirische Daten beziehungsweise empirisch fundierte Beschreibungen und Erklärungen angewiesen ist.[3] Auch wenn etwa die *logische Systematisierung* von Normen einen wesentlichen Teil ethischer Arbeit ausmacht, so beziehen sich ethische Erwägungen letztlich immer auf (menschliche) Handlungen, die wiederum notwendig in eine je spezifische *Lebenswelt, soziale* und *natürliche Umwelt* eingebunden sind und in je spezifischen *Situationen* sowie unter spezifischen *Bedingungen* vollzogen werden. Es sind diese Umstände und Gegebenheiten, genauer: die jeweils *relevanten* Aspekte dieser Umstände und Gegebenheiten, die jede Ethik empirisch berücksichtigen muss, um überhaupt praktisch wirksam werden zu können: *Praktisch wirksame Ethik ist in diesem Sinne notwendig empirisch informiert.* Eine empirisch ungenügend informierte Ethik hingegen kann mit Blick auf ihre praktische Wirksamkeit *ineffektiv* oder gar *schädlich* sein (Birnbacher 2016, S. 44 f.).

Ein Beispiel kann das *Schadenspotential* einer empirisch ungenügend informierten Ethik veranschaulichen: Es kann etwa notwendig sein, die *Anwendungsbedingungen* einer Norm N in einer Situation S empirisch zu prüfen, das heißt, zu prüfen, ob N in S überhaupt zu berücksichtigen ist beziehungsweise ob

---

bereitzustellen oder ausschließlich luzide Begriffe zu verwenden (Langanke und Kirschke 2014, S. 72 f.).

2 Der Normbegriff bezieht sich dabei nicht nur auf Gebote, Verbote oder Erlaubnisse, sondern – insbesondere mit Blick auf *eudaimonistische* Ethiken – auch auf Empfehlungen und bloße Anregungen (etwa für eine gelingende Lebensführung).

3 Das impliziert nicht, dass Überlegungen, die sich etwa auf die Formulierung und Rechtfertigung von Normen beschränken, keine ethischen Überlegungen sein können, sondern lediglich, dass es sich dabei nicht um *umfassende* ethische Überlegungen handelt.

N in S überhaupt gilt. Wird beispielsweise über die ethische Zulässigkeit der psychiatrischen Zwangsbehandlung eines Patienten P entschieden, so ist mit Blick auf die Norm der angemessenen Berücksichtigung der Patientenautonomie zu prüfen, ob P die Bedingungen autonomer Willensbildung und -äußerung aktuell erfüllt. Ist dies nicht der Fall, sind also die Willensäußerungen von P in der vorliegenden Situation nicht als autonome Äußerungen zu verstehen, so ist auch die Norm ihrer angemessenen Berücksichtigung in dieser Situation nicht einschlägig und eine Zwangsbehandlung gegebenenfalls (nach weiteren Überlegungen) zulässig. Umgekehrt sind die Willensäußerungen von P angemessen zu berücksichtigen (und ist eine Zwangsbehandlung unter Maßgabe der einschlägigen Norm normalerweise ethisch abzulehnen), wenn P die Bedingungen autonomer Willensbildung und -äußerung erfüllt. Werden aber diese Bedingungen ungenügend oder gar nicht empirisch geprüft, kann dies erheblichen Schaden nach sich ziehen: So könnten die Willensäußerungen eines aktuell nicht zu autonomer Willensbildung fähigen Patienten fälschlicherweise als autonome Äußerungen gedeutet und entsprechend berücksichtigt werden, obwohl dies P schädigen würde (etwa, weil P eine lebenswichtige Behandlung aus hinreichend irrationalen Gründen ablehnt). Umgekehrt könnte ein Patient fälschlicherweise als aktuell nicht zu autonomer Willensbildung und -äußerung fähig eingestuft und im Extremfall einer Zwangsbehandlung unterzogen werden, obwohl eben dies einen Schaden für P bedeuten würde (etwa, weil P eine lebenswichtige Behandlung hinreichend autonom unter Verweis auf religiöse Gründe ablehnt).

Ein weiteres Beispiel macht die Möglichkeit der *Ineffektivität* einer empirisch ungenügend informierten Ethik deutlich: Häufig werden sogenannte *Brückenprinzipien* postuliert, die den deontischen Modus moralischer Handlungsanweisungen an empirisch überprüfbare Kriterien binden. Solche Prinzipien folgen dem Schema „Eine Handlung H ist gemäß einer Norm N geboten, verboten, erlaubt oder empfohlen, genau dann, wenn das Kriterium K erfüllt ist", wobei K empirisch überprüfbar ist (Schleidgen, Jungert und Bauer 2010, S. 62).[4] Bekannte

---

4 Diese Formulierung könnte den Anschein erwecken, dass es sich auch bei den zuvor betrachteten Anwendungsbedingungen einer Norm um Brückenprinzipien handelt. Versteht man Brückenprinzipien allgemein als „methodische Prinzipien, die zwischen dem *Sein* und dem *Sollen* eine ,*Brücke schlagen*'" (Mertz 2015, S. 161), oder – formal – als Sätze, die „einen Schemabuchstaben sowohl innerhalb wie außerhalb eines wirksamen ethischen Operators [enthalten]" (Schurz 2004, S. 17), so trifft dies wohl zu. Ich hatte Brückenprinzipien hingegen eingeführt als Prinzipien des Schemas „Eine Handlung H ist gemäß einer Norm N geboten, verboten, erlaubt oder empfohlen, genau dann, wenn das Kriterium K erfüllt ist". Brückenprinzipien dienen demnach der empirischen Prüfung des deontischen Modus von Handlungsanweisungen *mit Blick auf eine geltende Norm N*; sie sind nicht Teil dieser Norm und sagen nichts über die Geltung von N selbst aus (Letzteres, scheint mir, gegen Mertz 2015, S. 161ff.). Anwendungsbedingungen von

Brückenprinzipien sind das Mittel-Zweck-Prinzip, das Praktikabilitätsprinzip („Sollen impliziert Können") oder das Prinzip der Folgenadäquatheit (für eine umfassende Auseinandersetzung siehe Mertz 2015, S. 161 ff., vgl. auch Schurz 2004, S. 20 ff.). Das Mittel-Zweck-Prinzip etwa kommt dann zum Einsatz, wenn gefragt wird, ob ein zur Wahl stehendes Mittel ein moralisches Ziel (überhaupt, befriedigend oder am besten) verwirklichen kann, so beispielsweise in der Debatte um die Frage, ob Nachhaltigkeit überhaupt beziehungsweise besser durch staatspolitische Maßnahmen oder durch privates Handeln zu erreichen ist (Grunwald 2010, 2011, Bilharz, Fricke und Schrader 2011, Siebenhüner 2011). Konkret wurde unter anderem diskutiert, ob in privaten Haushalten Strom zu sparen zu den Nachhaltigkeitszielen beiträgt. Entsprechend unseres Schemas würde sich folgendes Brückenprinzip ergeben: „In Privathaushalten Strom zu sparen, ist gemäß der Nachhaltigkeitsnorm geboten, genau dann, wenn dies tatsächlich zu Nachhaltigkeit beiträgt". Damit wird der Modus der infrage stehenden Handlungsanweisung empirisch überprüfbar: Würde sich herausstellen, dass in Privathaushalten Strom zu sparen tatsächlich zu den Nachhaltigkeitszielen beiträgt, wäre eben dies gemäß der Nachhaltigkeitsnorm geboten. Umgekehrt wäre Strom zu sparen in Privathaushalten gemäß der Nachhaltigkeitsnorm eben nicht geboten, wenn sich empirisch zeigte, dass dies nicht zu den Nachhaltigkeitszielen beiträgt. Das Beispiel verdeutlicht aber auch, warum eine empirisch ungenügend informierte Ethik mit Blick auf ihre praktische Wirksamkeit *ineffektiv* sein kann: Würde etwa *fälschlicherweise* angenommen, dass in Privathaushalten Strom zu sparen zu den Nachhaltigkeitszielen beiträgt – die entsprechende Handlungsanweisung mithin fälschlicherweise als (gemäß der

---

Normen hingegen sind Teil ebendieser Normen und unterziehen ihre *Gültigkeit selbst* (in einer spezifischen Situation) einer empirischen Prüfung. Während also Brückenprinzipien eine Handlung H durch empirische Prüfung eines Kriteriums K als geboten, verboten, erlaubt oder empfohlen ausweisen, *gerade weil eine Norm N gilt*, wird durch die empirische Prüfung von Anwendungsbedingungen geprüft, *ob eine prima facie geltende Norm N auch in einer Situation S gilt*. Im Unterschied zu Brückenprinzipien folgen Anwendungsbedingungen mithin dem Schema: „Eine Norm N gilt genau dann, wenn (in einer Situation S) die Kriterien $K_{1, ..., n}$ erfüllt sind". Zwar kann die Prüfung solcher Anwendungsbedingungen dieselben praktischen Konsequenzen haben, wie sie sich aus Brückenprinzipien ergeben (Handlungen entgegen den Willensäußerungen eines Patienten P können etwa damit begründet werden, dass die Norm der angemessenen Berücksichtigung der Patientenautonomie mit Blick auf P aktuell nicht gilt; sie können aber auch unter Verweis auf das Brückenprinzip der Folgenadäquatheit begründet werden). Allerdings ist dies nicht notwendig der Fall (etwa, wenn anstatt auf das Brückenprinzip der Folgenadäquatheit auf das Mittel-Zweck-Prinzip abgestellt wird). Insofern ist die Unterscheidung von Anwendungsbedingungen und Brückenprinzipien nicht nur logisch interessant, sondern auch praktisch bedeutsam.

Nachhaltigkeitsnorm) geboten ausgewiesen –, so wären es gerade konforme Handlungen, die nicht zum moralischen Zweck der Nachhaltigkeit beitrügen; damit aber würde eine solche Nachhaltigkeitsethik schlichtweg ihr Ziel verfehlen.

1.2 Die Frage nach relevanten empirischen Informationen

Neben dem Aufweis des Schadenspotentials beziehungsweise der Möglichkeit mangelnder Effektivität einer empirisch ungenügend informierten Ethik verdeutlichen die beiden Beispiele allerdings auch, dass die Bestimmung von empirischen Daten, Beschreibungen und Erklärungen als *relevant* für ethische Erwägungen wesentlich von bestimmten *theoretischen Vorüberlegungen* abhängt: So ergibt sich im Beispiel der ethischen Erwägung einer Zwangsbehandlung des Patienten P die Relevanz einer empirischen Überprüfung von P's aktueller Möglichkeit autonomer Willensbildung und -äußerung vor dem Hintergrund bestimmter deskriptiver Anteile – den Anwendungsbedingungen – der *(prima facie) gültigen* Norm, die Patientenautonomie angemessen zu berücksichtigen, konkret daraus, dass Patienten (hinreichend) autonom sein müssen, um überhaupt Anspruch auf Berücksichtigung ihrer Willensäußerungen zu haben. Wesentlich ist dabei der Verweis auf die *(prima facie) Gültigkeit* der infrage stehenden Norm: *(Prima facie) gültig* ist eine Norm N nämlich genau dann, wenn sie nach Maßgabe der wissenschaftstheoretischen Mindestanforderungen an die Ethik als normative Wissenschaft der Moral[5] gerechtfertigt ist. Wenn sich aber – wie im Beispiel – die Relevanz empirischer Daten, Beschreibungen und Erklärungen für eine ethische Erwägung mit Blick auf die Anwendungsbedingungen der jeweils zugrunde liegenden, *(prima facie) gültigen* Norm N ergibt und diese Anwendungsbedingungen selbst in N enthalten sind,[6] so ist die Bestimmung relevanter empirischer Daten, Beschreibungen und Erklärungen letztlich abhängig von einer *angemessen* gerechtfertigten Norm N. Und dies impliziert, dass die Identifikation relevanter empirischer Daten, Beschreibungen und Erklärungen von bestimmten *wissenschaftstheoretischen Voraussetzungen* – den Mindestanforderungen an eine Ethik – abhängt oder diese wenigstens präsupponiert.

Dies gilt insofern auch für das Beispiel der ethischen Erwägung nachhaltigen Stromsparens in Privathaushalten, als eine angemessen gerechtfertigte Nachhaltigkeitsnorm jene Mittel-Zweck-Überlegungen erst ermöglicht, mit Blick auf die bestimmte empirische Daten, Beschreibungen und Erklärungen als relevant

---

5 Vgl. Fußnote 1 für einige Mindestanforderungen an die Ethik.
6 Vgl. Fußnote 3.

ausgezeichnet werden. Da jene Mittel-Zweck-Überlegungen aber auf ein Brückenprinzip rekurrieren, das als solches nicht in der Nachhaltigkeitsnorm enthalten sein kann,[7] ist die Bestimmung relevanter empirischer Daten, Beschreibungen und Erklärungen hier außerdem abhängig von der *methodisch begründeten* Einführung des Mittel-Zweck-(Brücken-)Prinzips oder präsupponiert diese wenigstens.

Die Abhängigkeit von wissenschaftstheoretischen Voraussetzungen beziehungsweise methodischen Überlegungen besteht auch in anderen Fällen der Ausweisung empirischer Daten, Beschreibungen und Erklärungen als relevant für ethische Erwägungen, etwa im Rahmen von Fragen angemessener Normimplementierung („Unter welchen Bedingungen können die Adressaten der Norm N diese umsetzen?"), des adäquaten Monitorings („Entspricht die Praxis P dem durch Norm N Gesollten?"), der Erfassung normativer Zielgrößen („Welche Präferenzen existieren bezüglich der Handlungsoptionen A und B?") und letztlich auch der Bestimmung moralischer Probleme selbst („Wie beurteilt Gruppe G die Praxis P?").

Während also allgemein festgehalten werden kann, *dass* ethische Erwägungen angesichts ihres Anspruchs auf praktische Wirksamkeit notwendig auf relevante empirische Daten beziehungsweise empirisch fundierte Beschreibungen und Erklärungen Bezug nehmen müssen (siehe exemplarisch Birnbacher 1999, 2016, Borry, Schotsmans und Dierickx 2004, Kon 2009, Mertz et al. 2014, Salloch et al. 2015), hängt es wesentlich von theoretischen Vorüberlegungen ab, *welche* Informationen jeweils relevant sind. Diese Einsicht mag trivial erscheinen. Allerdings ist zu konstatieren, dass im Rahmen der Beschäftigung mit moralischen Problemstellungen häufig unklar bleibt, *warum welche* Daten, Beschreibungen und Erklärungen *in welchem Sinne* relevant sind, welches also die jeweils relevanten Aspekte jener Umstände und Gegebenheiten sind, unter denen und in denen ein moralisches Problem zutage tritt und zu lösen ist.

In besonderem Maße – und historisch gewachsen (siehe für den Bereich der Medizinethik exemplarisch Rauprich 2005, S. 11 ff.) – gilt dies für sogenannte angewandte oder anwendungsorientierte, treffender: *Bereichs*-Ethiken,[8] etwa die Medizin-, Umwelt-, Tier-, Wissenschafts- oder Technikethik, die mit der Lösung *konkreter* – faktisch vorzufindender oder prospektiv erwarteter – moralischer Problemstellungen in jeweils *spezifischen Handlungs-* oder *Lebensbereichen* befasst sind. Zwar führte der sogenannte *empirical turn* (Borry, Schotsmans und

---

7 Vgl. Fußnote 3.
8 Aufgrund ihres Anspruches auf praktische Wirksamkeit kann letztlich jede Ethik als anwendungsorientiert gelten, weshalb die Rede von einer spezifisch angewandten oder anwendungsorientierten Ethik irreführend ist.

Dierickx 2005) im letzten Jahrzehnt zu einer regelrechten Flut an vor allem sozialwissenschaftlich-empirischen Arbeiten, die zur Lösung moralischer Problemstellungen beizutragen suchen und sich dabei häufig explizit der Beförderung einer praktisch wirksamen Ethik verschreiben. Allerdings bleiben viele dieser Studien dezidiert ethische Erwägungen schuldig, etwa, weil sie keine (angemessen gerechtfertigten) Normen beziehungsweise methodisch begründeten Brückenprinzipien explizieren oder wenigstens nachvollziehbar präsupponieren. Damit aber bleibt ebenfalls offen, warum die jeweils erhobenen Daten sowie die resultierenden Beschreibungen und Erklärungen relevant für die Lösung der jeweils betrachteten moralischen Problemstellung sein sollen (Düwell 2009). In der Konsequenz verbleiben solche Studien oftmals im Modus reiner Deskription, haben also gerade *keinen Anspruch auf praktische Wirksamkeit*, oder ziehen *kryptonormative* Schlussfolgerungen (Salloch, Schildmann und Vollmann 2012, S. 2f.) und erfüllen mithin nicht die Mindestanforderungen an eine Ethik.[9]

1.3 Metaethische Un(ter)bestimmtheit

Zwar wird genau dies immer wieder kritisiert und die Angewiesenheit bereichsethischer Überlegungen auf angemessen gerechtfertigte Normen beziehungsweise, seltener, methodisch begründete Brückenprinzipien postuliert – sei es unter grundsätzlichen Gesichtspunkten (Birnbacher 1999, 2016, Salloch, Schildmann und Vollmann 2012) oder, spezifischer, im Sinne eines methodologischen Diktums bezüglich der Identifikation relevanter empirischer Daten, Beschreibungen und Erklärungen (Düwell 2009, Salloch, Schildmann und Vollmann 2012). Unbeachtet bleibt dabei bis auf wenige Ausnahmen (Düwell 2009, Frith 2012) aber, dass neben dem Bezug auf angemessen gerechtfertigte Normen sowie bestimmte methodische Überlegungen wesentlich auch *ein metaethisches Fundament notwendig ist, um umfassend bestimmen zu können, welche empirischen Daten, Beschreibungen und Erklärungen in welchem Sinne relevant für welche ethischen Erwägungen sind.*[10] Die bislang deutlich gewordenen Bezugspunkte für

---

9 Das bedeutet selbstverständlich nicht, dass keine (bereichs-)ethischen Arbeiten existieren, die wissenschaftlich-ethische Lösungen für moralische Problemstellungen entwickeln. Festgehalten werden soll lediglich, dass im Gefolge des *empirical turn* eine Vielzahl empirischer Studien entstanden sind, die sich explizit als ethische Studien verstehen, aber keinen (angemessenen) Bezug zu ethischen Erwägungen beinhalten.

10 Damit sind nicht die lange Zeit dominierenden Fragen angesprochen, unter Annahme welcher – etwa ontologischen oder epistemologischen – Prämissen eine Zusammenarbeit von normativ und deskriptiv arbeitenden Disziplinen überhaupt möglich ist und wie diese gegebenenfalls zu

eine Auszeichnung relevanter empirischer Daten, Beschreibungen und Erklärungen im Kontext ethischer Erwägungen sind – so wird sich zeigen – nicht erschöpfend; einer praktisch wirksamen Ethik ist durch die Berücksichtigung von mit Blick auf gerechtfertigte Normen und methodisch begründete Brückenprinzipien einschlägigen Daten, Beschreibungen und Erklärungen nicht Genüge getan. Vielmehr ist sie *notwendig* auch auf metaethische Überlegungen angewiesen, um umfassend bestimmen zu können, welche Umstände und Gegebenheiten relevant für welche ethischen Erwägungen sind.

Diese Notwendigkeit wird im Folgenden aufgezeigt. Dazu sollen zunächst einige prominente metaethische Positionen skizziert werden, um anschließend einige für eine praktisch wirksame Ethik resultierende Konsequenzen hinsichtlich der Frage nach relevanten empirischen Daten, Beschreibungen und Erklärungen zu veranschaulichen.

2 Metaethik und empirische Information

2.1 Die vier metaethischen Fragen

Metaethische Überlegungen dienen der Erfüllung wenigstens bestimmter wissenschaftstheoretischer Mindestanforderungen[11] an die Ethik. Wenn nämlich Ethik als normative, praktisch wirksame *Wissenschaft* verstanden wird, sind damit Fragen nach ihren semantischen, ontologischen, epistemologischen sowie motivationstheoretischen Prinzipien und Strukturen aufgeworfen. Entsprechend lassen sich vier grundlegende metaethische Fragestellungen unterscheiden (Scarano 2011, S. 27), die beantwortet werden müssen, um etwa die Genese konsistenter und kohärenter ethischer Satzsysteme unter Verwendung luzider Begriffe überhaupt zu ermöglichen:

(1) In *semantischer* Absicht wird nach der adäquaten Interpretation moralischer Äußerungen, genauer: präskriptiver Sätze, gefragt, das heißt nach den funktionalen Eigenschaften von Sätzen, die Wertphrasen (wie „gut", „schlecht",

---

bewerkstelligen wäre (siehe exemplarisch Weaver und Trevino 1994). Vielmehr soll hier gezeigt werden, dass unter Rekurs auf (bestimmte) metaethische Annahmen selbst bestimmte empirische Daten, Beschreibungen und Erklärungen als relevant für ethische Erwägungen auszuzeichnen sind. Obgleich Versuche der jüngeren Vergangenheit, Qualitätsstandards für sogenannte empirisch-ethische Forschungsvorhaben zu entwickeln, – primär unter Transparenzgesichtspunkten – fordern, die jeweils zugrunde liegenden metaethischen Prämissen zu explizieren (siehe etwa Mertz et al. 2014, Ives et al. 2018), bleibt dieser spezifische Aspekt dabei unberücksichtigt.

11 Vgl. Fußnote 1.

„wertvoll") oder Normphrasen (wie „geboten", „verboten", „erlaubt") als Prädikate oder Satzoperatoren enthalten (Scarano 2011, S. 28, Morscher 2011, S. 36). Im Kern geht es dabei um die Frage, ob solche Sätze prinzipiell wahrheitsfähig sind, wobei insbesondere zwei Auffassungen diskutiert werden: Zum einen Theorien, die (präskriptiven) Sätzen wie „X ist geboten" (etwa: „Es ist geboten, die Bedürfnisse Anderer zu berücksichtigen") eine kognitive Funktion zuschreiben, wie sie gemeinhin (deskriptiven) Sätzen der Art „Es ist der Fall, dass Y" (etwa: „Es regnet") zukommt (Morscher 2011, S. 38). Ein Satz S hat dabei genau dann kognitive Funktion, wenn er Wahrheitsträger ist, das heißt, wenn S wahr oder falsch sein kann. Der Satz „Es regnet" etwa ist ein solcher Wahrheitsträger: Er kann wahr oder falsch sein und wird normalerweise als wahr erachtet, wenn aktuell flüssiger Niederschlag aus Wolken zu beobachten ist (und als falsch, wenn dies nicht der Fall ist).[12] Analog sind in *kognitivistischer* Lesart auch präskriptive Sätze wahrheitsfunktional zu verstehen: Sie enthalten zwar Wert- oder Normphrasen, dennoch kann ihnen wie deskriptiven Sätzen Wahr- oder Falschheit zugeschrieben werden (Brink 1989, Schaber 1997). *Nonkognitivistische* Ansätze bestreiten dies und fokussieren auf die sprachpragmatische Funktion präskriptiver Äußerungen. Dieser Position gemäß können präskriptive Sätze also nicht wahr oder falsch sein, sondern bringen etwa – wie *Emotivisten* (Ayer 1952, Mackie 1977) und *Expressivisten* (Blackburn 1984, 1993, Gibbard 1990) behaupten – emotionale beziehungsweise Pro- und Con-Einstellungen zum Ausdruck oder sind wesentlich – so die *Präskriptivisten* (Hare 1952) – durch ihren vorschreibenden Charakter gekennzeichnet und mithin als imperative Sprechakte zu verstehen.[13]

(2) Auf *ontologischer* Ebene wird gefragt, worauf moralische Urteile beziehungsweise präskriptive Sätze eigentlich rekurrieren: Gibt es so etwas wie objektive moralische Tatsachen? Und wenn ja, welcher Art sind diese Tatsachen? Wenn hingegen nein, worauf können sich gültige moralische Urteile beziehen?

---

12 *Normalerweise* deshalb, weil die Zuschreibung von Wahr- oder Falschheit abhängig ist von den zugrunde gelegten Wahrheitsbedingungen – hier etwa die korrespondenztheoretisch motivierte Übereinstimmung der Aussage „Es regnet" mit der Beschaffenheit der Welt („flüssiger Niederschlag aus Wolken") (im Unterschied beispielsweise zu kohärenz- oder konsenstheoretischen Wahrheitsbedingungen).

13 Ethik als normative *Wissenschaft* aufzufassen, präjudiziert dabei nicht die Einnahme einer kognitivistischen Position im skizzierten Sinne. Zwar gehen wir normalerweise davon aus, dass wir uns in moralischen Urteilen irren können und es insofern umgekehrt *in irgendeinem Sinne richtige* moralische Urteile beziehungsweise präskriptive Sätze gibt (Scarano 2011, S. 33). Dies ist prinzipiell aber auch für Sätze möglich, die keine Wahrheitsträger im Sinne der kognitivistischen Auffassung, sondern lediglich – wie beispielsweise auch Imperative (Gethmann 1984) – argumentativ zugänglich sind, das heißt „Prämisse[n] oder Konklusion[en] eines Arguments sein [können]" (Morscher 2011, S. 38).

Wird etwa eine semantisch-kognitivistische Position eingenommen und die Wahr- oder Falschheit von (präskriptiven) Sätzen an die Beschaffenheit der Welt gebunden (wie in korrespondenztheoretischen Ansätzen), so muss es moralische Tatsachen geben (Scarano 2011, S. 31). Dies ist der Kern des metaethischen *Realismus:* Er geht davon aus, dass sich präskriptive Sätze (zum Beispiel „Moralisch gut ist eine Handlung, die zur Stabilität einer Gesellschaft beiträgt") nur dann als wahr oder falsch auszeichnen lassen, wenn ihr Gegenstand (hier die infrage stehende Handlung) eine entsprechende moralische Eigenschaft (hier ihr Beitrag zur Stabilität einer Gesellschaft) (nicht) besitzt. Die Existenz solcher Eigenschaften setzt allerdings die Existenz entsprechender, von subjektiven Überzeugungen unabhängig bestehender moralischer Tatsachen voraus – hier: die moralische Güte der Stabilität einer Gesellschaft. Strittig sind unter metaethischen Realisten Status und Art solcher Tatsachen. Die meisten *Naturalisten* behaupten, moralische Tatsachen *seien* natürliche Tatsachen; sie nehmen also an, dass bestimmte präskriptive und bestimmte deskriptive Sätze ein und dieselbe Eigenschaft charakterisieren. Demnach beschriebe etwa die deskriptive Aussage „Handlung H trägt zur Stabilität der Gesellschaft G bei" dieselbe Eigenschaft von H wie der präskriptive Satz „Handlung H ist moralisch gut". Demgegenüber verstehen einige Naturalisten moralische Tatsachen in einem schwächeren Sinne, beispielsweise als in einem Supervenienzverhältnis zu natürlichen Tatsachen stehend (Brink 1989, S. 160 ff.). *Nichtnaturalisten* wiederum postulieren, dass es sich bei moralischen Tatsachen um eine besondere Klasse nicht-natürlicher Tatsachen, um Tatsachen *sui generis*, handelt, die sich als subjektabhängige Eigenschaften, etwa im Sinne sekundärer Qualitäten (Wiggins 1976, McDowell 1985), erweisen. Ähnlich wie im Falle von Farbwahrnehmungen werden moralische Eigenschaften hier als Reaktionen auf bestimmte Gegenstände bestimmt: So wie ein blauer Gegenstand normalerweise eine Blauempfindung im Betrachter auslöst, löse etwa eine gesellschaftsstabilisierende Handlung H unter Normalbedingungen die Empfindung moralischer Richtigkeit aus. Und genau dabei handle es sich um jene Eigenschaft, die auf eine entsprechende moralische Tatsache verweise. Bestreitet man im Unterschied zu den bislang skizzierten Positionen die Existenz moralischer Tatsachen, wie dies *antirealistische* Ansätze tun (siehe exemplarisch Stevenson 1944, Ayer 1952, Hare 1952, Mackie 1977), so können moralische Urteile beziehungsweise präskriptive Sätze (mit Blick auf die Beschaffenheit der Welt) keine Wahrheitsträger sein. Soll unter antirealistischen Vorzeichen dennoch von der *Geltung* moralischer Urteile gesprochen werden, sind alternative Bezugspunkte beziehungsweise Maßstäbe zur Bewertung präskriptiver Sätze vorzulegen.

(3) Wenn, entgegen moralskeptischen Positionen (etwa Mackie 1977, Joyce 2001, Sinnott-Armstrong 2006), unterstellt wird, dass präskriptive Sätze beziehungsweise moralische Urteile prinzipiell richtig oder falsch sein können – sei es

in dem Sinne, dass sie Wahrheitsträger sind, die auf moralische Tatsachen rekurrieren, oder dass sie (als nicht wahrheitsfähige Sätze) wenigstens rationalen Argumenten zugänglich sind –, so stellt sich in *epistemologischer* Hinsicht die Frage, gemäß welcher Kriterien moralische Urteile als gerechtfertigt gelten können, ob es beispielsweise moralisches Wissen geben kann oder was es bedeutet, moralische Urteile angemessen zu begründen.[14] So müssen naturalistische Realisten erklären, ob und wie moralische Tatsachen – etwa die Güte einer stabilen Gesellschaft – erkannt werden können; Nichtnaturalisten bleibt zu zeigen, was eigentlich unter relevanten Empfindungen moralischer Richtigkeit oder Falschheit zu verstehen ist, wodurch sie konstituiert sind und wie wir auf sie zugreifen. Antirealisten schließlich müssen Kriterien für die Geltung moralischer Urteile angeben. Nichtnaturalistische Realisten nehmen zumeist eine *fundamentalistische* Position ein, indem sie die Existenz basaler, das heißt selbstevidenter, nicht weiter zu rechtfertigender moralischer Überzeugungen postulieren, auf die wir epistemischen Zugriff haben und die insofern ein nicht hintergehbares Fundament der Erkenntnis moralischer Tatsachen *sui generis* sind. Die Zugriffsmöglichkeit auf solche basalen Überzeugungen setzt allerdings ein spezifisches Erkenntnisvermögen voraus. Dieses Vermögen wurde von Nichtnaturalisten lange mit *Intuitionen* im Sinne bestimmter kognitiver Fähigkeiten identifiziert (Moore 1903, S. 36, 193). Moderne Theorien hingegen rekurrieren eher auf charakterliche Eigenschaften, etwa eine angemessene Sensibilisierung, die es Personen ermögliche, moralische Tatsachen als sekundäre Qualitäten zu erkennen (McDowell 1998). Naturalistische Realisten wiederum, die moralische Tatsachen *als* natürliche Tatsachen auffassen, sind einem *Empirismus* verpflichtet, demgemäß sich die Erkenntnis moralischer Tatsachen ausschließlich aus (wissenschaftlich kontrollierter) Beobachtung und Erfahrung speist. Naturalisten, die keine Identität, sondern etwa ein Supervenienzverhältnis moralischer und natürlicher Tatsachen unterstellen, also davon ausgehen, dass moralische Tatsachen durch natürliche konstituiert werden, aber weder mit ihnen identisch sind noch auf natürliche Tatsachen reduziert werden können, müssen eine solche empirische Erfassung moralischer Tatsachen ablehnen. Möglich bleibt dann etwa eine *kohärentistische* Epistemologie, die moralische Erkenntnis am Kohärenzgrad von Überzeugungssystemen – bestehend aus wohlüberlegten moralischen Urteilen, ethischen Theorien sowie naturwissenschaftlichen Theorien und Erkenntnissen – bemisst (Boyd 1988, Brink 1989, S. 100 ff.). Allerdings kann ein solcher Ansatz den Zugriff

---

[14] Nicht tangiert sind von diesen Fragen die eingangs skizzierten wissenschaftstheoretischen Mindestanforderungen an die Ethik. Vielmehr trägt eine Beantwortung der metaethisch-epistemologischen Fragen zu einer Erfüllung dieser Mindestanforderungen bei.

auf die Realität und die in ihr unterstellten moralischen Tatsachen letztlich nicht garantieren, sondern bestenfalls Evidenzen für moralische Tatsachen liefern. Antirealisten schließlich, die die Möglichkeit gültiger beziehungsweise richtiger moralischer Urteile unterstellen, können beispielsweise auf bestimmte Arten (nicht-kognitiver) Überzeugungen, sogenannte Pro-Einstellungen (Blackburn 1984, Davidson 1980), oder auf formale Kriterien zur epistemischen Bewertung präskriptiver Sätze verweisen, etwa solche ihrer Universalisierbarkeit oder logischen Konsistenz (Hare 1952, 1981).

(4) Neben dem semantischen Gehalt, dem ontologischen Status und den epistemologischen Bedingungen moralischer Urteile wird unter handlungs- beziehungsweise *motivationstheoretischen* Gesichtspunkten diskutiert, wodurch moralisches Handeln motiviert wird. *Internalisten* vertreten die Auffassung, dass moralischen Überzeugungen selbst motivierende Kraft zukommt, dass also eine Person P mit einer moralischen Überzeugung (etwa, dass die Bedürfnisse Anderer zu berücksichtigen sind) zugleich einen hinreichenden, konklusiven oder wenigstens vorrangigen Grund hat, gemäß dieser Überzeugung zu handeln (also tatsächlich die Bedürfnisse Anderer zu berücksichtigen) (Williams 1981, Brink 1989, S. 41). Wenn moralische Überzeugungen in diesem Sinne handlungsleitend sind, ist damit allerdings impliziert, dass sie Motive im Sinne kausal wirksamer Handlungsursachen sind oder solche zumindest beinhalten. Daraus aber folgt, dass moralische Überzeugungen nicht (nur) auf Tatsachen Bezug nehmen, sondern affektive, nicht-kognitive, auf die menschliche Psyche bezogene Eigenschaften ausdrücken (Brink 1989, S. 37). Internalisten sind daher häufig nonkognitivistische Antirealisten, die moralische Überzeugungen als Pro-Einstellungen verstehen, mit denen zum Ausdruck gebracht wird, wie die Welt beschaffen sein sollte (Mackie 1977, S. 23, Hare 1981, S. 60 f.). *Externalisten* auf der anderen Seite vertreten die Auffassung, dass es sich bei moralischen Überzeugungen um Glaubenszustände handelt, die sich auf das beziehen, was der Fall ist, beziehungsweise die Tatsachen unterstellen (Scarano 2011, S. 30). Entsprechend sind moralische Überzeugungen kognitiver Natur, beinhalten keine Motive und sind daher selbst nicht handlungsleitend. Externalisten folgern daraus, dass moralisches Handeln von Motiven abhängt, die unabhängig von moralischen Überzeugungen bestehen (Williams 1981, Brink 1989, S. 45 ff.). Die Frage nach den kausalen Ursachen moralischen Handelns ist in externalistischer Perspektive dann die Frage danach, ob „es für eine Person irgendwelche Motive gibt, einer von ihr als richtig angesehenen moralischen Überzeugung in ihrem Handeln zu entsprechen" (Scarano 2011, S. 31). Die Debatte zwischen Internalisten und Externalisten wird zumeist logisch-analytisch geführt. Allerdings – und dies ist eine Besonderheit im metaethischen Feld – können motivationstheoretische Überlegungen prinzipiell auch auf moralpsychologische Erkenntnisse empirischer Natur

gestützt werden, insbesondere auf solche, die die Gründe beziehungsweise Ursachen moralischen Verhaltens zu erklären versuchen.

Der Überblick macht deutlich, dass die vier metaethischen Teilgebiete in einem Abhängigkeitsverhältnis stehen: Ontologische Realisten etwa sind auf einen semantischen Kognitivismus verpflichtet, Antirealisten auf einen Nonkognitivismus. Die epistemologische Position wiederum hängt maßgeblich von der ontologischen ab. Und schließlich präjudiziert der motivationstheoretische Ansatz zumeist bestimmte semantische – und damit auch ontologische – Annahmen: Während Internalisten häufig Nonkognitivisten (und damit Antirealisten) sind, vertreten Externalisten oftmals kognitivistische (und damit realistische) Positionen.[15] Vor dem Hintergrund dieser Abhängigkeiten genügt es etwa nicht, die Ausweisung relevanter empirischer Daten, Beschreibungen und Erklärungen mit der Verpflichtung auf eine bestimmte epistemologische oder motivationstheoretische Position zu begründen. Denn damit sind bestimmte semantische und ontologische Annahmen präsupponiert, die selbst begründungsbedürftig sind.

2.2 Noch einmal: Die Frage nach relevanten empirischen Informationen

Für die nachfolgenden Überlegungen hinsichtlich metaethischer Bezugspunkte für eine Bestimmung relevanter empirischer Daten, Beschreibungen und Erklärungen im Kontext ethischer Erwägungen werden exemplarisch einige empirische Fragestellungen herangezogen, wie sie *typischerweise* mit bereichsethischem Anspruch gestellt werden. Es wird sodann gezeigt, dass diese Fragestellungen nur vor dem Hintergrund bestimmter metaethischer Annahmen überhaupt beziehungsweise in einem bestimmten Sinne relevant für (bestimmte) ethische Erwägungen sein können und insofern notwendig auf ein metaethisches Fundament rekurrieren.

Typische empirische Fragestellungen mit bereichsethischem Anspruch sind etwa: „Welche Regelungen der Sterbehilfe werden als moralisch legitim angesehen?", „Wie wird die bestehende Praxis von Entscheidungen am Lebensende wahrgenommen und bewertet?" (Düwell 2009, S. 204) oder „Welche Verantwortlichkeiten werden Ärzten und Forschern in der systemmedizinischen Praxis

---

[15] Allerdings gibt es auch prominente Internalisten, die einen kognitivistischen Realismus vertreten (Foot 1958, Nagel 1970, McDowell und McFetridge 1978, McDowell 1979, 1985). Insofern ist der motivationstheoretische Ansatz in der metaethischen Debatte nicht notwendig an eine bestimmte semantische oder ontologische Position gebunden (theorieintern wird eine solche Notwendigkeitsbeziehung in den verschiedenen Varianten selbstverständlich zumeist unterstellt).

zugeschrieben?" (Fernau et al. 2018). Solche Forschungsfragen können einerseits ein rein deskriptives Interesse verfolgen, sei es, weil sie auf die Erfassung von Einstellungen bestimmter Personen(-gruppen) hinsichtlich bestimmter Praktiken abzielen oder weil ihre Beantwortung die Grundlage für einen Abgleich bestimmter lebensweltlicher Aspekte mit dem ethisch Gesollten – das heißt mit den Handlungsanweisungen angemessen gerechtfertigter Normen – schaffen soll. Häufig wird allerdings der Eindruck erweckt, mit der Beantwortung solcher Forschungsfragen zur *Genese moralischer Urteile* beziehungsweise moralischer Normen beizutragen. Damit aber ist notwendig auf bestimmte metaethische Annahmen verwiesen: Denkbar wären beispielsweise eine empiristische (und damit naturalistisch-realistische und kognitivistische) oder (nicht-naturalistische und kognitivistische) intuitionistische Auffassung ethischen Erkenntnisgewinns. Dann aber bliebe unter methodischen Gesichtspunkten zu klären, wie ein adäquater Zugriff auf die entsprechenden natürlichen beziehungsweise nicht-natürlichen moralischen Tatsachen im Rahmen einer empirischen Studie zu bewerkstelligen wäre. Denkbar wäre auch eine kohärentistische Epistemologie, mit Blick auf die allerdings der rechtfertigende Charakter der empirisch erfassten Einstellungen zu erklären, also etwa zu explizieren wäre, ob – und wenn ja, in welchem Sinne – wohlüberlegte moralische Urteile erfasst und auf welche Weise diese in Überzeugungssysteme welcher Art integriert werden sollen. Während es also grundsätzlich möglich ist, mit der Beantwortung empirischer Fragestellungen zur Genese moralischer Urteile beziehungsweise Normen beizutragen, stellen sich damit – gerade hinsichtlich einer praktisch wirksamen Bereichsethik – eine Reihe von methodischen Fragen, die notwendig von metaethischen Überlegungen abhängen. In diesem Sinne kann die Auszeichnung relevanter empirischer Daten, Beschreibungen und Erklärungen im bereichsethischen Kontext abhängig sein von metaethischen Überlegungen.

Ähnliches gilt für empirische Fragestellungen, die auf die *Identifikation moralischer Probleme* abstellen, etwa: „Wie sieht die Praxis von Entscheidungen am Lebensende (in bestimmten Ländern, Krankenhäusern etc.) aus?" (Düwell 2009, S. 204) oder „Wie beurteilen Entscheidungsträger im deutschen Gesundheitswesen die Chancen und Risiken der individualisierten Medizin?" (Schleidgen und Marckmann 2013). Auch solche Forschungsfragen können ein rein deskriptives Interesse verfolgen (indem ihre Beantwortung ausschließlich in der Erfassung faktisch wahrgenommener *moralischer* Probleme besteht). Wird allerdings unterstellt, dass ihre Beantwortung die Erfassung *ethisch* relevanter Probleme beinhaltet, ist damit wiederum auf die epistemologischen – und mithin auch ontologischen und semantischen – Bedingungen ethischer Urteilsbildung verwiesen.

Motivationstheoretischen Bezug können schließlich empirische Fragestellungen haben, die auf die Implementierung von Normen abzielen, beispielsweise: „Unter welchen Bedingungen berücksichtigen Ärzte die Autonomie psychiatrischer Patienten angemessen?" oder „Können forschende Ärzte ihrer Verantwortung in der systemmedizinischen Praxis nachkommen?". Solche Forschungsfragen können einerseits auf Erfassung der empirischen Kriterien von Brückenprinzipien, etwa des Praktikabilitätsprinzips, abzielen. Insofern sie aber an den Gründen beziehungsweise Motiven von untersuchten Personen(-gruppen) interessiert sind, sich auf eine bestimmte Weise zu verhalten, müssen sie notwendig ihren motivationstheoretischen Ausgangspunkt klären (und gegebenenfalls in einen konsistenten Zusammenhang mit weiteren metaethischen Überlegungen bringen). Denn von diesem hängt es in methodischer Hinsicht ab, ob beispielsweise ausschließlich die moralischen Überzeugungen von Probanden (bei Annahme einer internalistischen Position) oder auch darüberhinausgehende Gründe und Motive (in externalistischer Perspektive) zu erfassen sind. Auch in solchen Fällen ergibt sich mithin, dass die Auszeichnung bereichsethisch relevanter empirischer Daten, Beschreibungen und Erklärungen von metaethischen Überlegungen abhängig ist.

3 Fazit

Die vorangegangenen Überlegungen haben gezeigt, dass ethische Erwägungen, in besonderem Maße bereichsethische Erwägungen, die mit der Lösung konkreter moralischer Problemstellungen in jeweils spezifischen Handlungs- oder Lebensbereichen befasst sind, notwendig auf empirische Daten, Beschreibungen und Erklärungen angewiesen sind. Welche Daten, Beschreibungen und Erklärungen jeweils relevant sind, hängt dabei nicht nur vom Typus einer ethischen Erwägung (etwa der Genese moralischer Urteile und Normen, der Identifikation moralischer Probleme oder von Fragen der Normimplementierung) oder den gegebenenfalls zugrunde gelegten Normen und Brückenprinzipien ab, sondern maßgeblich auch von metaethischen Annahmen. Versteht man Ethik im Sinne einer praktisch wirksamen, normativen Wissenschaft der Moral, ist eine verstärkte Auseinandersetzung mit metaethischen Fragestellungen daher auch mit Blick auf bereichsethische Erwägungen unerlässlich. Die im Gefolge des *empirical turn* häufig vorgetragene These, metaethische (sowie bestimmte normativ-ethische) Überlegungen könnten nichts zur Lösung konkreter moralischer Probleme beitragen, ist vor diesem Hintergrund genauso verkürzt wie die These, dass eine auf solche Überlegungen gänzlich verzichtende Ethik hinreichend empirisch informiert und in einem umfassenden Sinne praktisch wirksam sein kann.

Unbestreitbar können moralische Probleme nicht mithilfe ausschließlich metaethischer Überlegungen gelöst werden – überhaupt besteht die Aufgabe der Metaethik nicht in der Lösung moralischer Probleme; eine metaethisch unfundierte (Bereichs-)Ethik vermag dies allerdings auch nicht zu leisten, insbesondere deshalb, weil sie – wenigstens mit Blick auf bestimmte Fragestellungen – nicht hinreichend empirisch informiert sein kann. Nachdem die Ethik im Gefolge des *linguistic turn* in der ersten Hälfte des 20. Jahrhunderts weitgehend durch metaethische Debatten bestimmt war, von denen man sich mit dem *empirical turn* abwandte, ist es nun an der Zeit, beide Seiten zusammenzuführen.

Literatur

Ayer, Alfred (1952): *Language, Truth and Logic*. New York: Dover.
Bilharz, Michael; Fricke, Vera und Schrader, Ulf (2011): „Wider die Bagatellisierung der Konsumentenverantwortung". In: *GAIA* 20 (1), S. 9–13.
Birnbacher, Dieter (1999): „Ethics and Social Science. Which Kind of Co-Operation?". In: *Ethical Theory and Moral Practice* 2 (4), S. 319–336.
Birnbacher, Dieter (2003) *Analytische Einführung in die Ethik*. Berlin und New York: Walter de Gruyter.
Birnbacher, Dieter (2016): „Where and When Ethics Needs Empirical Facts". In: Brand, Cordula (Hrsg.): *Dual-Process Theories in Moral Psychology*. Wiesbaden: Springer VS. S. 41–56.
Blackburn, Simon (1984): *Spreading the Word. Groundings in the Philosophy of Language*. Oxford: Oxford University Press.
Blackburn, Simon (1993): *Essays in Quasi-Realism*. New York und Oxford: Oxford University Press.
Borry, Pascal; Schotsmans, Paul und Dierickx, Kris (2004): „What Is the Role of Empirical Research in Bioethical Reflection and Decision-Making? An Ethical Analysis". In: *Medicine, Health Care and Philosophy* 7 (1), S. 41–53.
Borry, Pascal; Schotsmans, Paul und Dierickx, Kris (2005): „The Birth of the Empirical Turn in Bioethics". In: *Bioethics* 19 (1), S. 49–71.
Boyd, Richard (1988): „How to Be a Moral Realist". In: Sayre-McCord, Geoffrey (Hrsg.): *Essays on Moral Realism*. Ithaca und London: Cornell University Press. S. 181–228.
Brink, David (1989): *Moral Realism and the Foundations of Ethics*. Cambridge: Cambridge University Press.
Davidson, Donald (1980): *Essays on Actions and Events*. Oxford: Oxford University Press.
Düwell, Marcus (2009): „Wofür braucht die Medizinethik empirische Methoden? Eine normativ-ethische Untersuchung". In: *Ethik in der Medizin* 21 (3), S. 201–211.
Ernst, Gerhard (2008): *Die Objektivität der Moral*. Paderborn: Mentis.
Fernau, Sandra; Schleidgen, Sebastian; Schickhardt, Christoph; Oßa, Ann-Kristin und Winkler, Eva (2018): „Zur Rolle und Verantwortung von Ärzten und Forschern in systemmedizinischen Kontexten. Ergebnisse einer qualitativen Interviewstudie". In: *Ethik in der Medizin* 30 (4), S. 307–324.
Foot, Philippa (1958): „Moral Arguments". In: *Mind* 67 (268), S. 502–513.

Frith, Lucy (2012): „Symbiotic Empirical Ethics. A Practical Methodology". In: *Bioethics* 26 (4), S. 198–206.
Gethmann, Carl (1984): „Imperativlogik". In: Mittelstraß, Jürgen (Hrsg.): *Enzyklopädie Philosophie und Wissenschaftstheorie*. Bd. 2. Mannheim, Wien und Zürich: Bibliographisches Institut. S. 208–212.
Gibbard, Allan (1990): *Wise Choises, Apt Feelings. A Theory of Normative Judgment*. Oxford: Oxford University Press.
Grunwald, Armin (2010): „Wider die Privatisierung der Nachhaltigkeit. Warum ökologisch korrekter Konsum die Umwelt nicht retten kann". In: *GAIA* 19 (3), S. 178–182.
Grunwald, Armin (2011): „Statt Privatisierung. Politisierung der Nachhaltigkeit". In: *GAIA* 20 (1), S. 17–19.
Hare, Richard (1952): *The Language of Morals*. Oxford: Clarendon Press.
Hare, Richard (1981): *Moral Thinking. Its Levels, Method, and Point*. Oxford und New York: Oxford University Press.
Herrschaft, Lutz (1995): *Theoretische Geltung. Zur Geschichte eines philosophischen Paradigmas*. Würzburg: Königshausen & Neumann.
Ives, Jonathan; Dunn, Michael; Molewijk, Bert; Schildmann, Jan; Bærøe, Kristine; Frith, Lucy; Huxtable, Richard; Landeweer, Elleke; Mertz, Marcel; Provoost, Veerle; Rid, Annette; Salloch, Sabine; Sheehan, Mark; Strech, Daniel; de Vries, Martine und Widdershoven, Guy (2018): „Standards of Practice in Empirical Bioethics Research. Towards a Consensus". In: *BMC Medical Ethics* 19 (68).
Joyce, Richard (2001): *The Myth of Morality*. Cambridge: Cambridge University Press.
Kon, Alexander (2009): „The Role of Empirical Research in Bioethics". In: *American Journal of Bioethics* 9 (6–7), S. 59–65.
Krijnen, Christian (2006): „Der Wahrheitsbegriff im Neukantianismus". In: Enders, Markus und Szaif, Jan (Hrsg.): *Die Geschichte des philosophischen Begriffs der Wahrheit*. Berlin und New York: Walter de Gruyter. S. 298–300.
Langanke, Martin und Kirschke, Stefan (2014): „Ethische Probleme der Pränataldiagnostik. Zur Ethik der Inanspruchnahme aus eudaimonistischer Perspektive". In: Steger, Florian; Ehm, Simone und Tchirikov, Michael (Hrsg.): *Pränatale Diagnostik und Therapie in Ethik, Medizin und Recht*. Berlin und Heidelberg: Springer. S. 67–92.
Mackie, John (1977): *Ethics. Inventing Right and Wrong*. Harmondsworth: Penguin.
McDowell, John (1979): „Virtue and Reason". In: *The Monist* 62 (3), S. 331–350.
McDowell, John (1985): „Values and Secondary Qualities". In: Honderich, Ted (Hrsg.): *Morality and Objectivity*. London: Routledge. S. 110–129.
McDowell, John (1998): *Mind, Value, and Reality*. Cambridge: Harvard University Press.
McDowell, John und McFetridge, Ian (1978): „Are Moral Requirements Hypothetical Imperatives?". In: *Proceedings of the Aristotelian Society, Supplementary Volume* 52, S. 13–29, 31–42.
Mertz, Marcel (2015): *Kriteriologische Unterdetermination von Ethik durch Empirie. Normgeltungskriterien für die Verwendung empirischer Evidenz bei moralischen Normen*. Dissertation. In: *MADOC, Publikationsserver der Universität Mannheim*. https://ub-madoc.bib.uni-mannheim.de/37477/1/Dissertation_Mertz.pdf, abgerufen am 4. November 2018.
Mertz, Marcel; Inthorn, Julia; Renz, Günter; Rothenberger, Lillian; Salloch, Sabine; Schildmann, Jan; Wöhlke, Sabine und Schicktanz, Silke (2014): „Research Across the Disciplines. A

Road Map for Quality Criteria in Empirical Ethics Research". In: *BMC Medical Ethics* 15 (17).
Moore, George Edward (1903): *Principia Ethica*. New York: Dover.
Morscher, Edgar (2011): „Kognitivismus/Nonkognitivismus". In: Düwell, Marcus; Hübenthal, Christoph und Werner, Micha (Hrsg.): *Handbuch Ethik*. Stuttgart: J. B. Metzler. S. 36–48.
Nagel, Thomas (1970): *The Possibility of Altruism*. Oxford: Clarendon Press.
Nida-Rümelin, Julian (1996): „Theoretische und angewandte Ethik. Paradigmen, Begründungen, Bereiche". In: Nida-Rümelin, Julian (Hrsg.): *Angewandte Ethik. Die Bereichsethiken und ihre theoretische Fundierung. Ein Handbuch*. Stuttgart: Kröner. S. 2–85.
Patzig, Günther (1980): *Tatsachen, Normen, Sätze. Aufsätze und Vorträge*. Stuttgart: Reclam.
Quante, Michael (2011): *Einführung in die Allgemeine Ethik*. Darmstadt: Wissenschaftliche Buchgesellschaft.
Rauprich, Oliver (2005): „Prinzipienethik in der Biomedizin. Zur Einführung". In: Rauprich, Oliver und Steger, Florian (Hrsg.): *Prinzipienethik in der Biomedizin. Moralphilosophie und medizinische Praxis*. Frankfurt am Main und New York: Campus. S. 11–33.
Ricken, Friedo (2003): *Allgemeine Ethik*. Stuttgart: Kohlhammer.
Salloch, Sabine; Schildmann, Jan und Vollmann, Jochen (2012): „Empirical Research in Medical Ethics. How Conceptual Accounts on Normative-Empirical Collaboration May Improve Research Practice". In: *BMC Medical Ethics* 13 (5).
Salloch, Sabine; Wäscher, Sebastian; Vollmann, Jochen und Schildmann, Jan (2015): „The Normative Background of Empirical-Ethical Research. First Steps Towards a Transparent and Reasoned Approach in the Selection of an Ethical Theory". In: *BMC Medical Ethics* 16 (20).
Scarano, Nico (2011): „Metaethik. Ein systematischer Überblick". In: Düwell, Marcus; Hübenthal, Christoph und Werner, Micha (Hrsg.): *Handbuch Ethik*. Stuttgart: J. B. Metzler. S. 25–35.
Schaber, Peter (1997): *Moralischer Realismus*. Freiburg: Alber.
Schleidgen, Sebastian; Jungert, Michael und Bauer, Robert (2010): „Mission: Impossible? On Empirical-Normative Collaboration in Ethical Reasoning". In: *Ethical Theory and Moral Practice* 13 (1), S. 59–73.
Schleidgen, Sebastian und Marckmann, Georg (2013): „Re-Focusing the Ethical Discourse on Personalized Medicine. A Qualitative Interview Study With Stakeholders in the German Healthcare System". In: *BMC Medical Ethics* 14 (20).
Schurz, Gerhard (2004): „Zur Rolle von Brückenprinzipien in einer faktenorientierten Ethik". In: Lütge, Christoph und Vollmer, Gerhard (Hrsg.): *Fakten statt Normen? Zur Rolle einzelwissenschaftlicher Argumente in einer naturalistischen Ethik*. Baden-Baden: Nomos. S. 14–27.
Siebenhüner, Bernd (2011): „Kann die Politik es richten? Konsument(inn)en als politische Akteure". In: *GAIA* 20 (1), S. 14–16.
Sinnott-Armstrong, Walter (2006): *Moral Skepticisms*. Oxford: Oxford University Press.
Steigleder, Klaus (2006): „Moral, Ethik, Medizinethik". In: Schulz, Stefan; Steigleder, Klaus; Fangerau, Heiner und Paul, Norbert (Hrsg.): *Geschichte, Theorie und Ethik der Medizin. Eine Einführung*. Frankfurt am Main: Suhrkamp. S. 15–45.
Stevenson, Charles (1944): *Ethics and Language*. New Haven: Yale University Press.
von Kutschera, Franz (1999): *Grundlagen der Ethik*. Berlin und New York: Walter de Gruyter.

Weaver, Gary und Trevino, Linda (1994): „Normative and Empirical Business Ethics. Separation, Marriage of Convenience, or Marriage of Necessity?". In: *Business Ethics Quarterly* 4 (2), S. 129–143.

Wiggins, David (1976): „Truth, Invention, and the Meaning of Life". In: *Proceedings of the British Academy* 62, S. 331–378.

Williams, Bernard (1981) „Internal and External Reasons". In: ders.: *Moral Luck.* Cambridge: Cambridge University Press. S. 101–113.

Mark Schweda
Empirische Sozialforschung in der Medizinethik[1]
Aufgaben, Methoden, Anwendungsbeispiele

English title and abstract: *Socio-Empirical Research in Medical Ethics. Functions, Methods, Examples.* In the last two decades, there has been a profound "empirical turn" in medical ethics and bioethics. Today, the systematic combination of normative ethical reflection with empirical social research constitutes a widely accepted approach in the field of medicine, healthcare and the life sciences. Against this backdrop, the chapter recapitulates some of the most fundamental theoretical motivations and most important methodological implications of the "empirical turn". The author first discusses common reservations against including empirical research into ethical reflection. In the next section, central methodological requirements and consequences of conducting social research in the context of medical ethical and bioethical considerations are outlined and discussed. Finally, the author points to the normative relevance of socio-empirical research for implementing a form of inclusive deliberation as a central element of dealing with ethical questions raised by medicine, healthcare and the life sciences in modern liberal democracies.

Etwa um die Jahrtausendwende kam die Rede von einer „empirischen Wende" (Borry, Schotsmans und Dierickx 2005) in der Medizin- und Bioethik auf. Gemeint war ein wachsendes Bewusstsein für die Bedeutung sozialwissenschaftlicher Forschung für die ethische Theorie- und Urteilsbildung im Bereich von Medizin, Gesundheitswesen und Lebenswissenschaften (Schicktanz und Schildmann 2009).[2] Ein systematischer Überblick ergab 2006, dass die Quote der Beiträge mit sozialempirischem Anteil in den untersuchten medizin- beziehungsweise bioethischen Fachzeitschriften von 5,4 Prozent im Jahr 1990 auf 15,4 Prozent im Jahr

---

1 Das vorliegende Kapitel verdankt der langjährigen engen Zusammenarbeit mit Silke Schicktanz (Göttingen) mehr, als sich durch die jeweils fälligen einschlägigen Textverweise ausdrücken lässt.
2 Natürlich ergeben sich je nach Anwendungsgebiet und Fragestellung auch über die sozialwissenschaftliche Forschung hinaus Notwendigkeiten zur Einbeziehung der empirischen Ergebnisse anderer Wissenschaften, insbesondere der Lebenswissenschaften, in die ethische Theorie- und Urteilsbildung (Mertz und Schildmann 2018).

2003 angewachsen war (Borry, Schotsmans und Dierickx 2006).[3] Inzwischen stehen Kennzeichnungen wie „empirische", „empirisch informierte", „empirisch-integrative", „evidenzbasierte" oder „kontextsensitive Ethik"[4] für unterschiedliche Varianten einer weithin anerkannten Form normativ ausgerichteter medizin- und bioethischer Reflexion und Diskussion unter Einbeziehung empirischer Sozialforschung. Methodisch reicht das Spektrum von qualitativen Interviews mit Ärzten oder Patienten[5] über die ethnologische Beobachtung medizinischer Praktiken bis hin zu groß angelegten fragebogengestützten Erhebungen moralischer Einstellungen in der Allgemeinbevölkerung (Davies, Ives und Dunn 2015).

Es scheint nahezuliegen, diese „empirische Wende" im Sinne eines „Paradigmenwechsels" (Kuhn 1997, S. 77) zu beschreiben. Mit ihr begannen sich auf dem Gebiet der Medizin- und Bioethik neuartige theoretisch-methodologische Standards ethischer Theorie- und Urteilsbildung durchzusetzen. Auch wenn die Bedeutung empirischer Sozialforschung für die ethische Reflexion innerhalb des medizin- und bioethischen Diskurses heute kaum mehr ernsthaft in Zweifel gezogen wird, lohnt es sich durchaus, an einige der zugrunde liegenden Überlegungen zu erinnern. Schließlich gehört es zu den maßgeblichen Grundsätzen einer guten wissenschaftlichen Praxis, selbst noch so etablierte und verbreitete theoretische Ansätze und methodische Vorgehensweisen immer wieder aufs Neue kritisch auf ihre Voraussetzungen hin zu befragen und ihre Sinnhaftigkeit und Berechtigung im Zweifelsfall auch argumentativ ausweisen zu können. Tatsächlich mag gerade eine allzu selbstverständliche, von den ursprünglichen theoretischen Anliegen, Forschungsinteressen und Fragestellungen weitgehend losgelöste Handhabung der Ansätze und Methoden empirischer Sozialforschung in der Medizin- und Bioethik auch die Gefahr unbedarfter und fehlgeleiteter Anwendungen und damit der Kompromittierung eines an sich überaus wichtigen Forschungsansatzes bergen (Salloch, Schildmann und Vollmann 2012).

Vor diesem Hintergrund zielt das vorliegende Kapitel auf eine philosophisch ausgerichtete Vergewisserung über die Bedeutung und Reichweite empirischer Sozialforschung in der Medizin- und Bioethik ab. Zu diesem Zweck geht es zunächst auf einige der gemeinhin vorgebrachten grundsätzlichen Vorbehalte gegenüber der Verbindung ethischer Reflexion mit sozialwissenschaftlicher Empirie ein und beleuchtet die ihnen zugrunde liegenden theoretischen Vorannahmen. Im Anschluss verdeutlicht es unter Verweis auf konkrete Beispiele exemplarisch,

---

[3] Für eine Übersicht zur Entwicklung in der vorausgegangenen Dekade vgl. Sugarman, Faden und Weinstein (2001).
[4] Zu den verschiedenen Begrifflichkeiten vgl. Salloch, Schildmann und Vollmann (2009).
[5] Wo nicht anders angegeben, handelt es sich bei männlichen Formen um das generische Maskulinum.

auf welchen Ebenen und in welchen Hinsichten empirische Sozialforschung für die ethische Reflexion im Bereich der Medizin, des Gesundheitswesens und der Lebenswissenschaften als relevant, wenn nicht gar als vollkommen unerlässlich anzusehen ist. Anschließend werden einige methodische Implikationen dieser Überlegungen für die konkrete Durchführung und die Möglichkeiten und Grenzen sozialwissenschaftlicher Forschung im Kontext der Medizin- und Bioethik aufgezeigt. Gerade in modernen, freiheitlich-demokratischen Gemeinwesen kommt der systematischen Einbeziehung der Betroffenenperspektive im Rahmen eines Modells inklusiver Deliberation über medizin- und bioethische Fragen und Probleme eine besondere Bedeutung zu.

1 Vom Sein zum Sollen

Auf Seiten der philosophischen Ethik herrschten lange Zeit beträchtliche Vorbehalte und gelegentlich geradezu reflexhafte Abwehrreaktionen gegenüber einer Einbeziehung empirischer Sozialforschung in die medizin- und bioethische Reflexion vor. Der Verweis auf David Humes wirkungsmächtige Kritik des argumentativen Übergangs vom Sein zum Sollen, von deskriptiven zu evaluativen oder normativen Aussagen (Hume 1978, S. 195), kam hier häufig einem Totschlagargument gleich, mit dem entsprechende Ansätze pauschal beiseitegewischt wurden. Und tatsächlich scheint sich ja beispielsweise zwischen empirisch zu erfassenden moralischen Überzeugungen und ihrer ethischen Reflexion eine prinzipielle, unüberwindliche Kluft aufzutun. So ist es formallogisch grundsätzlich nicht möglich, aus deskriptiven Feststellungen darüber, was eine Vielzahl oder gar eine Mehrheit von Personen für moralisch richtig *hält*, ohne Weiteres normative Schlussfolgerungen bezüglich dessen zu ziehen, was aus ethischer Perspektive tatsächlich als richtig beziehungsweise gerechtfertigt *zu gelten hat*.

Allerdings beruhen viele der in der Diskussion um Ethik und Empirie vorgebrachten Vorbehalte bei näherer Betrachtung auf Vorannahmen, die sich keineswegs von selbst verstehen, sondern selbst der Erläuterung und Begründung bedürfen. Das betrifft schon die allgemeine Auffassung, aus dem Sein folge niemals ein Sollen.[6] Diese Auffassung setzt genau genommen bereits einen bestimmten Begriff von Sein und damit weitreichende *ontologische Annahmen* voraus. Letzten Endes wird „Sein" hier im Sinne der vermeintlich objektiv und wertfrei gegebenen „Tatsachen" der neuzeitlichen empirisch-experimentellen Naturwissenschaften aufgefasst. Ein umfassenderes Begriffsverständnis, wie es

---

6 Vgl. dazu ausführlich de Vries und Gordijn (2009).

etwa in der aristotelischen *Metaphysik* entwickelt wird (Aristoteles 1989, Buch V-VII), bleibt damit von vornherein ausgeschlossen. Ist das Sein aber erst einmal als „wertfrei" zurechtgelegt, wird die Unableitbarkeit des Sollens im Grunde zu einer tautologischen Binsenweisheit. Entsprechend hat Hans Jonas das humesche Verdikt als Ausdruck einer nie ernsthaft erörterten oder gar begründeten szientistischen Hintergrundmetaphysik bezeichnet (Jonas 1984, S. 92f.). Nun gelten freilich die Aussichten für die Rehabilitierung einer teleologischen Ontologie, nach der das Sollen gleichsam in der Struktur des Seienden selbst vorgezeichnet wäre, gemeinhin als äußerst zweifelhaft.[7] Doch auch diesseits solcher spekulativer Bestrebungen lassen sich gute Gründe für die Berechtigung teleologischer Betrachtungsweisen und entsprechender Argumentationsformen in der Ethik anführen. Vor allem aristotelische Ethiker wie Philippa Foot und Alasdair MacIntyre haben darauf hingewiesen, dass sie mit Blick auf menschliche Tätigkeiten und Lebenszusammenhänge allemal angemessen und sinnvoll sind (Hähnel 2017). So scheinen zum Beispiel die deskriptiven Feststellungen, dass ein Arzt die medizinische Kunst beherrscht und den meisten seiner Patienten auf diese Weise auch helfen kann, ihre Leiden lindert und ihre Krankheiten heilt, durchaus zu der evaluativen Schlussfolgerung zu berechtigen, dass es sich dann wohl um einen guten Arzt handeln muss.[8]

Auch in *methodischer Hinsicht* versteht sich eine strikte Trennung von ethischer Theoriebildung und empirischer Forschung keineswegs von selbst. Aristoteles, der Begründer der Praktischen Philosophie als einer eigenständigen philosophischen Disziplin, war jedenfalls noch ganz selbstverständlich davon ausgegangen, dass Empirie in verschiedenen Hinsichten unerlässlich für jede angemessene ethische Betrachtung sei.[9] So vertrat er beispielsweise die Auffassung, dass für die Erörterung sittlich-politischer Angelegenheiten eine gewisse Reife vonnöten sei, weil die Ausbildung der erforderlichen Urteilskraft praktische Lebenserfahrung voraussetze (Aristoteles 1985, 1095 a 1). Und auch in seiner eigenen Ethik sucht Aristoteles immer wieder den Abgleich zwischen der konstruktiven, begrifflich-argumentativen philosophischen Theoriebildung und „dem, was die Leute sagen", also den tatsächlich vorfindlichen moralischen Orientierungen (Aristoteles 1985, 1098 b 9).[10] Auch in der neuzeitlichen Philosophie werden immer wieder enge Verbindungen zwischen ethischer Reflexion und empirischer Erfahrung hergestellt. Aufklärungsphilosophen wie Anthony Ashley-

---

[7] Auch wenn es sich keineswegs um ein vollkommen abwegiges theoretisches Unterfangen handelt, vgl. Spaemann und Löw (2005).
[8] In Anlehnung an MacIntyre (1995, S. 82f.).
[9] Vgl. dazu Ritter (1961).
[10] Zu diesem „hypoleptischen" Verfahren des Aristoteles vgl. Marquard (1996, S. 67f.).

Cooper, der dritte Earl of Shaftesbury, und Francis Hutcheson, aber auch David Hume und Adam Smith haben die Ethik geradezu auf erfahrungswissenschaftliche Einsichten und insbesondere psychologische Beobachtungen zu moralischen Empfindungen und dem gesellschaftlichen Miteinander gegründet (Frazer 2010). Letztlich hat erst die kantische Moralphilosophie zu einer grundsätzlichen Trennung von Ethik und Empirie sowie zum Ausschluss der Letzteren aus der Moralbegründung geführt. Kant zufolge kann der vermeintlichen Notwendigkeit und strengen Allgemeinheit der Geltung moralischer Normen letzten Endes einzig und allein „eine reine Moralphilosophie" Rechnung tragen, „die von allem, was nur empirisch sein mag [...], völlig gesäubert wäre" und das moralische Gesetz „a priori lediglich in Begriffen der reinen Vernunft" darlegen würde (Kant 1992, S. 13). Dieses kantische „Reinheitsgebot" wirkt in der neukantianischen Wertphilosophie und ihrer Trennung zwischen faktischem Sein des Seienden und reiner Geltung der Werte ebenso nach wie in neomarxistisch inspirierten Anknüpfungen an die kantische Moralphilosophie mit ihrer für utopisches Denken kennzeichnenden Kontrastierung von unzulänglicher Wirklichkeit und hehrem Ideal (Marquard 2004).

Schließlich spielen auch *gesellschaftlich-politische Rahmenbedingungen* für die Bewertung der Bedeutung von empirischen Elementen in der Ethik eine nicht zu unterschätzende Rolle. Auch wenn moralischen Mehrheitsmeinungen per se keinerlei ethische Beweiskraft zukommt, so wird man ihnen etwa in modernen freiheitlich-demokratischen Gemeinwesen in der Regel doch durchaus ein gewisses normatives Gewicht beimessen. Das hat nicht nur mit der oft beklagten Fixierung demokratischer Politik auf demoskopische Meinungsumfragen und Stimmungsbilder zu tun, sondern auch mit dem grundlegenden egalitären Ethos der modernen liberalen Demokratie, das in einem prinzipiellen Spannungsverhältnis zu jeder expertokratischen Behandlung evaluativer und normativer Fragen und Belange steht (D'Agostino 1998). Tatsächlich darf die geläufige Unterscheidung von faktisch gelebter Alltagsmoral und akademischer ethischer Reflexion keinesfalls im Sinne einer absoluten Trennung aufgefasst werden. Denn zum einen entspricht das moralische Leben gerade in modernen, reflexiv gewordenen pluralistischen Gesellschaften schwerlich dem Bild einer blinden Befolgung unmittelbarer Intuitionen oder lediglich konventionell vorgegebener Regeln. Vielmehr ist auch und gerade die moderne Moral selbst von der Reflexion auf die ihr zugrunde liegenden Überzeugungen durchdrungen und daher in Form alltäglicher Argumentation und Rechtfertigung bereits reflexiv angelegt. Im Ethos der Moderne ist Ethik gleichsam habitualisiert und institutionalisiert. Und zum anderen vollziehen sich auch akademische ethische Betrachtungen nie in einem sozialen Vakuum, sondern werden von konkreten Bürgern mit ihren jeweils eigenen moralischen Prägungen, Standpunkten und Orientierungen angestellt.

Entsprechend hat auch die neuere Wissenschaftsforschung aufgezeigt, wie stark akademische Ethik de facto in sozialen und kulturellen Kontexten situiert und durch sie perspektiviert ist (Fox und Swazey 2008, Raz und Schicktanz 2017). Auch wenn die analytische Unterscheidung von Ethik und Moral heuristisch also durchaus sinnvoll erscheint, gibt es de facto keineswegs eine definitive Trennlinie zwischen praktischem moralischem Leben und theoretischer ethischer Reflexion, sondern eher ein Kontinuum mit fließenden Übergängen.

2 Ort und Funktion der Empirie in der Medizin- und Bioethik

Bei näherer Betrachtung erscheint die lange nachwirkende philosophische Abwehrhaltung gegenüber dem Gedanken einer empirischen oder doch „empirisch informierten" Ethik allemal erstaunlich. Begreift man Ethik nämlich im herkömmlichen Sinne als die Reflexion faktisch verbreiteter moralischer Überzeugungen, Haltungen und Praktiken im Hinblick auf ihre Bedeutung und Berechtigung, wird man letzten Endes kaum umhinkommen, sie in einer grundlegenden Hinsicht geradezu als eine empirische Wissenschaft anzusehen. Schließlich ist nicht zu erkennen, wie sonst überhaupt etwas über die Existenz und den Bedeutungsgehalt der besagten Überzeugungen, Haltungen und Praktiken in Erfahrung zu bringen wäre, wenn nicht eben – aus der Erfahrung. Der Gegenstand der ethischen Reflexion ist ihr empirisch gegeben.

Gerade im Bereich der angewandten Ethik nehmen ethische Überlegungen ihren Ausgang tatsächlich vielfach von empirischen Beobachtungen oder sozialwissenschaftlichen Untersuchungen. So kann etwa die Unzufriedenheit unter Hinterbliebenen onkologischer Patienten auf moralische Missstände im klinischen Betrieb oder der gesamten Versorgungslandschaft hindeuten, die einer eingehenderen ethischen Analyse bedürfen (Rogers, Karlsen und Addington-Hall 2000). Die allgemeine Zurückhaltung gegenüber einer postmortalen Organspende mag auf ein tief verwurzeltes moralisches Unbehagen an der Praxis und dem System der Transplantationsmedizin verweisen, dem es ethisch auf den Grund zu gehen gilt (Pfaller et al. 2018). Und die empirische Feststellung signifikanter Unterschiede bei der medizinischen Versorgung jüngerer und älterer Patienten mit den gleichen Erkrankungen in Deutschland oder der Anzahl der Aborte männlicher und weiblicher Föten in Indien kann jeweils Anlass zu ethischen Rückfragen bezüglich der Verbreitung alters- beziehungsweise geschlechtsbezogener Diskriminierung und Ungerechtigkeit geben (Reiter-Theil und Albisser-Schlegel 2007, Bhalotra und Cochrane 2010).

Was dabei überhaupt als ein ethisches Problem in Frage kommt beziehungsweise (an-)erkannt wird, hängt freilich nicht zuletzt von den zugrunde gelegten theoretischen Vorannahmen ab (Salloch et al. 2016). So wird man ausgehend von einem weit gefassten Verständnis des Ethischen, das Fragen des guten, gelingenden Lebens einschließt, auch den Kreis möglicher ethischer Probleme weiter ziehen als vom Standpunkt einer liberalistischen Moralphilosophie, die die Klärung dieser eudaimonistischen Fragen als individuelle Privatangelegenheit ausklammert (Kipke 2013). Und selbst innerhalb eines solchen eng umschriebenen Ethikverständnisses dürften sich je nach konkretem theoretischem Ansatz unterschiedliche Sensibilitäten und kriteriale Gesichtspunkte für die Identifikation ethischer Probleme ergeben. So mag aus dem Blickwinkel einer deontologischen Ethik wie der des Kantianismus, der die Bewertung einer Handlung von der Beschaffenheit der ihr zugrunde liegenden Beweggründe abhängig macht, das Augenmerk empirischer Untersuchungen besonders auf den Motiven und Intentionen der Handelnden liegen. Demgegenüber dürfte ein konsequentialistischer Ausgangspunkt wie im Utilitarismus die Aufmerksamkeit eher auf die Folgen von Handlungen und ihre Bewertung im Lichte individueller Interessen beziehungsweise Präferenzen lenken.

Über die Identifikation ethischer Probleme hinaus kann empirische Sozialforschung des Weiteren auch notwendig sein, um empirische Vorannahmen in ethischen Argumenten genauer unter die Lupe zu nehmen. Schon am praktischen Syllogismus der aristotelischen Ethik wird exemplarisch deutlich, dass es sich bei ethischen Urteilen in aller Regel um so genannte gemischte Urteile handelt, in die sowohl normative als auch deskriptive Prämissen einfließen (Mieth 1993). Dabei beziehen sich die Letzteren nicht selten auf bestimmte gesellschaftliche Sachverhalte, die einer wissenschaftlichen Untersuchung mit den Methoden empirischer Sozialforschung zugänglich sind, etwa auf die individuellen Motive und sozialen Rahmenbedingungen bestimmter Handlungen. Auch und gerade im Bereich der angewandten Ethik und insbesondere in medizin- und bioethischen Zusammenhängen bauen viele Argumente auf solchen empirischen Prämissen über die soziale Wirklichkeit auf. In diesem Fall kann oder muss sozialwissenschaftliche Forschung herangezogen werden, um die betreffenden empirischen Annahmen systematisch zu überprüfen und sie auf diesem Weg entweder zu stützen oder aber zurückzuweisen.

Einer solchen empirischen Überprüfung bedürfen etwa die Prämissen der in der Medizin- und Bioethik verbreiteten Argumente der schiefen Ebene (Guckes 1997). Sie warnen vor einem moralischen Dammbruch, einer sukzessiven Erosion gesellschaftlicher Tabus und Standards, den die Zulassung bestimmter per se nicht zwingend problematischer Praktiken oder Technologien nach sich ziehen würde. So wurde in der Debatte um die Präimplantationsdiagnostik vielfach der

Einwand laut, bereits eine begrenzte Zulassung des Verfahrens sei bedenklich, weil sie letzten Endes der eugenischen Selektion des Nachwuchses Tür und Tor öffne (Netzer 1998). Ähnlich wurde in der Sterbehilfedebatte argumentiert, die Zulassung einer Therapiebegrenzung am Lebensende würde das gesellschaftliche Tötungsverbot aushöhlen und so über kurz oder lang unweigerlich der Praxis unfreiwilliger aktiver Euthanasie den Weg bahnen (Ach und Gaidt 2000). Ersichtlich legen derartige Argumente bestimmte Vorstellungen von der Motivationsstruktur menschlichen Handelns und von der Dynamik gesellschaftlicher Entwicklungen zugrunde, die der empirischen Überprüfung bedürfen. Ein weiteres Beispiel für empirische Annahmen in ethischen Argumenten finden wir bei advokatorischen Argumenten. Sie kommen insbesondere zum Tragen, wenn im Namen der Allgemeinheit oder bestimmter Gruppen die Zulassung eines bestimmten medizinischen Verfahrens oder die Implementierung einer Versorgungspraxis gefordert wird, etwa, weil es sich um das Anliegen einer Mehrheit handele oder den Interessen der konkret Betroffenen entspreche. Auch hier kann es sich lohnen, mit den Mitteln der empirischen Sozialforschung genauer hinzusehen. So zeigen zum Beispiel sozialwissenschaftliche Studien, dass sich Vorschläge zur Kommerzialisierung der Organspende entgegen den einschlägigen advokatorischen Argumentationsmustern keineswegs auf die Wünsche der betroffenen Organempfänger selbst berufen können (Hoeyer, Schicktanz und Deleuran 2013). Und auch bei der Rechtfertigung von Verbot oder Zulassung von genetischen Carrier-Screenings durch Verweis auf vermeintlich dahingehende Wünsche der von genetischen Erkrankungen Betroffenen ist Vorsicht geboten. Tatsächlich können hier bei näherer Betrachtung je nach Erkrankung und soziokulturellem Setting ganz unterschiedliche, mitunter diametral entgegengesetzte Einstellungen zu Tage treten (Wehling 2019).

Schließlich kann empirische Sozialforschung auch wichtige Informationen für die konkrete praktische Umsetzung ethischer Maßgaben liefern (Dietrich 2009). Schon für Aristoteles war die Ethik keine rein theoretische Disziplin. Sie gehörte vielmehr zur Praktischen Philosophie, weil sie nicht nur auf Erkenntnis des Guten, sondern immer auch auf gutes Handeln abzielt (Aristoteles 1985, 1095 a 5). In diesem Sinne ist Ethik letztlich immer anwendungsbezogen. Gerade in den ausdrücklich als „angewandt" bezeichneten Bereichsethiken geht es allerdings auch in einem ganz dezidierten Sinne um Anwendung, beispielsweise in Form der Formulierung praktischer Empfehlungen oder einer konkreten Umgestaltung der bisherigen Praxis. In diesem Zusammenhang können empirische Studien pragmatisch relevante Informationen über die sozialen Rahmenbedingungen und Einflussfaktoren einer solchen Implementierung ethischer Entscheidungen oder Bestimmungen liefern (Musschenga 2005, Birnbacher 1999). So zeigte sich etwa anhand sozialwissenschaftlicher Studien, dass bei der Umsetzung der informierten Zustimmung in der konkreten klinischen Praxis verschiedene soziale und kulturelle Faktoren zu berücksichtigen sind. Will man dem medizinethisch zentralen Gedanken des Respekts vor der Patientenautonomie auch zur praktischen Geltung verhelfen, muss etwa neben der rechtlichen Verankerung auch eine an die Informations- und Kommunikationsbedürfnisse der Kranken angepasste Aufklärung sichergestellt werden (Wöhlke, Heßling und Schicktanz 2013). Freilich folgt die Argumentation der angewandten Ethik keineswegs zwingend der deduktiven Logik einer schematischen Applikation von allgemeinen Prinzipien auf konkrete Fälle.[11] Vielmehr kann die ethische Auseinandersetzung auch – umgekehrt – von sich empirisch abzeichnenden Anwendungsproblemen und -konflikten ausgehen und im Sinne einer Spezifikation oder sogar Revision auf die Ebene der moralphilosophischen Prinzipien zurückwirken. So führte etwa die fürsorge- und beziehungsethische Auseinandersetzung mit den praktischen Schwierigkeiten einer Implementierung der Patientenautonomie im Kontext der Versorgung von Menschen mit körperlicher oder kognitiver Beeinträchtigung nicht zuletzt auch zu einer grundsätzlichen Kritik an der Vorherrschaft eines individualistisch und rationalistisch verkürzten Autonomiegedankens in der zeitgenössischen Medizin- und Bioethik (Ells 2001). Empirische Sozialforschung fügt sich hier so letztlich in ein kohärentistisches Begründungsmodell, das auf die Herstellung eines „Überlegungsgleichgewichts" zwischen den allgemeinen ethischen Grundsätzen und konkreten moralischen Intuitionen und Überzeugungen abzielt (Ebbesen und Pedersen 2007).

3 Ethik und die Methoden empirischer Sozialforschung

Mit der Anerkennung der Bedeutung und Funktion der Sozialempirie im Kontext der Medizin- und Bioethik rücken zugleich methodologische Fragen empirischer Sozialforschung in den Brennpunkt der Aufmerksamkeit. Denn erstens gibt es in den Sozialwissenschaften bekanntlich eine Vielzahl von empirischen Forschungsmethoden und zweitens können verschiedene ethische Perspektiven und Fragestellungen auch ganz unterschiedliche methodische Vorgehensweisen erforderlich machen. Das bedeutet nicht zuletzt, dass die Wahl der empirischen Forschungsmethoden im Kontext der Medizin- und Bioethik selbst immer ethi-

---

[11] Dietrich (2009) etwa unterscheidet fünf verschiedene Formen der „Anwendung" ethischer Theorien.

sche Implikationen hat und entsprechend auch im Lichte theoretisch-ethischer Erwägungen zu treffen und auszuweisen ist (Düwell 2009).

Tatsächlich scheinen sich sogar gewisse Affinitäten zwischen grundlegenden moralphilosophischen Ansätzen und den in ihrem Einzugsbereich jeweils naheliegenden Methoden empirischer Sozialforschung ausmachen zu lassen. So müssten aus Sicht einer utilitaristischen Ethik, der es auf die Maximierung eines in Begriffen von Interessen und Präferenzen formulierten Nutzens ankommt, quantitative Erhebungen und statistische Analysen von Wertpräferenzen im Grunde als das methodische Mittel der Wahl erscheinen. Dagegen dürften diskursethische Ansätze mit ihrer Ausrichtung an der Idee eines argumentativ zu erzielenden Konsenses eher zu „deliberativen" Formaten neigen, wie sie etwa in Fokusgruppendiskussionen oder Bürger- beziehungsweise Konsensuskonferenzen zur Geltung kommen. Und aus Sicht fürsorgeethischer Ansätze mit ihrer gesteigerten Sensibilität für spezifische biographische und situative Kontexte scheinen vor allem Methoden wie (narrative) Interviews und teilnehmende Beobachtung ethisch relevante beziehungsweise anschlussfähige empirische Informationen zu versprechen. Auch wenn derartige Zuordnungen in dieser Form gewiss holzschnittartig anmuten, könnte es sich lohnen, einmal systematisch den „Wahlverwandtschaften" zwischen ethischen Ansätzen und entsprechenden methodischen Vorgehensweisen empirischer Sozialforschung nachzugehen (Salloch, Schildmann und Vollmann 2015).

Allgemein müssen sich empirische Ansätze in der Medizin- und Bioethik in verschiedenen Hinsichten Rechenschaft über die jeweils verfolgten Forschungsmethoden geben.[12] So kommt zunächst der Auswahl der Studienteilnehmer eine erhebliche Bedeutung zu. Um etwa entscheiden zu können, wer überhaupt in eine empirische Untersuchung einbezogen werden soll, muss geklärt werden, wessen Ansichten und Erfahrungen in der betreffenden Angelegenheit eigentlich von Interesse und Belang sind. Dabei geht es zum einen um die Verständigung darüber, welche spezifischen Informationen zur Beantwortung einer gegebenen ethischen Fragestellung benötigt werden und von wem sie am besten zu erlangen sind. Freilich ist zu beachten, dass jede Perspektive letztlich standpunktgebunden ist und daher in keinem Fall vollkommen neutrale, „objektive" Informationen liefert. So kann es zum Beispiel einen großen Unterschied machen, ob die Lebensqualität von Patienten von diesen selbst, ihren Angehörigen oder von ihren Ärzten eingeschätzt wird (Janse et al. 2004). Über diese epistemische Ebene hinaus hat die Auswahl der Teilnehmer allerdings auch einen genuin normativen Aspekt. Er betrifft die Frage, wessen Stimme in einer gegebenen Angelegenheit

---

12 Vgl. zum Folgenden ausführlich Schicktanz, Schweda und Wynne (2012).

moralisches Gewicht hat und Gehör verdient. In der Regel schreiben wir dabei dem Gedanken der Betroffenheit eine besondere Bedeutung zu (siehe folgender Abschnitt). Allerdings ist keineswegs auf Anhieb ersichtlich, wer genau in einer bestimmten Situation eigentlich als betroffen zu gelten hat und warum. Die Zuschreibung von Betroffenheit kann auf verschiedenen Faktoren beruhen, von Wissensformen bis zu sozialen Rollen und moralischen Normen. Zudem gibt es verschiedene Arten des Betroffenseins, die unterschiedlich zu gewichten sind, zum Beispiel direkte oder indirekte, aktuale, zukünftige oder potentielle Betroffenheit. Je nach Ausgangsfrage kann der Kreis der Betroffenen enger oder weiter sein und im Grenzfall mit der Allgemeinheit zur Deckung kommen (Schicktanz, Schweda und Franzen 2008).

Darüber hinaus bedarf auch die Methodik der empirischen Erhebung moralischer Orientierungen einer eingehenderen Betrachtung. Auch hier hängt die Wahl der Vorgehensweise letztlich von der ethischen Ausgangsfragestellung ab. Geht es etwa um die Erfassung der Häufigkeit und Verteilung bestimmter moralischer Einstellungen, zum Beispiel im Zuge der empirischen Überprüfung einer advokatorischen Argumentation, stellen quantitative Umfragen das geeignete methodische Mittel dar. Sie können unter Umständen sogar als repräsentativ für die betreffenden Bevölkerungsgruppen angesehen werden, sodass sich ihre Ergebnisse verallgemeinern lassen. Wie bereits angedeutet können allerdings je nach ethischem Ausgangspunkt auch qualitative und deliberative Verfahrensweisen aussagekräftiger erscheinen. Das gilt insbesondere dann, wenn ein Interesse an einem differenzierteren Verständnis „dichter" moralischer Begrifflichkeiten und Überzeugungen in ihren weltanschaulichen und sozio-kulturellen Zusammenhängen besteht. Während quantitative Studien öffentliche Meinungen in der Regel lediglich statistisch aggregieren, lässt sich mit qualitativen und deliberativen Ansätzen eher der Frage nachgehen, inwieweit ein Standpunkt im Zuge einer argumentativen Auseinandersetzung vorgebracht wird und tatsächlich als begründet gelten kann. Aus dieser Perspektive erhalten „Meinungen" in dem Maße normative Aussagekraft und Gewichtigkeit, wie sie sich als Ergebnis einer angemessenen Berücksichtigung relevanter Gesichtspunkte und Argumente darstellen. Dies ermöglicht, wenngleich methodisch eng begrenzt, einen gewissen Grad an aktiver Partizipation in einem deliberativen Diskursformat. Bürger und Betroffene fungieren dabei dann nicht mehr lediglich als „Informanten", die auf eine Reihe vorgegebener standardisierter Fragen reagieren. Sie treten vielmehr auch selbst als Akteure in Erscheinung, die von sich aus (inter-)agieren, eigene Themen setzen, Fragen aufwerfen und Probleme ansprechen.

Schließlich stellt sich die Frage, mit welchen theoretischen Begriffen und Ansätzen die gewonnenen Informationen über alltagsmoralische Einstellungen angemessen zu analysieren sind. Ein Großteil der empirischen Sozialforschung auf diesem Gebiet spricht hier von „Werten". Dies beinhaltet persönliche Einstellungen und Präferenzen, die sich mit den Mitteln quantitativer Meinungsumfragen statistisch erfassen lassen. In der Perspektive einer ethisch motivierten Sozialforschung erscheint ein solches Vorgehen indessen keineswegs unproblematisch. Um moralische Geltungsansprüche unter normativen Gesichtspunkten beurteilen zu können, müssen meist umfassendere Muster und Ressourcen moralischer Argumentation als nur der Bezug auf Werte in Betracht gezogen werden. Der sozialwissenschaftliche Gebrauch des Wertbegriffs steht vielfach für ein eher restringiertes und undifferenziertes normatives Vokabular, das dem Bedeutungsreichtum moralischer Kategorien und Erwägungen nicht gerecht wird. Deshalb besteht die Gefahr, dass argumentationsentbundene „Werterhebungen" wie in einer selbsterfüllenden Prophezeiung zu der Einschätzung führen, dass die Bürger eine bestimmte Ansicht hätten, weil sie der ethischen Komplexität der Fragestellung nicht gewachsen seien. So können unangemessene analytische Begrifflichkeiten und Methoden öffentliche moralische Ansichten und Einstellungen irrational erscheinen lassen, indem sie sie von ihren semantisch „dichten" Gehalten und Kontexten und ihren weltanschaulichen und motivationalen Argumentationsressourcen abschneiden und auf isolierte idiosynkratische „Meinungen" oder „Werte" reduzieren. Da qualitative Methoden und speziell partizipativ-deliberative Ansätze mit Blick auf moralische Motive, Positionen und Erwägungen einen sehr viel höheren Auflösungsgrad erzielen, stellen sie nicht zuletzt bedeutende Instrumente für die Identifikation und Kritik solcher verzerrenden und nivellierenden Repräsentationen öffentlicher Meinung sowie der Instrumentalisierung statistischer Ergebnisse dar. Sie erlauben eine tatsächliche Einbeziehung moralischer Argumentationsansätze aus Sicht der Beteiligten selbst.

4 Inklusive Deliberation – Die Einbeziehung der Betroffenen

Tatsächlich kommt der empirischen Sozialforschung eine besondere Bedeutung für die Einbeziehung der Perspektiven der Betroffenen in den ethischen Fachdiskurs zu. Die Forderung nach einer solchen Einbeziehung von Betroffenenperspektiven geht über das methodologische Interesse einer Verbesserung der Informationsgrundlagen für ethische Theorie- und Urteilsbildung hinaus. In ihr kommen vielmehr auch verschiedenste grundlegende normative Anliegen zur Geltung. In dieser Hinsicht erscheint die Einbindung empirischer Sozialforschung in die Medizin- und Bioethik mithin nicht nur methodisch sinnvoll, sondern letztlich auch ethisch gerechtfertigt, unter Umständen möglicherweise sogar geboten. Diese normative Dimension lässt sich im Sinne einer „inklusiven Deliberation" über medizin- und bioethische Fragestellungen auslegen.[13]

Allgemein spielt die Betroffenenperspektive im ethischen Diskurs der Gegenwart eine zentrale Rolle. Alle maßgeblichen Positionen der zeitgenössischen Ethik sehen auf die eine oder andere Weise ihre Berücksichtigung vor. So beruhen universalistische Ansätze vielfach auf der Überzeugung, dass sich der „moralische Standpunkt" durch Unparteilichkeit auszeichnet. Sämtliche relevanten Perspektiven müssen berücksichtigt und einseitige, interessengebundene Betrachtungsweisen vermieden werden (Baier 1958). Darin verdichten sich zentrale Ideale modernen moralischen Denkens und Lebens, allen voran die Idee wechselseitiger Anerkennung zwischen gleichberechtigten Individuen. Demnach kann von niemandem erwartet werden, sich nach Vorschriften zu richten, deren Sinn und Berechtigung er selbst nicht grundsätzlich einsehen und nachvollziehen könnte. In diesem Sinne postuliert etwa die Diskursethik, „daß nur die Normen Geltung beanspruchen dürfen, die die Zustimmung aller Betroffenen als Teilnehmer eines praktischen Diskurses finden (oder finden könnten)" (Habermas 1983, S. 76). Und eine konsequentialistische Position wie der Präferenzutilitarismus verlangt, „daß ich [...] jenen Handlungsverlauf wähle, von dem es am wahrscheinlichsten ist, daß er die Interessen der Betroffenen weitestgehend befriedigt" und somit „per saldo für alle Betroffenen die besten Konsequenzen hat" (Singer 1984, S. 30).

Doch auch ethische Ansätze, die dem Gedanken eines neutralen moralischen Standpunkts eher kritisch gegenüberstehen, messen der Betroffenenperspektive eine erhebliche Bedeutung bei. So bildet die gelebte Alltagsmoral gemeinsam geteilter Wertüberzeugungen und sozialer Handlungsnormen in hermeneutischen oder kommunitaristischen Ansätzen oft einen methodologisch unhintergehbaren Ausgangspunkt und eine grundlegende Ressource ethischer Reflexion. Dementsprechend soll hier auch das „*ethos* einer bestimmten Gemeinschaft, die den Einzelnen an moralische Wertungen heranführt und vorgibt, was als richtig oder falsch zu gelten hat", systematisch in die ethische Reflexion „mit einbezogen werden" (Weber 2002, S. 8). Feministische, fürsorge- und beziehungsethische Konzeptionen wiederum ergreifen angesichts der Vorherrschaft einer ethischen Argumentation auf der Grundlage abstrakter universalistischer Moralprinzipien nicht selten Partei für den besonderen Standpunkt der jeweils Betroffenen selbst. In diesem Sinne wird etwa eine „[v]on weiblichen Werten bestimmte Ethik" als „persönlich und parteiisch, nicht allgemein oder verallgemeinernd" aufgefasst:

---

[13] Vgl. zum Folgenden ausführlich Schicktanz und Schweda (2016).

Sie erscheint als „am Detail interessiert" und „narrativ, Geschichten erzählend und zuhörend", denn die relevanten „moralischen Entscheidungen [...] werden von persönlicher Betroffenheit bestimmt" (Arndt 2007, S. 45).

Sobald wir anerkennen, dass die Perspektive der Betroffenen in der einen oder anderen Hinsicht von normativem Gewicht ist, schließt sich unmittelbar die Frage an, wie die Ethik eigentlich Zugang zu dieser Perspektive erlangen kann. Dabei fragt sich insbesondere, ob ihr Gehalt auf rein theoretischem Weg, gleichsam aus dem akademischen Lehnstuhl heraus, zu ermitteln ist. Immerhin erscheint es dazu erforderlich, die Standpunkte von anderen Personen in ganz unterschiedlichen physischen und psychischen Verfassungen und sozialen, ökonomischen und kulturellen Situationen einzunehmen. In der philosophischen Tradition wird diese Herausforderung unter dem Begriff des Fremdpsychischen als ein allgemeines epistemologisches Problem erörtert (Avramides 2001). Gerade im Kontext medizin- und bioethischer Fragestellungen ergeben sich in dieser Hinsicht allerdings noch einmal besondere epistemische Hürden. Denn wer könnte als gesunde, selbständige und voll funktionsfähige Person für sich in Anspruch nehmen, sich tatsächlich in die Lage von jemandem versetzen zu können, der körperlich eingeschränkt ist, nichts sieht oder hört, unter anhaltenden starken Schmerzen leidet, eine chronische Erkrankung, psychische Belastung oder kognitive Beeinträchtigung hat? Gerade Personen mit einer chronischen Erkrankung oder Behinderung erheben daher mit einigem Recht den Anspruch, über eine besondere Perspektive auf die sie selbst betreffenden ethischen Belange zu verfügen (Schicktanz et al. 2008). Es erscheint plausibel, dafür etwa den existentiellen Ernst einer letztlich „unvertretbaren" individuellen Lebenssituation, ein spezielles, leiblich vermitteltes Erleben, spezifische emotional gefärbte Erfahrungen oder eine in die eigene individuelle Biographie eingelassene Krankengeschichte ins Feld zu führen. Diese Arten spezieller Erfahrung mögen privilegierte Einblicke in Zusammenhänge eröffnen, die vom externen Standpunkt Dritter nicht ohne Weiteres rekonstruiert werden können (Schicktanz et al. 2008). Natürlich muss ein solcher Anspruch selbst einer kritischen Reflexion unterzogen werden. Den Standpunkt der Betroffenen als Quelle relevanter Einsichten zu akzeptieren, bedeutet keineswegs, ihre moralischen Forderungen kurzerhand unbesehen zu übernehmen, sondern lediglich, sie ernst zu nehmen und in die ethische Auseinandersetzung einzubeziehen.

Wenn demnach (1) der Perspektive der Betroffenen im zeitgenössischen ethischen Diskurs unabhängig vom jeweiligen theoretischen Ansatz auf die eine oder andere Weise eine entscheidende Bedeutung beigemessen wird, und (2) auch und gerade im Kontext von Medizin und Gesundheitswesen keineswegs als ausgemacht gelten kann, inwieweit diese Perspektive ohne Weiteres von einem externen Standpunkt aus theoretisch repräsentiert, rekonstruiert beziehungsweise antizipiert werden kann, folgt daraus schließlich, dass die Betroffenen selbst sie soweit wie möglich unmittelbar zum Ausdruck bringen können müssen.[14] Dabei stellen die Methoden der empirischen Sozialforschung natürlich keineswegs den einzigen gangbaren Weg zur Einbeziehung solcher Betroffenenperspektiven in den bioethischen Expertendiskurs dar. Vielmehr ist daneben auch auf die verschiedenen Formen und Verfahren einer direkten politischen Beteiligung an bioethischen Verständigungs-, Beratungs- und Entscheidungsprozessen auf politischer Ebene hinzuweisen. Dazu zählt zum Beispiel die in der Bundesrepublik Deutschland – im Unterschied etwa zu Großbritannien – bisher wenig ausgeprägte gezielte Einbindung von Bürgern und Vertretern von Patienten- beziehungsweise Betroffenenverbänden in öffentliche bioethische Diskurse und Gremien sowie die aktive Unterstützung ihres Meinungsbildungsprozesses (Schicktanz 2008, 2012). Zu denken ist in diesem Zusammenhang beispielsweise an die öffentlichkeitswirksam abgegebenen Stellungnahmen von Bürger- und Konsensuskonferenzen zu bio- und medizinethischen Themen, etwa zur Gendiagnostik (Schicktanz und Naumann 2003) oder der Priorisierung im Gesundheitswesen (Stumpf und Raspe 2011). Aber auch die Anhörung oder direkte Einbindung von Betroffenenvertretern in politische Beratungs- oder Entscheidungsgremien wie den Deutschen Ethikrat oder den Gemeinsamen Bundesausschuss stellt eine Möglichkeit dar, den entsprechenden Perspektiven gebührend Gehör zu verschaffen und Gewicht zu verleihen (Wiesemann 2018). Empirische Sozialforschung kann und soll solche Formen öffentlicher politisch-deliberativer Auseinandersetzung keineswegs ersetzen. Sie ist ihnen auch nicht etwa auf Grund vermeintlich höherer wissenschaftlicher Objektivität überlegen. Allerdings eröffnet sie einen Weg, den Perspektiven der Betroffenen inmitten der bestehenden Beschränkungen des akademischen, politischen und öffentlichen Diskurses über medizin- und bioethische Fragen zur Geltung zu verhelfen.

5 Schluss und Ausblick

Wollte man die eingangs angesprochene „empirische Wende" in der Medizin- und Bioethik tatsächlich im Sinne eines „Paradigmenwechsels" beschreiben, wäre wohl zu konstatieren, dass die Einbeziehung empirischer Sozialforschung in diesem Bereich mittlerweile in das Stadium der „normalen Wissenschaft" (Kuhn 1997, S. 37f.) übergegangen ist: Sie durchdringt die alltägliche Arbeit in For-

---

14 Dabei ist allerdings anzuerkennen, dass die Möglichkeiten, der eigenen Perspektive Ausdruck zu verleihen, bei bestimmten Gruppen von Betroffenen wie Föten und Neugeborenen oder kognitiv stark beeinträchtigen Personen an definitive Grenzen stoßen (Schweda und Frebel 2015).

schung, Ausbildung und Beratung, prägt die einschlägigen Stellungnahmen, Ausbildungsinhalte und Fördermaßnahmen und beherrscht die maßgeblichen Fachdiskurse. Es gibt mustergültige „Klassiker", kanonisierende theoretisch-methodologische Lehrbücher und elaborierte Kontroversen um angemessene Vorgehensweisen und Qualitätsstandards (Ives et al. 2018, Mertz et al. 2014).

Die Sorge, die Öffnung der angewandten Ethik für Ansätze empirischer Sozialforschung würde unweigerlich zur Einebnung des Gefälles zwischen Sollen und Sein und damit zu einer Preisgabe sämtlicher normativer Maßstäbe führen, hat sich dabei als unbegründet erwiesen. Stattdessen hat die Einbeziehung empirischer Sozialforschung vielfach geholfen, die methodische Qualität medizin- beziehungsweise bioethischer Theorie- und Urteilsbildung substantiell zu erhöhen. Sie hat dazu beigetragen, die gesellschaftlichen Ausgangslagen und Bezugspunkte ethischer Argumente genauer in den Blick zu bekommen, ihre empirischen Vorannahmen einer eingehenderen Überprüfung zu unterziehen und ihre praktischen Schlussfolgerungen auf die konkrete soziale Wirklichkeit abzustimmen und anzuwenden.

Allerdings kommt in der „empirischen Wende" darüber hinaus auch ein genuin normatives Anliegen zum Tragen. In modernen, freiheitlich-demokratischen Gemeinwesen hat der Gedanke einer gemeinsamen öffentlichen Deliberation über moralische Fragen eine zentrale Bedeutung gewonnen. Ethik ist hier in gewisser Weise bereits in die Moralität selbst eingelassen, das moralische Leben bereits von sich aus auf ethische Reflexion hin angelegt. Deshalb steht es ethischen Stellungnahmen gerade in diesem Umfeld nicht gut an, sich auf die Autorität eines überlegenen oder gar exklusiven Expertenstatus zurückzuziehen. Die monologische Reflexion muss sich vielmehr der Herausforderung durch die Vielfalt konkret betroffener, verkörperter und situierter Standpunkte, Perspektiven und Interessen stellen. Ein ethisches Denken, das ihnen ausweicht, droht nicht nur relevante Gesichtspunkte und Informationen außer Acht zu lassen. Es weckt auch unweigerlich den Verdacht, voreingenommen oder ideologisch verzerrt zu sein. Erst vor diesem Hintergrund wird letztlich die ganze Brisanz und Tragweite des hier angedeuteten „Paradigmenwechsels" erkennbar: In ihm geht es auch um die Berücksichtigung von Stimmen, Erfahrungen und Standpunkten, die im bisherigen ethischen Diskurs nicht ausreichend Gehör gefunden haben. Ihre Einbeziehung sollte dabei nicht als Bedrohung einer vermeintlich reinen wissenschaftlichen Rationalität angesehen werden. Sie bietet vielmehr Gelegenheit, die Vernünftigkeit ethischer Überlegungen durch die Erweiterung jenes Forums zu steigern, in dem sie ihre Überzeugungskraft unter Beweis zu stellen haben. In diesem Sinne ist eine durch empirisch informierte Medizin- und Bioethik ermöglichte inklusive Deliberation als wesentliches Element einer modernen, freiheitlich-demokratischen Kultur der Auseinandersetzung mit Fragen der Biomedizin und Lebenswissenschaften anzusehen (Schicktanz und Schweda 2016).

Literatur

Ach, Johann und Gaidt, Andreas (2000): „Wehret den Anfängen? Anmerkungen zum Argument der ‚schiefen Ebene' in der gegenwärtigen Euthanasie-Debatte". In: Frewer, Andreas und Eickhoff, Clemens (Hrsg.): *„Euthanasie" und die aktuelle Sterbehilfe-Debatte. Die historischen Hintergründe medizinischer Ethik*. Frankfurt am Main und New York: Campus. S. 424–447.
Aristoteles (1985): *Nikomachische Ethik*. Hamburg: Felix Meiner.
Aristoteles (1989): *Metaphysik. Griechisch, Deutsch*. Hamburg: Felix Meiner.
Arndt, Maria Benedicta (2007): *Ethik denken. Maßstäbe zum Handeln in der Pflege*. Stuttgart: Thieme.
Avramides, Anita (2000): *Other Minds*. London und New York: Routledge 2000.
Baier, Kurt (1958): *The Moral Point of View. A Rational Basis of Ethics*. Ithaca: Cornell University Press.
Bhalotra, Sonia und Cochrane, Tom (2010): „Where Have All the Young Girls Gone? Identification of Sex Selection in India". In: *IZA Discussion Paper Series* 5381.
Birnbacher, Dieter (1999): „Ethics and Social Science. Which Kind of Co-Operation?". In: *Ethical Theory and Moral Practice* 2 (4), S. 319–336.
Borry, Pascal; Schotsmans, Paul und Dierickx, Kris (2005): „The Birth of the Empirical Turn in Bioethics". In: *Bioethics* 19 (1), S. 49–71.
Borry, Pascal; Schotsmans, Paul und Dierickx, Kris (2006): „Empirical Research in Bioethical Journals. A Quantitative Analysis". In: *Journal of Medical Ethics* 32 (4), S. 240–245.
D'Agostino, Fred (1998): „Expertise, Democracy, and Applied Ethics". In: *Journal of Applied Philosophy* 15 (1), S. 49–55.
Davies, Rachel; Ives, Jonathan und Dunn, Michael (2015): „A Systematic Review of Empirical Bioethics Methodologies". In: *BMC Medical Ethics* 16 (15).
de Vries, Rob und Gordijn, Bert (2009): „Empirical Ethics and Its Alleged Meta-Ethical Fallacies". In: *Bioethics* 23 (4), S. 193–201.
Dietrich, Julia (2009): „Die Kraft der Konkretion oder: Die Rolle deskriptiver Annahmen für die Anwendung und Kontextsensitivität ethischer Theorie". In: *Ethik in der Medizin* 21 (3), S. 213–221.
Düwell, Marcus (2009): „Wofür braucht die Medizinethik empirische Methoden?". In: *Ethik in der Medizin* 21 (3), S. 201–211.
Ebbesen, Mette und Pedersen, Birthe (2007): „Using Empirical Research to Formulate Normative Ethical Principles in Biomedicine". In: *Medicine, Health Care and Philosophy* 10 (1), S. 33–48.
Ells, Carolyn (2001): „Lessons About Autonomy From the Experience of Disability". In: *Social Theory and Practice* 27 (4), S. 599–615.
Fox, Renée und Swazey, Judith (2008): *Observing Bioethics*. Oxford: Oxford University Press.
Frazer, Michael (2010): *The Enlightenment of Sympathy. Justice and the Moral Sentiments in the Eighteenth Century and Today*. Oxford und New York: Oxford University Press.

Guckes, Barbara (1997): *Das Argument der schiefen Ebene. Schwangerschaftsabbruch, die Tötung Neugeborener und Sterbehilfe in der medizinethischen Diskussion.* Stuttgart: Gustav Fischer.

Habermas, Jürgen (1983): „Diskursethik. Notizen zu einem Begründungsprogramm". In: ders.: *Moralbewußtsein und kommunikatives Handeln.* Frankfurt am Main: Suhrkamp. S. 53–125.

Hähnel, Martin (Hrsg.) (2017): *Aristotelischer Naturalismus.* Stuttgart: Metzler.

Hoeyer, Klaus; Schicktanz, Silke und Deleuran, Ida (2013): „Public Attitudes to Financial Incentive Models for Organs. A Literature Review Suggests That It Is Time to Shift the Focus From ‚Financial Incentives' to ‚Reciprocity'". In: *Transplant International* 26 (4), S. 350–357.

Hume, David (1978): *Ein Traktat über die menschliche Natur.* Bd. 2. Hamburg: Felix Meiner.

Ives, Jonathan; Dunn, Michael; Molewijk, Bert; Schildmann, Jan; Bærøe, Kristine; Frith, Lucy; Huxtable, Richard; Landeweer, Elleke; Mertz, Marcel; Provoost, Veerle; Rid, Annette; Salloch, Sabine; Sheehan, Mark; Strech, Daniel; de Vries, Martine und Widdershoven, Guy (2018): „Standards of Practice in Empirical Bioethics Research. Towards a Consensus". In: *BMC Medical Ethics* 19 (68).

Janse, Arieke; Gemke, Reinoud; Uiterwaal, Cuno; van der Tweel, Ingeborg; Kimpen, Jan und Sinnema, Gerben (2004): „Quality of Life. Patients and Doctors Don't Always Agree. A Meta-Analysis". In: *Journal of Clinical Epidemiology* 57 (7), S. 653–661.

Jonas, Hans (1984): *Das Prinzip Verantwortung. Versuch einer Ethik für die technologische Zivilisation.* Frankfurt am Main: Suhrkamp.

Kant, Immanuel (1968): *Grundlegung zur Metaphysik der Sitten.* Frankfurt am Main: Suhrkamp.

Kipke, Roland (2013): „Das ‚gute Leben' in der Bioethik". In: *Ethik in der Medizin* 25 (2), S. 115–128.

Kuhn, Thomas (1997): *Die Struktur wissenschaftlicher Revolutionen.* Frankfurt am Main: Suhrkamp.

MacInytre, Alasdair (1995): *Der Verlust der Tugend. Zur moralischen Krise der Gegenwart.* Frankfurt am Main: Suhrkamp.

Marquard, Odo (1996): „Über die Unvermeidlichkeit von Üblichkeiten". In: ders.: *Glück im Unglück. Philosophische Überlegungen.* München: Fink. S. 62–74.

Marquard, Odo (2004): „Das Über-Wir. Bemerkungen zur Diskursethik". In: ders.: *Individuum und Gewaltenteilung. Philosophische Studien.* Stuttgart: Reclam. S. 38–67.

Mertz, Marcel; Inthorn, Julia; Renz, Günter; Rothenberger, Lilian Geza; Salloch, Sabine; Schildmann, Jan; Wöhlke, Sabine und Schicktanz, Silke (2014): „Research Across the Disciplines. A Road Map for Quality Criteria in Empirical Ethics Research". In: *BMC Medical Ethics* 15 (17).

Mertz, Marcel und Schildmann, Jan (2018): „Beyond Integrating Social Sciences. Reflecting on the Place of Life Sciences in Empirical Bioethics Methodologies". In: *Medicine, Health Care and Philosophy* 21 (2), S. 207–214.

Mieth, Dietmar (1993): „Norm und Erfahrung. Die Relevanz der Erfahrung für die ethische Theorie und die sittliche Praxis". In: *Zeitschrift für Evangelische Ethik* 37 (1), S. 33–45.

Musschenga, Albert (2005): „Empirical Ethics, Context Sensitivity, and Contextualism". In: *Journal of Medicine and Philosophy* 30 (5), S. 467–490.

Netzer, Christian (1998): „Führt uns die Präimplantationsdiagnostik auf eine Schiefe Ebene?". In: *Ethik in der Medizin* 10 (3), S. 138–151.

Pfaller, Larissa; Hansen, Solveig Lena; Adloff, Frank und Schicktanz, Silke (2018): „'Saying No to Organ Donation'. An Empirical Typology of Reluctance and Rejection". In: *Sociology of Health & Illness* 40 (8), S. 1327–1346.

Raz, Aviad und Schicktanz, Silke (2016): *Comparative Empirical Bioethics. Dilemmas of Genetic Testing and Euthanasia in Israel and Germany*. Cham: Springer.

Reiter-Theil, Stella und Albisser-Schleger, Heidi (2007): „Alter Patient – (k)ein Grund zur Sorge? Ethische Fragen im Lichte empirischer Daten". In: *Notfall + Rettungsmedizin* 10 (39), S. 189–196.

Ritter, Joachim (1960): „Zur Grundlegung der praktischen Philosophie bei Aristoteles". In: *Archiv für Rechts- und Sozialphilosophie* 46 (2), S. 179–199.

Rogers, Angie; Karlsen, Saffron und Addington-Hall, Julia (2000): „'All the Services Were Excellent. It Is When the Human Element Comes in That Things Go Wrong'. Dissatisfaction With Hospital Care in the Last Year of Life". In: *Journal of Advanced Nursing* 31 (4), S. 768–774.

Salloch, Sabine; Ritter, Peter; Wäscher, Sebastian; Vollmann, Jochen und Schildmann, Jan (2016): „Was ist ein ethisches Problem und wie finde ich es? Theoretische, methodologische und forschungspraktische Fragen der Identifikation ethischer Probleme am Beispiel einer empirisch-ethischen Interventionsstudie". In: *Ethik in der Medizin* 28 (4), S. 267–281.

Salloch, Sabine; Schildmann, Jan und Vollmann, Jochen (2011): „Empirische Medizinethik. Eine Übersicht zu Begriff und Konzepten". In: Vollmann, Jochen und Schildmann, Jan (Hrsg.): *Empirische Medizinethik. Konzepte, Methoden und Ergebnisse*. Münster: LIT Verlag. S. 11–24.

Salloch, Sabine; Schildmann, Jan und Vollmann, Jochen (2012): „Empirical Research in Medical Ethics. How Conceptual Accounts on Normative-Empirical Collaboration May Improve Research Practice". In: *BMC Medical Ethics* 13 (5).

Salloch, Sabine; Wäscher, Sebastian; Vollmann, Jochen und Schildmann, Jan (2015): „The Normative Background of Empirical-Ethical Research. First Steps Towards a Transparent and Reasoned Approach in the Selection of an Ethical Theory". In: *BMC Medical Ethics* 16 (20).

Schicktanz, Silke (2008): „Politikberatung im Kontext der Medizin". In: Bröchler, Stephan und Schützeichel, Rainer (Hrsg.): *Politikberatung*. Stuttgart: Lucius und Lucius. S. 47–69.

Schicktanz, Silke (2012): „Bioethik und Gesundheitspolitik. Politikberatung im Spannungsfeld von Expertenwissen und Patienteninteressen". In: Weilert, Katharina und Hildemann, Philipp (Hrsg.): *Ethische Politikberatung*. Baden-Baden: Nomos. S. 275–297.

Schicktanz, Silke und Naumann, Jörg (Hrsg.) (2003): *Bürgerkonferenz. Streitfall Gendiagnostik. Ein Modellprojekt der Bürgerbeteiligung am bioethischen Diskurs*. Opladen: Leske & Budrich.

Schicktanz, Silke und Schildmann, Jan (2009): „Medizinethik und Empirie. Standortbestimmungen eines spannungsreichen Verhältnisses". In: *Ethik in der Medizin* 21 (3), S. 183–186.

Schicktanz, Silke und Schweda, Mark (2016): „Inklusive Deliberation. Die Einbeziehung von Bürger- und Betroffenenperspektiven in medizinethische und gesundheitspolitische Entscheidungsprozesse". In: Rauprich, Oliver; Jox, Ralf und Marckmann, Georg (Hrsg.): *Vom Konflikt zur Lösung. Ethische Entscheidungswege in der Biomedizin*. Münster: Mentis. S. 363–378.

Schicktanz, Silke; Schweda, Mark und Franzen, Martina (2008): „‚In a Completely Different Light'? The Role of ‚Being Affected' for the Epistemic Perspectives and Moral Attitudes of Patients, Relatives and Lay People". In: *Medicine, Health Care and Philosophy* 11 (1), S. 57–72.

Schicktanz, Silke; Schweda, Mark und Wynne, Brian (2012): „The Ethics of ‚Public Understanding of Ethics'. Why and How Bioethics Expertise Should Include Public and Patients' Voices". In: *Medicine, Health Care and Philosophy* 15 (2), S. 129–139.

Schweda, Mark und Frebel, Lisa (2015): „Wie ist es, dement zu sein? Epistemologische Probleme und filmästhetische Lösungsperspektiven in der Demenzethik". In: *Ethik in der Medizin* 27 (1), S. 47–57.

Singer, Peter (1984): *Praktische Ethik*. Stuttgart: Reclam.

Spaemann, Robert und Löw, Reinhard (2005): *Natürliche Ziele. Geschichte und Wiederentdeckung des teleologischen Denkens*. Stuttgart: Klett Cotta.

Stumpf, Sabine und Raspe, Heiner (2012): „Deliberative Bürgerbeteiligung in der Priorisierungsdebatte. Welchen Beitrag können Bürger leisten?". In: *Zeitschrift für Evidenz, Fortbildung und Qualität im Gesundheitswesen* 106 (5), S. 418–425.

Sugarman, Jeremy; Faden, Ruth und Weinstein, Judith (2001): „A Decade of Empirical Research in Medical Ethics". In: Sugarman, Jeremy und Sulmasy, Daniel (Hrsg.): *Methods in Medical Ethics*. Washington: Georgetown University Press. S. 19–28.

Weber, Verena (2002): *Tugendethik und Kommunitarismus. Individualität, Universalisierung, moralische Dilemmata*. Würzburg: Königshausen & Neumann.

Wehling, Peter (2019): „Expanded Carrier Screening. A Genetic Technology in Search of Clinical Utility and Social Viability". In: Duttge, Gunnar; Sax, Ulrich; Schweda, Mark und Umbach, Nadine (Hrsg.): *Next-Generation Medicine. Ethische, rechtliche und technologische Fragen genomischer Hochdurchsatzdaten in der klinischen Praxis*. Tübingen: Mohr Siebeck.

Wiesemann, Claudia (2018): „Bürgerbeteiligung und Demokratisierung der Ethik". In: *Ethik in der Medizin* 30 (4), S. 1–4.

Wöhlke, Sabine; Heßling, Arndt und Schicktanz, Silke (2013): „Wenn es persönlich wird in der ‚personalisierten Medizin'. Aufklärung und Kommunikation aus klinischer Forscher- und Patientenperspektive im empirisch-ethischen Vergleich". In: *Ethik in der Medizin* 25 (3), S. 215–222.

Widukind Andreas Schweiberer
Zur Legitimation von Werturteilen

English title and abstract: *On the Legitimacy of Value Judgments.* The concept of a "value judgement" is defined, explained and, in its function as an aid to justifying axiologies, placed in relation to consequential and anticonsequential ethical theories. Subsequently, Kantian moral philosophy is used by the author to criticize the dependence of the value judgement on its immanent subject-object structure, which is restricted to the area of the quid facti and cannot be transferred to the area of the quid iuris. The author ends with an outlook on the practical concept of non-ideal normativity.

1 Was ist ein Werturteil?

Der im frühen 20. Jahrhundert aufkommende, innerhalb der Wissenschaftsgeschichte noch sehr junge Begriff „Werturteil" setzt sich aus den Begriffen „Wert" und „Urteil" zusammen. Das Wort „Urteil", von Althochdeutsch „irteilen", stammt aus der Rechtssprache und bedeutet das Erteilen eines Gerichtsspruchs. Umgangssprachlich wird „Urteil" auch im Sinne von „das bloße Hegen einer Ansicht" und „das Aussprechen einer Meinung" verwendet (Zantwijk 2001, S. 430).

Urteilen heißt folglich etwas erteilen beziehungsweise eine Zuschreibung tätigen. Ein Werturteil ist demzufolge die Erteilung oder Zuschreibung eines Wertes hinsichtlich eines materiellen oder rein intelligiblen Gegenstandes. Ein Werturteil setzt also bereits rein begrifflich eine Subjekt-Objekt-Struktur voraus. Es gibt ein urteilendes Subjekt und ein beurteiltes Objekt, dementsprechend gibt es Werturteile nur dort, wo zum *auton*, dem logisch und ontologisch mit sich selbst Identischen, das *heteron* als Differenz und Abhängigkeit hinzutritt. In diesem Sinne kann ein Urteil also auch als eine Ur-Teilung verstanden werden. Jedes Urteil weist durch die Beurteilung der beurteilten Entität eine Bestimmung zu, durch die eine Nicht-Identität mit allem nicht in der gleichen Art und Weise Bestimmten erklärt wird.

Was ist nun ein Wert? Der Begriff „Wert" stammt aus der Ökonomie und kommt von dem althochdeutschen Wort „Werd", welches im Sinne von „Preis" oder „Kaufsumme" verwendet wurde. Mit dem Begriff „Wert" wird also die Geltung und Bedeutung, die wir einem Objekt beimessen, bezeichnet. Während die Marktwirtschaft nur den Gebrauchswert und den Tauschwert einer Sache betrachtet, beschäftigen sich die ab der Wende vom 19. hin zum 20. Jahrhundert aufkommenden geistes- und sozialwissenschaftlichen Diskurse über das Werturteil insbesondere mit einem ideellen Wertbegriff. In der modernen Debatte bezeichnet der Wertbegriff ein „Gut", welches durch die Wertzuschreibung gegenüber allen vermeintlich neutralen und allen vermeintlich schlechten Dingen hervorgehoben werden soll. Es wird eine Axiologie geschaffen, durch die verschiedene Dinge hinsichtlich ihrer Werthaftigkeit verglichen werden können. Dabei muss zwischen rein subjektiven Werturteilen, in denen der Mensch sein eigenes Lustgefühl zum Maßstab für die von ihm vorgenommen Wertzuschreibungen macht, und objektiven Werturteilen, denen eine auf einem verallgemeinerbaren Maßstab beruhende Werttheorie zugrunde liegt, unterschieden werden.

Die Lust oder Unlust, Neigung oder Abneigung, Annehmlichkeit oder Unannehmlichkeit, die mir eine Sache bereitet, kann niemals mehr als den Bestimmungsgrund eines individuellen Werturteils abgeben, denn es lassen sich keine zwei Menschen finden, deren Streben nach Glückseligkeit bis in das letzte Detail deckungsgleich ist. Und selbst wenn doch, wäre dies aller Wahrscheinlichkeit nach ein bloßer Zufall und nichts, woraus sich eine verallgemeinerbare Regel ableiten ließe. Die Neigung oder Abneigung, die ich mit einer Sache verbinde, ist, da ich ein endliches empirisches, sein Dasein in der Welt zumindest bis zu einem gewissen Grade unabänderlich erleidendes Wesen bin, kontextabhängig. Der Kontext, also die äußeren Umstände, ist jedoch der ständigen Veränderung unterworfen und daher verändern sich meine Neigungen und Abneigungen ebenso schnell und unvorhersehbar wie die Umstände, von denen sie abhängig sind.

Objektive Werturteilstheorien, die für sich in Anspruch nehmen, verallgemeinerbar zu sein, sehen sich mit dem Problem konfrontiert, Wertezuschreibungen zu tätigen, die für alle Menschen gleichermaßen anerkennungswürdig sein sollen. Die Werturteilsfrage ist also abhängig von dem zugrunde liegenden Maßstab. Ich möchte dies an einem einfachen Beispiel verdeutlichen. Wenn in einer Gesellschaft das Streben nach Heterogenität zum Maßstab erhoben wird, erfährt der Begriff „Diversität" eine positive Wertzuschreibung und gilt fortan als ein *bonum*. Wird in einer Gesellschaft jedoch das Streben nach Homogenität zum Maßstab erhoben, erfährt der Begriff der „Diversität" eine negative Wertzuschreibung und gilt fortan als ein *malum*.

Für den empirischen Menschen hat alles einen Wert, was ihm Lust bereitet und ebenso alles, was ihm Leid erspart. Je mehr Lust mir eine Sache bereitet, desto mehr ist sie mir wert. Kant (1974, S. 26) skizziert die Wertzuschreibung aus instrumenteller verstandesgemäßer Perspektive sehr anschaulich, wenn er beschreibt, dass bei allen materialen praktischen Regeln der Bestimmungsgrund des Willens im unteren Begehrungsvermögen verortet ist:

> Wie würde man sonst zwischen zwei der Vorstellungsart nach gänzlich verschiedenen Bestimmungsgründen eine Vergleichung der Größe nach anstellen können, um den, der am meisten das Begehrungsvermögen affiziert, vorzuziehen? Ebenderselbe Mensch kann ein ihm lehrreiches Buch, das ihm nur einmal zu Händen kommt, ungelesen zurückgeben, um die Jagd nicht zu versäumen, in der Mitte einer schönen Rede weggehen, um zur Mahlzeit nicht zu spät zu kommen, eine Unterhaltung durch vernünftige Gespräche, die er sonst sehr schätzt, verlassen, um sich an den Spieltisch zu setzen, sogar einen Armen, dem wohlzutun ihm sonst Freude ist, abweisen, weil er jetzt eben nicht mehr Geld in der Tasche hat, als er braucht, um den Eintritt in die Komödie zu bezahlen.

Es wird deutlich, dass alle auf einen materialen Gehalt gegründeten Werturteile – damit meine ich ein jedes Werturteil, welches den empirischen Menschen in seinem, wie auch immer gearteten, sinnlichen Streben nach Glückseligkeit unterstützt – erstens eine Zweck-Mittel-Relation voraussetzen und demzufolge konsequentialistisch sind sowie zweitens über eine notwendigerweise relationale Struktur verfügen. Ähnlich wie in der Ökonomie, wo die zur Verfügung stehende Menge Geld, als universelles Wertäquivalent, der damit einhergehenden Kaufkraft des Kapitaleigners korrespondiert, so korrespondiert auch die Annehmlichkeit, die mit der Vorstellung oder dem tatsächlichen Genuss eines materialen Gehalts verbunden ist, dem Wert, den wir bereit sind, ihm beizumessen. Die logische Folge relationaler Werttheorien ist es, Begriffe, die eine Qualität ausdrücken, wie beispielsweise „Freiheit", „Gerechtigkeit", „Würde", „Treue" und so weiter, zu quantifizieren, was dann zu einem unwissenschaftlichen Gebrauch solcher Begriffe führt. Begriffe wie Freiheit oder Gerechtigkeit lassen sich nicht quantifizieren, weil ihnen kein empirisch erkennbarer materieller Gegenstand entspricht. Materie ist messbar und lässt sich dementsprechend in der Form von Mengenbegriffen darstellen. Geist ist die Bedingung der Möglichkeit von Materie und als reine Formkraft kategorisch jeder berechenbaren physischen Begrenztheit enthoben. Empirische Theorien wie der Utilitarismus oder der historische Materialismus vollziehen einen unzulässigen Sprung, sobald sie von der Deskription des sinnlich Erfahrbaren dazu übergehen, in das sinnlich Erfahrbare eine Wertung hineinzuinterpretieren. Dies soll am Beispiel des Leids veranschaulicht werden. Leid ist ein Begriff für den körperlichen oder seelischen Schmerz, der einem Wesen fremdverschuldet oder selbstverschuldet zuteilwird. Schmerz lässt sich sinnlich erfahren und dementsprechend ist die Aussage, dass zur Empfindung fähige Wesen leiden können, empirisch ableitbar. Auch die Aussage, dass diese Lebewesen, sofern sie nicht masochistisch veranlagt sind, nicht leiden wollen, ist empirisch ableitbar. Wenn nun jedoch in den empirischen Theorien behauptet wird, hieraus folge die Aussage, dass Leid nicht sein soll, so ist dies eine ethische Wertung, die aus der Betrachtung des faktischen Naturzusammenhangs ganz und gar nicht abgeleitet werden kann. Denn die Frage nach dem „Sinn", nach dem, was sein soll oder nicht sein soll, nach dem Wahren, Schönen und Guten, ist eine Frage, die an den aktiven Geist, der die Geschehnisse lenkt, und nicht an die passive Materie, die dem Geist nur als Mittel zur Verwirklichung seiner Zwecke dient, gerichtet werden muss.

Ein – schon aufgrund seines Bekanntheitsgrades – sinnvolles Beispiel ist der inflationär zitierte Einleitungssatz des Grundgesetzes: „Die Würde des Menschen ist unantastbar" (Bundeszentrale für politische Bildung 2006, S. 11). Dieser auf die Moralphilosophie von Immanuel Kant zurückführbare Satz wird von Politikern, Journalisten und Juristen – bestärkt durch den nachfolgenden Satz: „Sie zu achten und zu schützen ist Verpflichtung aller staatlichen Gewalt" (Bundeszentrale für politische Bildung 2006, S. 11) – oft genug gleichermaßen axiologisch interpretiert. Ähnlich wie im Falle des „Kategorischen Imperativs" – von dem viele Menschen glauben, er bringe, sinngemäß, die bereits aus dem Neuen Testament bekannte „Goldene Regel" zum Ausdruck – grassiert der Irrglaube, mit dem Satz „Die Würde des Menschen ist unantastbar" werde die Absicht zum Ausdruck gebracht, die Würde des Menschen vor jeglicher Verletzung zu schützen. Wenn dies tatsächlich der Fall wäre und es sich also um einen Aufforderungssatz handelte, müsste die Würde notgedrungen etwas Abhängiges, bloß Bedingtes sein, das vermittelst seiner Relationalität quantifizierbar ist. Die Würde des Menschen muss nur dann geschützt werden, wenn eine Lädierung derselben möglich ist. Schädigen kann man jedoch nur Bedingtes, wenn die Würde jedoch nur etwas kontingenterweise und nicht notwendigerweise einem Subjekt Zukommendes ist, weil die Bedingtheit eine Verringerung oder womöglich sogar Aufhebung derselben zulässt, dann gibt es, der Logik einer solchen Werttheorie folgend, Menschen mit mehr Würde und Menschen mit weniger Würde. Nach dieser Lesart wäre die Würde nichts weiter als eine Wertmarke, die in ein Verhältnis zu anderen Wertmarken gesetzt wird und die Möglichkeit der Aufrechnung und Gegenrechnung von quantifizierten Wertbausteinen explizit zulässt. Unter dieser Vorrausetzung verkommt die Würde zu einem instrumentalisierbaren Spekulationsgut und Agitationswerkzeug. Die Konsequenz eines solchen Verständnisses von Würde wäre, dass derjenige, der würdelos beziehungsweise entwürdigend behandelt wird, seine Würde durch diese Behandlung schrittweise verliert, bis zu dem Punkt, an dem er keine Würde mehr besitzt. Das Paradoxon einer solchen Axiologie in Bezug auf die Würde bestünde darin, dass je weniger Würde bei einer Person vorhanden wäre, diese desto weniger schützenswert wäre, bis zu dem Punkt, an dem jene Person keine Würde mehr hätte und folglich ihre Würde nicht mehr geschützt werden müsste. Ich denke, aus den zuvor erläuterten Überlegungen bezüglich eines bloß bedingten und relativen Würdebegriffs, durch den kein absoluter, jeglicher Vergleichung und Quantifizierbarkeit enthobener Wert zugeschrieben wird, wird deutlich, dass ein solcher Ansatz nicht nur inkonsequent und widersprüchlich, sondern darüber hinaus auch zutiefst inhuman und menschenverachtend ist. Inhuman und menschenverachtend ist dieser Ansatz, weil die Würde, d.i. die durch Deduktion beweisbare Zuerkennung eines unbedingten, absoluten und unvergleichbaren Werts, der einzige konsequente Weg ist, um zu begründen, warum ich einen Menschen nicht prinzipiell genauso willkürlich gebrauchen darf wie ein Tier oder einen Stein. Eine Theorie, die voraussetzt, der Mensch könne seine Würde einbüßen, geht genau genommen, womöglich ohne sich dieser Konsequenz selbst bewusst zu sein, davon aus, der Mensch könne sein intelligibles Recht, dass er von allen anderen Menschen als ein Selbstzweck anerkannt und geachtet werden muss, durch äußere empirische Einwirkungen verlieren.

Wird der Satz „Die Würde des Menschen ist unantastbar" jedoch nicht als Imperativsatz, sondern als Deklarativsatz verstanden, kommt man der kantischen Unterscheidung zwischen Preis und Würde auf die Spur. Alles, was Zweck an sich selbst ist, besitzt eine Würde, alles, was nicht sein eigener Zweck ist, sondern bloß als Zweck zu etwas anderem dient, besitzt einen Preis. Kant verdeutlicht dieses Theorem anhand der regulativen Idee eines Reichs der Zwecke. In diesem Reich der Zwecke sind alle Zwecke, die gesetzt werden, vereinigt, und jeder von ihnen hat entweder einen Preis oder eine Würde. Einen Preis haben Dinge, mit denen etwas anderes äquivalent sein kann. Eine Würde haben Entitäten, die unvergleichlich sind, weil es nichts geben kann, was einen gleichen Wert hat. Bei Kant heißt es dazu: „Im Reiche der Zwecke hat alles entweder einen *Preis* oder eine *Würde*. Was einen Preis hat, an dessen Stelle kann auch etwas anderes als *Äquivalent* gesetzt werden; was dagegen über allen Preis erhaben ist, mithin kein Äquivalent verstattet, das hat eine Würde" (Kant 2016, S. 61).

Das bedeutet, jeder Zweck hat zwar einen Wert, allerdings haben nur ganz bestimmte Zwecke auch einen absoluten Wert, also eine Würde. Technische Zwecke, die um der Nützlichkeit und Geschicklichkeit willen gesetzt werden, haben einen Marktpreis, da sie ein Äquivalent haben können. Kunstzwecke, die um des interesselosen Wohlgefallens willen gesetzt werden, haben einen Affektionspreis, da es für sie ebenfalls ein Äquivalent geben kann. Die Vernunft und all ihr aktives Wirken in der Welt hat eine Würde, weil es kein Äquivalent und keine Alternative zu dem gibt, was allgemeingültig und notwendig ist. Das Vernunftgesetz und alle vernünftigen Wesen, die das Vermögen besitzen, ihren Willen gemäß diesem Gesetze zu bestimmen, haben eine Würde, weil sie Zweck an sich selbst sind. Dazu heißt es bei Kant (2016, S. 61 f.):

> Nun ist Moralität die Bedingung, unter der allein ein vernünftiges Wesen Zweck an sich selbst sein kann; weil nur durch sie es möglich ist, ein gesetzgebendes Glied im Reiche der Zwecke zu sein. Also ist die Sittlichkeit und die Menschheit, sofern sie derselben fähig ist dasjenige,

was allein Würde hat. Geschicklichkeit und Fleiß im Arbeiten haben einen Marktpreis; Witz, lebhafte Einbildungskraft und Launen einen Affektionspreis; dagegen Treue im Versprechen, Wohlwollen aus Grundsätzen (nicht aus Instinkt) haben einen inneren Wert.

Warum hat die Vernunft eine Würde und keinen Preis? Die Vernunft ist kein empirischer Gegenstand und folglich unterliegt sie auch nicht den Einschränkungen der Bedingtheit und Abhängigkeit. Bei empirischen Gegenständen geht die kritische Philosophie seit der kopernikanischen Wende der Denkungsart, anders als die vorkritische Philosophie, davon aus, dass das Objekt der Erkenntnis durch das erkennende Subjekt bestimmt wird. Kurz gesagt: Nicht das Sein bestimmt das Bewusstsein, sondern das Bewusstsein bestimmt das Sein. Eine blaue Flasche erscheint uns als solche, weil die Art unserer Erkenntnis den Gegenstand so und nicht anders konstituiert. Wir kennen folglich nur den Gegenstand für uns und niemals den Gegenstand an und für sich. Dieses Problem einer uneinholbaren und unaufhebbaren Differenz zwischen „Erscheinung" und „Ding an sich" besteht bei der Vernunft nicht, denn ein jedes vernünftige Wesen partizipiert an der Vernunft. Diese ist ein unmittelbarer Bestandteil unseres „transzendentalen Ichs" und kann, sofern der Mensch frei ist, nicht nur eingesehen, sondern auch, unseren unmoralischen Bestrebungen zum Trotz, ins Werk gesetzt werden. Bei Kant (2016, S. 81) heißt es dazu:

> Denn da er doch sich selbst nicht gleichsam schafft und seinen Begriff nicht *a priori*, sondern empirisch bekommt, so ist natürlich, daß er auch von sich durch den inneren Sinn und folglich nur durch die Erscheinung seiner Natur und die Art, wie sein Bewußtsein affiziert wird, Kundschaft einziehen könne, indessen er doch notwendigerweise über diese aus lauter Erscheinungen zusammengesetzte Beschaffenheit seines eigenen Subjekts noch etwas anderes zum Grunde liegendes, nämlich sein Ich, so wie es an sich selbst beschaffen sein mag, annehmen und sich also in Absicht auf die bloße Wahrnehmung und Empfänglichkeit der Empfindungen zur *Sinnenwelt*, in Ansehung dessen aber, was in ihm reine Tätigkeit sein mag (dessen, was gar nicht durch Affizierung der Sinne, sondern unmittelbar zum Bewußtsein gelangt), sich zur *intellektuellen Welt* zählen muß, die er doch nicht weiter kennt.

Die Vernunft als ein Gegebenes, das im transzendentalen Subjekt als reine Tätigkeit unmittelbar zum Bewusstsein gelangt, ist unabhängig von sinnlicher, das heißt empirischer Einwirkung und unterliegt folglich nicht der stetigen Veränderung von dem, was bloß kontingenterweise wahr ist. Das Vernunftgesetz ist also der Maßstab, nach dem alle Zwecke bewertet werden können. Das Gesetz selbst kann jedoch logischerweise keinen relativen Wert haben, sondern muss einen absoluten Wert besitzen, denn andernfalls, das heißt, wenn es nicht unbedingt wäre, könnte es kein zuverlässiger Maßstab sein.

Doch worin besteht nun eigentlich der Unterschied zu einer Wertgütertheorie beziehungsweise Axiologie? Auch um Werturteilsfragen zu entscheiden, braucht es einen Maßstab, auf dessen Grundlage Bewertungen vorgenommen werden. Auf subjektive Werturteilstheorien und Werterelativismus soll hier nicht weiter eingegangen werden, weil sie notwendigerweise jeglicher Verbindlichkeit entbehren. Objektive Gütertheorien zeichnen sich nicht nur durch einen Wertepluralismus aus, der zu Werteantinomien führen kann, sondern auch durch eine Wertehierarchie, die verschiedenen Wertträgern eine unterschiedlich hohe Geltung bescheinigt; die Wertzuschreibung ist also eine relationale und folglich bedingte. Für alles Bedingte gilt jedoch, dass ihm keine Notwendigkeit korrespondieren kann, stattdessen lässt sich in einer Gütertheorie jeder Wert zumindest theoretisch durch einen gleichwertigen oder höherwertigen ersetzen. In einer Werttheorie wird dabei der Wertmaßstab in Bezug auf ein Ziel formuliert und die Wertträger erlangen nur indirekt, in Bezug auf ihre Brauchbarkeit, das Ziel zu erreichen, einen relativen Wert, der Wertträger ist jedoch nur ein Mittel zum Zweck und kann folglich jederzeit ausgetauscht werden.

Der entscheidende Unterschied zwischen der kantischen Ethik und den modernen Werturteilstheorien besteht gerade in der Art und Weise, wie das Gute, das *bonum*, verwirklicht wird. Die *Grundlegung der Metaphysik der Sitten* beginnt wie mit einem Paukenschlag, bereits der erste Satz hebt alles zuvor Dagewesene aus den Angeln und entzieht jeder Wertgütertheorie nachhaltig den Boden: „Es ist überall nichts in der Welt, ja überhaupt auch außer derselben zu denken möglich, was ohne Einschränkung für gut könnte gehalten werden, als allein ein *guter Wille*" (Kant 2016, S. 11).

Kurz gesagt: In der kritischen Philosophie seit Kant gibt es keine Wertträger mehr. Das *bonum* besteht nicht länger in der Beziehung des wertragenden Gegenstandes zu dem Ziel, das vom werturteilenden Subjekt vorausgesetzt wurde. Stattdessen ist das *bonum* bei Kant ein Selbstverhältnis und die Bestimmung des Willens qua Freiheit zum Guten ist ein autonomer Akt absoluter Spontanität. Die ideelle Wertschöpfung ist bei Kant nicht länger an die empirische Realisierung des Wertträgers gebunden, sondern erlaubt dem Individuum, einen souveränen und emanzipierten Standpunkt gegenüber der materialen Außenwelt und dem materialen Anteil am transzendentalen Ich einzunehmen.

Unter empirischer Werturteilsforschung sind alle wissenschaftlichen Bemühungen zu verstehen, einem materiellen, zumindest theoretisch der Epistemologie zugänglichen Gegenstand einen Wert zuzuschreiben und ihn in ein Verhältnis zu allen gleichermaßen beurteilten Gegenständen zu setzen, d.i., ihn in einer Axiologie zu verorten. Werturteilsfragen sind nur in den empirischen Wissenschaften relevant, da nur in ihnen die Notwendigkeit besteht, einen materialen Gegenstand im Hinblick auf seine Nützlichkeit zur Erreichung eines Ziels zu bewerten. Dieses Prinzip soll am Beispiel der Energieversorgung erläutert werden. Das Ziel, eine spezifische Menge Energie für einen Arbeitsprozess bereitzustellen, lässt sich auf unterschiedlichen Wegen erreichen. Die Aufgabe der empirischen Wissenschaften besteht nun darin, zu berechnen, wie ich dieses Ziel unter gegebenen Bedingungen am effizientesten erreiche. Vorausgesetzt, ein Kohlekraftwerk und ein Geothermiekraftwerk ließen sich exakt gleich effizient betreiben und würden auch im Auf- und Rückbau die gleichen Kosten verursachen, so bestünde aus rein empirischer Sicht kein Grund, einem von beiden den Vorzug zu geben. Die Frage, ob wir nachhaltig wirtschaften und die Umwelt schützen sollten, oder ob wir leben sollten, als wären wir die letzte Generation und nach uns käme ganz gewiss die Sintflut, ist eine metaphysische Frage und kann durch die Naturwissenschaften nicht beantwortet werden. Mit anderen Worten: Die empirische Werturteilsforschung kann sich, wenn sie nicht hinter die Ergebnisse der kritischen Philosophie von Kant, Fichte, Hegel und Schelling zurückfallen möchte, ausschließlich mit Werturteilsfragen beschäftigen, die sich auf hypothetische Imperative beziehen. Bei Kant (2016, S. 36) heißt es dazu:

> Alle Imperativen nun gebieten entweder hypothetisch oder kategorisch. Jene stellen die praktische Notwendigkeit einer Handlung als Mittel zu etwas anderem, was man will (oder doch möglich ist, daß man es wolle), zu gelangen vor. Der kategorische Imperativ würde der sein, welcher eine Handlung als für sich selbst, ohne Beziehung auf einen anderen Zweck, als objektiv-notwendig vorstellte.

Wenn eine Werturteilstheorie auf Empirie bezogen ist, dann kann sie sich notwendigerweise nur an den Menschen als physisches Sinnenwesen richten und ihn im Verhältnis zu epistemologisch erfahrbaren Objekten und Subjekten betrachten, diese Vorgehensweise setzt einen konsequentialistischen Wertmaßstab voraus. Ein Maßstab, der einem Objekt oder Subjekt seinen Wert lediglich im Hinblick auf antizipierte, jedoch nicht gewisse Nützlichkeit zur Erreichung eines Zwecks zuschreibt, muss als problematisch gelten. Schließlich kann jede als ein *bonum* bestimmte Entität unbeabsichtigterweise einen negativen Zweck herbeiführen und jede als ein *malum* bestimmte Entität kann unbeabsichtigterweise einen positiven Zustand herbeiführen. Während sich Klugheitsregeln, bei denen einem Objekt ein Wert im Hinblick auf seine Tauglichkeit zur Realisierung eines technischen Zweckes zugesprochen wird, wenigstens im Sinne der Induktion rechtfertigen lassen, so lassen sich Werturteile, die im Hinblick auf Subjekte und deren Eigenschaften getätigt werden, niemals rechtfertigen, weil sich das Moment der Willensfreiheit jeglicher Art von Wahrscheinlichkeitsvorhersage kategorisch entzieht. Bei Kant (2016, S. 11) heißt es dazu:

> Verstand, Witz, Urteilskraft und wie die Talente des Geistes sonst heißen mögen, oder Mut, Entschlossenheit, Beharrlichkeit im Vorsatze, als Eigenschaften des Temperaments, sind ohne Zweifel in mancher Absicht gut und wünschenswert; aber sie können auch äußerst

böse und schädlich werden, wenn der Wille, der von diesen Naturgaben Gebrauch machen soll und dessen eigentümliche Beschaffenheit darum Charakter heißt, nicht gut ist.

Eine empirische Wissenschaft kann niemals lehren, was der Mensch tun soll, sondern allenfalls, was er tun will, was er tun kann und wie er etwas am besten tun kann (vgl. Weber 2002, S. 493–505). Die empirische Wissenschaft verbleibt auf der Ebene des Deskriptiven, sie erkennt die faktische Geltung von Werten, kann aber nicht begründen, ob diese Werte gerechtfertigt sind. Die Erfahrungswissenschaften beantworten die Frage *quid facti* (Was ist wirklich?), nicht jedoch die Frage *quid iuris* (Was ist gerechtfertigt?). Letztere Frage lässt sich nur durch eine transzendentale Wissenschaft, die ihren Blick auf das Intelligible richtet, beantworten (Kant 1976, S. 126 f.). Bei genauerer Betrachtung zeigt sich so beispielsweise sehr schnell, dass für alles, das unter dem Sammelbegriff „Westliche Werte" zusammengefasst wird, gilt, dass es keine apodiktische Gültigkeit beanspruchen kann. Dass innerhalb der Gesellschaften keine Einigkeit darüber besteht, welche Werte verbindlich sein sollen, und immer wieder der nicht ganz ungerechtfertigte Vorwurf aufkommt, bei diesen „Werten" handle es sich bloß um inhaltsleere Worthülsen, ist lediglich ein Symptom der generellen Untauglichkeit von ethischen Werturteilen. Werte wie Meinungsfreiheit, Handlungsfreiheit, Individualismus, Pluralismus, Toleranz, Demokratie und so fort eignen sich hervorragend, um deren ambivalenten Charakter aufzuzeigen. Zum einen wirken alle diese Werte zerstörerisch auf eine Gesellschaft, wenn sie in unkritischer Art und Weise verabsolutiert werden, und zum anderen kann jeder dieser vermeintlichen Werte sowohl zur Durchsetzung eines moralischen als auch zur Durchsetzung eines unmoralischen Zwecks instrumentalisiert werden. Ich möchte meine Behauptung am Beispiel der Toleranz deutlich machen. Auf Toleranz können sich Menschen berufen, um Anerkennung und Akzeptanz für gerechtfertigte Anliegen einzufordern, und auf die Toleranz können sich Menschen berufen, um Akzeptanz und Anerkennung für ungerechtfertigte Anliegen einzufordern. Kannibalen, Pädophile, Sklavenhändler und so weiter können sich, obgleich ihre Anliegen unmoralisch und indiskutabel sind, mit dem gleichen Recht auf Toleranz berufen wie alle anderen Minderheiten auch. Toleranz ist, auch solche Extrembeispiele außen vor gelassen, multiperspektivisch. Kapitalisten, Liberale, Linke, Rechte, Religiöse, Grüne, Konservative, Patrioten und Anarchisten haben unterschiedliche Perspektiven auf Toleranz, und obgleich zumindest jede Gruppe für die eigenen Überzeugungen Toleranz einfordert, so ist doch eine Kompatibilität der Toleranzanliegen dieser Gruppen nicht zu gewährleisten, weil sich die Anliegen gegenseitig ausschließen. Ein Staat muss sich immer auf eine Seite stellen: Entweder es gilt weltliches oder es gilt religiöses Recht, entweder die Wirtschaftsform ist kapitalistisch oder sie ist sozialistisch; Gleiches gilt für Begriffspaare wie progressiv und konservativ ebenso wie für elitär und egalitär. Alle diese Begriffe stellen keinen Selbstzweck dar und können nur, insofern sie mit der praktischen Vernunft übereinstimmen, Geltung für sich beanspruchen.

Werte sind nicht an und für sich gut, sondern immer bloß in Abhängigkeit von der Willensbestimmung eines freien vernunftbegabten Wesens. Bestimmt ein Mensch seinen Willen zum Bösen, so wird ihm auch ein vermeintlich guter Wert, beispielsweise die Meinungsfreiheit, die besten Dienste dabei leisten, einen unmoralischen Zweck ins Werk zu setzen. Kurz gesagt: Wer unter dem Banner der Freiheit das Joch der Diktatur plant, ist nach normativen Moralmaßstäben unmoralisch, obgleich sich unter empirischer Betrachtung sein unmoralisches, bloß vorgetäuschtes Streben nach Freiheit nicht von einem moralischen Streben nach Freiheit unterscheiden lässt. Aus diesem Grund kann und darf sich der Geltungs- und Anwendungsbereich von Werturteilen nicht auf den Bereich der Ethik erstrecken. Das Werturteil ist ein abstraktes, statisches Urteil, das durch seine undifferenzierte Setzung alle vorkommenden Fälle gleich behandelt und folglich jeden einzelnen spezifischen Fall misshandelt. Wenn dem Individualismus in unkritischer Art und Weise ein *bonum* und dem Kollektivismus ein *malum* zugesprochen wird, dann wird der gesellschaftliche Zusammenhalt geschwächt und die integrativen Strukturen zerfallen sukzessive, bis Gemeinsinn und Solidarität in Gänze verloren gehen. Umgekehrt besteht zwar Gemeinsinn und Zusammenhalt, aber der Einzelne muss sich anpassen und kann sich nicht selbst verwirklichen und eigenständig entfalten. Beide Möglichkeiten sind in ihrer verabsolutierten Form im höchsten Maße zerstörerisch, dementsprechend ist es wichtig, menschliche Verhältnisse, in denen sich das freie Spiel geistiger Formkräfte widerspiegelt, ganzheitlich und dialektisch zu beurteilen. Um ein Fortbestehen des Ganzen als des Zusammenhangs von autonomen Individuen und integrativer Gesellschaft zu gewährleisten, muss sich der Einzelne in den Dienst der Gemeinschaft und die Gemeinschaft in den Dienst des Einzelnen stellen (Schiller 2002, S. 16f.).

In fünf Punkten lässt sich zusammenfassen, worin die Unzulänglichkeiten von Werturteilen bestehen:

(1) Werturteile sind in Subjekt-Objekt-Strukturen verhaftet, bei denen ein Wertender einer zu bewertenden Entität, das heißt einem Wertträger, ein Prädikat zuspricht. Solche Werturteile sind entweder subjektive Zuschreibungen, die lediglich die Zu- und Abneigungen, Billigungen und Missbilligungen einer Person oder einer Gruppe von Personen widerspiegeln und daher allenfalls eine partielle milieuspezifische Gültigkeit zum Ausdruck bringen, oder sie maßen sich an, objektive Zuschreibungen zu sein. In letzterem Fall ist das Werturteil weiterhin eine individualistische Zuschreibung eines einzelnen Subjekts, die nur durch Induktion auf dem Wege der Akkumulation gleicher Urteile komparative Verall-

gemeinerung für sich in Anspruch nimmt und demnach lediglich als eine logische Präsumtion, nicht jedoch als ein analytisches Verstandesurteil, geschweige denn als ein synthetisch deduktiver Vernunftschluss betrachtet werden darf (Eisler 2015, S. 18).

(2) Werturteile sind, wenn sie mehr als der Ausdruck einer persönlichen Meinung sein sollen, abhängig von einem Maßstab. Dieser Maßstab muss die Funktion erfüllen, einer jeden Entität, die ich bewerte, ihren angemessenen Platz in einer Werttheorie zuzuweisen. Wenn ich jedoch Werte in ein Verhältnis zueinander setze, dann mache ich sie vergleichbar, und wenn Werte vergleichbar sind, dann ist jeder von ihnen etwas bloß Bedingtes. Bedingte beziehungsweise relative Werte sind generell quantifizierbar und kommensurabel. Aus diesem Grund ist bei Axiologien ein opportunistischer Umgang mit den zur Verfügung stehenden Werten vorhersehbar. Das Werturteil wird zu einem reinen Spekulationsobjekt, weil der Wert aufgrund seiner Relativität nur in Bezug auf seine Tauglichkeit zur Durchsetzung eines Zwecks Anerkennung findet.

(3) Bereits die Analyse des Begriffs „Werturteil" eröffnet einen Zugang zu dessen pluralistischer Struktur. Ein Werturteil gibt es niemals im Singular, denn es drückt immer eine Nicht-Identität aus. Die Zuschreibung eines *bonum* oder *malum* geschieht immer als ein Akt der Abgrenzung von einem jeden Objekt, dem diese Zuschreibung nicht erteilt wurde. Aus dieser Beobachtung folgt, dass es stets mehrere Werturteile gibt, die, da sie sich gleichermaßen auf dieselbe Welt beziehen, notwendigerweise in Konkurrenz zueinander stehen. Wenn jedoch keinem Wert absolute und unbedingte Gültigkeit an und für sich zuerkannt wird, dann führt dies entweder in den Konsequentialismus, das heißt, die Zuschreibung und Einforderung von Werten dient bloß als Mittel zu einem intendierten Zweck, oder es führt in einen Wertepluralismus, der unweigerlich zu einem Wertrelativismus verkommt. In ersterem Fall sind Werte nichts anderes als ein Instrument beziehungsweise Werkzeug zur Durchsetzung meines Willens zur Macht (Nietzsche 1976, S. 146). Unter dieser Prämisse wären die Werturteile der Liberalen beispielsweise nicht mehr als sophistische Argumente, um die Forderungen der Konservativen, Religiösen, Nationalen und Sozialisten durch Verweis auf Nichtkongruenz mit pseudo-allgemeingültigen Werten zu diskreditieren. Im zweiten Fall, dem Wertrelativismus, ist jeder Wert genauso anerkennungswürdig und wichtig wie jeder andere auch, was letztlich dazu führt, dass jeder darin gerechtfertigt ist, ausschließlich seine eigenen Werte durchzusetzen. Wenn etwa im Werterelativismus Liberale ausschließlich Arbeitsmigration von Fachkräften begrüßen, Sozialisten hingegen auf offene Grenzen für alle pochen und Konservative wiederum in jeglicher Form von – aus ihrer Sicht – kulturfremder Zuwanderung ein Problem sehen, dann sind dies drei unvereinbare Positionen, von

denen jede aus der Perspektive eines Werterelativismus das gleiche Maß an bedingter Gültigkeit hat.

(4) Werturteile sind mehrdeutig beziehungsweise multiperspektivisch und können, obgleich sie sich auf dasselbe Objekt beziehen, für verschiedene Individuen Mittel zu ganz unterschiedlichen Zwecken sein. Das pauschale Werturteil „Waffen sind schlecht" ist unangemessen, denn obgleich Waffen größtenteils dazu genutzt werden, Menschen zu verletzen und zu töten, sind sie darüber hinaus auch Präventionsmittel, deren Abschreckungspotential, ohne dass ein tatsächlicher Einsatz derselben nötig wäre, die Zuspitzung eines Konfliktes unterbinden kann. Das bekannteste Beispiel hierfür ist sicherlich der Kalte Krieg, in dem es ausgerechnet die Existenz tausender zur Massenvernichtung geeigneter Atomsprengköpfe in den Arsenalen zweier Supermächte war, die vermutlich einen *heißen* Krieg verhinderte. Anhand dieses Beispiels lässt sich leicht einsehen, dass nicht eine beurteilte Entität, sondern der gute oder böse Wille des Beurteilenden dasjenige ist, was alles, worauf sich dieser Wille richtet, einem moralischen oder unmoralischen Zweck unterstellt. Der Wertträger ist immer bloß die Präsumtion eines antizipierten *bonum*, denn ob dieser die Realisierung eines intendierten Zwecks begünstigt, ist nicht vorhersehbar. Das Problem besteht jedoch nicht darin, dass wir nicht wissen können, ob sich das Werturteil als tauglich oder nützlich erweisen wird, sondern darin, dass weder die Anerkennung noch die Ablehnung desselben etwas über die Motive des Wertenden aussagt. Wenn beispielsweise eine Person Toleranz befürwortet und eine andere Person Toleranz ablehnt, so hilft mir diese Information nicht bei der Beantwortung der Frage, ob diese Personen mit ihren Positionen moralische oder unmoralische Ziele verfolgen.

(5) Eine Erfahrungswissenschaft wie die empirische Werturteilsforschung ist auf den Bereich des *quid facti* eingeschränkt und nicht auf den Bereich des *quid iuris* übertragbar. Die Erfahrung lässt uns erkennen, wie sich die Welt für uns darstellt, sie gibt aber keine Hilfestellung zur Beantwortung der Frage, welche Vorkommnisse in der Welt als gut oder schlecht bewertet werden sollten. Das Werturteil ist ein Akt der willkürlichen Setzung, der darauf abzielt, das subjektive Verhältnis des Wertenden zu dem bewerteten Gegenstand als ein vermeintlich objektives Verhältnis darzustellen. Alles, was bedingt und kommensurabel ist, kann jedoch notwendigerweise keine objektive Gültigkeit beanspruchen. Bei einem Werturteil handelt es sich immer um eine naive und reduktionistische Vereinfachung. Indem ich einem Begriff auf abstrakte Art und Weise Eindeutigkeit zuspreche und folglich das dynamisch Lebendige an ihm auf Kosten des statisch Unveränderlichen an ihm außer Acht lasse, kann ich die Reichweite seiner Anwendbarkeit zwar auf alle vorkommenden Fälle übertragen, werde jedoch dem

inneren Gesetz beziehungsweise der Entelechie jedes einzelnen dieser Fälle nicht gerecht.

2 Zu den Konsequenzen empirischer Werturteile

Während meiner Erörterung habe ich die Prämisse, dass es neben der empirischen Sphäre der Welt auch eine dieser zugrunde liegende intelligible Sphäre der Welt gibt, vorausgesetzt. Bei Kant (2016, S. 84) heißt es dazu:

> *Weil aber die Verstandeswelt den Grund der Sinnenwelt, mithin auch der Gesetze derselben, enthält*, also in Ansehung meines Willens (der ganz zur Verstandeswelt gehört) unmittelbar gesetzgebend ist, und also auch als solche gedacht werden muß, so werde ich mich als Intelligenz, obgleich andererseits wie ein zur Sinnenwelt gehöriges Wesen, dennoch dem Gesetze der ersteren, d. i. der Vernunft, die in der Idee der Freiheit das Gesetz derselben enthält, und also der Autonomie des Willens unterworfen erkennen, folglich die Gesetze der Verstandeswelt für mich als Imperative und die diesem Prinzip gemäßen Handlungen als Pflichten ansehen müssen.

Welche Konsequenzen müssten akzeptiert werden, wenn eine geistige Sphäre der Welt, die nach allgemeinen, widerspruchsfrei miteinander zusammenbestehenden Gesetzen geordnet ist und den Grund der empirischen Sphäre der Welt als die Bedingung der Möglichkeit, das heißt Potentialität aller Erscheinungsformen in sich enthält, nicht anerkannt würde: In der Empirie gibt es nichts weiter als Erscheinungen, die von einem Sinnenwesen wahrgenommen werden können; wie der diesen Erscheinungen entsprechende Gegenstand, also das „Ding an sich" beschaffen sein mag, kann ich als empirisches Wesen nicht wissen, weil ich den Gegenstand immer nur so betrachten kann, wie ich ihn mit meinen Sinnen betrachten kann und niemals so, wie ich ihn mit meinen Sinnen nicht betrachten kann. Bei Kant (2016, S. 80) heißt es dazu:

> Es ist eine Bemerkung, welche anzustellen eben kein subtiles Nachdenken erfordern wird, sondern von der man annehmen kann, daß sie wohl der gemeinste Verstand, obzwar nach seiner Art durch eine dunkle Unterscheidung der Urteilskraft, die er Gefühl nennt, machen mag: daß alle Vorstellungen, die uns ohne unsere Willkür kommen (wie die der Sinne), uns die Gegenstände nicht anders zu erkennen geben, als sie uns affizieren, wobei, was sie an sich sein mögen, uns unbekannt bleibt, mithin daß was diese Art Vorstellungen betrifft, wir dadurch, auch bei der angestrengtesten Aufmerksamkeit und Deutlichkeit, die der Verstand nur immer hinzufügen mag, doch bloß zur Erkenntnis der *Erscheinungen*, und niemals der *Dinge an sich selbst* gelangen können.

Daraus folgt, dass der Wahrheitsbegriff eines rein empirischen Wesens, welches nur an der Sinnenwelt und nicht an der Verstandeswelt partizipiert, niemals in der adäquaten Korrespondenz von Subjekt und Objekt, also in der Übereinstimmung meines Begriffs des Gegenstandes mit dem Gegenstand selbst, bestehen kann, sondern lediglich in der Übereinstimmung meiner Vorstellung des Gegenstandes mit den Vorstellungen des Gegenstandes meiner Mitmenschen. Es sollte an dieser Stelle keiner weiteren Erläuterungen bedürfen, um einzusehen, dass diese letztere Übereinstimmung niemals mehr als eine Annäherung sein kann, weil die sinnliche Abbildung der materiellen Welt nicht bei zwei Menschen, geschweige denn bei mehreren, exakt dieselbe sein wird.

Werturteile werden über Entitäten gefällt. Wird nun eine rein empirische Welt angenommen, so wird der gesamte Verlauf dieser Welt durch Naturkausalität bestimmt. Der Mensch ist in dieser rein empirischen Welt folglich durch die Bedingungen und Umstände, unter denen er sein Dasein erleidet, determiniert. Seine Entscheidungen werden dementsprechend das Ergebnis von einfachen und komplexen Reiz-Reaktions-Schemata sein. Der Mensch wird also versuchen, sich selbst zu erhalten und seinen gegenwärtigen ebenso wie seine zukünftigen Zustände so angenehm wie möglich einzurichten. Er wird sich ausschließlich an seinen bereits gemachten Erfahrungen orientieren können, um zu antizipieren, von welchen Handlungen er sich Leid und von welchen er sich Freude verspricht. Das bedeutet, gegenwärtig oder früher erlittene Unannehmlichkeit wird ihn dazu determinieren, eine Entscheidung zu treffen, durch die er sich eine Vermeidung der Unannehmlichkeit erwartet. Gleiches gilt für die Annehmlichkeit. Der Mensch wird nur dann eine Unannehmlichkeit auf sich nehmen, wenn er sich von der Inkaufnahme der Unannehmlichkeit entweder die Vermeidung einer noch größeren Unannehmlichkeit oder die Erzielung einer großen, auf anderem Wege nicht zu erreichenden Annehmlichkeit verspricht. Unter dieser Voraussetzung sind alle Werturteile, die ein spezifischer Mensch fällt, immer nur das direkte Ergebnis seiner individuellen Erfahrungen und daher stets heteronom und determiniert. Da diese Werturteile folglich nur der subjektive Ausdruck der Selbstliebe des Individuums sind, können rein empirische Werturteile niemals objektive Werturteile sein (Kant 1974, S. 23).

Ein rein empirischer Mensch, der durch einen Zufall – beispielsweise nachdem er auf einer kargen und trostlosen Insel nach erlittenem Schiffbruch mit einem im Sterben liegenden Kameraden gestrandet ist – die Erfahrung macht, Menschenfleisch zu essen, und dabei feststellt, dass ihm dies eine besonders große Annehmlichkeit bereitet, würde auch dann, wenn er sich wieder in der Zivilisation befände, danach streben, diese Annehmlichkeit zu erzielen, sofern diesem Ziele keine zu großen Unannehmlichkeiten im Wege stünden. Dieser Mensch würde aufgrund seiner Erfahrungen das subjektive Werturteil fällen, dass Kannibalismus etwas Gutes, also ein *bonum*, ist, und da es keinen objektiven, von der bloß kontingenten und relativen Empirie enthobenen Maßstab gäbe, der eine

Widerlegung dieser Beurteilung zuließe, wäre kein Mensch darin legitimiert und gerechtfertigt, diesem Werturteil seine Gültigkeit abzusprechen.

Unter rein empirischen Vorrausetzungen ist keine normative, sondern nur noch eine deskriptive, und ebenso keine objektive, sondern nur eine subjektive Beurteilung der Welt möglich. Die Empirie ist ständiger Veränderung unterworfen und alleine schon dadurch, dass jeder Mensch nur einen räumlich und zeitlich begrenzten Ausschnitt von Welt wahrnimmt, ist eine Übereinstimmung unserer ausschließlich auf Grundlage von Erfahrungen gefällten Werturteile unmöglich.

Dort, wo die Wahrheit nicht die Übereinstimmung meines Begriffs des Gegenstandes mit dem Gegenstand selbst ist, kann mein Begriff auch nicht als richtig oder falsch erwiesen werden; das gilt sowohl für komplexe Begriffe wie den der Gerechtigkeit als auch für ganz einfache Begriffe wie den eines Tischs oder Stuhls, und sofern ich meinen Begriff weder verifizieren noch falsifizieren kann, ist es unmöglich, die abweichenden Begriffe und die davon abgeleiteten Werturteile meiner Mitmenschen zu kritisieren, da ich sie genau genommen weder anerkennen noch ihnen ihre Gültigkeit absprechen kann. Im Ergebnis führt dies zu einem unausbleiblichen Relativismus, der mangels Anerkennung einer geistigen Sphäre der Welt nicht durch Einsicht in die Vernunft, sondern nur durch Zwang beziehungsweise Herrschaft überwunden werden kann. Mit anderen Worten: Überall dort, wo Menschen eine nach allgemeinen unveränderlichen Gesetzen strukturierte Ordnung der Welt, die der Empirie zugrunde liegt, abstreiten, kann es keine objektive Wahrheit geben, und dort, wo es keine objektive Wahrheit gibt, kann es auch keine allgemein anerkannten Werturteile geben, es sei denn, die Menschen werden, genauso wie es mit intelligenten Tieren gemacht wird, konditioniert. Wenn der Mensch ausschließlich durch Naturkausalität determiniert ist, dann wird er versuchen, Freude zu erzielen und Leid zu vermeiden; ein solches Wesen kann konditioniert werden, indem erwünschte Handlungen belohnt und unerwünschte Handlungen bestraft werden. Die Werturteile eines rein empirischen Menschen würden folglich immer dann mit den Werturteilen der Gruppe oder des Kollektivs von Menschen, dem er angehört, übereinstimmen, wenn die in Aussicht gestellten Belohnungen und Bestrafungen groß genug sind, um ihn von einer abweichenden Werturteilsbildung abzuhalten (Kant 2016, S. 59).

Wenn nun dieser determinierte, rein empirische Mensch in die Situation gerät, dass er an einem See vorbeikommt und sieht, wie sein ihm verhasster Nachbar zu ertrinken droht, dann wird er sein Werturteil, ob es denn nun ein *bonum* sei, diesen Menschen vor dem Ertrinken zu retten, von der erwarteten Annehmlichkeit oder Unannehmlichkeit abhängig machen. Steht weder eine Belohnung für die Errettung noch eine Bestrafung für die Nichterrettung in Aussicht, so wird er seinen Nachbarn einfach ertrinken lassen. Diesem Menschen kann jedoch auch keine Verantwortung und keine Schuld für seine Tat zugesprochen werden, weil er, als ein determiniertes Wesen, nicht mehr und nicht weniger als ein Sklave der äußeren, ihn affizierenden Einflüsse und Bedingungen ist. Er konnte nicht anders handeln, als es ihm seine Triebe, Neigungen, Gefühle und Emotionen vorschrieben.

Wenn bei einem Wesen der Wille nicht a priori selbstbestimmt, sondern a posteriori fremdbestimmt ist, kann im strengen wissenschaftlichen Sinne von einem Werturteil, auch von einem subjektiven, nicht allgemein nachprüfbaren Werturteil, überhaupt keine Rede sein, weil dieses Wesen überhaupt nicht der Urheber seiner Handlung ist, sondern bloß, um es anschaulich auszudrücken, die Funktion eines Rädchens in einem Uhrwerk innehat, das von anderen Rädchen in Bewegung gesetzt wird, um seinerseits wiederum andere Rädchen in Bewegung zu setzen. Dazu heißt es bei Kant (2016, S. 75):

> Der *Wille* ist eine Art der Kausalität lebender Wesen, sofern sie vernünftig sind, und *Freiheit* würde diejenige Eigenschaft dieser Kausalität sein, da sie unabhängig von fremden sie *bestimmenden* Ursachen wirkend sein kann; so wie *Naturnotwendigkeit* die Eigenschaft der Kausalität aller vernunftlosen Wesen, durch den Einfluß fremder Ursachen zur Tätigkeit bestimmt zu werden.

Ein Urteil, das ist die Zuschreibung eines *bonums* oder eines *malums* in Bezug auf eine Entität, kann nur dasjenige Subjekt fällen, das einen unbedingten und unabhängigen Standpunkt gegenüber dem zu bewertenden Objekt oder Sachverhalt einnehmen kann. Das Werturteil eines determinierten, rein empirischen Wesens ist nicht mehr als das Ergebnis einer naturkausalen Kette, in deren Verlauf das Wesen X, bestimmt durch die vorhergehenden Ursachen und Wirkungen, gar nicht anders konnte, als das Werturteil Y zu fällen. Auf Empirie beruhende Werturteile sind folglich willkürlich und heteronom und können dementsprechend keinen Beitrag zur Beantwortung der Frage leisten, welchen Entitäten tatsächlich ein wahrhaftiger Wert zuerkannt werden darf beziehungsweise muss.

Die vorangegangen Ausführungen haben ein Wesen untersucht, bei dem es sich lediglich um ein besonders intelligentes Tier handelt – denn tatsächlich wird der Mensch ja in einigen Bereichen der Wissenschaft als ein solches betrachtet –, und haben die damit verbundenen Konsequenzen erläutert. Dieser zuvor beschriebene, rein empirische Mensch verfügt noch nicht einmal über einen zweckrationalen, die Welt unter allgemeine Regeln subsumierenden Verstand, geschweige denn über eine nicht-instrumentelle, apodiktische, Prinzipien enthaltende Vernunft.

Wenn wir uns den Menschen als ausgestattet mit einem transzendentalen, die empirische Welt nach der Vorstellung von allgemeinen Naturgesetzen betrachtenden Verstand denken, dann sind zumindest utilitaristische Werturteile, die auf dem Wege der komparativen Verallgemeinerung – durch die Methode der Induktion – versuchen, Objektivität zu erweisen, möglich (Kant 1976, S. 39 f.). Neben objektiven Werturteilen, die ihre Gültigkeit auf Induktion stützen, wären auch solche denkbar, die sich auf Präskription – gemeint ist die Beschreibung von Naturzusammenhängen in Form einer Theorie, die geeignet erscheint, die Wirklichkeit adäquat abzubilden, obgleich eine tatsächliche erkenntnistheoretische Überprüfung nicht möglich ist – stützen. Diese Verfahren, die in den Naturwissenschaften meistens kombiniert werden, könnten selbstverständlich nur zu technischen Werturteilen und niemals zu moralischen Werturteilen führen. Da technische Entitäten immer moralisch indifferent sind, können sie für den Menschen lediglich als Mittel zu einem Zweck dienlich sein. Bei Kant (2016, S. 37 f.) heißt es dazu:

> Diese können daher überhaupt Imperativen der *Geschicklichkeit* heißen. Ob der Zweck vernünftig und gut sei, davon ist hier gar nicht die Rede, sondern nur, was man tun müsse, um ihn zu erreichen. Die Vorschriften für den Arzt, um seinen Mann auf gründliche Art gesund zu machen, und für einen Giftmischer, um ihn sicher zu töten, sind in sofern von gleichem Wert, als eine jede dazu dient, ihre Absicht vollkommen zu bewirken.

Ich kann beispielsweise ein Satellitennavigationssystem gebrauchen, um Verunglückte und Verschollene, die in vergangenen Zeiten zweifellos dem Tode geweiht gewesen wären, zu finden und zu retten, oder ich kann ein Satellitennavigationssystem gebrauchen, um Menschenleben mit präzisionsgelenkter Munition, über noch vor 100 Jahren kaum vorstellbare Distanzen, mit chirurgischer Genauigkeit auszulöschen. Aus einer abstrakt instrumentellen Verstandesbetrachtung heraus müsste ich in beiden Fällen über das Satellitennavigationssystem ein positives Werturteil fällen, ihm also ein *bonum* zuschreiben, weil der zweckrationale Verstand sich ausschließlich dafür interessiert, dass mein Mittel, also das Satellitennavigationssystem, dazu geeignet ist, meinen Zweck zu realisieren, und Letzteres ist ja in beiden Situationen der Fall. Bei einem vernunftlosen Verstandeswesen bleibt das Ziel beziehungsweise der verfolgte Zweck eine auf dem Prinzip der Selbstliebe beruhende willkürliche und dogmatische Setzung, das heißt das Aufstellen einer vermeintlich unbezweifelbaren Behauptung ohne zureichende Begründung. Lediglich über die Geeignetheit oder Ungeeignetheit meiner Mittel zur Erreichung meiner Zwecke kann ich als instrumentelles Verstandeswesen Werturteile, die mit einer gewissen Wahrscheinlichkeit, wenn auch niemals mit absoluter Sicherheit, zutreffend sein mögen, fällen.

Das transzendentale Vernunftwesen ist das einzige Wesen, dem es möglich ist, moralische Fragestellungen zu entscheiden, allerdings nicht in Form von Werturteilen, bei denen einer Entität ein *bonum* oder ein *malum* zugeschrieben wird, sondern im Rahmen eines Verfahrens, bei dem menschliche Handlungsoptionen auf ihre Verallgemeinerbarkeit und Notwendigkeit hin überprüft werden. Das heißt: Jede menschliche Handlung, die es ermöglicht, dass mein Selbstzweck-Sein mit dem Selbstzweck-Sein eines jeden anderen vernünftigen Wesens widerspruchsfrei zusammenbestehen kann, wobei weder der Vernunft als Ganzer, noch der Vernunft in einem einzelnen Vernunftwesen eine Lädierung beziehungsweise Schädigung widerfährt, ist moralisch. Jede Handlung, die das Gegenteil bewirkt, ist unmoralisch (Kant 2016, S. 59 ff.). Unter den Bedingungen dieser moralphilosophischen Betrachtung der Welt lassen sich höchstens zwei Werturteile fällen. Das erste Werturteil würde lauten: Einen guten Willen, das bedeutet, einen die Vernunft realisierenden Willen, durch Selbstbestimmung hervorzubringen, ist ein *bonum*, und zwar das einzige in der Welt anzutreffende *bonum*. Das zweite Werturteil würde lauten: Einen schlechten Willen, das bedeutet, einen die Vernunft lädierenden Willen, durch selbstverschuldete Fremdbestimmung zuzulassen, ist ein *malum*, und zwar das einzige in der Welt anzutreffende *malum*.

3 Konklusion

Die Frage, welches Verfahren als moralischer Kompass und normative Orientierungshilfe besser geeignet ist als das Jonglieren mit Werturteilen, lässt sich leicht beantworten. Jedes Verfahren, bei dem das Gute als ein unbedingtes intelligibles Ideal verstanden wird, braucht sich nicht den Vorwurf der Kontingenz und Kommensurabilität gefallen zu lassen. Vorausgesetzt, der Mensch kann dieses Gute durch Vernunft erschließen und anschließend seinen freien Willen dazu bestimmen, es ins Werk zu setzen, so haben wir es mit einem antikonsequentialistischen Verfahren zu tun, welches die menschlichen Handlungen um ihrer selbst willen und nicht aufgrund ihrer bloß antizipierten, stets ungewissen Folgen beurteilt (Kant 1974, S. 23). Die Hervorbringung eines guten Willens ist ein Selbstverhältnis, das sich jeglicher Form von Intersubjektivität entzieht, denn sobald das transzendentale Vernunftwesen seine Handlung veräußert hat, das bedeutet, seine Handlung in der Empirie unter den Bedingungen der Naturkausalität vollzogen hat, ist sie bereits unwiederbringlich der Handhabbarkeit durch dieses Vernunftwesen entglitten, und dementsprechend kann aus einer auf einem guten Willen basierenden Handlung ein schlechtes Ergebnis resultieren und aus einer auf einem schlechten Willen basierenden Handlung kann ein gutes Ergebnis resultieren (Kant 2016, S. 12). Wir können also niemals wissen, wann und ob unsere Mitmenschen einen guten Willen hervorbringen, denn an ihren Handlungen lässt sich dies nicht zweifelsfrei erkennen, und würden wir sie fragen, so könnten wir niemals sicher sein, ob sie uns täuschen, ob sie die Wahrheit sagen oder ob sie es womöglich selbst nicht so genau wissen.

Sogenannte Werturteile werden also zu jeder Zeit und in allen denkbaren Kontexten, von der faschistischen Diktatur bis hin zur „freien Assoziation der Freien", das heißt in der marxistischen Utopie einer vermeintlich herrschaftsfreien Gesellschaft, immer nur Ausdruck der jeweiligen Präferenzen derjenigen sein, die die Deutungshoheit in der Gesellschaft, also im intersubjektiven Diskurs, innehaben (Marx und Engels 1983, S. 482) Mit anderen Worten: Werturteile bringen den subjektiven Willen zur Macht der implizit oder explizit Herrschenden zum Ausdruck. Die gewünschte – und oft genug postulierte – angebliche Allgemeingültigkeit und Objektivität von Werturteilen wird in offen totalitären und autoritären Systemen durch Nötigung, Repression und Gewalt erzwungen. In sublimen, die strukturelle institutionalisierte Gewalt besser kaschierenden Systemen hingegen wird die Zustimmung der Bürgerinnen und Bürger durch sophistische Überredung und Erschleichung erwirkt. Daher bleiben Werturteile stets der Mode und dem Zeitgeist einer spezifischen Epoche verhaftet und entziehen paradoxerweise gerade durch die Diskreditierung aller Werturteile vermeintlich unaufgeklärter früherer Epochen ihrem eigenen Anspruch auf Gültigkeit jegliche Legitimität. Es würde allen wissenschaftlichen Fachrichtungen und Disziplinen dienlich sein, darauf zu verzichten, apodiktische Gültigkeit für sich in Anspruch nehmende Werturteile, insofern sie überkommen zu sein scheinen, unkritisch durch neue, ebenso interessegeleitete Werturteile zu ersetzen. Stattdessen sollten die Wissenschaften sich bemühen, durch kritische Überprüfung und unvoreingenommene Reflexion der eigenen fachspezifischen Grundlagen und Methoden in einem ersten Schritt alle intentional und nichtintentional gefällten Werturteile kenntlich zu machen und in einem zweiten Schritt diese Werturteile sukzessive aus allen Wissenschaften auszuschließen.

Literatur

Bundeszentrale für politische Bildung (Hrsg.) (2006): *Grundgesetz für die Bundesrepublik Deutschland. Textausgabe*. Bonn: Bundeszentrale für politische Bildung.
Eisler, Rudolf (2015): *Kant-Lexikon*. Hildesheim: Weidmann.
Kant, Immanuel (1974): *Kritik der praktischen Vernunft*. Hamburg: Felix Meiner.
Kant, Immanuel (1976): *Kritik der reinen Vernunft*. Hamburg: Felix Meiner.
Kant, Immanuel (2016): *Grundlegung zur Metaphysik der Sitten*. Hamburg: Felix Meiner.
Marx, Karl und Engels, Friedrich (1983): „Manifest der kommunistischen Partei". In: dies.: *Marx-Engels-Werke*. Bd. 4. Berlin: Karl Dietz. S. 459–493.
Nietzsche, Friedrich (1976): *Also sprach Zarathustra*. München, Berlin und New York: Deutscher Taschenbuchverlag und Walter de Gruyter.
Schiller, Friedrich (2002): *Über die ästhetische Erziehung des Menschen*. Stuttgart: Reclam.

van Zantwijk, Temilo (2001): „Urteil". In: Ritter, Joachim; Gründer, Karlfried und Gabriel, Gottfried (Hrsg.): *Historisches Wörterbuch der Philosophie*. Bd. 11. Basel: Schwabe. Sp. 430–436.

Weber, Max (2002): „Wissenschaft als Beruf". In: ders.: *Schriften 1894–1922*. Stuttgart: Kröner. S. 474–511.

Philip Penew
Normativitätsbegründung und immanente Kritik

Hegels Konzeption einer systematischen immanenten Kritik in der *Phänomenologie des Geistes*

English title and abstract: *Justification of Normativity and Immanent Critique. Hegel's Conception of a Systematic Immanent Critique in the Phenomenology of Spirit.* This chapter deals with two kinds of immanent critique. In the first two parts the author shows what immanent critique can manage in comparison to other kinds of justification and what its limitations are. In the third part the author argues, that the problems of immanent critique can be solved by a concept of systematic immanent critique. This approach is based on the idea of a *Phenomenology of Spirit* by Hegel. In his book he tries to show that an immanent critique consistently pursued is systematic and can lead to positive results. In this way immanent critique is able to overcome the Münchhausen trilemma.

1 Normativitätsbegründung und das Prinzipienproblem

Normativitätsbegründung hat – insbesondere seit der Aufklärung – einen Anspruch auf universelle Geltung und kann einzig und allein dann akzeptiert werden, wenn sie prinzipiell für jedermann nachvollziehbar ist.[1] Universelle Geltung bedeutet, dass diese Geltung (a) auch von jedem Menschen, so er denn bereit ist, sich auf die ihr zugrunde liegende Argumentation einzulassen, nachzuvollziehen ist. Damit dies geleistet werden kann, darf die Begründung (b) ihrerseits keine normativen Vorentscheidungen enthalten, die nicht transparent gemacht und hinreichend gerechtfertigt sind. Jede ungerechtfertigte Annahme setzt die gesamte Begründung dem skeptischen Zweifel aus, da dann die gemachte Voraussetzung so nicht geteilt werden muss. Und (c) muss eine normative Position sich mit anderen, ihr widerstreitenden normativen Positionen befassen, weil deren

---

[1] Normative Konzeptionen, die diesen Anspruch nicht teilen beziehungsweise von seiner Uneinlösbarkeit überzeugt sind und deshalb versuchen, diese Kriterien aufzuweichen, werden hier nicht thematisiert.

Wahrheitsansprüche eine Bedrohung für ihren eigenen Wahrheitsanspruch darstellen. Um hier über Wahrheit und Unwahrheit befinden zu können, bedarf es eines neutralen theoretischen Rahmens, der dadurch gekennzeichnet ist, dass er seinerseits keine unbegründeten Voraussetzungen macht.[2]

Jede (Letzt-)Begründung sieht sich mit einer Herausforderung konfrontiert, die seit der Antike bekannt ist und von Hans Albert als sogenanntes *Münchhausen-Trilemma* bekannt gemacht wurde. Das Trilemma benennt die drei einzigen Möglichkeiten der (Letzt-)Begründung, um dann jeweils deren grundsätzliches Scheitern aufzuzeigen (vgl. Albert 1968, S. 11–15). Da jede Begründung eines beliebigen Sachverhalts selbst wieder der Begründung bedarf, entsteht ein *infiniter Regress*. Auf diese Weise kommt niemals eine vollständige, das heißt abgeschlossene Begründung zustande, auch weil immer die Möglichkeit besteht, dass ab einem gewissen Punkt keine weitere Begründung mehr möglich ist. Um diesem Regress zu entgehen, kann nun entweder (1) dogmatisch ein Superargument (Tradition, Gott, Natur et cetera) gesetzt werden, das den Regress final abbricht, indem die absolute Selbstevidenz dieses Arguments behauptet wird. In der philosophischen Tradition werden derartige Argumente als *fundamentum inconcussum* bezeichnet. Sie setzen sich jedoch dem Vorwurf der Willkür aus, denn potentiell erscheint nahezu alles geeignet, die Rolle eines solchen Superarguments einzunehmen. Damit aber ist es von normativen Vorentscheidungen abhängig und kann seine begründungstheoretische Funktion nicht mehr erfüllen. Alternativ kann man versuchen, dem infiniten Regress zu entgehen, indem man (2) eine Form der Zirkularität einführt. Diese Strategie aber scheitert ebenfalls, nämlich daran, dass es nicht zulässig ist, etwas durch sich selbst, mithin tautologisch zu erklären.

Die so umrissene begründungstheoretische Herausforderung möchte ich als *Prinzipienproblem* verhandeln. Eine normative Theorie bedarf eines Prinzips oder mehrerer Prinzipien als Ausgangspunkt. Dieser stellt immer eine normative Vorentscheidung dar, deren Geltung nicht begründet ist beziehungsweise sich nicht rechtfertigen lässt, weil man ansonsten dem Münchhausen-Trilemma anheimfiele. Das Prinzipienproblem lässt sich also als Aporie formulieren: Um mit dem Entwurf einer normativen Theorie überhaupt anfangen zu können, wird ein Ausgangspunkt benötigt – der für eine wohlbegründete normative Theorie jedoch gar kein geeigneter Ausgangspunkt sein kann, da er als solcher unbegründet

---

2 Einer solch anspruchsvollen Konzeption ließe sich entgegenhalten, sie stelle unmögliche Forderungen an ihren Gegenstand und verhindere somit per se, dass überhaupt irgendeine Konzeption diesen Bedingungen genügen könne. Nimmt man aber Kriterium (a) ernst – und diese Bedingung kann durchaus als normative Minimalforderung einer aufgeklärten und wissenschaftsgeprägten Gesellschaft gelten –, dann folgen die beiden anderen automatisch.

bleibt. Bezöge der Ausgangspunkt seine Gültigkeit aus einer anderen Theorie, so wäre das Problem nicht gelöst, sondern lediglich verschoben. Da aber auf irgendeine Weise angefangen werden muss, benötigte man einen bereits gerechtfertigten Ausgangspunkt. Somit scheint das Schicksal einer normativen Theorie, die den oben genannten Kriterien genügen soll, besiegelt. Lässt sich das Prinzipienproblem nicht lösen, so ist, möchte man meinen, aus prinzipiellen Gründen keine normative Letztbegründung und damit keine Begründung im strengen Sinne möglich. Im Prinzipienproblem verdichten sich die begründungstheoretischen Lasten zu einem scheinbar unlösbaren Problem.

2 Immanente Kritik

Immanente Kritik ist ein Instrument zur Prüfung von Aussagen und Theorien mittels derjenigen (normativen) Maßstäbe, die diesen Aussagen und Theorien je selbst zugehören. Auf diese Weise stellt immanente Kritik zumindest prima facie eine Möglichkeit dar, sich mit Normativität überhaupt beschäftigen zu können, ohne dass dabei das Prinzipienproblem aufkäme. Da sie die Maßstäbe der Prüfung direkt den zu prüfenden Positionen selbst entnimmt, kommt immanente Kritik nämlich ohne eigenes normatives Prinzip aus. Sie versucht das Problem der widerstreitenden Positionen also nicht durch die Einführung einer vermeintlich neutralen Vermittlungsinstanz zu lösen. Dies könnte auch nicht den gewünschten Erfolg zeitigen, weil eine solche Instanz wiederum externe Maßstäbe setzen und diese zur Kritik der jeweiligen Position heranziehen würde. Immanente Kritik erwirbt ihre Problemlösungskompetenz in Bezug auf das Normativitätsproblem vielmehr gerade durch den Verzicht auf solche externen Maßstäbe (vgl. Romero 2014, S. 7–17).

Aus dieser Perspektive ist immanente Kritik allerdings ein bloß negatives Werkzeug der Kritik. Wie aber könnte sie dergestalt positive Normativitätsbegründungen leisten?[3] Immanente Kritik lässt nur diejenigen normativen Konzeptionen gelten, die ihren eigenen Ansprüchen genügen, also gleichsam die Prüfung vor und durch sich selbst bestanden haben. Sie sind nunmehr gerechtfertigt zumindest in dem Sinne, dass bei der Prüfung ihrer Position an den ihr eigenen Maßstäben kein Widerspruch aufgefunden werden kann. Diese Widerspruchsfreiheit ist keine willkürliche Setzung, die ihrerseits anfällig für skeptische Zweifel wäre. Sie resultiert vielmehr aus der Anforderung, eine nachvoll-

---

3 „Negativ" bedeutet hier, dass ein Wissen darüber vorhanden ist, dass nicht p; „positiv" bedeutet dann hingegen, dass ein begründetes Wissen darüber vorliegt, dass p.

ziehbare Begründung liefern zu müssen. Besagte Widerspruchsfreiheit stellt somit eine Konsequenz aus dem Anspruch auf Wahrheit dar, den aufzugeben bedeuten würde, Theorie insgesamt aufzugeben.

Auf den ersten Blick scheint eine Position, die sich auf diese Weise als widerspruchsfrei erwiesen hat, den drei eingangs aufgestellten Bedingungen für universelle Geltung erfolgreich begegnen zu können. Bei genauerem Hinsehen wird jedoch deutlich, dass weder Kriterium (a) noch Kriterium (b) überzeugend erfüllt sind. Denn interne Widerspruchsfreiheit erfüllt lediglich eine notwendige Bedingung für die Lösung des Münchhausen-Trilemmas; hinreichend ist sie darum noch nicht. Um dies zu bewerkstelligen, müsste die entsprechende Position des Weiteren dem begründungstheoretischen Anspruch gerecht werden, indem sie nachvollziehbar erklären würde, warum und wie sie eine überzeugende Begründung liefert. Sie müsste sich, um nicht durch unbegründete Basisannahmen das Prinzipienproblem aufkommen zu lassen, über die interne Widerspruchsfreiheit hinaus mithin selbst begründen.[4]

Ein weiteres grundsätzliches Problem wird sichtbar, wenn man in den Blick nimmt, dass es im Rahmen der immanenten Kritik nicht möglich ist, ein Prinzip oder eine Methode in Anschlag zu bringen, der gemäß die zu kritisierenden Positionen ausgewählt werden. Diese Positionen nach dem bloßen Zufallsprinzip auszuwählen, kann keine zufriedenstellende Methode sein, da Wissenschaftlichkeit und allgemeine Geltung einen nachvollziehbaren Denk- und Begründungsweg voraussetzen, der auf diese Weise aber unmöglich geliefert werden kann. Um dieses Problem zu überwinden, bedürfte es eines Prinzips oder Kriteriums, anhand dessen die zu kritisierenden Positionen systematisch ausgewählt würden. Ein solches Kriterium darf aber wiederum kein externes sein, da ansonsten neuerlich ein unbegründetes Prinzip in den Begründungsprozess eingespeist würde, was den gesamten Prozess abermals angreifbar machen würde.

Die Analyse der immanenten Kritik zeigt somit auf, dass sie gegenüber der klassischen Begründung zwar über den Vorteil der Voraussetzungslosigkeit verfügt, letztlich aber auf eine bloß negative Rolle beschränkt bleibt. Die hier genannten Mängel der immanenten Kritik lassen sich darauf zurückführen, dass sie – will sie nicht gegen ihr eigenes Prinzip der Voraussetzungslosigkeit verstoßen – nicht dazu in der Lage ist, die von ihr kritisierten Positionen nach systematischen und wissenschaftlichen Gesichtspunkten auszuwählen.

---

4 Bräche man die immanente Kritik pragmatisch ab, so verginge man sich an deren ureigenem Prinzip, und der Maßstab für dieses Abbrechen würde wiederum dem Prinzipienproblem anheimfallen.

3 Systematische immanente Kritik

Hegel vertritt den Anspruch, in seiner *Phänomenologie des Geistes* eine Antwort sowohl auf das Münchhausen-Trilemma als auch auf die Schwierigkeiten, die mit der immanenten Kritik verbunden sind, zu finden. Bemerkenswerterweise strebt er an, diese beiden Probleme *zugleich* zu lösen, namentlich mit der Konzeption einer systematischen immanenten Kritik. Diese Form der immanenten Kritik weist zusätzlich zu der oben diskutierten Immanenz ein Prinzip auf, mit dem die kritisierten Positionen in eine Ordnung gebracht werden können. Auf diese Weise wird der methodologische Vorzug der immanenten Kritik genutzt, ohne dabei jedoch wiederum das Prinzipienproblem zu evozieren. Hegels Einsicht besteht darin, dass eine richtig verstandene und konsequent betriebene, das heißt systematische immanente Kritik die Möglichkeit bietet, nicht nur eine positive Position aus der immanenten Kritik heraus zu entwickeln, sondern diese auch erfolgreich gegen Anwürfe zu verteidigen, die auf Grundlage des Münchhausen-Trilemmas erhoben werden. Die *Phänomenologie des Geistes* stellt vor diesem Hintergrund die Umsetzung eines äußerst anspruchsvollen begründungstheoretischen Projektes dar.

Eine systematische immanente Kritik muss ein zusammenhängendes Ganzes – ein System – zum Ziel haben. Das geforderte Ganze kann in diesem Zusammenhang nur die Gesamtheit der Kritik aller denkbaren normativen Positionen sein. Diese Vollständigkeit soll über ein die verschiedenen normativen Positionen ordnendes Prinzip hergestellt werden. Dieses ordnende Prinzip ist eine notwendige methodische Forderung an immanente Kritik, die nur so der Zufälligkeit enthoben ist und Wissenschaftlichkeit für sich in Anspruch nehmen kann. Würde sie nicht eine vollständige Kritik sämtlicher Positionen enthalten, wäre der Anspruch auf allgemeine Geltung nicht einzulösen. Schließlich bedeutet allgemeine Geltung, dass grundsätzlich jeder der Argumentation unabhängig von seinem jeweiligen Standpunkt folgen kann. Das Problem widerstreitender Positionen (c) kann mithin nur dann endgültig beigelegt werden, wenn die Kritik vollständig ist.

Die *Phänomenologie des Geistes* kritisiert verschiedene Positionen, die von Hegel als „Bewusstseinsgestalten" bezeichnet werden. Diese Positionen sind idealtypische Konzeptionen, die dadurch gekennzeichnet sind, einen je eigenen Wahrheitsanspruch zu vertreten. Anhand dieses Wahrheitsanspruchs werden sie nun geprüft, und hierin liegt bereits der erste Unterschied zur klassischen immanenten Kritik: Hegel befasst sich nämlich nicht etwa mit (empirisch) vorfindlichen Theorien, sondern mit Idealtypen. Dies hat den heuristischen Vorteil, dass die potentiell unendliche Menge möglicher theoretischer Positionen auf eine überschaubare Anzahl reduziert wird. Die quantitative Reduzierung ist eine notwendige Leistung, um dem oben geforderten Vollständigkeitsanspruch genügen zu können. Anders gesagt: Eine normative Letztbegründung im oben genannten – das heißt wissenschaftlichen – Sinne kann unmöglich geleistet werden, wenn sie sich auf die potentiell unendlichen (Misch-)Formen von Theorie einlässt, die sie in der Welt vorfindet. Die dergestalt paradigmatischen „Gestalten" bieten somit die Möglichkeit, tatsächlich vertretene theoretische Positionen jeweils auf die ihnen entsprechende „Gestalt" zu verweisen. In dieser Hinsicht stellt die *Phänomenologie des Geistes* einen Katalog verschiedener idealtypischer Paradigmen zur Kritik bestimmter „realer" oder „empirischer" Positionen bereit.

Ein solcher Katalog wäre jedoch bloß negativ. Er würde weder über ein Prinzip zur Ordnung und zum Auffinden von Bewusstseinsgestalten verfügen, noch würde er positive Begründungen ermöglichen. Hegel löst dieses Problem mangelnder Systematizität dadurch, dass er die verschiedenen Bewusstseinsgestalten auseinanderentwickelt. Die Bewusstseinsgestalten ergeben auf diese Weise eine Reihe – und die Übergänge, die zwischen den Gestalten stattfinden, markieren genau den Unterschied zwischen einer bloß immanenten und einer systematisch-immanenten Kritik. Allerdings tritt auch bezüglich besagter Übergänge das Prinzipienproblem auf: Ein Prinzip zur Ordnung und zum Auffinden der zu kritisierenden Positionen kann nicht extern herangezogen werden, da es ansonsten wiederum begründet werden müsste. So aber träte das Münchhausen-Trilemma neuerlich auf den Plan. Wie gelingt es Hegel hier, die erforderliche „normative Abstinenz" aufrechtzuerhalten?

Hegel unterscheidet grundsätzlich zwei Formen der Negation: eine bestimmte und eine abstrakte. Die abstrakte Negation sieht „in dem Resultate nur immer das *reine Nichts*" (Hegel 1968, S. 57) und übersieht dabei prinzipiell, dass das Resultat „das Nichts *dessen* ist, *woraus es resultirt*" (Hegel 1968, S. 57). Demgegenüber weiß die bestimmte Negation um diesen Umstand und hat als Resultat einer bei der Selbstprüfung gescheiterten Gestalt nicht nur das bloß negative Ergebnis vor Augen, dass diese Gestalt ihren eigenen Ansprüchen nicht genügt. Sie erkennt das Resultat der Kritik vielmehr als ein bestimmtes Nichts. Da das Resultat auf diese Weise ein durchaus – wenngleich negativ – bestimmtes ist, lässt sich aus dem gescheiterten Paradigma ein neues generieren. Dies erlaubt eine Fortsetzung der immanenten Kritik an diesem neuen, aus dem vorhergehenden entwickelten Paradigma als ihrem neuen Gegenstand.

Doch reicht dies allein noch nicht hin, um dem eingangs geforderten Vollständigkeitsanspruch gerecht zu werden. Um dies zu bewerkstelligen, müssen neben der Idealtypisierung und den Übergängen auch noch das Problem des Anfangs und das Problem des Endes gelöst werden. Dem Anfangsproblem begegnet Hegel dadurch, dass die erste kritisierte Position diejenige ist, der der minimale Rahmen von Annahmen zugrunde liegt, der notwendig ist, damit überhaupt noch ein Wahrheitsbegriff enthalten ist (was eine immanente (Selbst-) Prüfung allererst ermöglicht). Diese erste paradigmatisch-idealtypische Position, die Bewusstseinsgestalt der „Sinnlichen Gewissheit", kennzeichnet Hegel wie folgt: „Das Wissen, welches zuerst oder unmittelbar unser Gegenstand ist, kann kein anderes seyn, als dasjenige, welches selbst unmittelbares Wissen, *Wissen* des *unmittelbaren* oder *Seyenden* ist" (Hegel 1968, S. 63). Das Fortschreiten von Gestalt zu Gestalt geht mit der sukzessiven Zunahme an Komplexität in Hinsicht auf den Wahrheitsbegriff und die darin implizierte Ontologie einher. Von Stufe zu Stufe werden mehr Bedingungen eines tragfähigen normativen Konzeptes eingeholt. Dieser Prozess kommt erst zum Abschluss, wenn eine Stufe erreicht ist, auf der Anspruch und Konzeption einander entsprechen; dies ist es, was Hegel als „Absolutes Wissen" (vgl. Hegel 1968, S. 422–435) bezeichnet. Der Prozess der systematischen immanenten Kritik beginnt so bei derjenigen Bewusstseinsgestalt, deren Konzeption von Wahrheit nicht schlichter sein könnte, und endet in einer hochkomplexen Konzeption. Diese erst genügt ihren eigenen Ansprüchen. Selbstentsprechung ist also auch bei der systematischen immanenten Kritik Maßstab der Prüfung. Indem dergestalt keine einzige willkürliche Annahme gemacht wird, entgeht Hegel erfolgreich dem Prinzipienproblem.

Hegel erkennt die Herausforderung durch das Münchhausen-Trilemma grundsätzlich an. Er unterscheidet dabei allerdings zwei Arten der Zirkularität. Er stellt einer partikularen Zirkularität, die keinen begründungstheoretischen Wert hat, weil ihr Zirkel eine willkürliche und somit nicht zu rechtfertigende Auswahl darstellt, die Konzeption einer allumfassenden Zirkularität gegenüber. Diese besteht nicht aus Einzelaspekten, sondern umfasst den Gesamtbereich jener Aspekte. Diese Form der Zirkularität kann demnach zwar nicht mit dem üblichen Verweis auf Willkürlichkeit oder Tautologie kritisiert werden, steht und fällt aber mit dem Anspruch auf Vollständigkeit.

Das Verhältnis von Theorie und Empirie lässt sich demnach wie folgt fassen: Eine streng normative Letztbegründung hängt vom Vollständigkeitsanspruch, welcher sich nicht über die Kritik von unmittelbaren empirischen Positionen erreichen lässt, sondern nur über eine Kritik von Idealtypen, welche dann in einem zweiten Schritt als Schablonen einer Kritik an empirischen Positionen fungieren können, ab. Hegels *Phänomenologie des Geistes* sieht sich mit einem Problem konfrontiert, das sie nicht abschließend zu lösen vermag. Denn eine solche Konzeption kann nicht a priori ausschließen, dass es nicht doch Theorien gibt, die sich nicht auf einen oder mehrere Idealtypen zurückführen lassen, wodurch eine beständige potentielle Falsifikation droht.

Die Methode der *Phänomenologie des Geistes* wäre freilich unterbestimmt, wenn man sie als bloße immanente Kritik darstellte. Einer solch unterkomplexen Perspektive entgeht nämlich grundsätzlich, wie immanente Kritik für die Genese einer normativen Position fruchtbar gemacht werden kann. Nur dann, wenn die Methode als *systematische* immanente Kritik bestimmt wird, ist nachvollziehbar, wie Hegels begründungstheoretische Konzeption den Skeptizismus erfolgreich unterläuft. Dies gelingt ihm gerade dadurch, dass er dem Skeptizismus radikal Raum gibt – aber eben systematisch methodologisch, wodurch sich dieser von selbst zu einer vertretbaren Theorie auswächst (vgl. Hegel 1968, S. 56). Auf diese Weise lässt sich eine Antwort auf die grundsätzlichen begründungstheoretischen Lasten formulieren, die im skeptischen Münchhausen-Trilemma ebenso zum Ausdruck kommen wie im Prinzipienproblem. Mithilfe des in ein größeres begründungstheoretisches Projekt eingelassenen Konzepts einer universalen Zirkularität scheint es immerhin im Bereich des Möglichen zu liegen, dem Münchhausen-Trilemma erfolgreich zu entgehen.

Literatur

Albert, Hans (1969): *Traktat über kritische Vernunft*. Tübingen: Mohr-Siebeck.
Hegel, Georg (1968): *Phänomenologie des Geistes*. Hamburg: Felix Meiner.
Romero, José (2014): „Zur Aktualität immanenter Kritik in der Sozialphilosophie". In: ders. (Hrsg.): *Immanente Kritik heute. Grundlagen eines sozialphilosophischen Begriffs*. Bielefeld: transcript. S. 7–29.

Elsa Romfeld
Bridging the Gap?
Vom Nutzen und Nachteil des Brückenprinzips für die Ethik

English title and abstract: *Bridging the Gap? On the Use and Abuse of the Bridging Principle for Ethics.* The world is full of ditches, abysses, faults or "gaps", even in philosophy. Fortunately, there are bridges to create – more or less stable – connections. This chapter is about these bridges, about their sustainability, and about an alternative to reach the other side. For this purpose, relevant aspects of the is-ought dichotomy are recapitulated by the author. This is followed by an explication and analysis of the feasibility postulate to illustrate and reconsider the potential and difficulties of bridge principles. If it is not possible to bridge the gap between is and ought, maybe one will have to risk jumping the gap, the author argues. This is the focus of the last part of this chapter.

> Der Sprung [ist] gerade der entscheidendste Protest gegen den inversen Gang der Methode
> (Kierkegaard 1976, S. 237).

Die Welt ist voller Gräben, Abgründe, Brüche, eben „Gaps", auch in der Philosophie. Zum Glück gibt es Brücken, die – mehr oder weniger stabile – Verbindungen schaffen. Um solche Brücken soll es hier gehen, um ihre Tragfähigkeit, und um eine alternative Möglichkeit, die andere Seite zu erreichen. Dazu werden zunächst relevante Aspekte der Sein-Sollen-Dichotomie rekapituliert. Daran schließt sich die Explikation und Analyse des Realisierbarkeitspostulats „Sollen setzt Können voraus" an, anhand dessen das Potential sowie die Schwierigkeiten von Brückenprinzipien dargelegt und erörtert werden. Gelingt es nicht, eine Brücke über die Kluft zwischen Sein und Sollen zu schlagen, muss man eventuell den Sprung über sie wagen. Was diesen charakterisiert und vom Brückengang unterscheidet, davon handelt der dritte Teil dieses Kapitels.

1 Der Graben

Mitten durch unser Leben geht ein Riss. Im Alltag von den meisten unbemerkt, beschäftigt er Philosophen seit unzähligen Jahren. Sie nennen ihn das *Is Ought Problem*, zu Deutsch vornehm die *Sein-Sollen-Dichotomie*. Schon David Hume (1973, S. 211) weist in *A Treatise of Human Nature* darauf hin:

> In jedem Moralsystem, das mir bisher vorkam, habe ich immer bemerkt, daß der Verfasser eine Zeitlang in der gewöhnlichen Betrachtungsweise vorgeht, das Dasein Gottes feststellt oder Beobachtungen über menschliche Dinge vorbringt. Plötzlich werde ich damit überrascht, daß mir anstatt der üblichen Verbindungen von Worten mit „*ist*" und „*ist nicht*" kein Satz mehr begegne, in dem nicht ein „*sollte*" oder „*sollte nicht*" sich fände. Dieser Wechsel vollzieht sich unmerklich; aber er ist von größter Wichtigkeit. Dies *sollte* oder *sollte nicht* drückt eine neue Beziehung oder Behauptung aus, muß also notwendigerweise beachtet und erklärt werden. Gleichzeitig muß ein Grund angegeben werden für etwas, das sonst ganz unbegreiflich scheint, nämlich dafür, wie diese neue Beziehung zurückgeführt werden kann auf andere, die von ihr ganz verschieden sind.

In der Tat wäre es sehr bequem, wenn all den Fakten, die uns umgeben, auf die wir, insbesondere mithilfe der empirischen Wissenschaften, zugreifen und mit denen wir hantieren, die Normen bereits innewohnten – wenn wir an dem, wie es *ist*, ablesen könnten, wie es sein *soll*. Leider lassen sich aus rein deskriptiven Sätzen logisch keine normativen Sätze ableiten. Wer dennoch so verfährt, begeht den Sein-Sollen-Fehlschluss,[1] für den George Edward Moore (vgl. 1996, S. 74–101) den Begriff „naturalistic fallacy", „naturalistischer Fehlschluss" geprägt hat.[2] Auch nach dem Prinzip des naturalistischen Fehlschlusses reicht keine rein deskriptive Voraussetzung aus, eine bewertende Schlussfolgerung zu begründen. Hier einige Beispiele, denen man nicht nur in privaten Unterhaltungen, sondern auch in fachlichen Diskursen begegnet:

- Nach wie vor beliebt: „Männer sind von Natur aus polygam. Deshalb sollte es ihnen erlaubt sein, mehrere Frauen zu haben."
- Ein gefährlicher Klassiker: „In der Evolution greift die natürliche Selektion. Also sollte man auch Menschen vorgeburtlich selektieren."
- Ähnlich fragwürdig: „Intersexualität beeinträchtigt die Erhaltung der Art. Also ist Zwischengeschlechtlichkeit korrekturbedürftig."
- Darwin trifft Freud: „Aggression ist ein angeborener Trieb. Also darf ich meinen nervigen Nachbarn schlagen."
- Hört man nicht nur von Vegetariern: „Fleischkonsum fördert den Welthunger. Also müssen wir weniger Fleisch essen."
- Durchaus nachvollziehbar: „Die Handynutzung am Steuer verursacht vermehrt Unfälle. Also dürfen Handys während der Fahrt vom Fahrer nicht benutzt werden."

---

1 Zum Sein-Sollen-Problem siehe auch Stuhlmann-Laeisz (1983, 1986).
2 Die Wortprägung ist allerdings irreführend, denn „Moores Argumentation betrifft sowohl Übergänge von Beschreibungen des Natürlichen als auch des Metaphysischen zu wertenden oder normativen Aussagen" (Ruß 2002, S. 77).

Stimmt man den Prämissen zu, klingt all das, zumal im jeweiligen Kontext, plausibel. Das liegt unter anderem daran, dass wir Fehlschlüsse unbewusst automatisch „reparieren", indem wir weitere unausgesprochene oder versteckte Prämissen, etwa „Was natürlich ist, ist wünschenswert", wohlwollend ergänzen.[3] Spätestens aber, wenn wir uns in diskursiven Kontroversen befinden, werden wir versuchen, logische Defizite aufzudecken. Im professionellen Kontext der praktischen Philosophie, selbst in naturwissenschaftsaffinen Kreisen, ist man weithin dazu gelangt, den direkten Schluss vom bloßen Sein auf ein Sollen oder (Nicht-) Dürfen für ungültig zu halten.[4]

Doch auch wenn man der Auffassung, allein aus Fakten, zum Beispiel aus den Gesetzen der Evolution, ließen sich Normen gewinnen, nur noch selten begegnet[5] – „der Gedanke einer normativen Bedeutung der ‚menschlichen Natur' [besitzt] heute nicht mehr die Überzeugungskraft [...] wie im 18. Jahrhundert" (Leist 1991, S. 327) –, sind sie nicht überflüssig: „Die Einstellung, dass es zwischen der Welt des natürlichen ‚Ist' und der moralisch-normativen Welt des ‚Soll' keine direkte inhaltliche Bindung geben dürfte, impliziert natürlich nicht die Annahme, dass die moralische ‚Soll'-Welt der intuitiven ‚Natur' als eine artifizielle rationale Welt antithetisch gegenüber steht" (Vogel 1986, S. 494).

Denn gleichwohl man aus rein deskriptiven Sätzen nicht unmittelbar rein normative ableiten kann, können Fakten für Normen *relevant* sein; „Relevanz ist [...] eine schwächere Beziehung als die logische Implikation" (Vollmer 1995, S. 183). Ob und in welchem Umfang Fakten für Normen eine Bedeutung haben, hängt auch davon ab, welche Art von Ethik man befürwortet. So greifen nonkognitivistische Ethiken stärker als kognitivistische auf Sachwissen zurück, weil sie „Normen und Wertungen [...] nicht als grundsätzlich wahrheitsfähige Erkenntnisse, sondern als Festsetzungen des menschlichen Geistes [...] betrachten" (Ruß 2002, S. 85). Die Normen einer nonkognitivistischen Ethik gelten nicht katego-

---

3 Ausführliche Erklärungsansätze und Analysen für dieses Phänomen bietet die „Sprechakttheorie", siehe John Austins (1986) Vorlesung *How to Do Things with Words* im Jahre 1955 sowie John Searles (1983) *Speech Acts* von 1969.
4 Für den Schluss vom Sollen auf ein Sein, den „umgekehrten naturalistischen Fehlschluss", gilt das freilich ebenso.
5 Etwa in den Spielarten der Soziobiologie, wo „natürlich" mit „gut" gleichgesetzt wird (vgl. dazu Moore 1996, Kapitel 2). Auch Konrad Lorenz (1963) vertritt einen „normativen Biologismus"; in seinem Buch *Das sogenannte Böse* interpretiert er die Natur als moralische Lehranstalt. Nach seiner Auffassung lassen sich die sittlichen Prinzipien des menschlichen Zusammenlebens durch eine genaue Naturbeobachtung nicht nur erkennen, sondern auch begründen: Alles das, was adaptiv, also evolutionär angepasst ist, sei normal, gesund und folglich richtig.

risch, sondern sind nur „hypothetische Imperative",[6] die vorwiegend dazu dienen, „unser Handeln, sofern gewisse andere Individuen betroffen sind, in einer allgemein akzeptablen Weise zu regeln. Um dies leisten zu können, dürfen sie [...] kaum unabhängig von faktisch gegebenen Bedürfnissen u. ä. festgesetzt werden" (Ruß 2002, S. 85). Wie dienen aber empirische Erkenntnisse („Fakten") der Konstruktion moralischer Normen, wenn sie allein keine terminalen, also letzten oder obersten Werte zu begründen und keine zwingenden Gründe anzugeben vermögen, warum man etwas tun oder unterlassen sollte?

2 Den Graben überbrücken

Wenn wir auf dem Boden der Tatsachen am Abgrund stehen und sehnsuchtsvoll hinüberblicken, brauchen wir etwas, das uns hilft, die Kluft zwischen Fakten und Normen, zwischen empirischer Forschung und normativer Theorie, zu überwinden.

2.1 Was Brückenprinzipien leisten

Diese Aufgabe erfüllen, zumindest der Idee nach, sogenannte „Brückenprinzipien", ein Begriff, der von Hans Albert (1991, S. 92) für „eine Maxime zur Überbrückung der Distanz zwischen Soll-Sätzen und Sachaussagen und damit auch zwischen Ethik und Wissenschaft" eingeführt wurde. Es handelt sich dabei um Prinzipien, die „als eigene zusätzliche Prämisse[n] im Ableitungszusammenhang zwischen Sein und Sollen" (Ruß 2002, S. 83) fungieren. Prinzipiell helfen Brückenprinzipien, herauszufinden, ob ein moralisches Prinzip (P) als Regulativ der menschlichen Praxis taugt. Dazu wird das Prinzip an bestimmten, auf empirischen Erkenntnissen beruhenden Kriterien gemessen.[7] Erfüllt es diese Kriterien, kommt es als Moralprinzip in Frage: „Brückenprinzipien haben die Form von Wenn-Dann-Sätzen, wobei die Dann-Komponente jeweils eine notwendige Bedingung für das in der Wenn-Komponente Formulierte [...] nennt. Bezeichnet man eine der notwendigen Bedingungen als K_n, so ergibt sich folgende Konditional-

---

6 Zur Unterscheidung von hypothetischen und kategorischen Imperativen siehe Kant (1911, S. 414).
7 Es gibt zudem Kriterien, die nicht auf empirischen Erkenntnissen beruhen, zum Beispiel das Kriterium der logischen Konsistenz (vgl. Ruß 2002, S. 119).

aussage: *Wenn P in empirischer Hinsicht in Betracht kommt, dann erfüllt P das empirische Kriterium K_n"* (Ruß 2002, S. 120 f.).[8]

Da eine nonkognitivistische Ethik, etwa eine naturalistische (zum Beispiel die Evolutionäre Ethik), für Begründungen eher auf Fakten angewiesen ist als eine kognitivistische, benötigt man dort auch eher Brückenprinzipien als „vermittelnde [...] Instanzen zwischen Seinserkenntnissen und moralischem Sollen" (Ruß 2002, S. 116). Speziell ein Brückenprinzip dient bei dieser Art der Normenbegründung häufig als Filter für Moralprinzipien: das Realisierbarkeitspostulat „Sollen setzt Können voraus".[9] Ich möchte es im Folgenden exemplarisch etwas genauer betrachten.

Das Sollen-Können-Prinzip kann in mehrfacher Hinsicht gelten:

(1) „Wenn laut empirischen Befunden das nach P gesollte Handeln nicht realisierbar ist, dann kommt P in empirischer Hinsicht nicht in Betracht" (Ruß 2002, S. 165). In der geforderten Weise handeln zu sollen, setzt also voraus, in der geforderten Weise handeln zu können.

(2) „Wenn laut empirischen Befunden das Ziel, das mittels P erreicht werden soll, nicht realisierbar ist, dann kommt P in empirischer Hinsicht nicht in Betracht" (Ruß 2002, S. 166). Das Ziel erreichen zu sollen, setzt voraus, das Ziel erreichen zu können. Es darf keine bloße Illusion sein.

(3) „Wenn laut empirischen Befunden das mit P verfolgte Ziel nicht mittels der gemäß P normierten Handlungsweisen realisierbar ist, dann kommt P bezüglich dieses Ziels in empirischer Hinsicht nicht in Betracht" (Ruß 2002, S. 166). Das Ziel mit bestimmten Mitteln erreichen zu sollen, setzt voraus, es mit diesen bestimmten Mitteln erreichen zu können.[10]

Zum Beispiel: Wenn wir erkennen, dass es auf der Welt Menschen gibt, die Unterstützung benötigen, weil sie Hunger leiden oder Opfer von Gewalt werden, inwiefern können wir dann mithilfe des Realisierbarkeitspostulats unser moralisches Prinzip bestimmen? Fest steht: Die menschlichen Fähigkeiten zur Hilfeleistung sind nicht unerschöpflich. Jederzeit jedem Menschen, der in Not ist,

---

8 Die logisch äquivalente kontrapositionale Form lautet: *„Wenn P das empirische Kriterium K_n nicht erfüllt, kommt P in empirischer Hinsicht nicht in Betracht"* (Ruß 2002, S. 121).
9 Manchmal auch „Sollen impliziert Können", eine nicht ganz glückliche Formulierung. Es findet sich unter anderem im altrömischen Rechtsgrundsatz „ultra posse nemo obligatur" (vgl. heute § 275 des *Bürgerlichen Gesetzbuchs*).
10 Ein anderes Brückenprinzip lautet: „Das Erwünscht-Sein eines Prinzips setzt das Erwünscht-Sein seiner Folgen voraus" (Ruß 2002, S. 155). Das heißt: Wenn laut empirischen Befunden P Folgen erwarten lässt, die nicht erwünscht sind, dann kommt P in empirischer Hinsicht nicht in Betracht.

helfen zu sollen, wäre mehr verlangt, als der Mensch zu tun in der Lage ist. Nicht nur beschränkte (materielle, kognitive, methodische, persönliche, soziale) Mittel und Fähigkeiten, auch motivationale Grenzen oder Willensschwäche hindern reale Akteure daran. Würde man angesichts eines Notstandes unbegrenzte Hilfeleistung zum moralischen Prinzip erheben, forderte man ein Handeln, das laut empirischen Befunden nicht realisierbar wäre. Eine solche Norm wäre kontraproduktiv. Schuldgefühle und schlechtes Gewissen mögen zwar in einigen Situationen ein wirksamer Motivator für Hilfshandlungen sein, doch wird ein Akteur, der auf Dauer an den moralischen Ansprüchen scheitert, die an ihn gestellt werden, in der Regel resignieren: „Eine Pflichtenethik, die auf unsere natürlichen Neigungen keine Rücksicht nimmt oder ihnen gezielt entgegenarbeitet, wird [...] unrealistisch" (Vollmer 1995, S. 186).

Wenn ethischer Illusionismus und Verpflichtungsüberlast unzweckmäßig sind, stellt Überforderung ein Übel dar, dessen Effekt bei der Wahl eines moralischen Prinzips nicht ignoriert werden darf. Indem Fakten, beispielsweise über das Altruismuspotential des Menschen, in die Konstruktion und Formulierung von Normen einbezogen werden, können Letztere sinnvoll beschränkt werden. Empirische Tatsachen nützen also *negativ:* Sie können *Grenzen* von Handlungsräumen aufzeigen oder Aussagen über Folgen von Handlungen ermöglichen, die über Brückenprinzipien in ethische Überlegungen sinnvoll einbezogen werden können und helfen, unpraktikable oder untaugliche, weil gänzlich weltfremde Prinzipien herauszufiltern. Auf diese Weise werden Fakten für Normen fruchtbar gemacht.

2.2 Was Brückenprinzipien nicht leisten

Es könnte so einfach sein: Man spaziert ausgehend von Fakten auf einer soliden Brücke komfortabel hinüber zu den Normen, wo man es sich – in der Gewissheit, damit sowohl das Vernünftige getan zu haben als auch in Zukunft Gutes zu tun – gemütlich einrichtet. Doch sind Brückenprinzipien trotz ihrer „Verbindlichkeit" leider kein Allheilmittel gegen das Sein-Sollen-Problem. Ihre Leistungsfähigkeit ist begrenzt, ihre Nützlichkeit umstritten; unter anderem Gerhard Schurz (vgl. 1995, S. 163–177) behauptet, sie seien irrelevant, trivial oder (fast) leer. Das mag mindestens insofern stimmen, als dass uns Fakten *positiv*, in dem Sinne, dass sie uns aus der Fülle der Möglichkeiten unsere Normen *vorgeben*, kaum nutzen können.[11]

---

11 Dies kommt auch in dem Begriff „Filter" zum Ausdruck (siehe Abschnitt 2.1).

Nehmen wir zum Beispiel die Tatsache, dass einige Menschen dringend sterben wollen, aber aufgrund ihrer fortgeschrittenen Erkrankung nicht (mehr) in der Lage sind, sich selbst zu töten. Unweigerlich wird der Ruf nach „Beihilfe zur Selbsttötung", insbesondere durch Ärztinnen und Ärzte, laut. Was leisten Brückenprinzipien wie das Realisierbarkeitspostulat oder Folgenüberlegungen hier?[12] Zwar ließe sich etwa die Erlaubnis oder die Aufforderung, Suizid zu begehen, als sinnlos ausschließen, doch ergibt sich daraus noch kein Ver- oder Gebot der „Freitodbegleitung"; beides wäre prinzipiell denkbar. Aus einer Seinserkenntnis können sich unter Zuhilfenahme des Realisierbarkeitspostulats offenbar weiterhin völlig unterschiedliche Sollensforderungen ergeben. „Eine ideale Anleitung zum Handeln läßt sich allein aus der Erkenntnis biologischer Zwänge nicht ableiten", räumt sogar der Begründer der Soziobiologie Edward Wilson (1980, S. 129) ein. Man merke: Brückenprinzipien sind eher Siebe als Leitern.

Zudem setzen Brückenprinzipien anspruchsvolles Faktenwissen voraus. Zusätzlich dazu, dass wir bei dieser Form der Normenkonstruktion zwingend von mindestens einer empirischen Erkenntnis ausgehen, muss das mittels des Realisierbarkeitspostulats gesuchte moralische Prinzip diverse empirische Kriterien erfüllen: Wir müssen wissen, (1) zu welchen Handlungen wir in der Lage sind, (2) welche Ziele wir erreichen können und (3) welches Ziel wir mit welchen Mitteln (nicht) erreichen können. Man hat sich jedoch bezüglich des menschlichen Potentials sowie der Umsetzbarkeit von Vorstellungen schon häufiger getäuscht, wie ein Blick in die Geschichte zeigt. Was uns gestern unrealistisch erschien, ist heute Normalität (und umgekehrt).

Damit hängt noch ein drittes Problem zusammen, nämlich das Dilemma, das sich aus dem Realisierbarkeitspostulat einerseits und der Macht regulativer Ideen andererseits ergibt. Den Begriff der „regulativen Idee" oder des „regulativen Prinzips" kennen wir vor allem von Kant und Popper.[13] In der Ethik sind regulative Ideen eine Art „praktisches Ideal", an dem man sein Handeln ausrichtet. Ihre Aufgabe ist es, die Resultate moralischer Prinzipien zu optimieren, indem sie von vornherein – in dem Glauben, dass Menschen meist etwas weniger leisten, als man von ihnen verlangt – die Handlungsforderungen höher ansetzen, als es zum Erreichen des eigentlichen Zieles nötig wäre: „Der Seemann, der nach Norden fährt, fährt in Richtung des Polarsterns, und das muß er auch, damit er da hinkommt, wo er [...] hin will", fasst Eike von Savigny (1993, S. 67) die Funktion regulativer Ideen in ein Bild. In diesem Sinne ist es ein „wirkungsvolles Mittel der

---

12 Siehe Fußnote 10.
13 Bei Kant (1998, A 669 ff., B 697 ff.) ist zum Beispiel „Gott" eine regulative Idee, bei Popper (1974, S. 137) „Wahrheit".

Effizienzsteigerung moralischer Normen [...], Ideale zu propagieren, die den Zustand des faktisch geübten [...] Verhaltens deutlich übersteigen" (Vogel 1986, S. 478). Auf der einen Seite soll man also einen Menschen nicht durch überhöhte Ansprüche frustrieren, sondern nur solche Forderungen an ihn stellen, die er auch erfüllen kann – wir tun gut daran, die Grenzen des Menschen zu akzeptieren. Auf der anderen Seite ist es mit Blick auf die motivationale Struktur des Menschen geraten, die Erwartungen höher anzusetzen, um an das gewünschte Ziel zu gelangen: „Eine Ethik kann sich nicht [...] darauf beschränken, bestehende Werthaltungen bloß abzubilden" (Birnbacher 2001, S. 127). Demzufolge dürften moralische Prinzipien in ihren Ansprüchen ebenso wenig zu bescheiden wie zu ehrgeizig sein; der Mensch braucht auch in moralischer Hinsicht ein Ziel, das ihn fordert. Der spanische Philosoph José Ortega y Gasset bezeichnet Ideale in einem Bonmot gar als „biologische Sprungfedern"; im „Realisierbarkeitsfilter" bleiben sie indes hängen. Man merke: Brückenprinzipien sind eher Bremsen als Mo(tiva)toren.

Das vorläufige Fazit: Von Fakten über Brücken stabile Wege zu Normen zu nehmen, bleibt, jedenfalls absolut gesehen, ein frommer Wunsch. Daher kommt man aus guten Gründen möglicherweise manchmal nicht umhin, den Sprung über die Sein-Sollen-Kluft zu wagen. Wie ein solcher Sprung in die Normativität aussehen könnte und was dieser wiederum voraussetzt, soll nachfolgend skizziert werden.

3 Den Graben überspringen

Man erinnere sich: Ein Mensch steht am „garstige[n] breite[n] Graben" (Lessing 1777, S. 13) und möchte hinüber. Eine hinreichend tragfähige Brücke gibt es nicht und damit keine Verbindung von der Seite des Seins auf die des Sollens. Was tut er? Vielleicht geht er ein Risiko ein – er springt.

3.1 Der Sprung im Kontrast zum Brückengang

Einen berühmten Sprung kennen wir von Søren Kierkegaard: den Sprung in den Glauben. Kierkegaard versteht das ästhetische, ethische und religiöse Existenzstadium als „grundsätzlich mögliche [...] Lebenshaltungen. Sie sind durch einen Abgrund getrennt, und der Sprung ist Ausdruck der leidenschaftlichen Entscheidung eines einzelnen Menschen für eine ethische oder religiöse Existenz" (Hagemann 1999/2000, S. 2). Vieles, was Kierkegaard über den Sprung in den

Glauben schreibt, trifft auch auf unseren Sprung in das Sollen zu.[14] Er ist qualitativ etwas völlig anderes als der behutsame Gang über eine Brücke; er ist ein Bruch, ein Umschlag, ein „Übergang in eine andere Sphäre" (Kierkegaard 1976, S. 229).[15] Er ist eigentlich gerade *kein* Über*gang*, denn man hebt vor dem Graben ab, verlässt für einen Moment den Boden, in der Hoffnung, erneut auf festem Grund zu landen.

In Relation zum Brückengang wirkt der Sprung beinahe irrational – ein waghalsiges Unternehmen, bestenfalls eine Notlösung, schlimmstenfalls eine Bewegung ins Nichts, in die Beliebigkeit, ins Verderben. Gleichzeitig kann er unter Umständen die beste Lösung und im weiteren Sinne vernünftig sein, zumindest dann, wenn keine sichere Brücke auf die andere Seite führt. Die tabellarische Gegenüberstellung (Tabelle 1) illustriert das Wesen der beiden Querungen.[16]

Tab. 1: Divergierende Tendenzen von Brückengang und Sprung

	Brückengang	Sprung
Basis	Wissen	Glauben
Motiv	Rationalität	Hoffnung
Voraussetzung	Plan, Kalkül	Entschluss
Von Fakten (F) zu Normen (N)	F → FN → N	F ( ) N
Beziehung F-N	vermittelt	unvermittelt
Relation der Sphären	Ableitung	Spontaneität
Sphärenwechsel	Übergang	Umschlag
Modus	mehrteilig, kleinschrittig	einteilig, unteilbar
Dynamik	Vorsicht	Wagemut
Tugend	Vernunft	Tapferkeit
Haltung	Kontrolle	Vertrauen
Erfolgsfaktor	Kohärenz	Kairos

---

14 Spannend ist, wie Kierkegaard das ethische gegenüber dem religiösen Stadium in Theorie und Praxis vernachlässigt (vgl. Tillich 1967, S. 140 f.).
15 Kierkegaard nimmt hier Bezug auf Aristoteles, der in seiner Zweiten Analytik von der μετάβασις εἰς ἄλλο γένος schreibt (vgl. Aristoteles 1995, S. 17, 75a 37 f.).
16 Die Tabelle erhebt weder Anspruch auf Vollständigkeit noch hängt sie übermäßig an Begrifflichkeiten; sie hat vielmehr heuristische Funktion: Sie soll die Unterschiedlichkeit der Übergänge durch die auf vielen Ebenen divergierenden Tendenzen vor Augen führen.

Tab. 1: Divergierende Tendenzen von Brückengang und Sprung *(Fortsetzung)*

	Brückengang	Sprung
Natur	allgemein	individuell
Nachvollziehbarkeit	objektiv/intersubjektiv	subjektiv

Man sieht im direkten Vergleich, wie sehr sich die Ansätze sowohl ihrem Geist nach als auch in ihrer praktischen Umsetzung unterscheiden. Wo der Gang über die Brücke von rationalen Überzeugungen durchdrungen ist und damit grundsätzlich objektiv nachvollziehbar wird, ist der Sprung gänzlich anders geartet. Wenn wir springen, können wir nicht *wissen*, ob und wo genau wir landen; wir tun es lediglich in dem *Glauben*, in der vorgreifenden Hoffnung, dass das Wagnis glückt. In Anbetracht des dem Sprung inhärenten spontanen Umschlags der Sphären wird man für den gelingenden Absprung und die gute Landung vielmehr auf die individuelle Konstitution des Akteurs sowie auf günstige raum-zeitliche Bedingungen setzen als auf die Sicherheit einer kognitiv-begrifflich vermittelten Ableitung. Der Sprung lässt sich gerade *nicht* theoretisch vermitteln (vgl. Hagemann 1999/2000, S. 2); er ist nicht so sehr im Denken angesiedelt, sondern eher eine Praxis. Während der Brückengang des Brückenbaus bedarf und kleinschrittig geplant und vollzogen wird, braucht es für den Sprung vorrangig eine bewusste Entscheidung, den Entschluss, *überhaupt* zu springen: „Sprünge ereignen sich nicht, sie werden unternommen" (Hagemann 1999/2000, S. 2). Gerade in dieser Kategorie der Entscheidung ist der Sprung ein Protest gegen den Gang der Methode (vgl. Kierkegaard 1976, S. 237).

Auch wenn im Anfang kein rationales Kalkül steht, ist der Sprung keineswegs voraussetzungslos: Man fällt nicht aus dem Himmel direkt herab ins Sollen. Zum einen müssen wir die existentielle Angst überwinden, nicht wohlbehalten auf der anderen Seite anzukommen, kurz: wir müssen tapfer sein.[17] Zum anderen gibt es einen Absprungpunkt und eine Sprungrichtung. Das Bewusstsein der eigenen Bedingtheit in Raum und Zeit, die umsichtige Standortbestimmung des Protagonisten – also die Informiertheit, einschließlich der Kenntnis relevanter Daten und Fakten, und die gewissenhafte weltanschauliche Reflexion, Orientierung und Positionierung[18] – sowie seine spezifische physisch-psychische Verfasstheit und

---

[17] Es fällt auf, dass die Tugend der Besonnenheit, die bekanntermaßen die Feigheit und den Übermut zur Tapferkeit mäßigt, sowohl für den Sprung als auch für den Brückengang eine Rolle spielt.
[18] Für die Frage, inwiefern (Moral-)Philosophen prädestiniert sind, bei der Orientierung zu helfen, siehe Romfeld (2013, S. 152 ff.).

sorgfältige Sammlung[19] vor dem Absprung sind entscheidend für das Gelingen des Unterfangens. Erst dadurch wird der Sprung quasi zu einem Entwurf, entkommt er der Beliebigkeit der bloßen Geworfenheit, der normativen Willkür, und bietet eine ernstzunehmende Alternative zum rationalen Ableitungsverfahren.

Dieses zeichnet sich seinerseits durch vorsichtiges Fortschreiten in einem idealerweise in sich konsistenten und – über die Brücke – kohärent konstruierten Raum aus. Damit weist es, im Unterschied zur Flüchtigkeit des Sprunges, eine relative Stabilität, eine Konstanz auf. Das wiederum hat Konsequenzen für die intersubjektive Nachvollziehbarkeit und Wiederholbarkeit der Bewegung: Bei einem Brückengang kann einer dem anderen folgen, der Weg ist prinzipiell für jeden sichtbar gebahnt, er unterliegt naturgemäß der allgemeinen Kontrolle und, sofern man nicht vorangeht, ist er sogar bereits erprobt. Nicht so beim Sprung. Zwar können wir bisweilen jemandem „vor(aus)springen", also eine Vorbildfunktion einnehmen. *Für* einen anderen zu springen – „einzuspringen"[20] –, ist jedoch nicht möglich. Jede und jeder muss im Zweifelsfall selbst den Sprung über den Abgrund wagen – er ist ein Abenteuer im ursprünglichsten Sinne, seinem Wesen nach originär, jedes Mal von Neuem riskant und individuell im Gelingen. In der Summe handelt es sich um ein ambitioniertes Projekt, dessen Erfolg, nicht zuletzt wegen des plötzlichen, nicht genau zu verortenden Sphärenwechsels, für uns kaum vollständig berechenbar ist, sondern stets ein schicksalhaftes Moment in sich trägt, das sich am ehesten mit einem Terminus aus der griechischen Mythologie, dem *Kairos* fassen lässt.[21]

Was folgt daraus für durch einen Sprung entstandene gesellschaftliche Normen? Es haftet ihnen der Charakter des Subjektiv-Arbiträren an, sie neigen dazu, sich der objektiven Kontrolle durch Instanzen oder Institutionen zu entziehen. Sie bleiben unvermittelt und sind selbst nicht rein rational vermittelbar. Stattdessen sind sie darauf angewiesen, dass entweder jeder Einzelne für sich eigenverantwortlich in dieses Sollen nachspringt oder den Sprung an einen Normenbildner delegiert hat. Während Ersteres potentiell in einen ethischen beziehungsweise moralischen Pluralismus führen kann, basiert bei Letzterem die Geltung der Moralprinzipien auf der Übertragung von Verantwortung, auf dem Prinzip des Vertrauens: Der – ob durch seine Kompetenz, seine Tugend oder sein Charisma – Vertrauenswürdige, der „Erwählte", springt stellvertretend; im Zweifelsfall, ohne

---

19 „Versammlung" bedeutet übrigens im Pferdesport die Bündelung aller Kräfte des Tieres zu einem bestimmten Zweck, zum Beispiel zum Sprung; sie zeugt von der Qualität eines Pferdes und seiner Ausbildung.
20 Diese Unterscheidung trifft, in anderem Zusammenhang, auch Heidegger (1993, S. 122).
21 Näheres zum „Kairos" siehe Pötscher (1979, Sp. 48).

dass die Anderen den Prozess oder das Ergebnis der Normengebung nachvollziehen können.

3.2 Salire aude!

Die Sein-Sollen-Dichotomie ist ein Grundproblem vieler ethischer Ansätze; auch Brückenprinzipien können diesen Graben oft nicht befriedigend schließen. Doch kann der Sprung in die Sphäre moralischer Prinzipien tatsächlich eine Alternative oder Ergänzung sein? Ist es für einen Philosophen, der stärker als Vertreter der meisten anderen Metiers der *Vernunft* verpflichtet ist, nicht unredlich, sobald es unbequem wird, den Boden des rationalen Arguments zu verlassen und über den Abgrund zu springen? Man wird diese Bedenken ihrerseits argumentativ nicht restlos zerstreuen können. Die Antwort darauf lautet zunächst einmal schlicht: Es ist menschlich. Wenn man sich ansieht, wie ethische Praxis im Alltag stattfindet respektive wie moralische Entscheidungen zumeist getroffen werden, wird man feststellen, dass Menschen zwar durchaus implizite moralische Grundüberzeugungen oder Prinzipien haben, die sie in Kombination mit Faktenwissen zu moralischen Urteilen und Handlungen veranlassen, dass das aber überwiegend nicht in Form eines strengen Ableitungsprozesses, sondern intuitiv vonstattengeht. Ob aus Mangel an Wissen, Fähigkeiten oder Motivation: Moralisches Urteilen funktioniert gewöhnlich in Sprüngen, sie sind eher die Regel als die Ausnahme.

Nun könnte man einwenden: Das möge vielleicht zutreffen, doch die professionelle Ethik zeichne sich ja gerade dadurch aus, dass sie sich nicht auf die bloße Deskription und Rekapitulation von Üblichkeiten beschränke, sondern qua ihrer Fachlichkeit ethische Probleme kompetenter angehe als der Durchschnittsakteur. Ohne hier tiefer in die Debatte um ethische Expertise einzusteigen, ist zuzugestehen, dass Ethiker generell reflektierter und umsichtiger zu moralischen Urteilen kommen als jemand, dem die Professionalisierung in diesem Bereich fehlt.[22] Wenn es allerdings darum geht, aus gegebenen Fakten mithilfe von Brückenprinzipien konkrete Gebote, Verbote und Erlaubnisse abzuleiten, stoßen auch praktische Philosophen an ihre Grenzen. Ganz abgesehen von grundsätzlichen logischen Problemen wie dem Münchhausen-Trilemma (vgl. Albert 1991, S. 15), das seinerseits eine Setzung – wenn man so will: den ultimativen Sprung, nämlich eine *creatio ex nihilo* – erfordert, und der Schwierigkeit, aus der Empirie über Brückenprinzipen stringent eindeutige Normen abzuleiten, mangelt es an-

---

22 Zu der Frage, warum das so ist, siehe Romfeld (2013).

gesichts der Komplexität der modernen Welt auch im sprichwörtlichen Elfenbeinturm oft genug an unbegrenzter Zeit und sicherem empirischem Wissen.[23]

Neben derlei technisch-quantitativen Defiziten ist für das Scheitern streng deduktiv-rationaler Normenbegründung der qualitative Faktor entscheidend, dass auch Philosophen keine Rechenmaschinen sind, sondern Menschen mit ideologischen Hintergrundannahmen, Intuitionen, Gefühlen, Stimmungen et cetera. Gegen eine basale Überzeugung, eine tiefgreifende Angst oder Leidenschaft ist erfahrungsgemäß jede noch so schlüssige argumentative Struktur machtlos.[24] Das bedeutet in diesem Zusammenhang: Auf die Wahl der Normen werden immer persönliche Präferenzen Einfluss nehmen, unabhängig von der ethischen Expertise. Dabei wird die Macht der Rationalität besonders von denen überschätzt, die sich essentiell über sie definieren. Mehr noch: Es scheint ein Makel, etwas Unreines an dem zu haften, was man mit „Persönlichkeitsanteil" in der Moralkonstruktion bezeichnen könnte. Um sich fachlich nicht angreifbar zu machen und sich nicht dem Vorwurf der Willkür, Irrationalität und Subjektivität auszusetzen, legen Ethiker ihre Sprünge in professionellen Kontexten häufig nicht offen.[25] Vordergründig wird so der reine Ableitungscharakter der Normen gewahrt und die „Verunreinigung" der Rationalität durch Neigungen oder ähnlich niedere Antriebe, welche die Genese der Normen vermeintlich in die Nähe der Beliebigkeit rücken und ihre idealiter absolute Geltung mit Relativität infizieren, wird offiziell vermieden.[26]

Es ist nicht zu leugnen: Durch den Sprung ins Sollen verlieren Normen etwas von ihrer – für meinen Geschmack ohnehin zweifelhaften – objektiven Gültigkeit (siehe Abschnitt 3.1). Doch wer meint, der Sprung stelle deshalb die minderwertigere oder anspruchsärmere Alternative zum Brückengang dar, der irrt. Wohlverstanden und umsichtig praktiziert, ist er weder „idiotensicher" noch „fahrlässig", sondern setzt im Gegenteil unter anderem ein hohes Maß an Reflexionsvermögen, Konzentration und Selbst-Bewusstsein voraus. Ethisch steht er existentialistischen

---

23 Der hypothetische Charakter empirischen Wissens und dessen Begrenztheit stellen nach Ansicht manch eines Ethikers sogar das Hauptproblem bei der Normenfindung dar; siehe zum Beispiel Engel (1997, S. 105).
24 Mir ist jedenfalls nicht bekannt, dass jemand einzig aufgrund eines Argumentes seine Meinung geändert hätte; siehe dazu auch Vollmer (1993).
25 Weder vor Anderen noch vor sich selbst. Dazu Nietzsche (1988, S. 238): „Die gewöhnlichste Lüge ist die, mit der man sich selbst belügt; das Belügen Andrer ist relativ der Ausnahmefall". Anzuführen wäre hier auch das psychologisch näher untersuchte Phänomen der nachträglichen „Rationalisierung".
26 Ausführlicher zur „Denk-Hygiene" siehe Romfeld und Buschlinger (2016).

und tugendethischen Ansätzen nahe.²⁷ Es trägt freilich nicht zu seiner Popularität bei, dass ausgerechnet diejenigen Ethiker, die eine Präferenz für Empirie und rationales Vorgehen sowie eine erklärte Abneigung gegen „metaphysisches Gedankengut" haben, gegebenenfalls auf den im engeren Sinne „vernünftigen Weg" der Moralkonstruktion über Brückenprinzpien verzichten sollen.²⁸

Um die Realitätsnähe, Praxistauglichkeit und Seriosität des Sprungs zu untermauern, möchte ich noch einmal auf das Beispiel der ärztlichen Mitwirkung bei der Sterbehilfe zurückkommen (siehe Abschnitt 2.2). Die Bundesärztekammer als berufsethische Autorität und Spitzenorganisation der ärztlichen Selbstverwaltung gibt im Rahmen ihrer *Grundsätze zur ärztlichen Sterbebegleitung* Empfehlungen für Ärztinnen und Ärzte, die sich aus der Empirie in Kombination mit dem geltenden medizinischen Ethos ergeben. Erwartet man dort jedoch neben Allgemeinplätzen zum ärztlichen Ethos und medizinisch-rechtlichen Fakten zur Patientenversorgung spezifische Instruktionen zum richtigen moralischen Handeln im klinischen Alltag, wird man enttäuscht. In den Leitlinien ist wörtlich zu lesen: „Diese Grundsätze sollen dem Arzt eine Orientierung geben, können ihm jedoch die eigene Verantwortung in der konkreten Situation nicht abnehmen. Alle Entscheidungen müssen unter Berücksichtigung der Umstände des Einzelfalls getroffen werden" (Bundesärztekammer 2011, S. A 347). Hinreichend für das gute Handeln in der ärztlichen Praxis sind also weder empirisches Wissen noch das Befolgen allgemeiner Prinzipien; vielmehr braucht es die personale, anschauungsgebundene Abwägung der je individuellen situativen Bedingungen durch den behandelnden Arzt als direkt betroffener moralischer Instanz: Die Situation *dieser* sterbenden Patientin beispielsweise erfordert es *jetzt* und *hier*, dass ich auf eine weitere Nahrungs- und Flüssigkeitszufuhr verzichte.²⁹

Regeln für Einzelfälle aufzustellen, ist nicht nur eine Paradoxie, sondern eine praktische Unmöglichkeit, da man jede Konstellation mit endlichem Wissen in endlicher Zeit im Voraus durchdenken müsste. „[D]ie Last, die moralischen Grundsätze letztlich selbst wählen und verantworten zu müssen, nach denen man lebt, [...] [kann] dem einzelnen Menschen weder durch die Stammesgeschichte noch durch die Gesellschaft [...] abgenommen werden [...] – und erst recht nicht durch die Vernunft", formuliert es Gerhard Engel (1997, S. 85). Was bleibt? Ent-

---

27 Dass man sich potentiell damit ähnliche Probleme wie diese Ansätze einhandelt, soll nicht verschwiegen, kann hier jedoch auch nicht weiter diskutiert werden.
28 Ich werde an dieser Stelle nicht ausführlicher darauf eingehen, dass die Entscheidung für den Rationalismus oder das Primat der Vernunft, anders als oft suggeriert, letztlich selbst keine rationale ist; siehe ausführlicher dazu Romfeld (2008).
29 Achtung: Dies wäre keine „Beihilfe zur Selbsttötung" („Freitodbegleitung"), sondern sogenannte „passive Sterbehilfe" („Sterbenlassen").

gegen dem Trend zur externen Absicherung der Appell an die Urteilsfähigkeit und die unhintergehbare Verantwortlichkeit der Person, ein Appell, der zugleich ein Plädoyer für mehr Selbst-Vertrauen und Mut ist: eben die Aufforderung zum „Sprung als leidenschaftliche[r] Entscheidung" (Kubsch 2010, S. 4).

Am Ende lande ich bei dem, was durch den Sprung zu gewinnen ist – nicht primär für das *Denken*, sondern für das *Sein*. Scheinbar aus der Not heraus geboren, zwingt er durch seine Beschaffenheit den Akteur, mit dem ganzen „Selbst" für sein Urteil, seine Handlung einzustehen. Die Erkennbarkeit als Person mit einer einzigartigen Geschichte, Verfasstheit, Haltung bringt einen Zuwachs an Zurechenbarkeit und Verantwortlichkeit mit sich, der seinerseits stärkend auf die Person und die Gesellschaft zurückwirkt. Der Sprung ist daher eine Praxis zur Weltgestaltung *und* Selbstbildung. Wer sich darin übt, wird an der Last wachsen.

Literatur

Albert, Hans (1991): *Traktat über kritische Vernunft*. Tübingen: Mohr Siebeck.
Aristoteles (1995): „Lehre vom Beweis oder Zweite Analytik". In: ders.: *Philosophische Schriften in sechs Bänden*. Bd. 1. Hamburg: Felix Meiner. S. 1–112.
Austin, John Langshaw (1986): *Zur Theorie der Sprechakte*. Stuttgart: Reclam.
Birnbacher, Dieter (2001): „Lässt sich die Diskontierung der Zukunft rechtfertigen?". In: Birnbacher, Dieter und Brudermüller, Gerd (Hrsg.): *Zukunftsverantwortung und Generationensolidarität*. Würzburg: Königshausen & Neumann. S. 117–136.
Bundesärztekammer (2011): „Grundsätze der Bundesärztekammer zur ärztlichen Sterbebegleitung". In: *Deutsches Ärzteblatt* 108 (7), S. A 346–348.
Engel, Gerhard (1997): „Wirtschaftsethik und pragmatische Moralskepsis. Zum Vorrang der Empirie vor der Ethik". In: Aufderheide, Detlef und Dabrowski, Martin (Hrsg.): *Wirtschaftsethik und Moralökonomik. Normen, soziale Ordnung und der Beitrag der Ökonomik*. Berlin: Duncker & Humblot. S. 71–120.
Hagemann, Tim (1999/2000): „Kierkegaards Sprung". In: *parapluie* 7, S. 2–4. https://parapluie.de/archiv/sprung/kierkegaard/parapluie-sprung_kierkegaard.pdf, abgerufen am 4. November 2018.
Heidegger, Martin (1993): *Sein und Zeit*. Tübingen: Niemeyer.
Hume, David (1973): *Ein Traktat über die menschliche Natur*. Hamburg: Felix Meiner.
Kant, Immanuel (1911): „Grundlegung zur Metaphysik der Sitten". In: Königlich Preußische Akademie der Wissenschaften (Hrsg.): *Kant's gesammelte Schriften*. Bd. 4. Berlin: Georg Reimer. S. 385–463.
Kant, Immanuel (1998): *Kritik der reinen Vernunft*. Hamburg: Felix Meiner.
Kierkegaard, Søren (1976): *Philosophische Brosamen und Unwissenschaftliche Nachschrift*. München: Deutscher Taschenbuchverlag.
Kubsch, Ron (2010): *Kierkegaards Sprung*. Pforzheim: Martin Bucer Seminar.
Leist, Anton (1991): „Intergenerationelle Gerechtigkeit. Verantwortung für zukünftige Generationen, hohes Lebensalter und Bevölkerungsexplosion". In: Bayertz, Kurt (Hrsg.):

Praktische Philosophie. Grundorientierungen angewandter Ethik. Reinbek bei Hamburg: Rowohlt. S. 322–360.

Lessing, Gotthold Ephraim (1777): *Über den Beweis des Geistes und der Kraft*. Braunschweig: o. V.

Lorenz, Konrad (1963): *Das sogenannte Böse. Zur Naturgeschichte der Aggression*. Wien: Borotha-Schoeler.

Moore, Georg Edward (1996): *Principia Ethica*. Stuttgart: Reclam.

Nettling, Astrid (2012): „Die Wahrheit Gottes stellt keine Vernunftwahrheit dar. Søren Kierkegaard und das Paradox des Glaubens". In: *Deutschlandfunk*. https://www.deutschlandfunk.de/die-wahrheit-gottes-stellt-keine-vernunftwahrheit-dar.886.de.html?dram:article_id=219184, abgerufen am 22. November 2018.

Nietzsche, Friedrich (1988): „Der Antichrist". In: ders.: *Sämtliche Werke. Kritische Studienausgabe*. Bd. 6. München, Berlin und New York: Deutscher Taschenbuchverlag und Walter de Gruyter. S. 165–254.

Popper, Karl (1974): *Objektive Erkenntnis. Ein evolutionärer Entwurf*. Hamburg: Hoffmann und Campe.

Pötscher, Walter (1979): „Kairos". In: Ziegler, Konrat und Sontheimer, Walther (Hrsg.): *Der Kleine Pauly. Lexikon der Antike in fünf Bänden*. Bd. 3. München: Deutscher Taschenbuchverlag. Sp. 48.

Romfeld, Elsa (2008): „Vom dogmatischen zum kritischen Abbruch. Zum Umgang mit Hintergrundmetaphysiken in der Ethik". In: Fürst, Martina; Gombocz, Wolfgang und Hiebaum, Christian (Hrsg.): *Analysen, Argumente, Ansätze. Beiträge zum 8. Internationalen Kongress der Österreichischen Gesellschaft für Philosophie in Graz*. Bd. 2. Frankfurt am Main: Ontos. S. 383–388.

Romfeld, Elsa (2013): „Über die Rolle des Moralphilosophen in interdisziplinären ethischen Beratungsgremien". In: Jungert, Michael; Romfeld, Elsa; Sukopp, Thomas und Voigt, Uwe (Hrsg.): *Interdisziplinarität. Theorie, Praxis, Probleme*. Darmstadt: Wissenschaftliche Buchgesellschaft. S. 143–156.

Romfeld, Elsa und Buschlinger, Wolfgang (2016): „Dialektik der Hygiene". In: Ingensiep, Hans Werner und Popp, Walter (Hrsg.): *Hygiene-Aufklärung im Spannungsfeld zwischen Medizin und Gesellschaft*. Freiburg und München: Alber. S. 183–210.

Ruß, Hans Günther (2002): *Empirisches Wissen und Moralkonstruktion. Eine Untersuchung zur Möglichkeit und Reichweite von Brückenprinzipien in der Natur- und Bioethik*. Frankfurt am Main und New York: Hänsel-Hohenhausen.

Schurz, Gerhard (1995): „Grenzen rationaler Ethikbegründung. Das Sein-Sollen-Problem aus moderner Sicht". In: *Ethik und Sozialwissenschaften* 6 (2), S. 163–177.

Schurz, Gerhard (2004): „Zur Rolle von Brückenprinzipien in einer faktenorientierten Ethik". In: Lütge, Christoph und Vollmer, Gerhard (Hrsg.): *Fakten statt Normen? Zur Rolle einzelwissenschaftlicher Argumente in einer naturalistischen Ethik*. Baden-Baden: Nomos. S. 14–27.

Searle, John Rogers (1983): *Sprechakte. Ein sprachphilosophischer Essay*. Frankfurt am Main: Suhrkamp.

Stuhlmann-Laeisz, Rainer (1983): *Das Sein-Sollen-Problem. Eine modallogische Studie*. Stuttgart: frommann-holzboog.

Stuhlmann-Laeisz, Rainer (1986): „Über das logische Verhältnis zwischen Normen und Tatsachen". In: *Allgemeine Zeitschrift für Philosophie* 11 (1), S. 17–29.

Tillich, Paul (1967): „Das Wesen des Glaubens. Der Sprung und die existentielle Wahrheit". In: ders.: *Vorlesungen über die Geschichte des christlichen Denkens. Teil II: Aspekte des Protestantismus im 19. und 20. Jahrhundert.* Stuttgart: Evangelisches Verlagswerk. S. 138–146.

Vogel, Christian (1986): „Evolution und Moral". In: Maier-Leibnitz, Heinz (Hrsg.): *Zeugen des Wissens.* Mainz: Hase & Koehler. S. 467–503.

Vollmer, Gerhard (1993): „Über die Schwierigkeit, Meinungen zu ändern". In: ders. (Hrsg.): *Wissenschaftstheorie im Einsatz.* Stuttgart: Hirzel. S. 1–10.

Vollmer, Gerhard (1995): *Biophilosophie.* Stuttgart: Reclam.

von Savigny, Eike und Hegselmann, Rainer (1993): *Über die Herkunft menschlicher Werte. Zwei Vorträge mit Diskussion.* Berlin: Schering.

Wilson, Edward Osborne (1980): *Biologie als Schicksal. Die soziobiologischen Grundlagen menschlichen Verhaltens.* Frankfurt am Main, Berlin und Wien: Ullstein.

Reinhard Schulz
Praktiken der Normativität und Normativität der Praktiken[1]

English title and abstract: *Practices of Normativity and Normativity of Practices.* Empirical research usually takes place under the condition of the subject object division (Jaspers), combined with the claim of certainty (Descartes) and absence of value judgements (Weber). Such a separation of facts and judgements was criticized as a great purification (Latour) due to the hybrid structure of many research objects and stimulated the search for a practice beyond morality and causality (Möllers). The entanglement of spectator and participant perspectives in practice theory can provide a model for the investigation of hybrid research objects.

1 Einleitung

Sowohl die Philosophie als akademische Disziplin wie auch das davon zu unterscheidende Philosophieren unterliegen einem beständigen historischen Wandel. Im ersten Fall betrifft dies vor allem die institutionellen Rahmenbedingungen der Universitäten, im zweiten Fall das Selbstverständnis der jeweiligen historischen Umstände. Dabei ist gegenwärtig zu beobachten, dass das akademische Fach „Philosophie" mit dem Philosophieren als einem menschlichen Grundbedürfnis immer weniger zu tun hat. Diese Entwicklung lässt sich vor allem, aber nicht nur, auf Prozesse der Ausdifferenzierung von universitärer Forschung, Lehre und Studium zurückführen. Denn zusammen mit der durch die internationale Wettbewerbsorientierung hervorgebrachten Unternehmeruniversität (Münch 2009) hat die Einführung von konsekutiven Studiengängen seit der Jahrtausendwende den Forschungs- und Lehrbetrieb radikal verändert. Frühe Zeugnisse wie *Zur Geistlosigkeit der Universität heute* (Heinrich 1987) haben diese Entwicklung zwar schon kommen sehen, verdankten sich zu jener Zeit aber noch dem stolzen Selbstverständnis einzelner Geisteswissenschaften, das inzwischen durch die Einführung von Digital Humanities, den Zwang zu interdisziplinärer Kooperation für die erfolgreiche Einwerbung von Drittmitten, den Verdrängungswettbewerb von Journals auf Kosten von Monographien, die Prekarisierung des aka-

---

[1] Elemente der Argumentation dieses Beitrages finden sich auch in Schulz (2019).

https://doi.org/10.1515/9783110613773-011

demischen Mittelbaus und die Modularisierung des Studienbetriebs arg gelitten hat.

Reflexionen über philosophische Begriffe sind daher immer auch Steckbriefe über den herrschenden Zeitgeist, der sich in diesen Reflexionen manifestiert. Unter Maßgabe einer fortschreitenden Verquickung von Wissenschaft, Wirtschaft und Politik hat diese Entwicklung nicht nur Konsequenzen für Drittmittelakquise und Employability, sondern bringt mit dem Instrumentarium eines strategischen Berufungsmanagements auch völlig andere Habitualisierungen von akademischen Denk- und Arbeitsformen hervor. Davon bleibt auch die Auseinandersetzung mit einer jahrtausendealten Philosophietradition nicht unberührt, und das gilt besonders dann, wenn diese Tradition in den aktuellen Curricula eines Philosophiestudiums auch weiterhin zum Thema gemacht wird, obwohl die Philosophiegeschichte nicht in allen Philosophietraditionen einen gleich hohen Stellenwert einnimmt. Aber die Bezugnahme auf diese Tradition ist immer nur unter den Bedingungen eines Gegenwartsbewusstseins der *geistigen Situation der Zeit* (Jaspers 1979) möglich. Zwar verfügt die Philosophie mit Lexika wie dem *Historischen Wörterbuch der Philosophie* (Ritter, Gründer und Gabriel 1971 ff.) über Möglichkeiten der historischen Vergewisserung über die eigene Begriffsentwicklung, diese Vergewisserung stößt aber immer dann an eine Grenze, wenn interdisziplinäre Forschung in den Vordergrund tritt oder der modularisierte Studienbetrieb ernst genommen wird. Im ersten Fall beziehen sich die im interdisziplinären Austausch zum Zuge kommenden Begriffe dann nicht auf die Philosophie allein und im zweiten Fall wird der modulare Zusammenhang nicht nur über Begriffe, sondern auch über Kompetenzen, Verwertbarkeit und die Anschlussfähigkeit an aufbauende Modulsequenzen hergestellt. Da diese modularen Strukturen unterschiedslos in allen akademischen Disziplinen zur Anwendung gebracht werden, genießt die Philosophie trotz ihrer langen Tradition kein Sonderrecht im Hinblick auf die Behandlung von für den akademischen Betrieb zentralen Begriffen wie „Wahrheit", „Theorie", „System", „Methode", „Glaube", „Wissen", „Geltung", „Kritik", „Subjekt", „Objekt", „Grund", „Ursache", „Sein", „Schein", „Möglichkeit", „Wirklichkeit", „Werte", „Normen" et cetera.

Es scheint vielmehr so zu sein, dass das aktuelle *Gesicht* der Philosophie viel stärker von der Öffnung zu Nachbardisziplinen als von der eigenen Geschichte geprägt ist. Die Philosophie hätte dann nach dem Ende der „großen Erzählungen" (Lyotard 2009) ihren bisherigen Status (traditionell als Metaphysik und gegenwärtig als Metadisziplin) verloren und müsste ihre Daseinsberechtigung im Konzert mit anderen Fachdisziplinen von Fall zu Fall beziehungsweise von Projekt zu Projekt stets aufs Neue unter Beweis stellen. Viele so genannte angewandte Ethiken (Nida-Rümelin 2005), Philosophien des Geistes (Pauen 2001) und mit philosophischen Elementen ganz verschiedener Art sowie wiederkehrenden

Turns durchsetzte kulturwissenschaftliche Hybride (Bachmann-Medick 2006) nach der „Arbeit der Reinigung" (Latour 1995, S. 21) können dafür als Beispiele dienen. Philosophische Beiträge können in diesen verschiedenen Kontexten von sehr unterschiedlicher Art und Qualität sein und von der analytischen Begriffsexposition bis zur hermeneutischen Vergewisserung über die Kontexte selbst dienen. Mit den in den folgenden Abschnitten vorgenommenen begrifflichen Gegenüberstellungen soll ein Weg nachgezeichnet werden, der mit der klassischen Unterscheidung von Empirie und Theorie beginnt und in der Überwindung von geläufigen Theoremen der praktischen Philosophie sowie im Rahmen einer Dualismuskritik nach Relationen Ausschau hält, die es erlauben, das Konzept einer *Theoretischen Empirie* (Kalthoff, Hirschauer und Lindemann 2008) auch für die Philosophie fruchtbar zu machen.

2 Empirie und Theorie

Beim *bios theoretikos* (Aristoteles 1976) hatte der Vorrang der Theorie noch uneingeschränkte Geltung und das Streben nach einem ewig währenden theoretischen Wissen war gleichbedeutend mit dem größten für den Menschen möglichen Glück (*eudaimonia*, Aristoteles 1972). Eine solche an den ewigen antiken Kosmos gebundene Vorstellung ist uns jedoch mit dem historischen Denken abhandengekommen, wie es für die säkulare Neuzeit selbstverständlich geworden und durch das christliche Mittelalter vorbereitet worden ist. Erst durch eine solche historische Denkweise konnte die Theorie überhaupt in eine Abhängigkeit von der Empirie geraten, die ihr in der Antike als einer eigenen göttlichen Sphäre noch erspart geblieben war, der sich der Mensch durch die Betätigung der Vernunft (*nous*) schrittweise annähern konnte. Mit dem Aufkommen der Bewusstseinsphilosophie in der Neuzeit wurde das antike Staunen über eine vorausgesetzte göttliche Ordnung dann durch den Zweifel verdrängt, der mit einer Suche nach Gewissheit die Theorie an die Mathematik und die Methode auslieferte (Descartes 1960a). Mit der Bewusstseinsphilosophie ist diejenige Philosophie gemeint, deren Dreh- und Angelpunkt das Subjekt ist, welches eine Lehre vom Seienden in Gestalt einer Ontologie (von Aquin 1988) in Frage stellte. Denn wenn wir den durch die Körpersinne dieses Subjekts wahrgenommenen Qualitäten nicht länger trauen können, bleibt nur die Rekonstruktion des jederzeit Bezweifelbaren durch quantifizierende Messung, die gleichbedeutend war mit der Geburtsstunde der mathematischen Physik. Dies war aber auch der Beginn des neuzeitlichen Dualismus beziehungsweise des neuzeitlichen Vermittlungsproblems von Sein und Bewusstsein, an dem sich die Philosophie bis heute abarbeitet.

Wenn die neuzeitliche Philosophie sich in dieser Situation nicht den Status als erste Wissenschaft durch den auf Evidenz und Prognose angelegten Theorieanspruch der mathematischen Physik streitig machen lassen wollte, blieb nur eine Trennung der Zuständigkeiten übrig, wie er mit der kantischen Unterscheidung von theoretischer und praktischer Vernunft vollzogen worden ist. Mit der als „kopernikanische Wende" bezeichneten „Revolution der Denkart" emanzipierte sich Kant (1976, B XI) endgültig von den antiken Vorgaben und verlagerte den Gewissheits- und Theorieanspruch von Erkenntnis in das Konstrukt eines transzendentalen Subjekts, das für die „Bedingungen der Möglichkeit aller Erkenntnis" (Kant 1976, B 122) selber aufzukommen hatte. Kant teilte mit Descartes die Überzeugung, dass der Wahrheitsanspruch von Wissenschaft an der Mathematisierung zu bemessen sei[2] und der Mensch daher der Natur nicht als „Schüler" sondern in Gestalt „eines bestallten Richters" (1976, BXIII) entgegenzutreten habe, der jener ihre Gesetze vorschreibe. Die damit ins Leben gerufene Gesetzesförmigkeit der Natur in Gestalt der modernen Naturwissenschaften war allerdings mit dem Makel behaftet, dass ihre Erkenntnisse den Charakter von „Erscheinung" hatten, die keinen Rückschluss auf ein „Ding an sich" (Kant 1976, B XXVI) zuließen. Kants Unterscheidung von erfahrbaren Erscheinungen und intelligiblen Dingen an sich kann uns auch heute noch dafür sensibilisieren, dass das Expertenwissen der Naturwissenschaft lediglich Modellcharakter für uns haben kann und keineswegs mit einer Natur an sich gleichgesetzt werden sollte, die wir außerhalb von naturwissenschaftlichen Theorien und Begriffen zum Beispiel in Gestalt von Kunst und Literatur auch ästhetisch erfahren oder mittels unseres Körpers auch leiblich erleben können. In Grenzsituationen wie einer lebensbedrohlichen Erkrankung kann uns bewusst werden, wie das Expertenwissen der Naturwissenschaften (zum Beispiel der Medizin) mit anderen Erfahrungen der Natur (zum Beispiel von Geborgenheit, Trost oder Hoffnung, aber auch von Angst, Sorge oder Gefahr) sowohl in Resonanz wie in Konflikt geraten kann und persönliche Lebensprobleme meistens nicht allein auf empirisch überprüfbare Erscheinungen zurückgeführt werden können. Das mit Beginn der Neuzeit freigesetzte Modelldenken neuzeitlicher Theoriebildung hat seitdem eine einzigartige Karriere hinter sich, die sich über ein materialistisches Zwischenstadium in den Naturwissenschaften des 19. und 20. Jahrhunderts inzwischen im Strukturdenken der Informatik wiederfindet. Der damit verbundene Übergang von einer analogen zu einer digitalen Sichtweise ist für unser heutiges Verständnis des Verhältnisses von Empirie und Theorie von besonderem Gewicht, weil auch der Laboralltag

---

2 „Ich behaupte aber, daß in jeder besonderen Naturlehre nur so viel eigentliche Wissenschaft angetroffen werden könne, als darin Mathematik ist" (Kant 1984, S. VIII).

mittlerweile ohne digitale Hilfsmittel nicht mehr auskommt und der ursprünglich „schmutzige" und handwerkliche Charakter der naturwissenschaftlichen Empirie (Heering, Rieß und Sichau 2000) damit schrittweise digital überformt worden ist. Da aber die digitalen Tools auch außerhalb der Naturwissenschaften eine breite Verwendung finden, kommt es zu einem vermehrten Verschwimmen der Grenzen nicht nur zwischen den wissenschaftlichen Disziplinen, sondern auch mit der Umwelt der Wissenschaft. Die Folge ist eine bisher nicht gekannte Öffnung des wissenschaftlichen Denkens, die von erwünschter Transparenz bis zu unerwünschter Kontrolle reichen kann. Dabei ist unschwer zu erkennen, dass sowohl wissenschaftliche Theorie in den Dienst wirtschaftlicher Aufträge, wie auch die Ergebnisse wissenschaftlicher Empirie in den Dienst politischer Kontrolle geraten können, die durch den schnellen Abgleich so genannter *Big Data* jederzeit herbeigeführt werden kann. Auf diese Weise werden wir schrittweise einer qualitativen Beurteilung unserer Lebensumstände entwöhnt, weil wir immer nur Zahlen im Blick haben.[3] Die damit verbundene Erziehung zu „Numerokraten" (Mau 2017) bringt die Gefahr einer gesellschaftsweiten Infantilisierung hervor, die mit dem Schokoriegel für Kinder beginnt und sich über Zensuren für Schüler, Kreditpunkte für Studierende, Berufungs- und Leistungszulagen für Professoren, Tantiemen für Manager, Bonusprogramme von Krankenkassen, Schnäppchen für Kunden, Belohnungen auf Spielkonsolen und Likes für alle in der schönen neuen Smartphone-Welt fortschreibt.

Ursprüngliche Markierungslinien zwischen den „zwei Kulturen" (Snow 1959) der erklärenden Naturwissenschaften und verstehenden Geisteswissenschaften erscheinen gegenüber dieser Ausbreitung des „digitalen Kapitalismus" (Betancourt 2018) geradezu naiv, wenn das digitale Strukturdenken fachübergreifend immer mehr Fuß fassen kann. Eine bis heute vor allem für die Naturwissenschaften geläufige *Logik der Forschung* (Popper 2005) erschließt sich dann nur noch über den Idealtypus einer Erkenntnisgewinnung, bei der das Experiment in eine dienende Funktion für die Theoriebildung tritt und mit Hilfe von riskanter Hypothesenbildung und daran vorgenommener Falsifikationen der jederzeit zu verzeichnende naturwissenschaftliche Fortschritt garantiert werden soll.

---

3 „Die durch den Neoliberalismus in allen möglichen Lebensbereichen durchgesetzte Logik der Optimierung und Leistungssteigerung läuft auf einen Wettkampf um die besseren Zahlen hinaus. Und je mehr Zahlen produziert, je avancierter die Verfahren der Datenverarbeitung werden, desto besser lassen sich die Maßgaben von Leistungserbringung und Selbstverbesserung sozial verankern. Da Daten zur Leitwährung der digitalisierten Gesellschaft geworden sind, gibt es kaum noch natürliche Grenzen, an denen dieser Prozess ein Ende finden könnte. Er ist im Grunde infinit" (Mau 2017, S. 26).

Sobald aber die Theoriebildung vorrangig von geldwerter inter- und transdisziplinärer Forschung bestimmt wird, kann das idealtypische Wechselspiel von Theorie und Empirie nicht mehr überzeugen und tatsächlich kann die moderne Wissenschaftsforschung durch eine große Fülle von Studien belegen, wie die Theoriebildung durch wissenschaftsexterne Faktoren beeinflusst sein kann (Nowotny, Scott und Gibbons 2004). Dabei sind die Wechselwirkungen von Wissenschaft, Technologie und Gesellschaft, die gesellschaftlichen und kulturellen Bedingtheiten der Spezifika wissenschaftlicher Forschung und die soziale Konstruktion wissenschaftlicher Erkenntnisse (Felt, Nowotny und Taschwer 1995, S. 20f.) von besonderer Bedeutung. So konnte etwa gezeigt werden, wie die „Kultur des kalten Krieges" (Kay 2001, S. 110) an der Entdeckung des genetischen Codes mitgewirkt hat.[4] Sowohl für die Wissenschaftsforschung wie auch für die Kulturwissenschaften ist es im Hinblick auf die Untersuchung dieser externen Faktoren daher selbstverständlich geworden, dass an der Generierung von Theorie und Empirie mehrere Disziplinen beteiligt sind. Das damit verbundene Abrücken vom Theoriekern der beteiligten Disziplinen ist dann häufig durch Kompromisse bei der interdisziplinären Theoriebildung erkauft und die Philosophie kann dabei die wichtige Rolle eines kritischen Korrektivs übernehmen, indem sie immer wieder auf die Geschichte und Kontextgebundenheit der verwendeten Begriffe und die begrenzte Reichweite der einzelwissenschaftlichen Methoden hinweist (Schulz 2014). Dabei kann es keineswegs darum gehen, dass die Philosophie in Konkurrenz zu den Einzelwissenschaften treten oder gar deren Ergebnisse in Abrede stellen solle, vielmehr soll auch weiterhin mit Hilfe der Philosophie für eine Unterscheidung zwischen Lebensproblemen und wissenschaftlichen Problemen sensibilisiert werden. Denn: „Wir fühlen, daß selbst, wenn alle *möglichen* wissenschaftlichen Fragen beantwortet sind, unsere Lebensprobleme noch gar nicht berührt sind" (Wittgenstein 1960, S. 114).

Die mit der Big-Data-Debatte einhergehende und zuvor erläuterte „Quantifizierung des Sozialen" und eine damit verbundene Erziehung zur „Numerokratie" werfen darüber hinaus ethische Probleme auf, hervorgerufen durch „Kollektive der Ungleichen" (Mau 2017, S. 270–273), die über Vergleichsstudien hervorge-

---

4 „Mit dem Auftauchen neuer Repräsentationen aus den Kommunikationswissenschaften, aus dem Bereich der elektronischen Computer-, Lenkungs- und Kontrollsysteme und den Spionagetechnologien sollte der Informationsdiskurs mit seinen Tropen allgemeine Verbreitung und Wirkmächtigkeit erlangen. Wieners Kybernetik, Shannons mathematische Kommunikationstheorie, John von Neumanns Automatenforschung und Quastlers Anpassung dieser Konzepte an biologische Probleme sollten eine neue Biosemantik für genetische Codes bereitstellen. [...] Diese neue Semiotik wurde in den Bedeutungsregimen des industriell-militärisch-akademischen Komplexes und der Kultur des kalten Krieges formuliert" (Kay 2001, S. 110).

bracht werden.[5] Das schon von Kant verhandelte Problem von Determinismus und Freiheit, von Heteronomie und Autonomie beziehungsweise von Kausalität und Moralität sieht sich damit vor ganz neue Herausforderungen gestellt, weil die damit verbundenen Trennungen und Eindeutigkeiten den ambivalenten Charakter der modernen Gesellschaft nur unzureichend problematisieren können. Denn Kants Unterscheidungen bleiben einer Zweiweltenlehre verpflichtet, die mit einer Unterscheidung von Theoretischer und Praktischer Philosophie auch heute noch Kernbestand eines Philosophiestudiums ist. Gleichwohl verliert der kritische Impuls der kantischen Philosophie nichts von seiner Aktualität, der in ganz verschiedenen Gestalten der Gegenwartsphilosophie auftreten kann und nach wie vor einer der besten Ausgangspunkte ist, um den Zusammenhang von Kausalität (Thema der Theoretischen Philosophie) und Moralität (Thema der Praktischen Philosophie) untersuchen zu können.

3 Kausalität und Moralität

Bei den bisherigen Überlegungen zum Theorie- und Empirieverständnis kam der Begriff der „Kausalität" noch gar nicht vor, auf dessen stillschweigender Voraussetzung aber die Theoriebildung der neuzeitlichen Ursachenforschung beruht. Wittgenstein ließ sich deshalb in seinen *Vorlesungen* zu der Bemerkung hinreißen, dass die Physiker im Vorwort von der Kausalität reden würden, später bei der Arbeit im Laboralltag davon aber nie wieder die Rede sei (Wittgenstein 1989, S. 123 f.), und Husserl sprach in der *Krisis* von dem „Ideenkleid" (Husserl 1992, S. 51), das die mathematisierte empirische Forschung den Gegenständen überstülpen würde. Diese Hinweise zu Beginn des 20. Jahrhunderts stammen aus einer Zeit, in der die Unterscheidung zwischen nomothetischen Naturwissenschaften und idiographischen Geisteswissenschaften (Windelband 1899) beziehungsweise generalisierender und individualisierender Methode (Rickert 2013) noch auf der

---

5 „Kein Leistungsdatum der Selbstvermesser, kein Gesundheitsscore und kein Rating kommt ohne Standardisierung und den Bezug auf Kollektivdaten aus. Die versicherungsmathematische Bewertung, ob jemand ein gutes oder schlechtes Fahrverhalten an den Tag legt, ist ja davon abhängig, wie alle anderen Insassen des Datenpools das Lenkrad führen. Das Individuelle entsteht hier nur aus dem Kollektiven heraus, eben als Differenzbeobachtung, als Maßstabsbezug. Es ist nun aber kein Kollektiv der Gleichen mehr, das wir vor uns sehen, sondern ein *Kollektiv der Ungleichen*. Die homogenisierten Großgruppenkollektive der Vergangenheit werden durch neue Hierarchien mit immer genaueren Differenzierungen abgelöst. Deshalb ist das metrische Wir eine Datenwolke aus unendlich vielen Einzelpunkten und kein solidarischer Verband" (Mau 2017, S. 273).

Tagesordnung standen, und dieser historische Hinweis verdient deshalb auch heute noch Beachtung, weil mit der methodischen Veranstaltung einer *Quantifizierung des Sozialen* (Mau 2017) die Ursachenforschung in die Sozialforschung eingeschmuggelt wird, ohne dass in vielen Fällen die diese Messungen durchführenden Akteure den methodischen Unterschied zwischen einer Generalisierung der Ursachen und einer Individualisierung der untersuchten Phänomene hinreichend reflektiert haben. Denn für die Kategorie der Kausalität (neben Qualität, Quantität und Modalität) in der kantischen Transzendentalphilosophie (Kant 1976, B 106) hatte die newtonsche Physik seiner Zeit als Modell gedient. Es macht aber einen großen Unterschied, ob diese durch die „Subjekt-Objekt-Spaltung" (Jaspers 2004, S. 25) ermöglichte Ursachenforschung auf materielle Gegenstände (zum Beispiel der Physik) oder soziale Umstände (zum Beispiel der Soziologie) angewandt wird, weil der Beobachter des Sozialen zugleich Teilnehmer des Sozialen ist (Woolgar 1988). Kant hatte daraus die weitreichende Konsequenz gezogen, zwischen der Frage nach dem Wissen („Was kann ich wissen?") und der Frage nach dem Handeln („Was soll ich tun?") streng zu *unterscheiden* und damit die Frage nach Ursachen im Sozialen theoretisch auszuschließen. Dieser Schritt war notwendig, weil der Mensch bei einer Zuschreibung von persönlicher Freiheit nicht *zugleich* als Subjekt und Objekt betrachtet werden kann. Diese Unterscheidung hat auch in der Gegenwartsphilosophie nichts von ihrer Attraktivität eingebüßt, wenn es etwa heißt:

> Kritische Philosophie muß in ihrer Rede über den Menschen und die Vernunft antidoktrinär sein, sofern es ihr um die Freiheit geht – verstanden als die Reaktionsfähigkeit von Menschen. Man kann Menschen nicht einerseits wie Tatsachen objektivierend beschreiben und andererseits von ihnen erwarten, ihre Reaktionsfähigkeit auf die Welt, in der sie leben, zu steigern (Hampe 2014, S. 375).

Dieses Zitat beinhaltet sowohl eine Würdigung wie eine Kritik von Kant. Die Würdigung liegt in der Bezugnahme auf „Freiheit" als Zentralbegriff der kantischen Moralphilosophie, die Kritik liegt in der Einführung des Begriffs der „Reaktionsfähigkeit", wonach Freiheit in einer kausal strukturierten Welt nicht länger als ein davon unabhängiges intelligibles Sollen, sondern als ein unter immer schon bestimmten biologischen, historischen, kulturellen und situativen Bedingungen stehender Spielraum aufgefasst wird, der es erlaubt, sich von diesen Vorgaben erkennend zu distanzieren und sie bezogen auf die jeweilige Situation in freier Entscheidung auch anders fortsetzen zu können. Für die interdisziplinäre Mitspiel- und Theoriefähigkeit der Philosophie wäre eine Umgehung dieser „Kluft" (Kant 1977, B XX) von Sein und Sollen von Vorteil, weil eine Bezugnahme auf die von den empirischen Bedingungen unterschiedene Normativität dann auch ohne die kantische Postulierung von einem intelligiblen „Reich der Zwecke"

(Kant 1974, S. 87) auskäme. Normativität könnte dann losgelöst von einem apriorischen Sittengesetz (Kant 1974, S. 38–42) als das Ergebnis eines historisch bedingten Anerkennungsprozesses mit der Konsequenz einer mehr oder weniger großen Dauerhaftigkeit aufgefasst werden. Für das Verständnis dieses Übergangs ist der Wechsel von einer apriorischen zu einer historischen Denkweise von besonderer Bedeutung. Während Kants Transzendentalphilosophie sich universelle Ansprüche zum Thema macht, die für *alle* Menschen Gültigkeit beanspruchen können, sind die demgegenüber postulierten Anerkennungsprozesse an die historischen Bedingungen einer Zeit gebunden. Am ehesten ließe sich diese Unterscheidung für die westliche Moderne vielleicht an dem Gegenüber von rechtlichem Universalismus, wonach *alle* Menschen vor dem Gesetz gleich sind, und kulturellem und religiösem Pluralismus dokumentieren, der von den persönlichen Präferenzen eines *jeden* Menschen abhängig ist. Kant hatte für das Verständnis dieses Universalismus eine Analogie von Natur- und Sittengesetz postuliert, die allerdings eine umgekehrte Konsequenz mit sich brachte. Denn hier stand unserer Fremdbestimmung (Heteronomie) als Naturwesen, insofern wir *alle* den Naturgesetzen auf gleiche Weise unterworfen sind, die freie Selbstbestimmung (Autonomie) eines *jeden* gegenüber, der diesen normativen Anspruch an sich selbst auch verfehlen kann. Bei den weiteren Überlegungen kommt es nun darauf an, die kantische Verquickung von Normativität und Moralität verbunden mit dem Anspruch auf einen sehr starken Autonomiebegriff schrittweise aufzulösen, um Normen auch unabhängig von einem unbedingten (apriorischen) Sollen interdisziplinär diskutierbar zu machen. Denn wenn die Philosophie in der interdisziplinären Arbeit vor allem mit den empirischen Wissenschaften kompromisslos an Kants Unterscheidung von transzendental und empirisch, von a priori und a posteriori, festhalten würde, könnte das für die Entwicklung eines gemeinsamen interdisziplinären Vokabulars mit erheblichen Schwierigkeiten verbunden sein.

Sowohl Empirie und Theorie als auch Kausalität und Moralität würden bei einem solchen interdisziplinären Anspruch näher zusammenrücken und die interdisziplinäre Arbeit erleichtern, die sich neuerdings mit alle Disziplinen übergreifenden empirischen Anforderungen konfrontiert sieht. Insbesondere die Geisteswissenschaften zahlen dafür einen hohen Preis, wenn das evidenzbasierte *Wissen, was wirkt* (Bellmann und Mülle 2011) auch vor ihren Toren nicht Halt macht. Der „Preis" muss dabei in der Währung der Aufklärung entrichtet werden, wenn laut Kant (1974, S. 87) etwas „entweder einen *Preis*, oder eine *Würde*" hat. Ehemals hermeneutische Disziplinen wie die Pädagogik, die Psychologie und die Soziologie müssen sich nach der empirischen Wende dann allerdings fragen lassen, ob die vormaligen Wahrheitsansprüche an geisteswissenschaftliche Forschung, wie sie über lange Buchtraditionen der jeweiligen Disziplinen dokumentiert sind, in der geldwerten Drittmittelforschung noch eine Chance zum Überleben haben. Der selektive Abbau altehrwürdiger geisteswissenschaftlicher Fakultäten unter Maßgabe des angeblichen Verfehlens ihres Geld- oder Ausbildungsertrags spricht eine andere Sprache. Pädagogik (inklusive der Fachdidaktiken), Psychologie und Soziologie können zu den großen Gewinnern dieses Paradigmenwechsels gezählt werden, weil ihre notwendige Mitwirkung an der *Quantifizierung des Sozialen* (Mau 2017) und in Gestalt der Neuropsychologie sogar ihre Aufnahme in das immer lauter werdende Konzert der drittmittelverwöhnten Neurowissenschaften unumstritten sind. Imperative der vormals vor allem für die Naturwissenschaften geltenden Ursachenforschung halten dann auch in diese Disziplinen verstärkt Einzug und werden durch die selektiven Förderstrategien von Drittmittelanbietern begünstigt. Dies hat für die Philosophie zur Folge, dass sich die Zusammenarbeit mit anderen Disziplinen als unterschiedlich lukrativ erweisen kann, und mit Hilfe der Drittmittelbilanzen angewandter Ethiken wäre das sogar empirisch überprüfbar, wobei die Medizin in Gestalt einer angewandten Medizinethik vermutlich eine Spitzenposition einnehmen würde. Überlegungen wie diese führen nur scheinbar von der „Vermittlung normativer Theorie und empirischer Forschung" weg, weil es sich dabei schon lange um kein philosophieinternes Problem mehr handelt.

Dabei sollte allerdings der Eindruck vermieden werden, dass der Philosophie im Rahmen ihrer Beteiligung an interdisziplinärer Forschung etwas „weggenommen" worden sei; es ist vielmehr so, dass die Philosophie selbst in ihrer subjekt- und vernunftkritischen nachkantischen Tradition überlieferte Dichotomien wie die von Subjekt und Objekt, Theorie und Empirie, Moralität und Kausalität einer schonungslosen Kritik unterzogen hat. Eine Schlüsselrolle spielt dabei Friedrich Nietzsche, dessen „Nihilismus" so unterschiedliche nachkantische Traditionen wie die Existenzphilosophie, die philosophische Hermeneutik und den Poststrukturalismus entscheidend geprägt hat. Mit *Nietzsche, die Genealogie, die Historie* (Foucault 2002) liegt ein Schlüsseltext vor, über den in Anlehnung an die *Genealogie der Moral* (Nietzsche 1980) die soziologische und philosophische Theoriegeschichte der Moderne genealogisch rekonstruiert werden kann, wobei vor allem die Bedingungen untersucht werden, die die Entstehung und das Erscheinen bestimmter Theoriekonzepte überhaupt erst ermöglicht haben. Die Genealogie ist ursprungskritisch und führt Begriffe wie Subjekt, Vernunft, Theorie und Normativität auf eine verzweigte, jederzeit umkämpfte und immer komplexer werdende Herkunftsgeschichte zurück, die auch den menschlichen Körper mit einbezieht und damit den begrenzten Fokus der neuzeitlichen Bewusstseinsphilosophie untergräbt. Um dem auch theoretischen Ausdruck zu verschaffen, ist in der Praxistheorie das Gegensatzpaar Subjekt-Objekt durch jenes von Akteur und sozialem Feld ersetzt worden, womit Feldakteure mit eigenen

Bedürfnissen und differenzierte gesellschaftliche Bereiche mit jeweils eigenen Ressourcen gemeint sind (Bourdieu 2001). Damit kommt es zu einer Dekonstruktion des Ideals eines rational denkenden Subjekts, das in traditionellen Moraltheorien als Instanz von Normativität aufgefasst wird. Das Vorbild für diese Rationalität liefert wieder die Konzeption eines autonomen Subjekts in der Tradition der kantischen Aufklärungsphilosophie (Kant 1999) mit der These von der selbstverschuldeten Unmündigkeit:

> *Aufklärung ist der Ausgang des Menschen aus seiner selbstverschuldeten Unmündigkeit. Unmündigkeit* ist das Unvermögen, sich seines Verstandes ohne Leitung eines anderen zu bedienen. *Selbstverschuldet* ist diese Unmündigkeit, wenn die Ursache derselben nicht am Mangel des Verstandes, sondern der Entschließung und des Mutes liegt, sich seiner ohne Leitung eines anderen zu bedienen. „Sapere aude! Habe den Mut, dich deines *eigenen* Verstandes zu bedienen!" ist also der Wahlspruch der Aufklärung (Kant 1999, S. 20).

Obwohl der damit artikulierte Aufklärungsanspruch bis heute nichts von seiner Faszination eingebüßt hat, möchte eine ganze Reihe von Philosophien und Theorietraditionen nach der Aufklärung bis heute gerne wissen, warum die Menschen sich bei der Einlösung dieses Anspruchs so schwertun. Zu diesen Theorien gehört auch das soziologische Forschungsprogramm der Praxistheorie (Schäfer 2016), das sich unter der programmatischen Formel „Praktiken der Subjektivierung – Subjektivierung der Praxis" (Alkemeyer und Buschmann 2016) zusammenfassen lässt. Hierbei handelt es sich um ein Empirie und Theorie vermittelndes Forschungsprogramm im Stil der eingangs erwähnten *Theoretischen Empirie* (Kalthoff et al. 2008), für die der Gedanke zentral ist, dass Theorie und Empirie einander wechselseitig auf eine produktive Weise irritieren können. Der Doppelsinn von „Subjektivierung" (Schulz 2015) kommt dadurch zustande, dass in der Praxistheorie anders als zum Beispiel in den Naturwissenschaften Objektivierungen an eine enge Grenze stoßen, weil das Subjekt sowohl auf der Subjektseite (als Zuschauer) wie auch auf der Objektseite (als Akteur) in Erscheinung tritt. Methodisch trägt diese Verschränkung der Zuschauer- (Praktiken) und Teilnehmerperspektive (Praxis) in der Praxistheorie (Alkemeyer 2017) dazu bei, den neuzeitlichen Dualismus von Subjekt und Objekt in Frage zu stellen und die untersuchten Akteure *zugleich* als Objekte (Praktiken) wie als Subjekte (Praxis) erscheinen zu lassen:

> Anstatt also Subjektivität entweder in Praktiken aufzulösen oder aber präpraktisch vorauszusetzen, wäre [...] vielmehr zu erläutern und zu rekonstruieren, wie sie sich im jeweils historisch situierten – beileibe nicht immer harmonischen – Wechselspiel mit anderen (menschlichen wie nicht-menschlichen) Partizipanden bildet, konturiert und verändert. Praxeologisierung in diesem Sinne würde bedeuten, über die systematisch-methodische Verschränkung von Theater- und Teilnehmerperspektiven empirisch sichtbar zu machen,

wie soziale Ordnungen von ihren Teilnehmern fortlaufend erzeugt und aufrechterhalten werden und wie die Teilnehmer im selben Prozess Befähigungen des (praktischen) Erkennens, Deutens und Beurteilens sowie eine Bedeutung oder Identität erlangen, die ihnen verschiedene Formen und Modi der (engagierten) Teilnahme ermöglichen – vom routinierten Mitmachen über reflektiertes Eingreifen bis hin zu kritischen Stellungnahmen oder Ausstieg (Alkemeyer und Buschmann 2016, S. 129).

4 Handeln und Praktiken

Diese Transformation von der Theorie- und Ideengeschichte zu einer „Geschichte der Denksysteme" (Foucault) verändert die Perspektive auf die historische Entwicklung der Bewusstseinsphilosophie auf gravierende Weise, da Subjektivität nicht länger „präpraktisch vorauszusetzen" ist, sondern selber als Bestandteil eines fortlaufenden Prozesses der Subjektivierung aufgefasst werden muss, wenn ihrer Geschichtlichkeit und den vielfältigen Formen ihres sozialen Engagiert- und Vernetztseins Rechnung getragen werden soll:

> Die grundlegenden Begriffe, die sich jetzt aufdrängen, sind nicht mehr die des Bewusstseins und der Kontinuität (mit den dazugehörigen Problemen der Freiheit und Kausalität), es sind auch nicht die des Zeichens und der Struktur. Es sind die Begriffe des Ereignisses und der Serie, mitsamt dem Netz der daran anknüpfenden Begriffe: Regelhaftigkeit, Zufall, Diskontinuität, Abhängigkeit, Transformation (Foucault 1991, S. 36).

Für normative Handlungstheorien ist dieser Perspektivenwechsel mit weitreichenden Konsequenzen verbunden, weil an der Voraussetzung dieser Theorien in Gestalt eines intentionalen Subjekts nicht länger festgehalten werden kann. Stattdessen ist Handeln immer auf einen Referenzrahmen als Standardfall bezogen (Stekeler-Weithofer 2010). „Das bedeutet, dass es Handlungen und Subjekte nur innerhalb einer geteilten Praxis geben kann, in deren Vollzügen sich die Teilnehmer als diese oder jene ‚Teilnehmersubjekte' adressieren, qualifizieren und individuieren" (Alkemeyer und Buschmann 2016, S. 132). Subjektivität verdankt sich damit einer Anerkennungspraxis, die mit je unterschiedlichen Perspektivierungen des Sozialen verbunden sein kann. Aus der Teilnehmerperspektive geht es dabei um die Identifikation und Bewertung der Wechselwirkung von Personen, Gegenständen und Tätigkeiten und aus der Zuschauerperspektive um die Identifikation bestimmter Wissensordnungen, Diskurse und Kodes, die an einer Subjektivierung beteiligt sein können:

> Diese evaluativ-individuierenden Akte sind in praxeologischer Perspektive insofern performativ, als sie nicht als Anwendungen präpraktisch existierender „Werte" betrachtet und damit nicht als angewandte Ethik gedacht werden. Vielmehr wird gefragt, wie sich Norma-

tivität in den Interaktionen der Praxis selbst entfaltet und die Teilnehmer dazu befähigt, sich zu diesen praktischen Vollzügen reflexiv zu verhalten (Rouse 2007) (Alkemeyer und Buschmann 2016, S. 132).

Die Anforderung an eine „Vermittlung normativer Theorie und empirischer Forschung" besteht nur solange weiter, wie an einer Entgegensetzung von Normativität und Empirie, von Sollen und Sein festgehalten wird. Unter Bezugnahme auf den zuvor beschriebenen praxistheoretischen Perspektivenwechsel löst sich dieser Gegensatz jedoch auf, weil Normativität in den praktischen Vollzügen selbst hervorgebracht wird, indem sie die beteiligten Akteure zur Reflexion dieser Vollzüge *befähigt*. Intentionales *Sollen* verschränkt sich mit praktischem *Können*, welches die Ebene des Bewusstseins um die Ebene des Körpers erweitert. Anders als in der Transzendentalphilosophie Kants werden Sollen und Können, unbedingte ethische „Werte" und bedingtes empirisches Handeln, nicht länger voneinander getrennt, weil ein unbedingtes Sollen ein präpraktisches intentionales Subjekt zur Voraussetzung hätte, dessen Dekonstruktion sich die Praxistheorie ja gerade zu ihrer Aufgabe gemacht hat. Der Begriff des Handelns bekommt dadurch eine komplexere Struktur, weil er nicht länger als reiner Willensakt eines intentionalen Subjekts erscheint, sondern die biologischen, historischen, kulturellen und situativen Bedingungen mit einbezieht, die zum Gelingen oder auch Scheitern des Handelns beitragen können. Die Aufzählung dieser Bedingungen verdeutlicht zugleich die Fruchtbarkeit interdisziplinärer Arbeit, die es durch verschiedene disziplinäre Fokussierungen ermöglicht, der Komplexität der Untersuchungsgegenstände besser gerecht werden zu können.

Aber auch die philosophieinterne Arbeitsteilung von Theoretischer und Praktischer Philosophie kann innerhalb dieses praxistheoretischen Perspektivenwechsels mit betroffen sein, weil es dann nicht länger sinnvoll erscheint, moralisches Handeln als eine Sonderform von menschlichen Handlungsmöglichkeiten erscheinen zu lassen, wenn große Zweifel daran bestehen, ob es überhaupt für sich genommen empirisch in Erscheinung treten kann. So ist etwa das Problem der Sterbehilfe keineswegs als rein moralisches Problem verhandelbar, sondern bringt neben ethischen auch existentielle, theologische, rechtliche und medizinische Gesichtspunkte miteinander in Wechselwirkung. Empirische Aspekte (Medizin) und normative Aspekte (Philosophie, Theologie, Recht) sind dabei immer schon miteinander verflochten und ein rein moralisches Urteil würde Gefahr laufen, das vielfältige Bedingungsgefüge einer existentiellen Urteilsfindung in einer Notsituation zu ignorieren. Gleiches gilt für eine ganze Reihe weiterer aktueller Beispiele, wie zum Beispiel den Nachhaltigkeits-, Gesundheits- oder Flüchtlingsdiskurs, denen man alleine mit moralischen Maßstäben nicht gerecht werden könnte. Es spricht daher aus praxistheoretischer Perspektive einiges dafür, den moralischen und den normativen Diskurs nicht vorschnell miteinander zu identifizieren, um mit einem erweiterten Verständnis von Normativität das soziale Geschehen vollständiger in den Blick nehmen zu können.

Dieser Hinweis sollte nicht als Plädoyer für eine Abschaffung der Moralphilosophie missverstanden werden, sondern betrifft ausschließlich die Fruchtbarkeit der Philosophie für die interdisziplinäre Zusammenarbeit. Dabei ist der in diesem Kapitel hergestellte Zusammenhang zwischen Philosophie und Praxistheorie nur *eine* Möglichkeit für eine wissenschaftliche Auseinandersetzung mit dem Sozialen beziehungsweise dem Verhältnis von Individuum und Gesellschaft. Weitere prominente Beispiele an der Schnittstelle von Philosophie und Soziologie sind etwa die Kritische Theorie (Adorno und Horkheimer), die Systemtheorie (Luhmann) sowie die Transzendentalpragmatik (Habermas). Und während in diesem Kapitel mit Fokus auf die Praxistheorie eine vergleichende Bezugnahme auf Kant in den Vordergrund gestellt wurde, könnten das zum Beispiel bei Adorno und Horkheimer Marx, bei Luhmann Husserl und bei Habermas Searle oder Rorty sein. Allen diesen Grenzgängen zwischen Philosophie und Soziologie ist gemeinsam, dass sie eine kritische Haltung gegenüber dem Positivismus einnehmen, und es wäre ein großes Missverständnis, wenn die Befähigung beziehungsweise das Können als Thema der Praxistheorie eine positivistische Deutung erfahren würde, indem es zum Beispiel in einen Gegensatz zu dem stets „besseren" Sollen gebracht würde. Denn gegenüber der „schlechten" Wirklichkeit behält der moralische Zeigefinger immer Recht und es wird höchste Zeit, aus diesem moralphilosophischen Dilemma herauszufinden. Die Praxistheorie kann dabei ein kritisches Korrektiv sein, weil sie vorschnelle Identitätszuschreibungen (wie die eines autonomen Zeigefingersubjekts) kritisiert und damit, einen genealogischen Denkimpuls von Nietzsche aufgreifend – vermittelt über Foucault, Bourdieu, Latour, Schatzki und Butler –, ein praxistheoretisches Programm der Subjektanalyse für unsere Zeit anbieten kann. Genealogie steht dabei für ein interdisziplinäres Forschungsprogramm mit einer philosophischen Fundierung, bei dem neben dem Bewusstsein auch die Bedeutung von Körpern, Räumen und Objekten, zum Beispiel für die Erforschung der *Bildungspraxis* (Alkemeyer, Kalthoff und Rieger-Ladich 2015), mit unterschiedlichen Varianten der Praxistheorie beschrieben und analysiert werden kann. Auch außerhalb der Praxistheorie ist inzwischen ein solcher Vorschlag gemacht worden und ich möchte daher abschließend auf *Die Möglichkeit der Normen* von Christoph Möllers (2015) zu sprechen kommen, bei dem ebenfalls der Begriff der „Praxis" im Vordergrund steht.

5 Soziale Normen als Praktiken der Normativität

Auch Möllers distanziert sich von der kantischen Frage: „Was soll ich tun?", indem er nicht auf ein normatives Ideal und damit die mögliche Beschaffenheit der einzelnen moralischen Subjekte, sondern auf deren äußeres, gesellschaftlich beobachtbares wirkliches Handeln Bezug nimmt. Er möchte einen begrifflichen Rahmen für soziale Normen entwickeln, der sich weder auf ein Instrumentarium zur Erreichung bestimmter sozialer und politischer Zwecke (mehr Gerechtigkeit, mehr Freiheit, mehr Sicherheit) noch auf den eines von jeder sozialen Verkörperung unabhängigen Grundes (Kants kategorischer Imperativ) reduzieren lässt. Denn ginge es nur um eine möglichst effiziente Durchsetzung der Zwecke, wäre es besser, einen Anschluss an die empirische Forschung der kausalistischen Verhaltensökonomie (*nudges*) zu suchen, anstatt das Risiko einzugehen, Normen zu setzen, die „wider besseres Wissen" doch nicht befolgt werden. Wäre umgekehrt die Rolle von Normen nur diejenige *guter* Gründe, so würde dadurch die Funktionsweise realer sozialer Praktiken verzerrt, die wie zuvor ausgeführt immer schon unter bestimmten biologischen, historischen, kulturellen und situativen Bedingungen zustande kommen. Das zentrale Anliegen bei der Beschäftigung mit sozialen Normen ist daher nicht in empirischer Steuerung oder normativer Begründung zu suchen, sondern besteht in der Bezeichnung und Sichtbarmachung von Alternativen zu den herrschenden gesellschaftlichen Verhältnissen. Im Unterschied zu empirischen Wissenschaften wie der Psychologie, die eine rein deskriptive Haltung bei der Beschreibung sozialer Normen bevorzugt und das als unparteilichen Positivismus feiert, hat Möllers Vorschlag mit der Praxistheorie gemeinsam, dass er aus einer Frontstellung von Empirie und Normativität herausfinden möchte. Es geht also bei der normativen Praxis ähnlich wie bei Foucaults (2005) „Praktiken der Freiheit" um die Möglichkeit, sich der Anpassung an die vorgefundene Wirklichkeit auch verweigern zu können. Ähnlich der „ungeheure[n] Macht der Negation" (Hegel 1975, S. 36) ist auch bei Möllers die Grundoperation des Normativen negativ. Sie weist das Bestehende in seiner vorliegenden Form zurück. Normativität wäre demnach eine soziale Praxis, mit der die Gesellschaft sich von ihrer eigenen Realität distanzieren kann.

Jede Nachrichtensendung legt Zeugnis darüber ab, dass die Welt, so wie sie ist, nicht in Ordnung ist. Der heiße Sommer 2018 hat auf eine unerwartete Weise den Klimadiskurs in die Mitte der Gesellschaft gerückt, wovon eine ganze Reihe von eingespielten sozialen Normen betroffen war, wobei sich gezeigt hat, dass bei deren Beschreibung und den dabei zutage tretenden Ambivalenzen eine theoretische Unterscheidung zwischen deskriptiven und präskriptiven Normen wenig weiterhilft. Das Wort der „Nachhaltigkeit" ist in einer solchen Krise noch mehr als sonst in aller Munde, wobei sich dann die mit diesem *Wort* hantierenden Wissenschaften einen jeweils für ihre eigenen theoretischen Bedürfnisse passenden *Begriff* zurechtlegen („definieren"). Nachhaltigkeit kommt dann sowohl als deskriptive wie auch als präskriptive Kategorie ins Spiel und weitreichende Diskursverwirrungen können dabei mit schwerwiegenden Begründungsdefiziten einhergehen (Schulz 2018). Das Besondere am Klimadiskurs ist dabei die Vielzahl von sozialen Normen (zum Beispiel für Ernährung, Gesundheit, Energie oder Verkehr), die auf sehr unterschiedliche Weise von der Klimakatastrophe berührt sein können, wobei Handlungsalternativen „für eine bessere Zukunft" nicht moralisch erzwungen werden können. Am Beispiel der gegenwärtig vieldiskutierten Probleme der Landwirtschaft ließe sich dabei leicht zeigen, wie soziale Normen für Nachhaltigkeit mit anderen sozialen Normen konkurrieren können (zum Beispiel Gesundheit versus billiger Konsum oder ökologische Landwirtschaft versus Massentierhaltung). Fast jeder nachdenkende Verbraucher gerät dann beinahe unvermeidlich in Ambivalenzkonflikte, wenn Gewohnheiten, Besitz, Altlasten, Kosten, Wohlbefinden, soziale Anerkennung, Ängste und Hoffnungen unter erschwerten (Klima-)Bedingungen miteinander abgeglichen werden müssen. Die Praxistheorie zeichnet sich dabei durch eine gewisse Tiefenschärfe aus, weil sie um die Ambivalenz einer Verantwortung zwischen Anpassung und Kritik weiß und dies nicht durch ein verkürztes Gegeneinander von Anspruch und Wirklichkeit, von Präskription und Deskription aus der Welt zu schaffen versucht.

Durch das Zugleich von herrschender Ordnung (Anpassung) und der Möglichkeit von Normen (Kritik) wirken Letztere destabilisierend und der moderne demokratische Verfassungsstaat erscheint als eine Ordnung, die stets hinter ihren eigenen Möglichkeiten (mehr Gerechtigkeit, mehr Freiheit, mehr Sicherheit) zurückbleibt. Demokratische Gesellschaften zeichnen sich aber dadurch aus, die eigenen demokratischen Defizite auch kritisieren zu können (zum Beispiel in Gestalt der parlamentarischen Opposition), und das damit einhergehende Destabilisierungsrisiko widerspricht dem Streben nach „Konsens" (Habermas 1981) oder dem „gesellschaftliche[n] Zusammenhalt" und der „kulturellen Integration" (Deutscher Kulturrat 2017, Abs. 3), mit denen Möglichkeiten abweichenden Verhaltens zurückgewiesen werden sollen. Möllers' nicht-normative Theorie des Normativen zeichnet sich demgegenüber dadurch aus, den kulturellen Wert reflektierter sozialer Selbstinfragestellung hervorzuheben. Diese Perspektive weist große Gemeinsamkeiten mit der praxistheoretischen Identifikation und wechselseitigen Hervorbringung von Normativität und Reflexivität auf, von der im vorhergehenden Abschnitt ausführlich die Rede gewesen ist.

Mit dem zirkulären Befund, dass soziale Normen als Praktiken der Normativität aufzufassen seien, soll jeder Fundierungsversuch der einen gegenüber der anderen Seite (Normen versus Praktiken) in Abrede gestellt werden. Im Hinblick auf den übergeordneten Problemzusammenhang einer „Vermittlung von normativer Theorie und empirischer Forschung" kommt Möllers bezogen auf diese Zirkularität in seiner Untersuchung noch auf einen weiteren Gesichtspunkt zu sprechen, der bei den bisherigen Versuchen einer Vermittlung von Normativität und Empirie noch gar keine Beachtung gefunden hat. Denn die Zeitlichkeit des Empirieproblems, die bei dem angestrebten Vermittlungsversuch nicht unterschlagen werden sollte, manifestiert sich darin, dass die empirische Beobachtung einen anderen Zeithorizont berührt (Gegenwart) als die Möglichkeit der Normen (Zukunft). Durch die Verquickung von Norm und Möglichkeit verweist aber jede Norm auf eine „imaginierte Zukunft" (Beckert 2018), insofern Zukunftsentscheidungen unter Ungewissheit auf fiktionale Erwartungen in der Gegenwart angewiesen sind. Die gleiche Funktion übernehmen auch soziale Normen, wenn sie das Bestehende transzendieren, indem sie auf andere, in der Gegenwart noch nicht realisierte Möglichkeiten verweisen können. Gleichwohl verkörpert sich in diesen verschiedenen Zeithorizonten kein schlichtes Nacheinander von Gegenwart und Zukunft, sondern ihre Verschränkung kann als Beleg für die im Titel dieses Beitrags behauptete Zirkelstruktur von Praktiken und Normativität angeführt werden:

> Nicht alle Normen zielen auf kausale Wirkungen ab, aber für die, die es tun, ergeben sich besondere Probleme bei ihrer empirischen Beobachtung. Normen sind zukunftsorientiert. Aus der Perspektive einer Norm geht es prospektiv um die Bezeichnung einer möglichen, also ungewissen Zukunft, wohingegen die empirische Forschung normativer Praktiken versucht, ein Ergebnis retrospektiv einer Norm zuzuordnen. Wie plausibel diese Zuordnung ist, hängt davon ab, wie die Norm materialisiert wurde, das heißt, welche Mittel eingesetzt wurden, um die Norm darzustellen und anzuwenden. [...] In der Bibliothek, in der ein Schild hängt, das dazu auffordert, leise zu sprechen, sprechen alle leise. Handelt es sich bei der Praxis des Leisesprechens um eine Folge der Norm oder beim Schild um eine Folge der unumstrittenen Praxis des Leisesprechens in der Bibliothek? Die Erkennbarkeit des Normativen, dem ein Ereignis zugeordnet werden soll, nimmt ab, je mehr sich der Ereignisablauf der Norm annähert (Möllers 2015, S. 311f.).

Literatur

Alkemeyer, Thomas (2017): „Praktiken und Praxis. Gegenständlicher und gelebter Körper in den Vollzügen von Ordnungs- und Selbstbildung". In: *Phänomenologische Forschungen* 2, S. 41–56.

Alkemeyer, Thomas und Buschmann, Nikolaus (2016): „Praktiken der Subjektivierung – Subjektivierung der Praxis". In: Schäfer, Hilmar (Hrsg.): *Praxistheorie. Ein soziologisches Forschungsprogramm*. Bielefeld: transcript. S. 115–136.

Alkemeyer, Thomas; Kalthoff, Herbert und Rieger-Ladich, Markus (Hrsg.) (2015): *Bildungspraxis. Körper, Räume, Objekte*. Weilerswist: Velbrück.

Aristoteles (1972): *Die Nikomachische Ethik*. München: Deutscher Taschenbuchverlag.
Aristoteles (1976): *Metaphysik. Schriften zur ersten Philosophie*. Stuttgart: Reclam.
Bachmann-Medick, Doris (2006): *Cultural Turns. Neuorientierungen in den Kulturwissenschaften*. Reinbek bei Hamburg: Rowohlt.
Beckert, Jens (2018): *Imaginierte Zukunft. Fiktionale Erwartungen und die Dynamik des Kapitalismus*. Berlin: Suhrkamp.
Bellmann, Johannes und Müller, Thomas (Hrsg.) (2011): *Wissen, was wirkt. Kritik der evidenzbasierten Pädagogik*. Wiesbaden: Springer VS.
Betancourt, Michael (2018): *Kritik des digitalen Kapitalismus*. Darmstadt: Wissenschaftliche Buchgesellschaft.
Bourdieu, Pierre (2001): *Meditationen. Zur Kritik der scholastischen Vernunft*. Frankfurt am Main: Suhrkamp.
Descartes, René (1960a): *Von der Methode*. Hamburg: Felix Meiner.
Descartes, René (1960b): *Meditationen über die Grundlagen der Philosophie*. Hamburg: Felix Meiner.
Deutscher Kulturrat (2017): „15 Thesen für Zusammenhalt in Vielfalt, Aufruf zur Mitzeichnung". In: *Deutscher Kulturrat*. https://www.kulturrat.de/pressemitteilung/15-thesen-fuer-zusammenhalt-in-vielfalt-aufruf-zur-mitzeichnung/, abgerufen am 14. November 2018.
Foucault, Michel (1991): *Die Ordnung des Diskurses*. Frankfurt am Main: S. Fischer.
Foucault, Michel (2002): „Nietzsche, die Genealogie, die Historie". In: ders.: *Schriften in vier Bänden*. Bd. 2. Frankfurt am Main: Suhrkamp. S. 166–191.
Foucault, Michel (2005): „Die Ethik der Sorge um sich als Praxis der Freiheit". In: ders.: *Schriften in vier Bänden*. Bd. 4. Frankfurt am Main: Suhrkamp. S. 875–902.
Habermas, Jürgen (1981): *Theorie des kommunikativen Handelns*. Frankfurt am Main: Suhrkamp.
Hampe, Michael (2014): *Die Lehren der Philosophie. Eine Kritik*. Berlin: Suhrkamp.
Heering, Peter; Rieß, Falk und Sichau, Christian (2000): *Im Labor der Physikgeschichte. Zur Untersuchung historischer Experimentalpraxis*. Oldenburg: BIS-Verlag.
Hegel, Georg (1975): *Phänomenologie des Geistes*. Frankfurt am Main: Suhrkamp.
Heinrich, Klaus (1987): *Zur Geistlosigkeit der Universität heute*. Oldenburg: BIS-Verlag.
Husserl, Edmund (1992): *Die Krisis der europäischen Wissenschaften und die transzendentale Phänomenologie*. Hamburg: Felix Meiner.
Jaspers, Karl (1979): *Die geistige Situation der Zeit*. Berlin und New York: Walter de Gruyter.
Jaspers, Karl (2004): *Einführung in die Philosophie. Zwölf Radiovorträge*. München und Zürich: Piper.
Kalthoff, Herbert; Hirschauer, Stefan und Lindemann, Gesa (2008): *Theoretische Empirie. Zur Relevanz qualitativer Forschung*. Frankfurt am Main: Suhrkamp.
Kant, Immanuel (1974): *Grundlegung zur Metaphysik der Sitten*. Stuttgart: Reclam.
Kant, Immanuel (1976): *Kritik der reinen Vernunft*. Hamburg: Felix Meiner.
Kant, Immanuel (1977): *Kritik der Urteilskraft*. Frankfurt am Main: Suhrkamp.
Kant, Immanuel (1984): *Metaphysische Anfangsgründe der Naturwissenschaft*. Erlangen: Harald Fischer.
Kant, Immanuel (1999): „Beantwortung der Frage: Was ist Aufklärung?". In: ders.: *Was ist Aufklärung? Ausgewählte kleine Schriften*. Hamburg: Felix Meiner. S. 20–27.
Kay, Lily (2001): *Das Buch des Lebens. Wer schrieb den genetischen Code?* München und Wien: Hanser.

Latour, Bruno (1995): *Wir sind nie modern gewesen. Versuch einer symmetrischen Anthropologie*. Berlin: Akademie.

Lyotard, Jean-Francois (2009): *Das postmoderne Wissen*. Wien: Passagen.

Mau, Steffen (2017): *Das metrische Wir. Über die Quantifizierung des Sozialen*. Berlin: Suhrkamp.

Möllers, Christoph (2015): *Die Möglichkeit der Normen. Über eine Praxis jenseits von Moralität und Kausalität*. Berlin: Suhrkamp.

Münch, Richard (2009): „Unternehmen Universität". In: *Aus Politik und Zeitgeschichte* 45, S. 10–16.

Nida-Rümelin, Julian (2005): *Angewandte Ethik. Die Bereichsethiken und ihre theoretische Fundierung. Ein Handbuch*. Stuttgart: Kröner.

Nietzsche. Friedrich (1980): *Zur Genealogie der Moral. Eine Streitschrift*. München, Berlin und New York: Deutscher Taschenbuchverlag und Walter de Gruyter.

Nowotny, Helga; Scott, Peter und Gibbons, Michael (Hrsg.) (2004): *Wissenschaft neu denken. Wissen und Öffentlichkeit in einem Zeitalter der Ungewissheit*. Weilerswist: Velbrück.

Pauen, Michael (2001): *Grundprobleme der Philosophie des Geistes. Eine Einführung*. Frankfurt am Main: S. Fischer.

Popper, Karl (2005): *Logik der Forschung*. Tübingen: Mohr Siebeck.

Ricker, Heinrich (2013): *Kulturwissenschaft und Naturwissenschaft*. Berlin: Celtis.

Ritter, Joachim; Gründer, Karlfried und Gabriel, Gottfried (1971 ff.): *Historisches Wörterbuch der Philosophie*. Basel: Schwabe.

Rouse, Joseph (2007): „Social Practice and Normativity". In: *Philosophy of the Social Sciences* 37 (1), S. 46–56.

Schäfer, Hilmar (Hrsg.) (2016): *Praxistheorie. Ein soziologisches Forschungsprogramm*. Bielefeld: transcript.

Schulz, Reinhard (2014): „Wider den Methodenzwang. Erfahrung, Praktiken und Beobachtung". In: *Allgemeine Zeitschrift für Philosophie* 39 (1), S. 71–86.

Schulz, Reinhard (2015): „Subjektivierung durch oder als Erfahrung?". In: Alkemeyer, Thomas; Schürmann, Volker und Volbers, Jörg (Hrsg.): *Praxis denken. Konzepte und Kritik*. Wiesbaden: Springer VS. S. 215–234.

Schulz, Reinhard (2018): „Reflexion der Beiträge. Große Transformation? Philosophische Bemerkungen zur Nachhaltigkeit". In: Henkel, Anna; Lüdtke, Nico; Buschmann, Nikolaus und Hochmann, Lars (Hrsg.): *Reflexive Responsibilisierung. Verantwortung für nachhaltige Entwicklung*. Bielefeld: transcript. S. 143–157.

Schulz, Reinhard (2019): „Wie über ‚Möglichkeitswissenschaft' reden?" In: Hochmann, Lars; Graupe, Silja; Korbun, Thomas; Panther, Stephan und Schneidewind, Uwe (Hrsg.): *Möglichkeitswissenschaften. Ökonomie mit Möglichkeitssinn*. Marburg: Metropolis. S. 563–581.

Snow, Charles (1959): *Die zwei Kulturen*. Stuttgart: Klett-Cotta.

Stekeler-Weithofer, Pirmin (2010): „Explikationen von Praxisformen". In: *Allgemeine Zeitschrift für Philosophie* 35 (3), S. 265–290.

von Aquin, Thomas (1988): *Über Seiendes und Wesenheit*. Hamburg: Felix Meiner.

Weber, Max (1988): „Der Sinn der ‚Wertfreiheit' der soziologischen und ökonomischen Wissenschaften". In: ders.: *Gesammelte Aufsätze zur Wissenschaftslehre*. Tübingen: Mohr Siebeck. S. 161–172.

Windelband, Wilhelm (1924): *Präludien. Aufsätze zur Philosophie und ihrer Geschichte*. Bd. 2. Tübingen: Mohr Siebeck.
Wittgenstein, Ludwig (1960): *Tractatus logico-philosophicus. Logisch-philosophische Abhandlung*. Frankfurt am Main: Suhrkamp.
Wittgenstein, Ludwig (1989): *Vorlesungen 1930–1935*. Frankfurt am Main: Suhrkamp.
Woolgar, Steven (1988): *Knowledge and Reflexivity. New Frontiers in the Sociology of Knowledge*. London und Beverly Hills: Sage.

Daniel Füger
Die Umwälzung der wissenschaftlichen und zivilisierten Welt

Zum Verhältnis von Evidenz und Normativität in der frühen Chemiewissenschaft

English title and abstract: *The Revolution of the Scientific and Civilised World. On the Relationship Between Evidence and Normativity in Early Chemical Science.* This chapter examines the scientific practice associated with the theory of phlogiston in chemistry as well as the oxidation theory in chemistry in the late 18th century. In a first step the author presents the scientifically revolutionary practice of phlogiston. Secondly, he scrutinises the arguments which led to its complete replacement by oxidation theory at the end of the 18th century. By way of reevaluating this debate, he argues that this particular discourse is an example of how the demand for evidence is necessarily linked to normative practices within the scientific community. He further argues that in order to understand progress in scientific knowledge, it is necessary to examine the reciprocal relationship between normative and evidence requirements.

1 Einleitung

„Seit der Entdeckung des Sauerstoffs hat die civilisierte Welt eine Umwälzung in Sitten und Gewohnheiten erfahren" (Liebig 1845, S. 714). Aus seiner Kolumne in einer Ausgabe der *Augsburger Allgemeinen Zeitung* aus dem Jahr 1844 geht hervor, dass für Justus Liebig die Auswirkungen der sogenannten Oxidationstheorie nicht weniger als eine Revolution der Chemiewissenschaft im 18. Jahrhundert darstellen. In einer bemerkenswert kurzen Zeitspanne hat sie einen radikalen Wandel im Verständnis der Chemiewissenschaft hervorgebracht. Das vorliegende Kapitel untersucht die epistemischen, ontologischen und normativen Veränderungen, welche die Oxidationstheorie um Antoine Laurent Lavoisier gegenüber der sogenannten Phlogiston-Theorie etabliert hat, und argumentiert dabei, dass ein Verweis auf wissenschaftliche Evidenz immer auch Normativität beinhaltet. Auf der einen Seite haben Normen innerhalb der *scientific community* einen Einfluss darauf, was gute (und damit evidente) Wissenschaft leisten muss. Auf der anderen Seite funktionieren Evidenz-Forderungen normativ im Hinblick auf die Gegenstände von Wissenschaft, indem sie festlegen, über welche Sachverhalte geforscht werden soll und über welche nicht.

Zunächst wird aufgezeigt, dass das Phlogiston das theoretische und praktische Fundament eines (vor-)modernen Wissenschaftsverständnisses in der Chemie ist, und es wird die Kritik von Antoine Laurent Lavoisier dargestellt, die mit der Etablierung der Oxidationstheorie einhergeht. Für Lavoisier ist die Theorie des Phlogistons mangelhaft, da sie die empirisch aufgezeigten Abweichungen der Vorhersagen in ihr theoretisches Modell nicht ausreichend erklären kann. Aus den Kontroversen zwischen den Anhänger*innen dieser beiden Theorien geht hervor, dass beide Seiten in einem normativen Aushandlungsprozess auf Evidenz verweisen. Evidenz-Forderungen richten sich dabei jedoch auf unterschiedliche Aspekte von Wissenschaft: Erstens auf die Objektivität desjenigen, was es aufzufassen gilt, und zweitens auf die Methodologie des Forschungsprozesses.

Während die Phlogiston-Chemie sich gegen wissenschaftsexterne Akteur*innen durchsetzen musste, wurden die späteren Debatten um die Oxidationstheorie innerhalb der wissenschaftlichen Gemeinschaften geführt. Es sind vor allem die wissenschaftsinternen und normativen Aushandlungen über Evidenz, die für die Etablierung der revolutionären wissenschaftlichen Veränderungen entscheidend sind, da die Theorien selbst zunächst ähnliche wissenschaftliche Fakten präsentieren beziehungsweise sich ihre Anwendungsmöglichkeiten nicht fundamental unterscheiden.

Der vorliegende Beitrag konzentriert sich auf die Debatten und Praktiken der Chemiewissenschaft im 18. Jahrhundert. Chemische Gleichungen oder Beschreibungen von Experimenten sind für eine wissenschaftstheoretische Betrachtung zwar im Sinne einer grundlegenden Auseinandersetzung wichtig, werden in diesem Aufsatz aber nur am Rande erwähnt. Daher bietet der Aufsatz auch für Laien im Bereich der Chemiewissenschaft einen niedrigschwelligen Zugang.

2 Was ist das Phlogiston?

Wärme und Feuer sind relevante Betrachtungsgegenstände seit Beginn der Naturbeobachtungen. So ist es nicht verwunderlich, dass sich auch die frühe Chemiewissenschaft diesen Phänomenen widmet. Das sogenannte „Phlogiston" ist ein Wärmeteilchen, mit dem die Brennbarkeit von Stoffen erklärt wird. Je mehr Phlogiston in einem Stoff oder in einer Verbindung vorhanden ist, desto brennbarer ist es. Während des Verbrennungsvorgangs entweicht es in die Umwelt und der Ausgangsstoff verliert an Brennbarkeit und an Gewicht. Im Gegensatz zu anderen Verbindungen, Stoffen und Elementen, deren Eigenschaften durch Experimente aufgezeigt werden können, ist das Phlogiston empirisch nicht nachweisbar und kann durch wissenschaftliche Praxis nicht hergestellt werden. Chemisch wird es im 18. Jahrhundert durch Analogieschlüsse oder Massenverhältnisse bestimmt.[1] Die Phlogiston-Theorie beruht unter anderem auf den Arbeiten von Georg Ernst Stahl. Dieser beschreibt 1718 in *Zufällige Gedancken* die Eigenschaften des Phlogistons und den Grund für die Namensgebung wie folgt:

> Dann, da man an und in sich selbst, und ausser aller Vermischung und Verknüpfung mit andern Materien, bis auf diese Stunde, es nirgend finden noch erkennen kan; und ihm also auch keine, seine eigenen und einzeln Eigenschaft gemässe Beschreibung, noch bedeutliche Benennung zu geben, Grund und Gelegenheit hat: so ist meines Erachtens das vernunftgemässeste, wann man es von seinen allgemeinen Würckungen benamet, die es in allerley, auch besonders in seinen noch allerletzten und gleichsam allervernünftigsten Vermischungen erweiset. Und dieserwegen habe ich es mit dem Griechischen Namen, „Phlogiston", zu Teutsch brennlich, beleget (Stahl 1718, S. 78 f.).

Das Phlogiston ist eine theoretische Konstruktion, die über zugeschriebene Eigenschaften hergeleitet wird (Wärme, Gewichtsverlust und Brennbarkeit). Es ist damit nicht nur ein Element, sondern die theoretische Grundlage und systematische Bestimmung der wissenschaftlichen Praxis der Chemie im 17. und 18. Jahrhundert. Auch wenn diese Theorie in den folgenden Jahrzehnten widerlegt wurde (und heute teilweise absurd klingen mag), haben die Phlogiston-Theoretiker „zu einem wesentlichen Teil zur Entwicklung der modernen Lehre von der Chemie bei[getra]gen" (Strube 1961, S. 19), da sie eine wissenschaftliche Forschungspraxis etabliert haben.

3 Die revolutionäre Praxis der Phlogiston-Chemie

Die Phlogiston-Chemie grenzt sich gegenüber der Alchemie ab und verortet sich selbst in einem neu aufkommenden Wissenschaftsverständnis. Ferner legt sie den Grundstein für eine moderne chemiewissenschaftliche Praxis, von der auch die Oxidationstheorie profitiert. Um diese fundamentale Rolle nachvollziehen zu können, ist es erstens notwendig, das Verhältnis von Empirie und Theorie innerhalb der Forschungspraxis der Phlogiston-Chemie zu verstehen, zweitens ihre Verankerung in gesellschaftlichen und ökonomischen Kontexten darzustellen

---

[1] Weitere und genauere Beschreibungen der Funktion des Phlogistons finden sich exemplarisch bei dem Chemiehistoriker Wilhelm Strube (1961). Geoffrey Blumenthal und James Ladyman (2017) haben sehr detailliert die praktische Umsetzung des Phlogistons in der zweiten Hälfte des 18. Jahrhunderts dargestellt.

und drittens auf die Organisation, Professionalisierung und Institutionalisierung der Disziplin hinzuweisen.

3.1 Theorie und Empirie

Johann Christian Wiegleb, Johann Friedrich Gmelin und Johann Bartholomäus Trommsdorff sind drei prominente Beispiele von Chemikern, die als Chronisten ihres eigenen Fachs auftreten. Durch sie sind heute interne Perspektiven überliefert, die ein authentisches Bild der wissenschaftlichen Praxis wiedergeben. Aus diesen Ausführungen wird deutlich, dass die Phlogiston-Chemiker*innen die Kombination von Theorie und Empirie als notwendige Bedingung für gültige wissenschaftliche Erkenntnis ansehen. Trommsdorff (1800, S. 1) schreibt in seinem Lehrbuch:

> Gegenstände der Chemie sind alle Dinge der „Sinnenwelt", ihre Grundlage ist „Erfahrung", zu der gelangt sie durch „Beobachtungen" und „Versuche"; aus diesen bilden sie durch „Induktion" und nach „Analogien" allgemeine Schlüsse, und daraus leitet sie eine „Theorie" her, welche die Fakta zu einem „wissenschaftlichen Ganzen" verbindet.

Damit knüpfen die Chemiker*innen an ein Wissenschaftsprogramm an, wie es schon im Jahr 1620 von Francis Bacon (1999, S. 211) in seiner Schrift *Novum Organum Scientarum* gefordert wird, in welcher er die Notwendigkeit beschreibt, Theorie und Empirie zu verbinden. Die Chemiker*innen richten sich gegen rein theoretische Deduktion, wie sie teilweise in scholastischen Traditionen praktiziert wurde, aber vor allem gegen die Praxis der Alchemie. Deren Hauptziel war es, Gold aus anderen Stoffen herzustellen. Dieses Verfahren der Transmutation[2] war nicht auf wissenschaftliche Erkenntnis im Sinne der Phlogiston-Theoretiker*innen angelegt, sondern mit mythisch anmutenden Erzählungen gekoppelt.

Es geht den Alchemist*innen weder darum, konkrete Phänomene zu erklären, noch darum, allgemein geltende Grundsätze aufzustellen. Vielmehr widerspricht die Alchemie dem (natur-)wissenschaftlichen Kanon des 18. Jahrhunderts. Der Apotheker Johann Christian Wiegleb, ein überzeugter Anhänger der Phlogiston-Theorie und Entdecker mehrerer chemischer Verbindungen, darunter Oxalsäure und Kieselsäure, publizierte 1777 die *Historisch-kritische Untersuchung der Alchemie*. Seine Kritik steht sinnbildlich für die theoretische und empirische Aus-

---

[2] Der Begriff der „Transmutation" wird in Bezug auf die Alchemie abwertend verwendet. Dabei wird oft unterschlagen, dass es in radioaktiven Zerfallsprozessen eine Veränderung von chemischen Stoffen gibt, die heute ebenfalls als Transmutation bezeichnet wird (Renn 2014).

richtung der neuen Forschungspraxis und die Auseinandersetzung mit der Alchemie:

> Alsdann wird zuletzt noch der stärkste Hauptbeweiß geführt, daß die ganze eingebildete Goldmacherkunst natürlicherweise nach allen erkannten sichern Naturgesetzen, der menschlichen Kunst unmöglich sey; mithin noch nie von einem Menschen wahrhaft ausgeübt worden, noch in Zukunft wird ausgeübt werden können; wodurch sich dann der Ungrund aller von den Alchemisten angeführten Geschichten am sichersten offenbahret. Die Erzählungen davon mögen so wahrscheinlich seyn, wie sie wollen, das Alterthum derselben mag noch so groß seyn, und die ermangelnde Beschreibung aller dabey vorgekommenen Umstände eine genaue Untersuchung unmöglich machen; so bleibt dem allen ohngeachtet das Vorgehen ein Hirngespinst, so bald es in der Natur nicht gegründet ist (Wiegleb 1777, S. 12f.).

Alchemistische Untersuchungen sind, auch wenn sie ökonomisch erfolgreich sind,[3] lediglich Erzählungen und keine wissenschaftlichen Konzepte, welche beobachtete oder konstruierte Phänomene innerhalb theoretischer Gesetzmäßigkeiten der Natur einordnen können. Es gibt kein theoretisches Fundament, um die Praxis der Alchemist*innen zu rechtfertigen. Die neuere Chemiewissenschaft der Phlogiston-Theoretiker*innen muss sich hingegen am eigenen Anspruch messen lassen: Auf der einen Seite sollen sie Erfolge und Entdeckungen verzeichnen und auf der anderen Seite sollen diese in allgemeinen Konzepten und Gesetzmäßigkeiten dargestellt werden. Justus Liebig schreibt dazu fast 100 Jahre später, dass dem Experiment eine Theorie, und damit eine Idee, vorangehen muss (Liebig 1863, S. 49). Das Phlogiston ist solch eine Idee, welche Gesetzmäßigkeiten der Natur mit Hilfe einer empirischen Praxis erklärt.

3.2 Der Zweck der Forschung

Neben dem Verhältnis von Theorie und Empirie erscheint für Francis Bacon auch die Tatsache wichtig, dass eine zweckorientierte und wissenschaftsexterne Perspektive für die Forschung obligatorisch ist (Böhme 1993, S. 9 ff.). Bacons Forderungen nach der *Scientia Nova* ist damit eine Zäsur im Selbstverständnis wis-

---

[3] Erfolge der Alchemie sind oft Zufallsprodukte: Im Jahr 1708 stellten Johann Friedrich Böttger und Ehrenfried Walther von Tschirnhaus in Dresden Europäisches Hartporzellan her, als sie auf der Suche nach dem Stein der Weisen waren. Diese Erfindung verfehlte die ursprünglichen Intentionen, war für die verantwortlichen Fürsten und Unternehmer aber dennoch ein ökonomischer Gewinn. Eine grundlegende Erklärung und schematische Einordnung der Entdeckung wurden von Böttger und Tschirnhaus nicht angestrebt (Engelhardt 1982).

senschaftlicher Praxis. Er grenzt sein Programm vom aristotelischen Begriff der „theoria" ab. Für Bacon geht es nicht mehr nur um das bloße selbstmotivierte Wissen, sondern lebensweltliche Bedürfnisse gewinnen hinsichtlich wissenschaftlicher Erkenntnis an Bedeutung. Elif Özmen (2012, 2015, S. 118 ff.) hat herausgearbeitet, dass mit diesen theorieexternen Zwecken die Freiheit der Wissenschaft nicht in Gefahr ist. Im Gegenteil konstituiert die Orientierung an außerwissenschaftlichen Bedürfnissen eine moderne und aussagekräftige wissenschaftliche Praxis.

Die Phlogiston-Chemie ist ein gutes Beispiel, wie diese wissenschaftsexterne Orientierung umgesetzt wird. Dabei geht es zumeist um eine Kritik der feudalistischen Verhältnisse, genauer gesagt des politischen Verhältnisses von Wissenschaft und Ökonomie. Für den Historiker Wilhelm Strube (1974, S. 130) bildet die Phlogistontheorie

> zwar das Kernstück der neuen Chemie, doch die Propagierung der Phlogistik beschränkte sich nicht auf die Darlegung der Theorie, sondern sie war verbunden mit der Propagierung der neuen Auffassung von der Chemie, in der neben den speziell chemischen Gesichtspunkten auch die der bürgerlichen Ideologie zur Geltung kamen. Die Phlogistontheorie bildete einen Bestandteil der bürgerlichen Bewegung und förderte die merkantilen und aufklärerischen Bestrebungen.

Die Färberei und metallverarbeitende Betriebe sind nennenswerte Beispiele, die das alltägliche Fundament von chemiewissenschaftlichem Interesse aufzeigen. Johann Juncker schreibt, dass er aus den Manufakturen und gewerblichen Betrieben lerne, und nicht nur aus Büchern (Strube 1961, S. 23). Der Ökonom Johann Beckmann (1777, S. 11 f.) weist auf die politischen und ökonomischen Vorteile hin:

> Mathematiker und Naturforscher können ihre Wissenschaften nicht höher ausbringen, als wenn sie solche zum Nutzen der Gewerbe, deren Verbesserung die unmittelbare Verbesserung des Staats ist, bearbeiten. Dann füllen sie den grossen Abstand der Gelehrsamkeit von dem, was im gemeinen Leben gebraucht werden kan, aus; [...]. Dann wird der Gelehrte in den Werkstellen, als in einer neuen Welt, Gegenstände finden, die ihm, er sey auch noch so sehr, durch Vorurtheile für speculativische Wissenschaften, abgehärtet, Verwunderung erregen werden; Gegenstände, die eben so viel Witz, Kentniß, Nachdenken, Scharfsinn, zu ihrer Beurtheilung und Erklärung verlangen, als immer ein gelehrtes Problem verlangen kan.

Chemische Kenntnisse waren für die Herstellung von Nahrungsmitteln und deren Konservierung, für die medizinische Versorgung und für die Produktion von unterschiedlichen Baustoffen notwendig. Diese trennenden und vermengenden Verfahren begründen die Wissenschaft der Chemie im 17. und 18. Jahrhundert (Janich 1997, S. 156). Chemiker*innen stehen aus diesem Grund früh in enger Verbindung mit gewerblichen Betrieben. Hierin begründet sich ihr Interesse, ein

Feudalsystem zu verändern, welches Wissenschaft und Ökonomie seinen Diktaten unterwirft. Sie fordern sehr explizit eine Annäherung von Wissenschaft und Gewerbe und kritisieren die vermittelnde Position der Fürsten (Strube 1961, S. 20 ff.).

3.3 Organisation, Professionalisierung und Institutionalisierung

Die Arbeit von Chemiker*innen ist ausschlaggebend für die Entstehung eines Selbstbilds von Wissenschaftler*innen, da wissenschaftsintern verhandelt wird, was erforscht werden soll und welche Verantwortung die Wissenschaft im Hinblick auf gesellschaftliche Fragen hat. Dies ist nur möglich, weil es ab dem 17. Jahrhundert eine Professionalisierung und Institutionalisierung der Wissenschaften gibt. Wissenschaftliche Gesellschaften nehmen eine besondere Rolle ein, allen voran die *Royal Society*,[4] die 1660 in London gegründet wurde und die *Académie des Sciences*, gegründet 1666 in Paris. Beide Institutionen unterscheiden sich in inhaltlicher Ausrichtung und Organisationsform. So war die *Académie des Sciences* eng mit der französischen Aristokratie verbunden, wohingegen die *Royal Society* eine freie Korporation war und wenig staatliche Mittel und dadurch auch deutlich weniger Regierungsaufträge erhielt (Pedersen 1996, S. 386 f.). Beide sind jedoch dahingehend zu charakterisieren, dass sie sowohl die finanzielle Grundversorgung der Wissenschaftler*innen garantierten als auch eine institutionelle Zensur für (natur-)wissenschaftliche Texte ausübten. Sie betrieben eigene Publikationsmedien, welche die einflussreichsten Plattformen für wissenschaftliche Debatten bildeten. Die Präsidenten der Gesellschaften und die Herausgeber*innen der Publikationsorgane spielten eine wichtige Rolle in der Etablierung und Verteidigung von Theorien, da sie bestimmten, wer welche Forschungsgelder und Publikationsmöglichkeiten bekam (Hirschi 2014, S. 519 f.).

Im Zuge des aufkommenden Humanismus und des Protestantismus gründen sich im späten 16. und frühen 17. Jahrhundert einige Universitäten in Europa. Diese Institutionen erlangen eine Sonderrolle: Durch ihre Forschung und ihre Legitimation einer autoritativen Sprechposition sichern sie die gesellschaftliche und politische Ordnung ab (Schmidt-Biggemann 1996, S. 391). Mit den Institutionalisierungen der wissenschaftlichen Gemeinschaften und der Universitäten entstehen neue epistemische Vorstellungen, wie wissenschaftliches Arbeiten

---

[4] Der vollständige Name lautet eigentlich „The President, Council and Fellows of the Royal Society of London for Improving Natural Knowledge".

charakterisiert sein muss, um *gute* wissenschaftliche Arbeit zu sein. Mit diesem *scientific ethos* entstehen auch Sanktionierungs- und Wertungspraktiken, die die wissenschaftliche Arbeit intern normativ absichern. Robert King Merton stellt dar, dass es vier Imperative gebe, die den *scientific ethos* konstituieren: Universalismus, Kommunismus, Uneigennützigkeit und organisierter Skeptizismus (Merton 1985). Der Ethos-Begriff ist in diesem Beitrag allerdings etwas weiter gefasst. Grundlegend geht es beim *scientific ethos* um den normativen Charakter wissenschaftlicher Forschungspraxis, der auf Gewohnheit und Gewöhnung der Wissenschaftler*innen hinweist.

4 Die Oxidationstheorie

Das Jahr 1789 spielt in vielen historischen und philosophischen Abhandlungen über Naturwissenschaft eine zentrale Rolle. Der Chemiker Antoine Laurent Lavoisier (1864) veröffentlicht in diesem Jahr sein wohl berühmtestes Werk: den *Traité élémentaire de chimie*. Die deutsche Übersetzung, welche 1792 von Sigismund Friedrich Hermbstaedt angefertigt wurde, trägt den aussagekräftigen Titel: *System der antiphlogistischen Chemie*. Damit ist die Stoßrichtung Lavoisiers deutlich: Er weist nicht nur die Existenz des Phlogistons zurück, sondern proklamiert eine neue systematische Schreib- und Denkweise der Chemiewissenschaft im Ganzen.

Dieses System beginnt in den 1760er Jahren mit einer Skepsis gegenüber gängigen Erklärungsmodellen bei metallischen Kalzinationen[5] und Verbrennungen. Lavoisier fiel auf, dass bei Verbrennungsvorgängen die Elemente Schwefel und Phosphor nicht wie erwartet an Gewicht verlieren, sondern zunehmen. Es war im 18. Jahrhundert üblich, relevante Entdeckungen in Briefen für die wissenschaftlichen Akademien festzuhalten. In einem solchen Brief beschreibt Lavoisier (1862), beziehungsweise seine Partnerin, die Chemikerin Marie Lavoisier, die sein Labortagebuch führte, im Jahr 1772 die Unstimmigkeiten: „Il y a environ huit jours que j'ai découvert que le soufre, en brûlant, loin de perdre de son poids, en acquérait au contraire; [...] il en est de même du phosphore: cette augmentation de poids vient d'une quantité prodigieuse d'air qui se fixe pendant la combustion et qui se combine avec les vapeurs".[6]

---

5 Kalzination meint nicht eine chemische Verbindung im Sinne einer Verkalkung (beispielsweise Calciumcarbonat), sondern beschreibt den Vorgang, Metalle durch Zufuhr von Hitze oder Säuren in pulvrige Stoffe zu verwandeln (Lavoisier und Frercks 2008, S. 383).
6 Zu Deutsch: „Vor ungefähr acht Tagen habe ich entdeckt, dass Schwefel bei der Verbrennung nicht an Gewicht verliert, sondern im Gegenteil an Gewicht gewinnt. [...] Das gleiche gilt für

Die Phlogiston-Theoretiker*innen hatten sehr wohl Antworten auf die Unstimmigkeiten, die Lavoisier entdeckte. Sie erklärten, dass freies Phlogiston aus der Atmosphäre sich mit den Metallen verbinde und dadurch die Zunahme des Gewichts der Stoffe zu erklären sei. Sie konnten, wie auch die Oxidationstheoretiker*innen, die ursprünglichen Metalle durch Zufuhr von Phlogiston (oder eben Sauerstoff) wiederherstellen (reduzieren). In den ersten Jahren gab es nicht allzu viele Unterschiede in den Herstellungsmöglichkeiten der unterschiedlichen theoretischen Lager. Beide konnten mit einer gewissen Wahrscheinlichkeit den Ausgang eines Experiments vorhersagen und auch auf ähnliche Weise nützliche Stoffe herstellen. Lediglich ihre theoretischen Einordnungen unterschieden sich.

Lavoisier veröffentlichte in den folgenden Jahren mehrere Aufsätze, in denen die Bildung von Säuren thematisiert wurde. Dabei beruft er sich auf den von Joseph Priestley kurz zuvor entdeckten Sauerstoff. Ironischerweise war Priestley ein starker Verfechter der Phlogiston-Theorie und nannte das Element zunächst „dephlogisticated air" (Strube 1981, S. 17f.). In Verbindung mit seinen Forschungen über die Entstehung von Säuren nutzt Lavoisier anschließend dieses Element, um die Gewichtszunahme in Verbrennungsvorgängen und Kalzinationen von Metallen zu erklären und stellt so ein neues theoretisches Modell auf. Den gängigen Bezeichnungen der „air pur", „air vital" oder „air éminemment respirable" setzt er ein Prinzip entgegen: das „principe oxigine", aus dem etwa ab dem Jahr 1787 das „Oxygène" wurde (Lavoisier 1864, S. 135). Lavoisier entwickelt somit ein neues Sprach- und Zeichensystem, welches traditionelle Bezeichnungen zusammenfasst und Prinzipien vereinfacht. Zwei Jahre später entwickelt sich daraus das elementare Lehrbuch *Traité élémentaire de chimie*. „Und in der That, da ich mich nur mit der Nomenklatur zu beschäftigen glaubte; da es bloß meine Absicht war, die chemische Sprache zu vervollkommen, entstand unvermerkt unter meinen Händen, ohne daß ich es zu hindern vermochte, dieses chemische Elementarwerk" (Lavoisier und Frercks 2008, S. 13). Die Oxidationstheorie löst in einer vergleichsweise kurzen Zeitspanne die Phlogiston-Theorie vollständig ab. Innerhalb einer Generation vollzieht sich ein vollständiger Gestaltwandel, auch wenn die Kontinuität der wissenschaftlichen Praxis gewährleistet bleibt, da die Oxidationstheorie auf den drei bereits genannten Charakteristika der wissenschaftlichen Praxis der Phlogiston-Chemie aufbaut.

Mit Lavoisiers Nomenklatur entsteht eine neue Ontologie. In der *scientific community* gelten nun neue epistemische und normative Richtlinien. Die Antwort auf die Frage „Was darf es als Forschungsobjekt geben?" kann man in den

---

Phosphor: Die Gewichtszunahme stammt aus einer beträchtlichen Menge Luft, die sich während der Verbrennung fixiert und die sich mit den Dämpfen verbindet" (eigene Übersetzung).

kommenden Jahren nicht mehr mit dem Phlogiston beantworten, wenn man seine Anstellung und Reputation in den Forschungsinstitutionen nicht verlieren möchte.

Lavoisier bekam die alternativlose Etablierung seines antiphlogistischen Systems allerdings nicht mehr mit. Er wurde am 8. Mai 1794 zusammen mit 28 anderen Menschen hingerichtet. Ihm wurde unter anderem seine Arbeit als Steuerpächter für die Aristokratie zur Last gelegt (Guerlac 1955, S. 100). Gut möglich, dass seine Fehde mit Jean Paul Marat, einem Märtyrer der französischen Revolution, auch zu seiner Hinrichtung geführt hatte. Lavoisier hatte einen Aufsatz von Marat (1780) über Verbrennungsvorgänge scharf kritisiert.

5 Evidenz-Forderungen und deren Rolle für den *scientific ethos*

Bei näherer Betrachtung der Debatte zwischen den Anhänger*innen der Phlogiston-Chemie und den Anhänger*innen der Oxidationstheorie fällt auf, dass in den Auseinandersetzungen auf die Evidenz der eigenen Theorie, beziehungsweise den Mangel an Evidenz in der rivalisierenden Theorie verwiesen wird. „Dass meine Theorie richtig ist, und die andere nicht, ist eben evident." Mit Hilfe des Chemikers Richard Kirwan lässt sich dies für die Phlogiston-Theorie konkret belegen. Er versucht, Lavoisiers Theorie zu entkräften, indem er die Willkür und Zufälligkeit der Anti-Phlogistiker*innen aufzeigt. Kirwan (1787, S. 6f.) schreibt im Vorwort zu *An Essay on Phlogiston, and the Constitution of Acids*:

> when all is well considered, the ancient doctrine will be found the more uniform of the two [...]. But prejudices of every kind should certainly be laid aside in all scientifical inquiries; truth; if it can „evidently" be traced, or if not, the internal probability of any principle, should be the only motive of our attachment to it. Now, that doctrine must be accounted the least probable which fails oftenest in explaining the phænomena, is more arbitrary in its application, and less countenanced by the general rules of philosophic reasoning; that this is the case of the antiphlogistic hypothesis [...].

Evidenz und Wahrscheinlichkeit dienen Kirwan dazu, grundlegende Vorurteile zu belegen, die dann zu vermeintlich falschen Aussagen führen. Anhänger*innen der Oxidationstheorie berufen sich auf ähnliche Evidenz-Ansprüche und stellen ihrerseits die Erklärungskraft des Phlogistons in Frage. Evidenz wird in diesen Zusammenhängen vermehrt zu einem „Zauberwort", welches auch in aktuellen wissenschaftlichen Debatten nahezu inflationär eingesetzt wird. Hans Jörg Sandkühler (2011, S. 35) nennt den obligatorischen Verweis innerhalb der Wissenschaft einen „Münchhausen-Begriff: Dass dieses oder jenes evident ist, ist evident. Die unterstellte Gewissheit ist aber durch nichts verbürgt, weder durch die ‚Realität' selbst, noch durch Experiment und Empirie, weder durch ‚Tatsachen', noch durch ‚die Wissenschaft'".

6 Die Ambivalenz der Evidenz-Forderungen

Der Evidenz-Begriff hat in wissenschaftlichen Zusammenhängen ambivalente Bedeutungen. Erstens steht Evidenz für etwas notwendig Überzeugendes. Es sind keine weiteren Erklärungen oder Beweise notwendig, um die Gültigkeit des Evidenten zu bekräftigen (*self-evidence*). Bei René Descartes wird Evidenz zu einem Postulat rationaler Verfügbarkeit. Die Evidenz wird laut Descartes (2008, S. 70 f.) mit den „Augen des Geistes" wahrgenommen und verarbeitet. Die *ratio* ist nun eine notwendige Voraussetzung für Wissen(schaft). Descartes ordnet damit die Gewissheit der Wahrheit vor. Durch die rationale Verfügbarkeit der Gegenstände entfernt er sich von einer Metaphysik der Illumination, wie sie teilweise von der Scholastik vertreten worden ist.[7] Und in der Tat verortet sich die frühe Chemiewissenschaft explizit in einer cartesianischen Tradition.[8] Doch im 18. Jahrhundert ändert sich dies grundlegend, weil Evidenz nun als methodisch erzeugtes, empirisches und theoretisches Wissen gilt. Wissenschaftler*innen erschaffen Evidenz durch wissenschaftliches Handeln. Evidenz entsteht durch Konstruktion oder Demonstration. Dazu schreibt Kant (1990, S. 674, B 762) in der transzendentalen Methodenlehre der *Kritik der reinen Vernunft*: „Aus Begriffen a priori (im diskursiven Erkenntnisse) kann aber niemals anschauende Gewißheit d.i. Evidenz entspringen, so sehr auch das Urteil apodiktisch gewiß sein mag". So kann der Evidenz-Anspruch zweitens auch auf die Evidenz für etwas anderes verweisen. Mit Zugang zu theoretischen und empirischen Grundlagen kann man sich nun für eine Theorie unter mehreren Angeboten entscheiden.

---

[7] Jos Decorte (2006) hat ausführlicher zu dieser Thematik geforscht. Auch Wilhelm Halbfass (1968) stellt die philosophischen und wissenschaftstheoretischen Bezüge von Descartes dar. Wie Bertrand Russell (1978, S. 572 f.) feststellt, greift Descartes dennoch manche Grundideen der mittelalterlichen und scholastischen Tradition auf.
[8] Daniel Sennert und Joachim Jungius berufen sich auf ein neues Materie-Konzept, welches von René Descartes und Pierre Gassendi philosophisch vorbereitet wurde. Damit widersetzten sie sich einem mittelalterlich oder scholastisch aristotelischen Bild. Aristoteles wurde aber keineswegs vollständig revidiert, sondern in einem neuen atomistischen System (beispielsweise Korpuskulartheorie) angewendet (Ströker 1982, S. 25, 42 ff.).

Die Unterscheidung in Bezug auf Evidenz bezieht sich also einerseits auf die objektive Verbindlichkeit desjenigen, was es aufzufassen gilt, andererseits aber auch auf die Qualität des subjektiven Urteilsvermögens und auf den Akt individueller Zustimmung. Zwischen dieser Unschärfe des Evidenz-Begriffs und seinem ständigen Wechsel der Verortung entstehen Schnittstellen, die von normativen Praktiken ausgefüllt werden. „Was darf gelten, *weil* es evident ist und was nicht?"

Als scheinbar unbegründetes Wissen hat Evidenz den Charakter eines Appells, dessen Glaubwürdigkeit und Verbindlichkeit von einem unterstellten kognitiven Gehalt zehrt. Wolfgang Stegmüller (1969, S. 168 f.) weist auf das Geltungsproblem der Evidenz hin und schlägt vor, die erkenntnistheoretische Evidenz-Praktik als eine „vorrationale Urentscheidung" zu interpretieren. Evidenz rückt in den Bereich des Glaubens oder einer Setzung, für die keine Beweis-Evidenz vorgebracht werden kann: „Wer für die Evidenz argumentiert, begeht einen Zirkel, denn er will beweisen, dass es die Evidenz gibt; das zu Beweisende soll also das Ergebnis der Überlegungen darstellen, während er vom ersten Augenblick seiner Argumentation an Evidenz bereits voraussetzen muss".

Das Geltungsproblem der *self-evidence* greift auf wissenschaftliche Praxis über. Evidenzgestützte Wissenschaften haben eine Methodologie mit fachspezifischen Kriterien für die Herstellung von Evidenz. Das löst das Problem der Ambivalenz des Evidenz-Begriffs aber nicht auf. Evidenz als *self-evidence* wird nicht abgelöst, sondern erweitert. Zum einen berufen sich Forscher*innen auf die Evidenz der Natur oder des Gegenstandes (als das zu Erklärende), zum anderen müssen sie diese Evidenz aber erst durch ihre Praxis konstruieren. Ist die Forschung damit das Abbild einer evidenten Natur beziehungsweise evidenter Phänomene, oder ist die Forschungspraxis selbst methodologische Evidenz? Hier drängt sich die Frage auf, wieso, wenn etwas evident ist, es dann noch einen Forschungsprozess braucht, um diese Evidenz aufzuzeigen.

Es sei angemerkt, dass diese Unterscheidung in den praktizierenden Naturwissenschaften nicht thematisiert wird. Die Ambivalenz des Evidenz-Begriffs ist vielmehr ein Forschungsgegenstand für Soziolog*innen, Wissenschaftstheoretiker*innen oder Historiker*innen. Das Schlagwort „Evidenz" dient innerhalb der naturwissenschaftlichen Gemeinschaft dazu, auf die Einhaltung wissenschaftlicher Gütekriterien hinzuweisen. Wie sich im folgenden Abschnitt zeigen wird, ist dies auch in den frühen Chemiewissenschaften der Fall gewesen.

7 Evidenz zwischen Phlogiston und Oxidation

Kurz vor dem Jahrhundertwechsel standen sich in der Chemie also zwei Theoriemodelle gegenüber, deren Verfechter*innen auf die Evidenz ihrer Forschungspraktik verwiesen. Sie konnten jeweils viele Phänomene in ihr theoretisches Modell einbinden und hatten unterschiedliche Arten von Problemen, die sie nicht erklären konnten. Es gibt hinsichtlich der eben eingeführten Evidenz-Bedeutung die Tendenz, dass sich die Chemiker*innen der Phlogiston-Theorie eher auf eine objektive Evidenz, also auf die Augenscheinlichkeit des Elements Phlogiston beziehen. Die Oxidationstheoretiker*innen hingegen verweisen auf die Existenz ihrer Experimente, die keinen anderen Schluss zuließen, als dass es kein Phlogiston geben könne. Der ökonomische Nutzen für das Gewerbe war aber relativ ähnlich. Sowohl die Phlogiston-Theoretiker*innen als auch deren Rival*innen waren in der Lage, ihre Experimente zu reproduzieren und somit die frühen Betriebe in ihrer Produktion anzuleiten.

Trotzdem ersetzte die Terminologie Lavoisiers in den kommenden Jahren die Phlogiston-Theorie vollständig. Die Chemiker*innen mussten sich fortan an dieser Nomenklatur orientieren. Das hatte aber zur Folge, dass sie auch das grundlegende System Lavoisiers akzeptieren mussten. Eine Ausrichtung auf das Phlogiston mit einem Jargon Lavoisiers war nicht möglich. Das wird am Werdegang des Physikers und Chemikers Joseph Black deutlich. Dieser war zunächst Anhänger der Phlogiston-Theorie, wechselte aber das theoretische Lager und schloss sich Lavoisier an.[9] In einer Korrespondenz mit einem unbekannten Schweizer Kollegen ist folgende Aussage zu finden: „L'objet, qui occupe les chymistes surtout à présent, c'est la nouvelle nomenclature. Il paroit, qu'on veut par la donner le coup de grâce au pauvre phlogistique; quant a l'air fixe il faut, qu'elle (qu'il) devienne l'acide carbonique" (Black 1804, S. 23).[10] Immer mehr Chemiker*innen entscheiden sich gegen Ende des 18. Jahrhunderts für die Oxidationstheorie und lehnen die Phlogiston-Theorie ab. In den 1780er und 1790er Jahren werden die Auseinandersetzungen intern, also innerhalb der wissenschaftlichen Gemeinschaften geführt. Ab dem Jahr 1787 wird in den Gremien der institutionalisierten Chemiewissenschaft, allen voran in der *Académie*, darüber diskutiert, über welche Forschungsgegenstände man sprechen darf und welche Methoden anwendbar sind (Black 1804, S. 24 ff.). Neben diesen Aushandlungen über die Gültigkeit der Theorien und Forschungspraktiken wird immer wieder auch über finanzielle Mittel und Stimmrechte gestritten.[11] Es geht nicht nur um die evidente Erklä-

---

[9] Die Übernahme der Theorie war für Black sowieso kein Problem, da seine Forschungen in der Pneumatik auf dem Kohlenstoffkonzept von Lavoisier aufbauten.
[10] Zu Deutsch: „Das Objekt, welches die Chemiker nun besonders beschäftigt, ist die neue Nomenklatur. Es scheint, dass man dem armen Phlogiston den Gnadenstoß geben will; für die feste Luft ist es notwendig, dass sie Kohlensäure wird" (eigene Übersetzung).
[11] Caspar Hirschi (2014) hat diese Auseinandersetzungen innerhalb der Académie des Sciences in einem Aufsatz ausführlich dargestellt.

rungskraft des Phlogistons oder der Oxidationstheorie. Der Bruch mit vermeintlicher wissenschaftlicher Evidenz legitimiert auch Ausschlüsse aus der Gemeinschaft der Forschenden. Für Chemiker*innen bedeutete dies, dass sie sich nun entscheiden mussten. Da beide Theorien zeitweise eine ähnliche Erklärungskraft hatten und unterschiedliche Problemfelder nicht lösen konnten, ist davon auszugehen, dass auch andere Gründe als rein wissenschaftliche Fakten für die Wahl der Theorie eine Rolle spielten.

Auf jeden Fall hatte die Frage, ob sich Wissenschaftler*innen der Phlogiston-Theorie widmen oder sich für die neuere Oxidationstheorie entscheiden sollten, weitreichende Folgen. Die *Mémoires de l'Académie des sciences*, das war das Publikationsorgan der *Académie*, brauchte oft ein Jahr oder länger, um Schriften zu publizieren. In einer schnelllebigen Wissenschaft wie der Chemie, in der teilweise wöchentlich neue Erkenntnisse produziert wurden, war das viel zu lange. Lavoisier veröffentlichte daher viele seiner Aufsätze in den *Observations sur la physique*, einer Zeitschrift, in der deutlich schneller publiziert werden konnte. Problematisch erwies sich dabei allerdings, dass der Herausgeber der *Observations* Jean-Claude Delamétherie war. Er war ein Anhänger der Phlogiston-Theorie und als Lavoisiers Angriffe zunahmen, musste Lavoisier, zusammen mit drei Mitstreiter*innen, eine eigene Zeitschrift gründen, um seine oxidationstheoretischen Schriften zu publizieren.[12] Lavoisier wurde im Jahr 1784 Präsident der *Académie*. Während seiner Präsidentschaft wurden nahezu keine Vertreter*innen der Phlogiston-Theorie mehr aufgenommen. So hatte die Wahl der Theorie in der Chemie nicht nur wissenschaftliche, sondern auch ökonomische und personelle Folgen.

Für die Philosophin Helen Longino (1990) hängen die Theorieüberzeugungen, die schließlich zu einer Entscheidung einer Wissenschaftlerin für oder gegen ein theoretisches System führen, mit *background beliefs* der Akteur*innen zusammen. Diese sind bewusste oder unbewusste Hintergrundüberzeugungen, die durch wissenschaftliche, aber auch gesellschaftliche und politische Sozialisation geprägt sind. Wenn wir verstehen wollen, warum sich Wissenschaftler*innen eine bestimmte Theorie aneignen, so müssen wir diesen Prozess als ein Handeln auffassen, das sich in seiner Erforschung nicht von den Grundsätzen des sozialen Handelns unterscheidet. Diese Handlungen haben wiederum Auswirkungen auf die zukünftige wissenschaftliche Praxis. Für Lavoisier waren es viele kleinere und vielleicht auch zufällige Entscheidungen auf unterschiedlichen Ebenen in einem

---

[12] Zusammen mit den gleichgesinnten Chemikern Claude-Louis Berthollet, Antoine de Fourcroy und Guyton de Morveau gründete Lavoisier die Zeitschrift *Annales de Chimie* (1789). Hierin sind zumeist antiphlogistische Publikationen zu finden.

großen und langandauernden Forschungsprozess, die zur Ablehnung der gängigen Phlogiston-Theorie führten (Kitcher 2011, S. 35). Ähnliches mag für diejenigen Wissenschaftler*innen gelten, die sich zwischen den beiden Lagern entscheiden mussten. Ökonomische Aussichten und Prestige waren für die Entscheidungen wichtige Beweggründe. Neben den persönlichen Gründen spielt die Aussagekraft der Theorie eine Rolle: „Theory choice is not merely subjective, but guided from five criteria" (Longino 1990, S. 24f.). Longino bezieht sich dabei auf die Vorarbeiten von Thomas Kuhn, welcher die Gründe für die Ablösung wissenschaftlicher Theorien auflistet: „accuracy", „scope", „fruitfulness", „consistency", „simplicity" (Kuhn 1977, S. 371f.).

Die Kriterien, die bei der individuellen Entscheidung für eine Theorie eine Rolle spielen, sind den generellen Gütekriterien von wissenschaftlichem Arbeiten ähnlich. Je nach wissenschaftlicher Disziplin dienen Begriffe wie „Validität", „Reproduzierbarkeit", „Objektivität", „Reliabilität" (und viele weitere) dazu, zu entscheiden, ob ein Forschungsprojekt gute und verlässliche wissenschaftliche Aussagen treffen kann oder nicht. Folgt man Helen Longino oder auch Thomas Kuhn, sind es sowohl normative als auch wissenschaftlich evidente Gründe, die eine Theoriewahl der wissenschaftlichen Akteur*innen und deren Forschungspraxis beeinflussen. Diese entstehen in den bereits genannten institutionalisierten Gemeinschaften und bedürfen ständiger neuer Aushandlung (Andersen und Hepburn 2016). Wie an der Debatte um das Phlogiston in der *Académie* deutlich wird, beruht der Aushandlungsprozess auf normativen Richtlinien. Die ökonomisch und sozial unterschiedlichen Standards sind festgeschrieben. Diese Regeln sind eng mit den Forderungen nach guter wissenschaftlicher – und damit evidenter – Arbeit verknüpft.

Die Trennlinie zwischen diesen Forderungen wird bei genauerer Betrachtung unscharf. Zum einen sind normative Aspekte die Grundlage für *gute* wissenschaftliche Arbeit. Zum anderen sind, wie das Beispiel Lavoisier zeigt, Aussagen über die Welt verbunden mit dem, was man vernünftigerweise über die Welt sagen darf. Spätestens ab 1810 konnte und durfte man vernünftigerweise als Wissenschaftler*in nicht mehr über die Erklärungskraft des Phlogistons forschen.

8 Schlussbemerkungen und Ausblick

Sowohl die Etablierung der Phlogiston-Chemie als auch ihre Folgetheorie, die Oxidationstheorie, zeigen Eigenschaften einer wissenschaftlichen Revolution. Obwohl beide auf radikale Weise die Forschungspraxis verändern, werden diese Veränderungen auf unterschiedliche Weise verhandelt. Die Phlogiston-Theorie etabliert ein notwendiges Verhältnis von Theorie und Empirie, setzt politische und wissenschaftliche Forderungen zur Kooperation von Gewerbe und Forschung durch und professionalisiert und institutionalisiert sich als Wissenschaft. Damit schafft sie die Möglichkeit, innerhalb einer *scientific community* Normen auszuhandeln. Die Oxidationstheorie führt diese Forschungspraxis fort, revolutioniert aber den Sprachgebrauch und setzt so eine neue theoretische Grundlage, die mit der Phlogiston-Theorie nicht mehr kompatibel ist. Während die Phlogiston-Chemie gegen externe, unwissenschaftliche Entdecker*innen aus Alchemie oder Scholastik Stellung bezieht, erkennen die Anhänger*innen der Oxidationstheorie die Phlogiston-Theoretiker*innen als Wissenschaftler*innen an. Sowohl die Phlogiston-Theoretiker*innen als auch die Anhänger*innen der Oxidationstheorie beziehen sich auf Evidenz. Das ist jedoch das Ergebnis normativer, wissenschaftsinterner Praxis: Die Fragen „Was ist evident?" und „Über was und wie darf geforscht werden?" überschneiden sich.

Der Bezug auf Evidenz allein reicht nicht aus, um zu verstehen, warum sich bestimmte wissenschaftliche Theorien oder Konzepte durchgesetzt haben. Dass eine Theorie in bestimmten Belangen mehr Erklärungen oder bessere, wahrscheinlichere Vorhersagen liefern kann, hat sicher einen Einfluss darauf, dass Wissenschaftler*innen sich einer bestimmten Tradition anschließen und diese durch ihre Forschungspraxis unterstützen. Vielmehr hängen „wissenschaftliche Erkenntnisse [...] mit dem Wert des Wissens zusammen, der in dem Ethos der Wissenschaft vorausgesetzt ist" (Özmen 2012, S. 115 f.). Wenn wir verstehen wollen, wie wissenschaftliche Erkenntnis entstanden ist, reicht es nicht aus, aus nur einer Perspektive auf die Wissenschaft zu blicken. Weiter schreibt Özmen (2012, S. 116):

> Mit der analytischen Methode kann man nicht klären, warum wir [einen] Wissensbegriff überhaupt haben, wieso wir den wissenschaftlichen Typ von Wissen für paradigmatisch halten, welche Ziele oder Vorteile wir mit seinem Gebrauch verfolgen, warum wir Wissen, dann aber auch Wissenschaftlichkeit und Wissenschaft überhaupt für wertvoll und erstrebenswert erachten. Das Ethos der Wissenschaft ist nicht „begrifflich gegeben" [...].

Das gegenseitige Einfordern von Evidenz zwischen den Anhänger*innen der Phlogiston-Theorie und der Oxidationstheorie ist ohne eine Untersuchung der normativen Praxis nicht verständlich, weil Evidenz-Appelle Teil einer wissenschaftsinternen Aushandlung sind. Der Zugang zu diesen Aushandlungen ist normiert, und welche Folgen eine Entscheidung für eine Theorie haben kann, wurde am Beispiel der Chemiewissenschaft deutlich. Die Debatte über „fake science" (Beschorner 2018) zeigt, dass die Frage nach der richtigen Wahl der Theorie auch heute noch aktueller ist, als man zunächst vermutet – schließlich ist „Wissenschaftsfreiheit" ein integrativer Bestandteil einer demokratischen Gesellschaft.

Wie bereits der Titel des vorliegenden Sammelbandes nahelegt, müssen neben ontologischen, epistemischen, historischen und empirischen Perspektiven eben auch normative Perspektiven in Stellung gebracht werden, um ein ganzheitliches Bild von wissenschaftlicher Entwicklung zeichnen zu können.

Dass die Aushandlungsprozesse über Evidenz ein relevanter und interdisziplinärer Forschungsgegenstand sind, wird auch daran deutlich, dass ihnen gegenwärtig mehrere größere Forschungsprojekte gewidmet sind. Ein Beispiel dafür ist die Forschungsgruppe „Evidenzpraktiken" der Deutschen Forschungsgemeinschaft, die unter dem Thema „Practicing Evidence – Evidencing Practice" wissenschaftsinterne und wissenschaftsexterne Aushandlungsprozesse untersucht.

Der *scientific ethos* entsteht nicht im Elfenbeinturm der Wissenschaft, sondern bezieht sich auf politische und gesellschaftliche Forderungen. Es ist kein Zufall, dass naturwissenschaftliche, politische und soziale Revolutionen Ende des 18. Jahrhunderts zur gleichen Zeit auftreten. So ist beispielsweise der Appell für die Freiheit der Wissenschaft nur im Zusammenhang mit der bürgerlichen Forderung nach Freiheit verständlich. Sowohl Phlogiston-Chemiker*innen als auch Oxidationstheoretiker*innen treten außerhalb ihrer Labore sehr explizit mit politischen Forderungen auf (Strube 1961, S. 20 ff.). Verbindung zum gesellschaftlichen und politischen Zeitgeschehen garantieren aber nicht nur *gute* (und damit evidente) wissenschaftliche Arbeit, sondern auch Abhängigkeitsmechanismen und Diskriminierungen, die im historischen Verlauf und bis in die Gegenwart den gesellschaftlichen und wissenschaftlichen Alltag mitbestimmen.

Ein weiterer Punkt ist, dass Wissenschaft nicht nur innerhalb ihrer eigenen Gemeinschaft verbleibt, sondern durchaus Auswirkungen auf politische und soziale Prozesse hat. Die Nutzung der Chemiewissenschaft für nationalistische und imperialistische Belange ist ein negatives Extrembeispiel. Der Chemiker Justus Liebig nimmt dagegen in den 1840er Jahren die normative Stellung der Chemiewissenschaft mit Hilfe der Etablierung der organischen Chemie in den Blick. Um gegen drohende Hungersnöte wirken zu können, widmet er sich der *Agrarchemie*. Zudem veröffentlichte er viele seiner Arbeiten in wissenschaftsexternen Publikationen, um auch Laien mit seinen Forschungsergebnissen zu erreichen. Damit revolutionierte er die Landwirtschaft und formierte ein neues Bewusstsein hinsichtlich der Verantwortung von Chemiewissenschaftler*innen gegenüber der Gesellschaft. Spätestens seit Liebig steht der *scientific ethos* explizit mit den sozialen und normativen Praktiken der Gesellschaft in Verbindung.

Literatur

Andersen, Hanne und Hepburn, Brian (2016): „Scientific Method". In: Zalta, Edward (Hrsg.): *The Stanford Encyclopedia of Philosophy*. http://plato.stanford.edu/archives/sum2016/entries/scientific-method/, abgerufen am 8. November 2018.

Bacon, Francis (1999): *Neues Organon*. Hamburg: Felix Meiner.

Beckmann, Johann (1777): *Anleitung zur Technologie, oder zur Kentniß der Handwerke, Fabriken und Manufacturen, vornehmlich derer, die mit der Landwirthschaft, Polizey und Cameralwissenschaft in nächster Verbindung stehn*. Göttingen: Verlag der Witwe Vandenhoeck.

Beschorner, Thomas (2018): „Wer ‚Fake Science' ruft, ignoriert die wahren Probleme". In: *Die Zeit*. www.zeit.de/wissen/2018–07/fake-science-wissenschaft-publikation-zeitschrift, abgerufen am 14. November 2018.

Black, Joseph (1804): *Dr. Josef Black's Vorlesungen über die Grundlehre der Chemie*. Bd. 3. Hamburg: Hoffmann.

Blumenthal, Geoffrey und Ladyman, James (2017) „The Development of Problems Within the Phlogiston Theories, 1766–1791". In: *Foundations of Chemistry* 19 (3), S. 241–280.

Böhme, Gernot (1993): *Am Ende des Baconschen Zeitalters. Studien zur Wissenschaftsentwicklung*. Frankfurt am Main: Suhrkamp.

Decorte, Jos (2006): *Eine kurze Geschichte der mittelalterlichen Philosophie*. Paderborn: Schöningh.

Engelhardt, Carl August (1982): *Johann Friedrich Böttger. Erfinder des Sächsischen Porzellans*. Leipzig und Frankfurt am Main: Weidlich.

Gmelin, Johann Friedrich (2009): *Geschichte der Chemie*. 3 Bde. Paderborn: Salzwasser.

Guerlac, Henry (1955): „Some Aspects of Science During the French Revolution". In: *The Scientific Monthly* 80 (2), S. 93–101.

Halbfass, Wilhelm (1968): *Descartes' Frage nach der Existenz der Welt. Untersuchungen über die cartesianische Denkpraxis und Metaphysik*. Meisenheim am Glan: Hain.

Hirschi, Caspar (2014): „Gleichheit und Ungleichheit in den Wissenschaften. Debatten in der Académie royale des sciences 1720–1790". In: Mulsow, Martin und Rexroth, Frank (Hrsg.): *Was als wissenschaftlich gelten darf*. Frankfurt am Main und New York: Campus. S. 515–540.

Janich, Peter (1997): *Kleine Philosophie der Naturwissenschaften*. München: C. H. Beck.

Kant, Immanuel (1990): *Kritik der reinen Vernunft*. Hamburg: Felix Meiner.

Kirwan, Richard (1787): *An Essay on Phlogiston, and the Constitution of Acids*. London: J. Davis.

Kitcher, Philip (2011): *Science in a Democratic Society*. New York: Prometheus.

Kuhn, Thomas (1970): *The Structure of Scientific Revolutions*. Chicago: The University of Chicago Press.

Kuhn, Thomas (1977): „Objectivity, Value Judgement and Theory Choice". In: ders.: *The Essential Tension*. Chicago: The University of Chicago Press. S. 320–339.

Lavoisier, Antoine Laurent (1862): *Lavoisier Œuvres II*. Paris: Impr. Impériale.

Lavoisier, Antoine Laurent (1864): *Lavoisier Œuvres I*. Paris: Impr. Impériale.

Lavoisier, Antoine Laurent und Frercks, Jan (2008): *System der antiphlogistischen Chemie. Kommentar von Jan Frercks*. Frankfurt am Main: Suhrkamp.

Liebig, Justus (1845): „Chemische Briefe XVI. 30. März 1844". In: *Allgemeine Zeitung für das Jahr 1844.*
Liebig, Justus (1863): *Über Francis Bacon von Verulam und die Methode der Naturforschung.* München: Cotta.
Longino, Helen (1990): *Science as Social Knowledge. Values and Objectivity in Scientific Inquiry.* Princeton: Princeton University Press.
Marat, Jean Paul (1780): *Recherches physiques sur le feu.* Paris: Jombert.
Merton, Robert King (1985): „Die Struktur der Wissenschaft". In: ders. (Hrsg.): *Entwicklung und Wandel von Forschungsinteressen. Aufsätze zur Wissenschaftssoziologie.* Frankfurt am Main: Suhrkamp. S. 86–99.
Osterhammel, Jürgen (2010): *Die Verwandlung der Welt.* München: C. H. Beck.
Özmen, Elif (2011): „Ecce homo faber! Anthropologische Utopien und das Argument von der Natur des Menschen". In: Nida-Rümelin, Julian und Kufeld, Klaus (Hrsg.): *Die Gegenwart der Utopie. Zeitkritik und Denkwende.* Freiburg und München: Alber. S. 101–124.
Özmen, Elif (2012): „Die normativen Grundlagen der Wissenschaftsfreiheit". In: Voigt, Friedemann (Hrsg.): *Freiheit der Wissenschaft. Beiträge zu ihrer Bedeutung, Normativität und Funktion.* Berlin und Boston: Walter de Gruyter. S. 111–132.
Özmen, Elif (2015): „Wissenschaft. Freiheit. Verantwortung. Über Ethik und Ethos der freien Wissenschaft und Forschung". In: *Ordnung der Wissenschaft* 2, S. 65–72.
Pedersen, Olaf (1996): „Tradition und Innovation". In: Rüegg, Walter (Hrsg.): *Geschichte der Universität in Europa. Bd. 2: Von der Reformation zur Französischen Revolution (1500–1800).* München: C. H. Beck. S. 363–390.
Renn, Ortwin (Hrsg.) (2014): *Partitionierung und Transmutation. Forschung, Entwicklung, Gesellschaftliche Implikationen.* München: acatech.
Russell, Bertrand (1978): *Philosophie des Abendlandes. Ihr Zusammenhang mit der politischen und der sozialen Entwicklung.* Zürich und Wien: Europa-Verlag.
Sandkühler, Hans Jörg (2011): „Kritik der Evidenz". In: Bellmann, Johannes und Müller, Thomas (Hrsg.): *Wissen, was wirkt.* Bad Heilbrunn: Klinkhardt. S. 33–55.
Schmidt-Biggemann, Wilhelm (1996): „Die Modelle der Human- und Sozialwissenschaften in ihrer Entwicklung". In: Rüegg, Walter (Hrsg.): *Geschichte der Universität in Europa. Bd. 2: Von der Reformation zur Französischen Revolution (1500–1800).* München: C. H. Beck. S. 391–424.
Stahl, Georg Ernst (1718): *Zufällige Gedancken und nützliche Bedencken über den Streit. Von dem so genannten Sulphure und zwar sowohl dem gemeinen, verbrennlichen, oder flüchtigen, als unverbrennlichen oder fixen.* Halle: In Verlegung des Waysenhauses.
Stegmüller, Wolfgang (1969): *Metaphysik, Skepsis, Wissenschaft.* Berlin: Springer.
Ströker, Elisabeth (1982): *Theoriewandel in der Wissenschaftsgeschichte. Chemie im 18. Jahrhundert.* Frankfurt am Main: Vittorio Klostermann.
Strube, Wilhem (1961): *Die Auswirkung der neuen Auffassung von der Chemie in Deutschland in der Zeit von 1745 bis 1785.* Dissertation, Universität Leipzig.
Strube, Wilhelm (1974): *Die Chemie und ihre Geschichte.* Berlin: Akademie-Verlag.
Strube, Wilhelm (1981): *Der historische Weg der Chemie. Von der industriellen Revolution bis zum Beginn des 20. Jahrhunderts.* Bd. 2. Leipzig: Deutscher Verlag für Grundstoffindustrie.
Trommsdorff, Johann Bartholomäus (1800): *Systematisches Handbuch der gesamten Chemie. Zur Erleichterung des Selbststudiums dieser Wissenschaft.* Erfurt: Hennings.

Wiegleb, Johann Christian (1777): *Historisch-kritische Untersuchung der Alchemie, oder der eingebildeten Goldmacherkunst; von ihrem Ursprunge sowohl als Fortgange, und was nun von ihr zu halten sey.* Weimar: Carl Ludolf Hoffmann.

Alexander Max Bauer
Zur Grundlegung empirisch informierter Maße der Bedarfsgerechtigkeit

Zwei Desiderata zwischen normativer Theorie, formaler Modellierung und empirischer Sozialforschung

English title and abstract: *On the Groundwork of Empirically Informed Measures of Needs-Based Justice. Two Desiderata Between Normative Theory, Formal Modelling and Empirical Social Research.* Philosophical theories of distributive justice are usually formulated in a purely verbal way. Thus it is not always clear how they are actually to be applied to different specific distribution situations. It is often not possible to say what influence, for example, small variations of distributions should have on their assessment. In order to solve this problem of vagueness, an attempt has recently been made to formalise needs-based justice by means of indices in order to obtain precise mathematical tools for assessing the justice of distributions. The chapter introduces two classes of axioms – "monotonicity" and "sensitivity" – that represent fundamental assumptions for the construction of such indices. In addition, empirical surveys with lay people are conducted on the normative considerations that guide those classes of axioms. It turns out that this provides a wider range and diversity of intuitions that can be reflected upon. It is shown how this can be fruitful for the present case of reflections on axioms of needs-based justice.

1 Einleitung

Gerechtigkeit und Ungerechtigkeit bilden einen Gegensatz, der die menschliche Denkgeschichte seit alters her begleitet. Die damit verbundene Frage, wie menschliches Miteinander richtigerweise einzurichten sei, geht zurück bis zu den frühen uns bekannten Wurzeln menschlicher Gesellschaft: Wir finden sie in den älteren Kulturen Ägyptens sowie Mesopotamiens, im alten Israel ebenso wie im alten Griechenland (Höffe 2015). Der Diskurs, der sich im Laufe der Jahrhunderte um dieses Begriffspaar entsponnen hat, scheint eine zunehmende Diversifikation erfahren zu haben, ohne dass in der sich hier offenbarenden Vielfalt fester Boden gewonnen worden wäre.

Neben der Gerechtigkeit im Allgemeinen sind insbesondere auch Fragen der Verteilungsgerechtigkeit im Speziellen nach wie vor allgegenwärtig. Die Problematik, wie etwas Vorhandenes zu verteilen sei, hat Denker über Generationen hinweg beschäftigt und dabei zu zahlreichen und sehr verschiedenen normativen Theorien geführt. Diesen ist im Regelfall die Forderung gemein, dass eine Person mindestens das zu erhalten habe, was ihr zusteht. Uneinigkeit hingegen wird von der Frage evoziert, worin dies nun aber eigentlich bestehen solle. Dabei haben sich in der Debatte unter anderem Gleichheit, Billigkeit, Status, Leistung und Bedarf als mögliche Kriterien herauskristallisiert, die hier ausschlaggebend sein können (Forsyth 2006).

Neben diesem Problem einer fundamentalen Uneinigkeit lässt sich ferner eine gewisse Ungenauigkeit oder Unschärfe des Gerechtigkeitsbegriffs für den Fall von Verteilungsproblemen ausmachen: Durch die im Regelfall rein verbale Formulierung verschiedener Gerechtigkeitsideale ist nicht immer klar, wie sie eigentlich auf verschiedene konkrete Verteilungssituationen anzuwenden sind. Häufig lässt sich dann nicht sagen, welchen Einfluss zum Beispiel geringe Variationen in Verteilungen auf deren Beurteilung unter Gerechtigkeitsgesichtspunkten haben sollen.[1]

Während das Problem der Uneinigkeit nicht ohne Weiteres lösbar scheint, ließe sich zumindest das der Ungenauigkeit auflösen, indem man die zugrunde liegenden Ideale formal durch Maße der Verteilungsgerechtigkeit modelliert, um so präzise mathematische Hilfsmittel zu erlangen, mit denen die Beurteilung verschiedener Verteilungssituationen hinsichtlich ihrer Verteilungsgerechtigkeit geleistet werden kann, wobei sie – eine sinnvolle Konstruktion vorausgesetzt – auch mit sehr komplexen Verteilungen oder sehr geringen Variationen in denselben zurechtkommen könnten.

In dem vorliegenden Kapitel kann es – das sollte auf der Hand liegen – nicht darum gehen, den normativen Diskurs zu entscheiden. Was versucht werden soll, ist vielmehr, eben jenen Diskurs um einige bisher wenige beachtete Aspekte zu erweitern und auch unter methodischen Gesichtspunkten wenig ausgetretene Pfade gangbar zu machen. Dabei behandelt der Beitrag, der Titel kündigt das schon an, den Bereich der normativen Theorie, der mit mathematischer Formalisierung und Methoden der empirischen Sozialforschung verbunden wird, wobei auch Forschungsergebnisse aus anderen Fachbereichen aufgenommen werden. Verfolgt wird damit ein interdisziplinärer Ansatz, der das widerzuspiegeln hofft, was Philosophie ursprünglich gemeint haben mag: das gemeinsame, nicht an die

---

1 Das setzt freilich voraus, wie hier und im Weiteren angenommen wird, dass Gerechtigkeit mehr meint als ein rein binäres Konzept, das lediglich die Klassifikationen „gerecht" und „ungerecht" gelten lässt.

Grenzen von Fachdisziplinen gebundene, sondern sie unter einem gemeinsamen Ziel vereinende, reflexive Denken.

Dazu sollen am Beispiel der Bedarfsgerechtigkeit zwei mögliche Klassen inhaltlicher Annahmen betrachtet werden, die jeweils zur Grundlegung bei der Konstruktion der erwähnten Maße Bedeutung erlangen können: Monotonie und Monotoniesensitivität. Zunächst gilt es hierzu den begrifflichen Rahmen zu spannen, bevor auf mögliche Axiome aus den beiden genannten Klassen eingegangen wird. Anschließend soll durch eine empirische Untersuchung sozusagen die Grundgesamtheit der Introspektionen erweitert werden, über die reflektiert werden kann.

Dieser Beitrag ist dabei, vielleicht mehr als andere, *work in progress*, wie man im Englischen sagt. Meiner bescheidenen Meinung nach trifft das auf jeden philosophischen Text zu, der – so wie das Denken selbst – kaum abgeschlossen sein kann. Und was anderes ist so eine Arbeit eigentlich, als das mitvollziehende Denken auf Papier? Man mag daher gut beraten sein, kein kleines, schwarzes Rechteck an das Ende eines solchen Textes zu setzen; hier gibt es nur ein sehr bedingtes *quod erat demonstrandum*. Der Punkt ist, denke ich, vielmehr, dass man den Zeitpunkt abpassen muss, ab dem die eigenen Überlegungen für das „Gespräch" mit anderen reif sind und verständlich genug, um zum gemeinsamen Nachdenken darüber einzuladen und zugleich eine Wegmarkierung der eigenen Denkbewegung zu hinterlassen.

2 Empirisch informierte Maße der Bedarfsgerechtigkeit

Das Vorhaben, Maße der Bedarfsgerechtigkeit zu konstruieren, mithin diese auch empirisch zu informieren, ist sehr jung: Versucht man, mögliche Verteilungsmodi vor dem Hintergrund des Bedarfsprinzips als ein Maß zu konstruieren, das als präzises mathematisches Hilfsmittel zur genauen Beurteilung verschiedener Verteilungssituationen hinsichtlich ihrer Verteilungsgerechtigkeit dienen soll, betritt man ein weitestgehend unbestelltes Feld der Gerechtigkeitstheorie. Während Verteilungsmaße schon länger in der Diskussion sind (in der Regel aus ökonomischer Perspektive und mit einem Fokus auf (Un-)Gleichheit, siehe zum Beispiel Gini 1914, Atkinson 1970, Firebaugh 1999, für einen ökonomischen Überblick siehe Lambert 2001), finden sich nur wenige Versuche, die explizit auf Bedarfsgerechtigkeit abzielen. Diese gehen zurück auf einen rudimentären Versuch bei Miller (1999) sowie darauf aufbauende Überlegungen bei Hassoun (2009). Bei Jasso (zum Beispiel 1997, 1999, 2007) finden sich außerdem Vorschläge für generelle Maße der Gerechtigkeit, die gegenüber Millers Versuch formal ausgereifter sind. Jasso (1978) verweist ihrerseits noch auf eine Reihe weiterer Vorschläge von Adams (1965), Berger und Kollegen (1972), Homans (1974) sowie Walster und Kollegen (1976). Mit Blick auf Jasso werden von Eriksson (2012) außerdem weitere rudimentäre Metriken behandelt. Der Vollständigkeit halber sei an dieser Stelle außerdem auf Braß (1993) verwiesen. – Vor dem Hintergrund der Bedarfsgerechtigkeit wurde die Idee von Maßen der Verteilungsgerechtigkeit wieder aufgenommen von Bauer (2016) und anderen Mitgliedern der Forschergruppe „Bedarfsgerechtigkeit und Verteilungsprozeduren". In Bauer (2017a, b) wird hierzu ein modifizierter Index aus der Armutsmessung vorgeschlagen; Siebel (2017) geht auf klassische Konzepte der antiken Philosophie zurück; Traub und Kollegen (2017) stellen einen Index vor, der eine Reihe wichtiger Desiderata erfüllt, und Springhorn (2017) stellt elaborierte Überlegungen zu der Frage an, welchen Einfluss der Status anderer Gruppenmitglieder auf die Gerechtigkeitseinschätzung eines spezifischen Individuums haben soll.

Eine ähnliche Problemstellung, bei der Maße zur Hilfe genommen werden und auf die sich damit fruchtbar bezogen werden könnte, findet sich in der Armutsmessung mit der Verwendung sogenannter subjektiver Armutsgrenzen (Goedhart et al. 1977, Flink, Robert und van Praag 1991) sowie in der Ungleichheits- und Wohlfahrtsmessung mit heterogenen Bedarfen, für die unter anderem auf Atkinson und Bourguignon (1987) sowie auf Lambert und Ramos (2002) zu verweisen ist (siehe auch Chakravarty 2009).

Da zunächst einmal prinzipiell jede entsprechende Funktion von Bedarfen und Zuteilungen als ein Maß der Bedarfsgerechtigkeit genutzt werden kann, gilt es, die sich daraus ergebende Menge von Möglichkeiten sinnvoll einzuschränken, was sich – wie in dem oben genannten Bereich der Armutsmessung, in der sich mit Sen (1976) ein solcher Ansatz durchgesetzt hat – durch die Forderung gewisser Axiome (oder Desiderata) erreichen lässt, die ein solches Maß idealerweise zu erfüllen hat (Scheicher 2009). Unter Axiomen sollen hier entsprechend die Beschreibungen von sowohl formal als auch inhaltlich begründeten Eigenschaften verstanden werden, die von einem Maß gefordert werden und auf deren Grundlage sich eine Einteilung in als sinnvoll akzeptierbare oder als sinnlos zu verwerfende Maße vornehmen lässt (von der Lippe 1996, S. 25). Axiome in diesem Sinne werden in verschiedenen Forschungsbereichen zur Grundlegung der Konstruktion oder Beurteilung von Maßen verwendet; man denke hier im Rahmen der Wirtschaftswissenschaften exemplarisch an die oben bereits erwähnte Messung von Armut, aber auch an die Messung von Ungleichheit oder Reichtum (Scheicher 2009, Herlyn 2012).

Vor diesem Hintergrund sollen Maße also neben der Einbindung eines quantifizierbaren Legitimationsprinzips – hier den Bedarfen – einer Reihe weiterer theoretischer und normativer Überlegungen genügen: Wie ist es beispielsweise zu bewerten, wenn jemand über mehr oder weniger des betrachteten Gutes verfügt, als ihm zusteht? Wie, wenn er dann etwas dazugewinnt oder verliert? Soll zwischen Mikro- und Makroebene der Gerechtigkeit (Brickman et al. 1981, Eckhoff 1974) oder zwischen einem komparativen und nicht-komparativen Ansatz (Feinberg 1974) unterschieden werden? Und so weiter. Als Grundlage der Konstruktion oder Beurteilung eines Maßes lassen sich mittels solcher Überlegungen Axiome formulieren, die ein gewisses Verhalten eines Maßes unter gewissen Bedingungen von ihm fordern: Etwa dass es größere Gerechtigkeit einer Verteilung anzeigt, wenn eine Person, die über weniger von einem Gut verfügt, als ihr davon zusteht, mehr davon erhält, so dass sie sich der ihr zustehenden Menge annähert.

Damit mag die Grundidee hinter „Maßen der Bedarfsgerechtigkeit" angedeutet sein. Es stellt sich freilich noch die Frage, was unter Bedarfsgerechtigkeit zu verstehen ist und was es heißen soll, dass ein solches Maß am Ende empirisch informiert sein soll. Grundlegende Überlegungen zu Bedarf und Bedarfsgerechtigkeit finden sich in Bauer (2019). Überlegungen zu den Möglichkeiten und Grenzen einer Integration von empirischer Forschung in normative Theorie bilden den Gegenstand der meisten Beiträge dieses sowie des englischen Schwesterbands (Bauer und Meyerhuber 2020), auf die hiermit verwiesen sei. Die möglichen Verhältnisse von normativer Theorie und empirischer Forschung lassen sich dabei, wie wir im vorliegenden Band schon gesehen haben (Kapitel 1, siehe auch Schwettmann 2009, Miller 1994) auf zwei entgegengesetzte Perspektiven zuspitzen, die als „platonisch" und „aristotelisch" bezeichnet werden können. Diese Dichotomie mag auch dem Umstand Rechnung tragen, dass normative Theorien prinzipiell auf verschiedene Weise konstruiert werden können: Sie sind entweder rekonstruktiv, indem sie sich affirmativ auf faktische Gegebenheiten zurückbeziehen und damit immer auch ein relatives Moment bergen, wobei ihnen ein gewisser Konservatismus oder Konventionalismus vorgeworfen werden kann. Ein Beispiel für das rekonstruktive Vorgehen findet sich etwa bei Honneth (2014) oder bei Walzer (1983), der dazu Gegebenheiten in den Vereinigten Staaten von Amerika in den Blick nimmt. Wenn andererseits von spezifischen normativen Annahmen ausgegangen wird, kann das Vorgehen als konstruktiv bezeichnet werden. Beispielhaft lassen sich hier Rawls (1975) oder Dworkin (2000) anführen. Eine solche konstruktive Methode mag historisch auch zusammenfallen mit der Annahme einer objektiv vorhandenen normativen Realität, die unabhängig vom Subjekt ist; man denke hier an die Konzepte der *idéa* oder *eídos*, beziehungsweise auch an Konzeptionen überpositiven Rechts, dessen Quellen exemplarisch im Bereich des Göttlichen, im Logos, der Natur an sich oder der Vernunft verortet werden.

An dieser Stelle sei daher nur ein knapper Versuch dazu skizziert, was unter „empirischer Informiertheit" verstanden werden könnte: Eine normative Theorie mag zum Beispiel dann als „empirisch informiert" gelten, wenn sie (1) die in ihr enthaltenen deskriptiven Annahmen explizit macht, sich (2), mit Popper (1966, 1989) gesprochen, um deren Falsifizierung bemüht oder – und das soll für das Nachfolgende gelten – (3) durch empirische Forschung generierte Daten zu ihrer Reflexionsgrundlage nimmt. Diese eigentlich naheliegend scheinende Idee bleibt in der Praxis noch hinter ihren Möglichkeiten zurück: Zwar ist während der letzten Dekaden in verschiedenen wissenschaftlichen Disziplinen aus einer deskriptiven Perspektive heraus ein verstärktes Interesse an empirischer Forschung zum Verständnis von Moral entstanden (Christen 2010) – im Bereich der Psychologie etwa wird untersucht, wie Emotionen und Intuitionen unsere ethische Theoriebildung beeinflussen, in der Verhaltensökonomik wird der Einfluss von Moral auf rationale Entscheidungsfindung erforscht, in der Anthropologie versucht man sich an einer Rekonstruktion der historischen Ursprünge moralischer Charakterzüge und in der Primatenforschung wird nach Grundbausteinen menschlicher Moralität bei Primaten gesucht (Christen et al. 2014, S. IX) –, nichtsdestotrotz findet sich eine Spannung zwischen philosophischer Theorie und empirischer Forschung nicht nur im Allgemeinen, sondern ebenso im Besonderen für das Feld der Praktischen Philosophie (Christen und Alfano 2014, S. 4).

Darüber hinaus lässt sich auch für das Feld der Verteilungsgerechtigkeit aufzeigen, dass sich hier über lange Zeit hinweg zwei methodisch voneinander verschiedene Forschungsrichtungen parallel zueinander entwickelt haben, ohne dabei maßgeblich voneinander Notiz zu nehmen. Schwettmann stellt beispielsweise bei normativen Theoretikern eine ablehnende Haltung gegenüber der Relevanz empirischer Forschung fest: „theorists often deny the relevance of empirical findings for the development of distributive justice ideas" (Schwettmann 2009, S. 8). Entsprechend finden sich im Bereich der philosophischen Literatur überwiegend theoretische Diskussionen des Gegenstandes, während sich etwa in der psychologisch, politikwissenschaftlich oder sozialwissenschaftlich orientierten Literatur zahlreiche empirische Untersuchungen dazu finden, welche Einstellungen hinsichtlich Verteilungsgerechtigkeit bei Laien gegeben sind oder welche Verteilungspräferenzen diese an den Tag legen. Eine Vermittlung der beiden Sphären bleibt aus. Schwettmann fasst dieses Verhältnis prägnant zusammen: „both lines [of research on distributive justice] have developed almost completely disconnected from each other" (Schwettmann 2009, S. 1).

Hier ist, schon des beschränkten Raumes wegen, schwerlich der Ort, eine vollständige normative Theorie der Bedarfsgerechtigkeit zu zergliedern, ihre deskriptiven Prämissen zu identifizieren und sich an ihrer Falsifikation zu versuchen. Dies scheint vielmehr ein ganzes Forschungsprogramm für sich darzustellen. An dieser Stelle soll die Verwendung empirischer Daten mehr einem Prozess der reflexiven Selbstkorrektur dienen, wie ihn Bar-Hillel und Yaari (1993, S. 58) beschreiben: Während in die Theoriebildung für gewöhnlich lediglich die Intuitionen des Theoretikers eingehen, allenfalls noch die seiner Korrespondenzpartner, lässt sich durch empirische Untersuchungen sozusagen die Grundgesamtheit der Introspektionen erweitern. Gewicht erlangen diese Überlegungen vor dem Hintergrund, dass solche Intuitionen nach wie vor als bedeutende Begründungsinstanzen herangezogen werden. Welche Rolle Intuitionen für normative Theorien spielen sollen, ist dabei umstritten. Einige gehen davon aus, dass ein Autor nur seinen eigenen Intuitionen Rechnung tragen muss (Kamm 2007), andere davon, dass nur die Intuitionen einer philosophischen oder wissenschaftlichen Gemeinschaft von Bedeutung sind, wieder andere, dass auch die Intuitionen von Laien entsprechendes Gewicht haben sollten. Differenzierter wird auch davon ausgegangen, dass die Intuitionen verschiedener Menschen Relevanz in verschiedenen Fällen erlangen (Knobe und Nichols 2008). Während aus platonischer Perspektive davon ausgegangen wird, dass ausschließlich die Intuitionen von Experten maßgebend sind, zum Beispiel, da sie sich im Gegensatz zu Laien freimachen könnten von kulturellen, sozioökonomischen oder anderen ungewollten Verzerrungen, relativiert die aristotelische Perspektive eine solche Bedeutung von Experten.

Unterstützung erfährt diese Relativierung unter anderem durch eine empirische Untersuchung von Vaesen, Peterson und van Bezooijen (2013), die zu dem Schluss kommen, dass sich die Intuitionen von philosophischen Experten hinsichtlich einer epistemologischen Fragestellung entlang von Sprachzugehörigkeiten systematisch unterscheiden: „contrary to what is commonly assumed by armchair philosophers, the epistemic intuitions of trained philosophers are susceptible to a linguistic background effect" (Vaesen, Peterson und van Bezooijen 2013, S. 560, siehe auch Weinberg et al. 2010, Machery et al. 2004, 2013, Nichols, Stich und Weinberg 2003). Zu dem Umstand, dass man sich außerdem für distinkte Positionen gleichermaßen auf den gesunden Menschenverstand bezieht, schreibt Schwettmann (2009, S. 21) entsprechend: „One possible reason might be that convictions held by normative theorists are biased by influences reaching from self-interest to social background characteristics of the individual researcher". Wenn Intuitionen von Experten uneinheitlich und in gleichem Maße von Verzerrungen betroffen sind wie die von Laien, stellt sich freilich die Frage, wie die „Güte" einer Intuition eigentlich bewertet werden soll (siehe auch Singer 2005). Damit scheint es Anlass zu geben, die Bedeutung der Intuitionen von Experten zumindest zu einem gewissen Maße zu relativieren und durch eine empirische Erweiterung der Grundgesamtheit an Intuitionen wenigstens das Material zu erweitern, über das reflektiert werden kann – und durch das die Intuitionen eines Theoretikers in ein gewisses Verhältnis gerückt werden können.

3 Monotonie und Monotoniesensitivität

Zunächst zu den Intuitionen des Theoretikers: Aus normativen Überlegungen können nun Desiderata oder Axiome formuliert werden, die ihrerseits zur Grundlegung oder Beurteilung eines Maßes der Bedarfsgerechtigkeit herangezogen werden können, um so die kaum zu überblickende Vielfalt möglicher Maße sinnvoll einschränken zu können (von der Lippe 1996, S. 25).

Im Folgenden soll dies einmal exemplarisch geschehen; dabei wird keine geschlossene Axiomatik präsentiert, die eine als notwendig oder hinreichend betrachtete Menge konsistenter Axiome zur Beurteilung oder Modellierung von Maßen der Bedarfsgerechtigkeit nahelegen würde. Der vorliegende Beitrag verfolgt vielmehr das Ziel, zwei mögliche Klassen axiomatischer Grundlagen für empirisch informierte Maße der Bedarfsgerechtigkeit zu behandeln, die verschiedene normative Grundannahmen abdecken. Da die möglichen Axiome dieser Klassen auch formal präsentiert werden sollen, wird zunächst eine Notation eingeführt, ehe verschiedene denkbare normative Forderungen als Axiome im Rahmen der beiden Klassen vorgestellt werden.

3.1 Notation

Eine für die Formalisierung der nachfolgenden Axiome verwendete Notation soll die hier für Maße der Bedarfsgerechtigkeit als zentral angenommenen Aspekte erfassen. Welche Aspekte dabei Eingang in solche Überlegungen finden, ist freilich keine voraussetzungsfreie Entscheidung, sondern stellt immer schon eine – mehr oder minder bewusste – Auswahl dar.

Die Parteien, deren Bedarfe und Zuteilungen eines Gutes im Rahmen eines Maßes betrachtet werden sollen, werden als Menge $\mathcal{P}$, bestehend aus n Individuen $i = \{1, 2, \ldots, n\}$, bezeichnet. Diese Individuen sind nicht zwangsläufig Einzelpersonen, sondern können auch Gruppen von Einzelpersonen, etwa Haushalte oder Institutionen, umfassen.

Es wird angenommen, dass jedes Individuum i über eine tatsächliche Zuteilung y_i eines Gutes verfügt. Quantifiziert wird diese im Bereich der nicht-negativen reellen Zahlen, $y_i \in \mathbb{R}_0+$. Ferner sei $\vec{y} = (y_1, y_2, \ldots, y_n)$ ein Vektor und $\Gamma = \sum_{i=1}^{n} y_i$ die Summe der insgesamt zur Verfügung stehenden Menge des Gutes. Dieses Gut muss nicht zwangsläufig auf physische Güter beschränkt, sondern lediglich quantifizierbar sein.

Bezogen auf das Gut, dessen Verteilung im Fokus steht, wird angenommen, dass jedes Individuum i unabhängig von seinem γ_i über einen Bedarf ν_i verfügt, über den bestimmt wird, wann es hinsichtlich dieses Gutes als unterversorgt, versorgt oder überversorgt zu betrachten ist. Quantifiziert wird auch er im Bereich der nicht-negativen reellen Zahlen, $\nu_i \in \mathbb{R}_0+$. Hier sei $\vec{\nu} = (\nu_1, \nu_2, \ldots, \nu_n)$ ein Vektor und $N = \sum_{i=1}^{n} \nu_i$ die Summe der gesamten Bedarfe an dem betrachteten Gut.

Mittels γ_i und ν_i kann nun das jeweilige Individuum i hinsichtlich seiner Versorgungssituation betrachtet werden. Aus dieser Klassifizierung ergeben sich die Teilmengen $\mathcal{U}$, $\mathcal{S}$ und $\mathcal{O}$ aus der Gesamtmenge $\mathcal{P}$.[2] Ein Individuum wird dann als unterversorgt hinsichtlich eines Gutes betrachtet, wenn es über weniger Einheiten davon verfügt, als sein Bedarf fordert. Als versorgt gilt es, wenn es über exakt die Anzahl an Einheiten verfügt, die sein Bedarf fordert. Verfügt es über eine größere Anzahl an Einheiten, als sein Bedarf fordert, gilt es als überversorgt.

Definition 1. *Unterversorgung* Ein Individuum i ist unterversorgt, wenn $\gamma_i < \nu_i$. Die Menge der Unterversorgten ist $\mathcal{U} = \{i \in \mathcal{P} : \gamma_i < \nu_i\}$.

Definition 2. *Versorgung* Ein Individuum i ist versorgt, wenn $\gamma_i = \nu_i$. Die Menge der Versorgten ist $\mathcal{S} = \{i \in \mathcal{P} : \gamma_i = \nu_i\}$.

Definition 3. *Überversorgung* Ein Individuum i ist überversorgt, wenn $\gamma_i > \nu_i$. Die Menge der Überversorgten ist $\mathcal{O} = \{i \in \gamma_i > \nu_i\}$.

Der Unterscheidung zwischen Mikro- und Makrogerechtigkeit folgend ist diese Perspektive der individuellen Zuteilung nun zu Indizes zu aggregieren, die die Gesamtgerechtigkeit in den Blick nehmen (Brickmann et al. 1981, Berger et al. 1972, Arts, Hermkens und van Wijck 1991, Jasso 1983), wobei nicht festgelegt ist, ob diese komparativen oder nonkomparativen Überlegungen folgen sollen (Feinberg 1974). Als solche aggregierten Maße werden dann Indizes J betrachtet, die sich wie folgt definieren lassen.

Definition 4. *Gerechtigkeitsmaß* Ein Maß der Gerechtigkeit J ist eine Funktion $J : \mathbb{R}^n \times \mathbb{R}^n \to \mathbb{R}$.

---

[2] Die Wahl der beiden griechischen Buchstaben Gamma und Ny fiel in Anlehnung an die englischen Termini „goods" und „needs". Die Bezeichnungen der Teilmengen orientieren sich an den englischen Termini „undersupplied", „supplied" und „oversupplied".

Um im Folgenden die von einem Maß angegebene Gerechtigkeit zweier Verteilungen zumindest ordinal vergleichen zu können, wird definiert, dass ein Index für eine als gerechter festgelegte Verteilung einen geringeren Funktionswert ausgeben muss als für die als ungerechter betrachtete Verteilung.

Definition 5. *Gerechtigkeitsordnung* Ein Maß der Gerechtigkeit J zeigt höhere Gerechtigkeit für eine Verteilung $(\vec{\gamma}\prime, \vec{v}\prime)$ statt $(\vec{\gamma}, \vec{v})$ an, wenn $J(\vec{\gamma}\prime, \vec{v}\prime) < J(\vec{\gamma}, \vec{v})$.

3.2 Axiome für Monotonie

Eine bei ähnlichen Maßen, etwa im Bereich der Armutsmessung, grundlegende Vorstellung besteht darin, dass es – zumindest im Bereich der Unterversorgung – einen Unterschied macht, ob jemand etwas von einem Gut gewinnt oder verliert: Mit Monotonieaxiomen werden solche Veränderungen der bei einem Individuum i gegebenen Zuteilung γ_i betrachtet (für Axiome der Monotoniesensitivität in der Armutsmessung siehe zum Beispiel Kockläuner 2012, Seidl 1988). Sie werden hier als nonkomparativ angenommen, das heißt, dass sie sich lediglich auf die Kennwerte des Bedarfs und der Zuteilung beziehen und nicht etwa die Stellung eines Individuums zu den übrigen Individuen in den Blick nehmen, wie es aus Sicht komparativer Gerechtigkeit gefordert werden könnte, um zu ermitteln, was einem Individuum gerechterweise zusteht (für eine komparative Konstruktion siehe Springhorn 2017).

Begrifflich angelehnt an eine mathematische Beschreibung von Funktionen können durch den Monotoniebegriff nun verschiedene Fälle von Veränderungen in der Zuteilung γ_i sowie die daraus resultierenden Auswirkungen auf die Gerechtigkeit einer Verteilung beschrieben werden. – Von monoton steigender Gerechtigkeit lässt sich sprechen, wenn der Funktionswert von J mit größer werdendem γ_i keine geringere Gerechtigkeit anzeigt (also nach Definition 5 keinen größeren Funktionswert aufweist), wenn also aus $\gamma_i < \gamma_i\prime$ folgt, dass $J(v_i, \gamma_i) \geq J(v_i, \gamma_i\prime)$. Von streng monoton steigend kann in diesem Sinne gesprochen werden, wenn mit größer werdendem γ_i die angezeigte Gerechtigkeit einer Verteilung ebenfalls größer wird, wenn also aus $\gamma_i < \gamma_i\prime$ folgt, dass $J(v_i, \gamma_i) > (v_i, \gamma_i\prime)$. Von monoton fallend lässt sich sprechen, wenn der Funktionswert von J mit größer werdendem γ_i keine größere Gerechtigkeit anzeigt, wenn also aus $\gamma_i < \gamma_i\prime$ folgt, dass $J(v_i, \gamma_i) \leq (v_i, \gamma_i\prime)$. Streng monoton fallend ist die Gerechtigkeit einer Verteilung in diesem Sinne, wenn der Funktionswert mit größer werdendem γ_i geringere Gerechtigkeit anzeigt, wenn also aus $\gamma_i < \gamma_i\prime$ folgt, dass $J(v_i, \gamma_i) < J(v_i, \gamma_i\prime)$.

Es ist zu bemerken, dass sich dabei eine Funktion von J abschnittsweise verschieden hinsichtlich der von ihr dargestellten Monotonie der Gerechtigkeit verhalten kann. Auch ist denkbar, dass für verschiedene Bedürfnisse verschiedene Arten von Monotonie Geltung erlangen. Und während im Folgenden ausschließlich der Verteilungswert γ_i variiert wird, lässt sich freilich auch der Bedarfswert ν_i verändern, der hier aber als statisch angenommen werden soll, so dass es möglich ist, sich zunächst auf die Verteilung von Gütern bei heterogenen, aber unveränderten Bedarfen zu konzentrieren. Ferner können Axiome sowohl hinsichtlich absoluter als auch relativer Abstände zwischen Bedarfen und Zuteilungen konstruiert werden, was in einigen Fällen zu unterschiedlichen Einschätzungen der gleichen Verteilungen führen kann. Im Folgenden sollen die Axiome nur in der jeweils absoluten Fassung präsentiert werden (für beispielhafte Formalisierungen mit Blick auf Verhältnisse siehe Bauer 2017a, b).

Im Bereich der Unterversorgung kann – sofern man sich hier auf eine nonkomparative Perspektive beschränkt – davon ausgegangen werden, dass eine Annäherung an den Bedarf immer auch einen Anstieg der Gerechtigkeit impliziert: Solange ein Individuum unterversorgt ist, bedeutet eine zusätzliche Einheit eines Gutes eine Annäherung an die als legitim angenommene Mindestmenge, über die das Individuum gerechterweise verfügen sollte.[3]

Während der Gedanke der Monotonie zumindest für Fälle von Unterversorgung relativ klar zu sein scheint, sind für den Fall von Überversorgung allerdings unterschiedliche normative Forderungen denkbar: Entweder sinkt die Gerechtigkeit einer Verteilung mit steigender Überversorgung wieder ab, oder aber sie steigt weiter an.[4] Daher sollen nachfolgend entsprechend zwei grundlegend voneinander verschiedene und sich gegenseitig ausschließede Axiome präsentiert werden.

Für das erste mögliche Monotonieaxiom kann davon ausgegangen werden, dass eine exakte Bedarfsdeckung den Idealzustand einer Verteilung darstellt, wodurch sowohl Unterversorgung als auch Überversorgung als ungerecht angesehen werden. Dass dabei betragsgleiche Unter- und Überversorgung aber noch nicht das gleiche Gewicht haben müssen, wird im Rahmen der Sensitivitätsaxiome aufgegriffen.

Die Idee kann sich an das Prinzip der Homöostase oder Homöodynamik anlehnen, wenn also – etwa im physiologischen Kontext – davon ausgegangen wird, dass es gilt, sich zwischen einem Zuwenig und einem Zuviel einzupendeln. Man denke hier auch an die Konzeptionen einer *mesotes* bei Aristoteles, der die

---

[3] Dementsprechend könnte man zum Beispiel davon ausgehen, dass bei einer Unterversorgungssituation Maximierungsstrategien legitim und rational sind.
[4] Eine dritte Variante wäre die Stagnation. Ab dem Erreichen der Versorgungssituation könnte die Gerechtigkeitsbewertung unverändert konstant bleiben. Aus Platzgründen soll hier aber eine Beschränkung auf die beiden erstgenannten Varianten stattfinden

Disposition zwischen Mangel und Übermaß für die Tugend zentral macht (Aristoteles 2006), oder an die Debatte um Suffizienz.[5]

Ein solches Axiom wechselnder Monotonie fordert in seiner absoluten Fassung entsprechend, dass – ceteris paribus – eine Veränderung der Zuteilung γ_i eines Individuums i aus der Menge $\mathcal{P}$ einen Index J größere Bedarfsgerechtigkeit anzeigen lässt, wenn der absolute Abstand zwischen Zuteilung γ_i und Bedarf ν_i nach der Veränderung geringer ist als vorher. Dabei kombiniert es also abschnittsweise streng monoton steigendes Verhalten der Gerechtigkeit für Unterversorgungs- und streng monoton fallendes Verhalten für Überversorgungsfälle.

Axiom 1. *Wechselnde Monotonie* Wenn ein $\vec{\gamma}_b$ aus $\vec{\gamma}_a$ dadurch hervorgeht, dass für ein $i \in \mathcal{P}$ ein δ gegeben ist, so dass gilt $\gamma_{bi} = \gamma_{ai} \pm \delta$, dann $J(\vec{\gamma}_a, \vec{\nu}) > J(\vec{\gamma}_b, \vec{\nu})$, wenn $|\nu_i - \gamma_{ai}| > |\nu_i - \gamma_{bi}|$, beziehungsweise dann $J(\vec{\gamma}_a, \vec{\nu}) < J(\vec{\gamma}_b, \vec{\nu})$, wenn $|\nu_i - \gamma_{ai}| < |\nu_i - \gamma_{bi}|$.

Das zweite mögliche Monotonieaxiom fordert für den Fall von Unterversorgung und Überversorgung gleichermaßen, dass eine Steigerung der Zuteilung γ_i das Maß der Bedarfsgerechtigkeit auch größere Gerechtigkeit anzeigen lassen soll. Das mag den Gedanken widerspiegeln, dass die Bedarfsgrenze eine Untergrenze darstellt und mit steigender Überversorgung und Wohlfahrt auch die Gerechtigkeit weiter ansteigt, was insbesondere denkbar wäre, wenn kein Individuum unterversorgt ist. Neben einer Kopplung des Gerechtigkeisbegriffs an den der Wohlfahrt scheint auch eine libertäre Perspektive (Nozick 1974, Christman 1991) für ein solches Verständnis von Monotonie herangezogen werden zu können.

Das Axiom kontinuierlich steigender Monotonie fordert entsprechend, dass – ceteris paribus – eine Veränderung der Zuteilung γ_i eines Individuums i aus der Menge $\mathcal{P}$ einen Index J größere Bedarfsgerechtigkeit anzeigen lässt, wenn der absolute Abstand zwischen Zuteilung γ_i und Bedarf ν_i im Bereich der Unterversorgung nach der Veränderung geringer beziehungsweise im Bereich der Überversorgung größer ist als vorher. Sie ist also durchgehend streng monoton steigend in ihrer Gerechtigkeit und ihr Funktionswert damit streng monoton fallend.

---

[5] Im komparativen Sinne hat eine solche Monotonie ferner Relevanz für Überlegungen hinsichtlich einer potentiellen Erfüllbarkeit untererfüllter Bedarfe: Das, worüber ein Individuum zu viel verfügt, während ein anderes nicht ausreichend zur Verfügung hat, um seinen Bedarf zu decken, erlangt – wenn man andere Prinzipien ausblendet und sich auf Bedarfe fokussiert – hier besondere Bedeutung dahingehend, als dass es unter Umständen genutzt werden kann, um ein unterversorgtes Individuum näher an seine Bedarfsgrenze zu heben (Wringe 2005, S. 194).

Axiom 2. *Kontinuierlich steigende Monotonie* Wenn ein $\vec{\gamma}_b$ aus $\vec{\gamma}_a$ dadurch hervorgeht, dass für ein $i \in \mathcal{P}$ ein δ gegeben ist, so dass gilt $\gamma_{bi} = \gamma_{ai} \pm \delta$, dann $J(\vec{\gamma}_a, \vec{v}) > J(\vec{\gamma}_b, \vec{v})$, wenn $|v_i - \gamma_{ai}| > |v_i - \gamma_{bi}|$, beziehungsweise dann $J(\vec{\gamma}_a, \vec{v}) < J(\vec{\gamma}_b, \vec{v})$, wenn $|v_i - \gamma_{ai}| < |v_i - \gamma_{bi}|$, gegeben dass $i \in \mathcal{U}, \mathcal{S}$. Gegeben dass $i \in \mathcal{S} \cup \mathcal{O}$ gilt $J(\vec{\gamma}_a, \vec{v}) > J(\vec{\gamma}_b, \vec{v})$, wenn $|v_i - \gamma_{ai}| < |v_i - \gamma_{bi}|$, beziehungsweise dann $J(\vec{\gamma}_a, \vec{v}) < J(\vec{\gamma}_b, \vec{v})$, wenn $|v_i - \gamma_{ai}| > |v_i - \gamma_{bi}|$.

3.3 Axiome für Monotoniesensitivität

Mit Axiomen der Monotoniesensitivität wird nun in den Blick genommen, wie stark eine jeweilige Unter- oder Überversorgung von Individuen eigentlich ausgeprägt ist (für Axiome der Monotoniesensitivität in der Armutsmessung siehe zum Beispiel Kockläuner 2012, Seidl 1988, Chakravarty 2009, Kakwani 1980). Die zentrale Frage lautet dabei, ob eine betragsgleiche Veränderung der Zuteilung unterschiedlich starke Auswirkungen auf die durch einen Index J angezeigte Gerechtigkeit haben soll, abhängig davon, in welchem Abstand von der Bedarfsgrenze sie stattfindet. Diese Monotoniesensitivität drückt sich anschaulich aus im Krümmungsverhalten eines entsprechenden Funktionsgraphen.

Dabei kann entweder argumentiert werden, dass es einen stärkeren Einfluss auf die Gerechtigkeit einer Verteilung haben soll, wenn ein Individuum i initial schlechter gestellt ist, wenn es also eine größere Differenz $|v_i - \gamma_i|$ aufweist. Oder es lässt sich umgekehrt argumentieren, dass es einen schwächeren Einfluss auf die Gerechtigkeit einer Verteilung haben soll, wenn ein initial schlechter gestelltes Individuum i von einem gleichen Wachstum seiner Zuteilung γ_i profitiert.

Dabei ist es denkbar, dass eine solche Bewertungsfunktion abschnittsweise unterschiedlich definiert ist. Beispielsweise ist vorstellbar, dass ein betragsgleicher Verlust unterhalb der Bedarfsgrenze stärker ins Gewicht fällt, wenn er weiter entfernt von dieser Grenze eintritt, während oberhalb der Bedarfsgrenze ein betragsgleicher Gewinn stärker ins Gewicht fällt, wenn er noch nahe an der Bedarfsgrenze auftritt, während dort mit größerer Entfernung zur Bedarfsgrenze eine Sättigung eintritt.

Das Axiom konkaver Monotoniesensitivität fordert – ceteris paribus – entsprechend, dass sich eine betragsgleiche Veränderung der Zuteilung umso stärker auf den Gerechtigkeitsindex auswirken soll, je größer die absolute Differenz zwischen Bedarf und Zuteilung eines Individuums i ist.

Axiom 3. *Konkave Monotoniesensitivität* Wenn für einen gegebenen $\vec{v}$ ein $\vec{\gamma}_b$ und ein $\vec{\gamma}_c$ aus einem $\vec{\gamma}_a$ dadurch bestimmt werden, dass jeweils ein $i \in \mathcal{P}$ in $\vec{\gamma}_b$ und ein $j \in \mathcal{P}$ in $\vec{\gamma}_c$ mit initial $|v_i - \gamma_i| < |v_j - \gamma_j|$, um ein gleiches δ mit $\delta > 0$ bei $i, j \in \mathcal{U}$

subtrahiert und bei $i,j \in \mathcal{O}$ addiert werden, dann $J(\vec{\gamma}_b, \vec{v}) - J(\vec{\gamma}_a, \vec{v}) \gtreqless J(\vec{\gamma}_c, \vec{v}) - J(\vec{\gamma}_a, \vec{v})$, abhängig von der angenommenen Monotonie: Bei $i,j \in \mathcal{U}$ sowie bei $i,j \in \mathcal{S} \cup \mathcal{O}$ mit wechselnder Monotonie gilt $J(\vec{\gamma}_b, \vec{v}) - J(\vec{\gamma}_a, \vec{v}) < J(\vec{\gamma}_c, \vec{v}) - J(\vec{\gamma}_a, \vec{v})$, während bei $i,j \in \mathcal{S} \cup \mathcal{O}$ mit kontinuierlich steigender Monotonie $J(\vec{\gamma}_b, \vec{v}) - J(\vec{\gamma}_a, \vec{v}) > J(\vec{\gamma}_c, \vec{v}) - J(\vec{\gamma}_a, \vec{v})$ gilt.

Bei dem Axiom konvexer Monotoniesensitivität verhält es sich umgekehrt. Es fordert – ceteris paribus – entsprechend, dass sich eine betragsgleiche Veränderung der Zuteilung desto stärker auf den Gerechtigkeitsindex auswirken soll, je geringer die absolute Differenz zwischen Bedarf und Zuteilung eines Individuums i ist.

Axiom 4. *Konvexe Monotoniesensitivität* Wenn für einen gegebenen $\vec{v}$ ein $\vec{\gamma}_b$ und ein $\vec{\gamma}_c$ aus einem $\vec{\gamma}_a$ dadurch bestimmt werden, dass jeweils ein $i \in \mathcal{P}$ in $\vec{\gamma}_b$ und ein $j \in \mathcal{P}$ in $\vec{\gamma}_c$ mit initial $|v_i - \gamma_i| < |v_j - \gamma_j|$, um ein gleiches δ mit $\delta > 0$ bei $i,j \in \mathcal{P}$ subtrahiert und bei $i,j \in \mathcal{O}$ addiert werden, dann $J(\vec{\gamma}_b, \vec{v}) - J(\vec{\gamma}_a, \vec{v}) \gtreqless J(\vec{\gamma}_c, \vec{v}) - J(\vec{\gamma}_a, vec v)$, abhängig von der angenommenen Monotonie: Bei $i,j \in \mathcal{U}$ sowie bei $i,j \in \mathcal{S} \cup \mathcal{O}$ mit wechselnder Monotonie gilt $J(\vec{\gamma}_b, \vec{v}) - J(\vec{\gamma}_a, \vec{v}) > J(\vec{\gamma}_c, \vec{v}) - J(\vec{\gamma}_a, \vec{v})$, während bei $i,j \in \mathcal{S} \cup \mathcal{O}$ mit kontinuierlich steigender Monotonie $J(\vec{\gamma}_b, \vec{v}) - J(\vec{\gamma}_a, \vec{v}) < J(\vec{\gamma}_c, \vec{v}) - J(\vec{\gamma}_a, \vec{v})$ gilt.

4 Empirische Untersuchung

Um die hier zum Ausdruck gebrachten Intuitionen zu erweitern und um zu testen, ob diese Intuitionen von Laien eventuell den Vorhersagen spezifischer Verteilungsprinzipien oder einem anderen erkennbaren Muster folgen, wurde eine empirische Studie gestaltet und durchgeführt, mit der außerdem neben interner und externer Kohärenz der Einschätzungen auch gezielt die Einschätzungen von Laien zu möglichen Axiomen für Maße der Bedarfsgerechtigkeit abgefragt wurden (Weiß, Bauer und Traub 2017). Damit fügt sie sich ein in eine Reihe von Studien zum Themenkomplex der Verteilungsgerechtigkeit, die in den letzten Dekaden durchgeführt wurden (für entsprechende Zusammenfassungen siehe zum Beispiel Miller 1992, 1999, Schokkaert 1999, Cowell und Schokkaert 2001, Traub et al. 2005, Gaertner und Schokkaert 2012).

Ein Teil der erarbeiteten Studie befasst sich dabei im Rahmen der Axiome explizit mit Monotonien sowie Monotoniesensitivitäten. Leitend waren dabei unter anderem die Fragen, ob sich streng monoton steigende Gerechtigkeit für geringer werdende Bedarfslücken im Fall von Unterversorgung empirisch vorfinden lässt, welche Art der Monotonie für den Fall von Überversorgung empirisch vorfindbar ist und ob in beiden Fällen Veränderungen nahe der Bedarfsgrenze oder solchen, die weiter entfernt von ihr stattfinden, größeres Gewicht beigemessen wird. Im Folgenden soll sich auf diesen Ausschnitt der Studie und die in seinem Rahmen gewonnenen Beobachtungen beschränkt werden. Dabei wird zunächst ein knapper Überblick über den relevanten Stand der empirischen Forschung skizziert, bevor Aufbau und Durchführung der Studie beschrieben und schließlich die daraus gewonnenen Beobachtungen analysiert werden sollen.

4.1 Bisheriger Stand der empirischen Forschung

Es gibt eine Handvoll nennenswerter Publikationen, die einen Berührungspunkt mit dem darzustellenden Vorhaben aufweisen. Im Folgenden werden einige der relevanten Beiträge knapp vorgestellt. Während die Literatur über empirische Untersuchungen zu Fragen der Verteilungsgerechtigkeit generell sehr breit gefächert ist, findet sich nur vereinzelt ein deutlicher Fokus auf das Bedarfsprinzip. Zu erwähnen sind hier unter anderem Konow (2001, 2003, 2009) sowie Schwettmann (2012), die die Akzeptanz verschiedener Verteilungsprinzipien untersuchen, wobei Schwettmann große Unterstützung für das Bedarfsprinzip beobachtet. Törnblom und Ahlin (1998) untersuchen Verteilungsprinzipien außerdem vor dem Hintergrund von positiven und negativen Auswirkungen und ziehen dabei auch das Bedarfsprinzip in Betracht. Yaari und Bar-Hillel (1984) wiederum betrachten verschiedene Verteilungsprinzipien hinsichtlich der Frage, wie Unterschiede in Bedarfen, Geschmack oder Glauben verantwortlich für ungleiche Verteilungen sein könnten, während Cappelen und Kollegen (2013) mit einem Vertrauensspiel die Rolle von Ansprüchen, Bedarfen und Nationalitäten für soziale Präferenzen untersuchen, wobei sie feststellten, dass Bedarfe zumindest für einige Teilnehmer eine bedeutende Rolle spielen.

Einen möglichen Einfluss des Geschlechts auf Gerechtigkeitseinschätzungen vor dem Hintergrund von Bedarfen und Effizienz untersucht wiederum Schwettmann (2009), der außerdem das Verhältnis von Bedarfen und Verantwortlichkeit in den Fokus nimmt. Bei Zweiterem kann er unter anderem auf verschiedene Vorarbeiten zurückgreifen, die Aspekte von Verantwortlichkeit und Bedarf verbinden. Darunter Skitka und Tetlock (1992), die Bedarfe an Organen, Medikamenten oder Wohnraum heranziehen, um verschiedene Verteilungsprinzipien zu untersuchen, wobei in einem zweiten Schritt auch die Ursache der Bedarfe variiert wird. Dabei stellten sich Bedarfe und Effizienz als die dominierenden Verteilungsmotive heraus, solange die Bedarfe nicht aus eigentlich kontrollierbaren Ursachen heraus entstehen. In einem ähnlichen Kontext haben Farwell und Weiner (1996) den Zusammenhang von Verantwortung und Bedarf vor dem Hintergrund von benötigten Medikamenten untersucht. Einen medizinischen Kontext betrachten auch Ahlert, Funke und Schwettmann (2013), um Verteilungssituationen vor dem Hintergrund von heterogenem Nutzen sowie heterogenen Bedarfen zu untersuchen.

Nicht immer wird sich dabei so deutlich auf das Bedarfsprinzip berufen wie in den genannten Fällen, obwohl es implizit im Hintergrund steht. So zum Beispiel bei einer von vielen Studien zum Umgang mit Knappheit im medizinischen Sektor: Severin und Kollegen (2013) untersuchen in einer explorativen Studie Werturteile, um durch sie eine Identifizierung und Gewichtung von Priorisierungskriterien für genetische Tests zu erlangen, für die der Bedarf größer ist als die dafür zur Verfügung stehenden Ressourcen.

4.2 Aufbau und Durchführung der Studie

Durchgeführt wurde eine Vignettenstudie mit Teilnehmerinnen und Teilnehmern des Experimentallabors der Fakultät für Wirtschafts- und Sozialwissenschaften der Universität Hamburg. An der gesamten Studie beteiligten sich dabei 174 Teilnehmerinnen und Teilnehmer, die dafür eine pauschale Vergütung von zehn Euro erhalten haben. An dem nachfolgend dargestellten Aufgabenblock zu Monotonie und Monotoniesensitivität waren 58 von diesen Teilnehmenden beteiligt. 51 Prozent haben sich als weiblich identifiziert, 48 Prozent als männlich. Das Durchschnittsalter lag bei 26 Jahren und 92 Prozent waren Studierende verschiedener Fächer, ein Viertel davon mit Bezug zu wirtschaftlichen Inhalten.

Die Probanden bekamen dabei vor einem hypothetischen Hintergrund verschiedene Matrizen präsentiert. Sie sollten für diese jeweils eigene Gerechtigkeitseinschätzungen auf einer numerischen Skala abgeben. Nachfolgend soll zunächst das narrative Rahmenwerk vorgestellt werden, in das diese Matrizen eingebettet waren, ehe die Aufgaben im Einzelnen präsentiert und anschließend die Beobachtungen analysiert werden sollen.

4.2.1 Instruktionen und Vignette

Zu Beginn der Umfrage wurden die Teilnehmer durch das Ziehen von Kabinennummerkärtchen zufällig auf die einzelnen Kabinen des Experimentallabors verteilt. Anschließend wurden ihnen von einem Experimentator die folgenden Instruktionen vorgelesen:

> Sehr geehrte Teilnehmerinnen und Teilnehmer, willkommen zu unserer Studie. In dieser Umfrage über Gerechtigkeit sind wir an Ihrer Meinung und Ihren Einschätzungen interessiert. Bitte nehmen Sie sich auf jedem Bildschirm die Zeit, alle Informationen sorgfältig zu lesen und zu einer Einschätzung zu kommen. Dadurch unterstützen Sie aktuelle Forschung. Wenn Sie Fragen haben, heben Sie bitte die Hand aus der Kabine. Wir kommen dann gerne zu Ihnen. Bitte schalten Sie Ihre Mobiltelefone aus. Bitte bearbeiten Sie alle Aufgaben alleine und kommunizieren nicht mit anderen Teilnehmenden. Bitte ziehen Sie den Vorhang zu. Für die Teilnahme an dieser Studie erhalten Sie eine Vergütung von zehn Euro, die wir im Anschluss an jeden von Ihnen einzeln in bar auszahlen. Bitte bringen Sie zur Auszahlung Ihre Kabinennummer sowie die ausgefüllte und unterschriebene Quittung mit. Vielen Dank für Ihre Teilnahme. Sie können jetzt beginnen. Dafür geben Sie bitte auf dem ersten Bildschirm das Passwort „Kaffee" – mit großem Anfangsbuchstaben – ein.

Bereits in diesen ersten mündlichen Instruktionen finden sich zwei Hinweise an die Teilnehmer, die auch auf der ihnen anschließend präsentierten Willkommensseite wieder aufgegriffen werden: Zum einen sind es die persönlichen, also subjektiven Meinungen und Einschätzungen, die im Fokus der Studie stehen. Damit soll vermieden werden, dass Teilnehmer auf den Gedanken kommen, ihre Antworten könnten richtig oder falsch sein, damit sie ihr Antwortverhalten nicht von entsprechenden Überlegungen abhängig machen.[6] Durch den Hinweis auf die Unterstützung von Forschung wurde hier außerdem ein erster motivationaler Anreiz geliefert, die Aufgaben gewissenhaft auszufüllen.

Durch die Eingabe des in den mündlichen Instruktionen erwähnten Passworts auf der Seite, die den Teilnehmern zu Beginn angezeigt wurde, gelangten sie zu der Willkommensseite.[7] Auf dieser wurde ihnen der folgende einleitende Text präsentiert:

> Herzlich willkommen zu unserer Studie.
> In dieser Umfrage über Gerechtigkeit sind wir an Ihrer Meinung und an Ihren Einschät-

---

[6] Dabei würde es sich um eine von verschiedenen möglichen Antwortverzerrungen (*response biases*) handeln, die zur Folge haben, dass die Antworten von Probanden hinsichtlich ihrer Aufrichtigkeit verzerrt werden (Furnham 1986). Wie bei einer Verzerrung vor dem Hintergrund sozialer Erwünschtheit (*social desirability bias*) könnte die Annahme, dass es richtige und falsche Antworten gebe, dazu führen, dass Teilnehmer ihre Antworten dahingehend anpassen, dass sie von ihren eigentlichen persönlichen Einschätzungen hin zu dem abweichen, von dem sie annehmen, dass es richtig oder sozial beziehungsweise seitens der Experimentatoren erwünscht sei (Nederhof 1985).

[7] Grundsätzlich galt für alle Seiten der Umfrage, dass die Teilnehmer durch einen Klick auf einen Weiter-Button am Ende jeder Seite zum nächsten Bildschirm gelangen konnten, wenn sie alle eventuellen Pflichtfragen auf einer Seite beantwortet hatten. Anschließend konnten sie nicht mehr auf vorherige Seite zurückkehren, worauf sie auf jedem Bildschirm noch einmal hingewiesen wurden.

zungen interessiert. Wir werden Ihnen dazu eine Reihe von unterschiedlichen Szenarien präsentieren und möchten Sie bitten, sich diese jeweils als real vorzustellen. Bitte nehmen Sie sich die Zeit, sich in die Szenarien hineinzuversetzen und zu einer persönlichen Einschätzung zu kommen. Es gibt in dieser Studie keine richtigen oder falschen Antworten.

Wir werden Ihre Einschätzungen sowie die Einschätzungen aller anderen Teilnehmerinnen und Teilnehmer dieser Studie auswerten. Alle Daten werden in anonymisierter Form gespeichert, so dass keine Angaben einer Person zugeordnet werden können. Die Ergebnisse der Studie werden veröffentlicht. Diese beeinflussen damit zukünftige Forschung und sollen dazu genutzt werden, die Politik zu informieren.

Auf einigen Seiten müssen Sie nach unten scrollen, um über den Weiter-Button zur nächsten Seite gelangen zu können.

Auch hier wurde durch den Hinweis auf das Interesse an Meinungen und persönlichen Einschätzungen versucht, zu verdeutlichen, dass die Teilnehmer ihre Antworten ganz subjektiv ausdrücken können sollen, und nicht davon ausgehen müssen, dass es dabei in irgendeiner Form erwünschte Antworten gebe. Die Bitte, sich die geschilderten Szenarien als real vorzustellen und sich die Zeit zu nehmen, sich in sie hineinzuversetzen, sollte forcieren, dass die Teilnehmer sich auf die dargestellten Vignetten und Matrizen einlassen, so dass der durch sie geschaffene kontextuelle Rahmen wirksam werden konnte. Die Hinweise auf eine Veröffentlichung, die Beeinflussung von zukünftiger Forschung sowie auf den Bezug zur Politik wiederum sollten, wie bereits bei den mündlichen Instruktionen, einen motivationalen Anreiz schaffen, die Aufgaben gewissenhaft zu bearbeiten.

Ein Teil der Probanden hat daraufhin direkt die Aufgaben zur Abfrage der Gerechtigkeitseinschätzungen bearbeitet, wie sie im Folgenden vorgestellt und analysiert werden. Ein zweiter Aufgabentyp hat sich für diesen Teil der Teilnehmer angeschlossen, bei dem die gleichen Matrizen immer paarweise auf einem Bildschirm präsentiert wurden. Die Teilnehmer wurden dabei gebeten, anzugeben, ob und wenn ja welche von beiden Verteilungen sie gerechter finden. Anschließend konnten sie auf einer Skala von 1 (gleich gerecht oder gleich ungerecht) bis 11 (sehr viel gerechter) angeben, als wie viel gerechter sie die angegebene Verteilung gegenüber der anderen einschätzen. Für den anderen Teil der Teilnehmer war diese Aufgabenreihenfolge vertauscht, entsprechend bearbeiteten sie diesen zweiten Aufgabentyp, ehe sie zu der Abfrage der Gerechtigkeitseinschätzungen gelangten, die im Folgenden vorgestellt und analysiert werden sollen. Aus Platzgründen behandelt dieser Beitrag nur den ersten Aufgabentyp.

Vor der eigentlichen Abgabe ihrer Gerechtigkeitseinschätzungen für verschiedene Matrizen wurde den Teilnehmern dann eine einleitende Vignette präsentiert, die den hypothetischen Hintergrund der folgenden Aufgaben darstellte. Zunächst wurde sie als Fließtext präsentiert, bevor auf einer zweiten Seite zur besseren Verständlichkeit noch einmal ihre wichtigsten Aspekte in knappen Stichpunkten zusammengefasst wurden. Der Fließtext nahm sich wie folgt aus:

> Bitte stellen Sie sich Folgendes vor:
> In der Region Bergtal soll das neue Dorf Ahdorf gegründet werden. Der dortige Bau von Wohnraum ist Aufgabe der öffentlichen Wohnungsbaugesellschaft von Bergtal.
> Alle Haushalte in dieser Region möchten in möglichst großem Wohnraum leben. Die Bewohner der Region haben sich gemeinsam auf Untergrenzen an Wohnraum verständigt, unterhalb derer ein würdevolles Leben in dieser Gesellschaft nicht möglich ist. Zwischen den Haushalten in dieser Region gibt es keine nennenswerten Unterschiede und die Untergrenzen sind für jeden Haushalt gleich: Jeder Haushalt sollte mindestens über 1.000 regionale – also in dieser Region gebräuchliche – Größeneinheiten an Wohnraum verfügen, um ein würdevolles Leben führen zu können. Ein Wohnraum der entsprechenden Größe bedeutet für einen Haushalt zwar ein Leben in beengten Verhältnissen, genügt aber gerade noch, um ein würdevolles Leben führen zu können.
> Es sind ausreichend Mittel vorhanden, um für jeden Haushalt bis zu 2.000 regionale Größeneinheiten an Wohnraum bauen zu können. Das Regionalparlament entscheidet, wie viel Wohnraum für die Bewohner des neuen Dorfes tatsächlich gebaut wird. Die Entscheidung hat ansonsten keine nennenswerten Auswirkungen.
> Für den Bau von Wohnraum würde keine zusätzliche Fläche verbraucht. Das neue Dorf soll auf der Fläche eines verlassenen Dorfes gegründet werden, das verlassen wurde, nachdem ein Brand die Häuser zerstört hatte.
> Bei seiner Entscheidung will das Regionalparlament berücksichtigen, wie gerecht die Szenarien von unabhängigen Personen – wie Ihnen – beurteilt werden. Ihre Aufgabe ist daher, für jedes Szenario anzugeben, für wie gerecht Sie die Verteilung von Wohnraum jeweils halten.

Mit dem hier eingeführten Bedarfsbegriff wird die Rolle einer intersubjektiv anerkannten Notwendigkeit an einem Gut in den Fokus genommen, das seinerseits benötigt wird, um hinsichtlich einer relevanten Dimension ein minimal würdevolles Leben führen zu können. Entsprechend soll davon ausgegangen werden, dass sich alle Haushalte in der Region Bergtal gemeinsam auf eine Untergrenze an Wohnraum verständigt haben.

Diese Untergrenze wird durch 1.000 fiktive Größeneinheiten an Wohnraum repräsentiert, wobei bewusst von „in dieser Region gebräuchlichen Größeneinheiten" gesprochen wird, um bei den Teilnehmern Assoziationen mit ihnen bekannten Größen zu vermeiden. Auch die Wahl der Zahl 1.000 ist dadurch motiviert, Verbindungen zu bekannten Größen möglichst zu vermeiden, in denen 1.000 einen sinnvollen Mindestumfang von Wohnraum darstellen könnte.

Dabei wird auch deutlich, dass hier eine nonkomparative Perspektive auf Verteilungsgerechtigkeit in den Fokus genommen wird: Zum einen wird deutlich gemacht, dass es zwischen den Haushalten in dieser Region keine nennenswerten Unterschiede gibt, zum anderen ist die gemeinsam festgelegte Untergrenze für alle Haushalte identisch. Bei den anschließend präsentierten Matrizen, welche die tatsächliche Verteilung von Wohnraum darstellen, die dann von den Teilnehmern bewertet werden soll, wird ferner deutlich gemacht, dass jeder Haushalt die gleiche Menge erhält, so dass auch hier keine Ungleichheiten entstehen.

Zusätzlich gibt es ausreichend Mittel, um das Doppelte des Bedarfes an Wohnraum zu realisieren. Die tatsächliche Verteilung ist damit nicht das Resultat von – eventuell unverschuldet entstandener – Knappheit, sondern das Ergebnis der Entscheidung des Regionalparlaments. Hierdurch soll sichergestellt werden, dass – anders als eventuell bei nicht menschlich verschuldeter Knappheit – Gerechtigkeit ein mögliches Bewertungskriterium darstellen kann.

4.2.2 Einschätzungsaufgabe zu Monotonie und Monotoniesensitivität

Vor diesem hypothetischen Hintergrund bekamen die Teilnehmer dann insgesamt 11 Matrizen präsentiert, die ihnen untereinander auf einer Seite angezeigt und die am Anfang der Seite mit folgendem Text eingeleitet wurden:

> Die folgenden Szenarien unterscheiden sich darin, wie viel Wohnraum gemäß der Entscheidung des Regionalparlaments für jeden Haushalt gebaut werden soll.
>
> Bitte geben Sie für jede der nachfolgenden Verteilungen an, für wie gerecht Sie diese jeweils halten. 100 Prozent bedeutet, dass Sie die Verteilung als vollkommen gerecht beurteilen. Prozentzahlen nahe an 100 Prozent bedeuten, dass Sie eine Verteilung als nahezu vollkommen gerecht beurteilen. Prozentzahlen weit entfernt von 100 Prozent bedeuten, dass Sie eine Verteilung als deutlich weniger gerecht beurteilen.
>
> Machen Sie sich bitte vor der Beantwortung der Fragen zunächst mit allen aufgeführten Verteilungen vertraut.

Die Matrizen stellten damit elf verschiedene Szenarien dar, in denen das Regionalparlament unterschiedliche Entscheidungen darüber getroffen hatte, wie viel jeder Haushalt bekommen sollte. Dafür wurde zwischen den elf Matrizen von 0 bis 2.000 Größeneinheiten variiert, wie viel jeder Haushalt in dem entsprechenden Szenario bekommen sollte (Tabelle 9), die Eingabe der Gerechtigkeitseinschätzung erfolgte über einen horizontalen Schieberegler neben den Matrizen, auf dessen linker Seite jeweils 0 und auf dessen rechter Seite 100 Prozent vermerkt waren. Unter Verwendung des Mauszeigers konnten die Teilnehmer einen Griff entlang der Skala des Schiebereglers justieren, um anzugeben, welchen Wert zwischen 0 und 100 Prozent sie der korrespondierenden Matrix hinsichtlich ihrer

Gerechtigkeit zuordnen würden. Der numerische Wert der Position, auf der sich der Griff befand, wurde jeweils über diesem angezeigt.[8]

Zufallsbasiert bekam ein Teil der Teilnehmer die Matrizen von 0 bis 2.000 aufsteigend und ein anderer Teil die Matrizen von 2.000 bis 0 abfallend präsentiert, um Augenscheinliche Elemente der Aufgabenpräsentation auszugleichen, die einen Einfluss (*ordering effect*; Strack 1992) auf die Antworten haben könnten. Zusätzlich befand sich für einen Teil der Teilnehmer der Schieberegler zu Beginn für alle Situationen auf der Startposition 0, während er sich für einen anderen Teil der Teilnehmer auf der Startposition 100 befand.

4.3 Analyse der Ergebnisse

Einen ersten Eindruck der erhobenen Daten (Tabelle 1, 2) kann ein Streudiagramm liefern, das die Wertepaare aus Verteilungssituation sowie Gerechtigkeitseinschätzung der Teilnehmer in einem Koordinatensystem mit drei Dimensionen graphisch darstellt (Abb. 1).[9] Die Heterogenität der beobachteten Bewertungen lässt sich dabei zu großen Teilen durch die eingeführten Formen von Monotonie beschreiben. Fälle von wechselnder Monotonie, wie sie als ein mögliches Axiom beschrieben wurde, lassen sich in 2 von 52 Fällen beobachten: Hier sind die Gerechtigkeitsbewertungen für Unterversorgungsfälle streng monoton steigend; mit größer werdendem y_i steigt auch die angezeigte Gerechtigkeit einer Verteilung. Für Fälle von Überversorgung sind sie wiederum streng monoton fallend, mit größer werdendem y_i wird geringere Gerechtigkeit anzeigt. Nimmt man den Scheitelpunkt aber nicht an der Bedarfsgrenze an, sondern erst nach dem Erreichen einer gewissen Überversorgung, und lässt man zu, dass nicht zwischen jedem Wert die Monotonie streng monoton fallend oder steigend sein muss, lassen sich weitere 11 Fälle identifizieren. Damit lässt sich eine wechselnde Monotonie im weiteren Sinne bei insgesamt 13 von 52 Teilnehmern – also bei 25,00 Prozent – beobachten.

Eine kontinuierlich steigende Monotonie, wie sie als ein mögliches Axiom beschrieben wurde, lässt sich in 2 von 52 Fällen beobachten: Hier sind Gerechtigkeitsbewertungen sowohl unter- als auch oberhalb der Bedarfsschwelle streng monoton steigend; mit größer werdendem y_i steigt hier auch die angezeigte Gerechtigkeit einer Verteilung. Daneben findet sich eine Reihe weiterer Bewertun-

---

[8] Zur Verwendung von Schiebereglern vgl. Buskirk, Saunders und Michaud 2015, Funke 2010.
[9] Für eine klassische zweidimensionale Darstellung siehe Abb. 4. Außerdem Abb. 5 für die Mittelwerte ohne intrapolierten Verlauf.

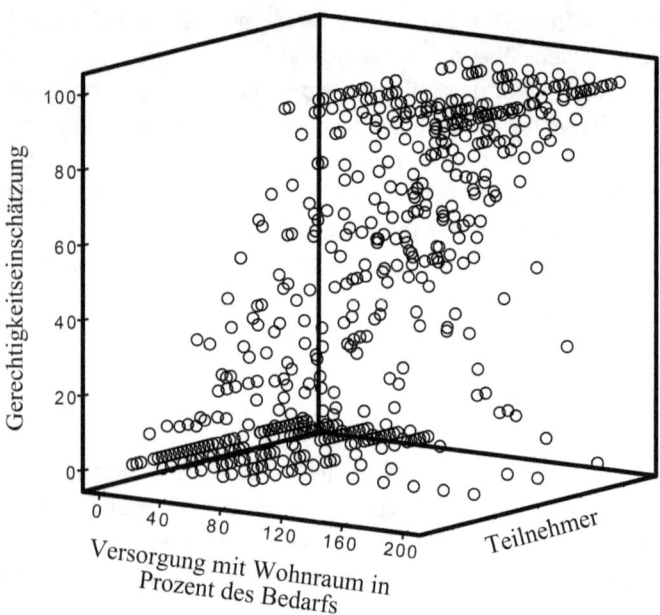

Abb. 1: Dreidimensionales Streudiagramm

gen, die zumindest abschnittsweise streng monoton steigend sind. Insgesamt weisen damit 33 von 52 Fällen – also 63,46 Prozent – zumindest in gewissen Abschnitten ein kontinuierlich steigendes Verhalten auf. Es wird trotz der Varianz deutlich, dass es zwei klare Ballungen gibt: Für den Bereich der Unterversorgung – also für Verteilungssituationen von 0 bis 100 Prozent – im Bereich der geringen Gerechtigkeitsbewertungen und für den Bereich der Überversorgung – also für Verteilungen von 100 bis 200 Prozent – im Bereich der hohen Gerechtigkeitsbewertungen. Darüber hinaus lassen sich für die einzelnen Verteilungssituationen die Mittelwerte darstellen, wobei außerdem eine Verlaufslinie aus diesen Beobachtungen intrapoliert werden kann, wodurch sich zusätzlich etwas über die aggregierte Monotoniesensitivität aussagen lässt (Abb. 2).

Hier wird deutlich, dass es einen stetigen Anstieg der Mittelwerte sowohl im Bereich der Unterversorgung als auch im Bereich der Überversorgung gibt, wobei mit Erreichen der Bedarfsgrenze ein erheblicher Anstieg der Gerechtigkeitsbewertung einhergeht.

Bei der Interpretation dieser Daten ist allerdings Vorsicht geboten. Erweitert man die Darstellung des Medians um einen Box-Whisker-Plot, wird deutlich, dass die Varianz in Richtung der extremen Versorgungssituationen – also 0 und 200 Prozent – am geringsten ist, während die Interquartilsabstände in Richtung

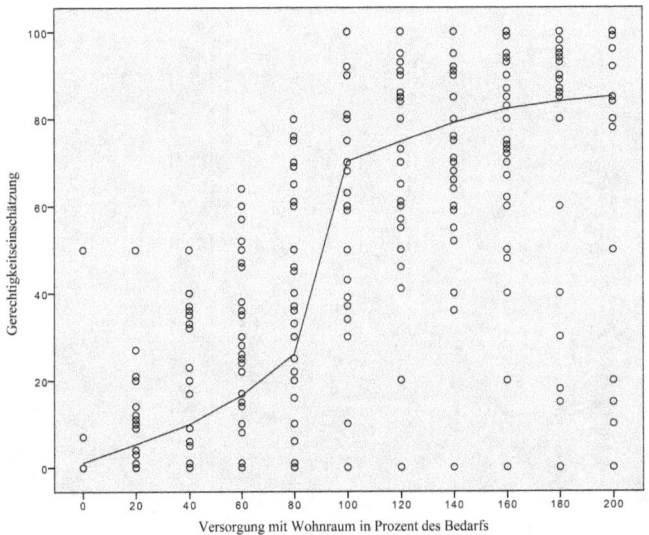

Abb. 2: Zweidimensionales Streudiagramm mit Intrapolation

100 Prozent zunehmen. Deutlich wird außerdem, dass es im Bereich der Überversorgung mehr Ausreißer gibt als im Bereich der Unterversorgung, die hier entgegen der Mehrheit von geringerer Gerechtigkeit ausgehen (Abb. 3).[10]

Das Ergebnis bestätigt sich allerdings auch in dem zweiten, in diesem Beitrag nicht weiter ausgeführten Abfragetyp, bei dem die gleichen Matrizen immer paarweise auf einem Bildschirm präsentiert wurden (siehe Weiß, Bauer und Traub 2017). Dieselben Teilnehmer wurden dabei gebeten, anzugeben, ob und wenn ja welche von je zwei benachbarten Verteilungen sie gerechter finden. Anschließend konnten sie auf einer Skala von 1 (gleich gerecht oder gleich ungerecht) bis 11 (sehr viel gerechter) angeben, als wieviel gerechter sie die angegebene Verteilung gegenüber der anderen einschätzen.

Da die Beobachtungen größtenteils nicht normalverteilt sind, lässt sich als nicht-parametrische Alternative zu einem T-Test der Wilcoxon-Vorzeichen-Rang-

---

[10] Aber geht man davon aus, dass sich die Lagen der Gerechtigkeitseinschätzungen einer Grundgesamtheit durch eine Schätzfunktion aus der vorliegenden Stichprobe schätzen lassen – vorausgesetzt, dass sie als eine einfache Zufallsstichprobe interpretiert wird, die grob die Grundgesamtheit widerspiegelt –, kann jeweils für jede Verteilungssituation ein Itervall angegeben werden, das zeigt, in welchem Wertespektrum bei durchschnittlich 95 von 100 Zufallsstichproben der Erwartungswert enthalten sein sollte, wobei sich auch hier im Groben zumindest der Verlauf einer kontinuierlich steigenden Monotonie der Gerechtigkeit widerspiegelt (Abb. 6).

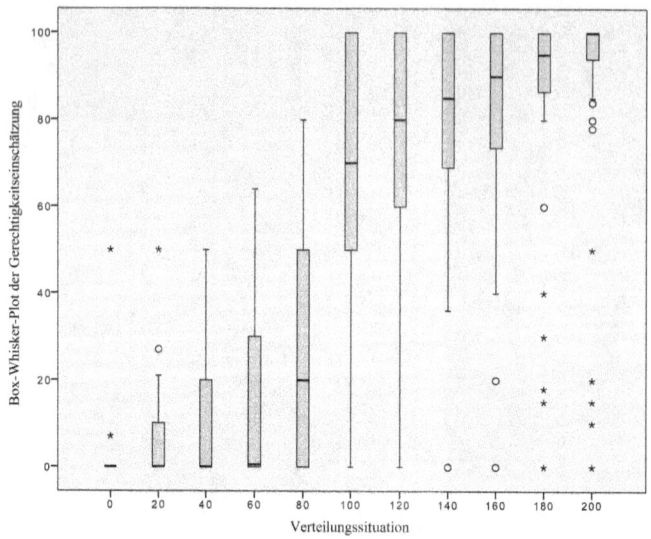

Abb. 3: Box-Whisker-Plot

Test anwenden, mit dem die Gleichheit der zentralen Tendenzen getestet wird. Im Bereich der Unterversorgung sind hier alle Ergebnisse höchst signifikant ($p \leq 0.001$). Für das Paar aus 100 und 120 Prozent ist das Ergebnis noch hoch signifikant ($p = 0.001$ bis $p = 0.01$). Auch das Ergebnis für die Paare aus 120 und 140 sowie 140 und 160 Prozent sind noch signifikant ($p = 0.01$ bis $p = 0.05$), während die Ergebnisse für die darüberliegenden Paare nicht signifikant ($p > 0.05$) sind.

Im Einzelnen lässt sich sagen: Die Gerechtigkeitseinschätzungen sind nach einem Anstieg auf 200 Größeneinheiten (Median = 5,31) signifikant höher als bei 0 Größeneinheiten (Median = 1,10; Wilcoxon-Test: z = -3,925, p = 0,000, n = 52). Bei einem Anstieg auf 400 Größeneinheiten (Median = 9,87) sind sie signifikant höher als bei 200 Größeneinheiten (Median = 5,31; Wilcoxon-Test: z = -3,827, p = 0,000, n = 52). Bei einem Anstieg auf 600 Größeneinheiten (Median = 16,54) sind sie signifikant höher als bei 400 Größeneinheiten (Median = 9,87; Wilcoxon-Test: z = -4,290, p = 0.000, n = 52). Bei einem Anstieg auf 800 Größeneinheiten (Median = 26,00) sind sie signifikant höher als bei 600 Größeneinheiten (Median = 16,54; Wilcoxon-Test: z = -4,790, p = 0,000, n = 52). Bei einem Anstieg auf 1.000 Größeneinheiten (Median = 70,21) sind sie signifikant höher als bei 800 Größeneinheiten (Median = 26,00; Wilcoxon-Test: z = -6,161, p = 0,000, n = 52). Bei einem Anstieg auf 1.200 Größeneinheiten (Median = 74,73) sind sie signifikant höher als bei 1.000 Größeneinheiten (Median = 70,21; Wilcoxon-Test: z = -3,064, p = 0,002, n

= 52). Bei einem Anstieg auf 1.400 Größeneinheiten (Median = 79,15) sind sie signifikant höher als bei 1.200 Größeneinheiten (Median = 74,73; Wilcoxon-Test: z = -2,436, p = 0,015, n = 52). Und auch bei einem Anstieg auf 1.600 Größeneinheiten (Median = 82,38) sind sie signifikant höher als bei 1.400 Größeneinheiten (Median = 79,15; Wilcoxon-Test: z = -2,302, p = 0,021, n = 52). Bei einem Anstieg auf 1.800 Größeneinheiten sind die Gerechtigkeitseinschätzungen (Median = 84,04) allerdings nicht mehr signifikant höher als bei 1.600 Größeneinheiten (Median = 82,38; Wilcoxon-Test: z = -1,325, p = 0,185, n = 52). Auch bei einem Anstieg auf 2.000 Größeneinheiten (Median = 85,17) sind sie nicht mehr signifikant höher als bei 1.800 Größeneinheiten (Median = 84,04; Wilcoxon-Test: z = -1,301, p = 0,193, n = 52) (siehe Tabelle 3 bis 6).

Auch die Sensitivität lässt sich entsprechend testen. Bei einem nicht sensitiven Verlauf kann mit einer linearen Steigung angenommen werden, dass die marginalen Veränderungen, dass heißt der Betrag der Differenz zwischen zwei Gerechtigkeitseinschätzungen, konstant bleibt: Zwischen zwei Abfragepunkten würde in jedem Fall die gleiche Differenz auftreten. Bei konkaver Monotoniesensitivität müssten diese Differenzen mit zunehmendem Abstand von der Bedarfsgrenze ebenfalls zunehmen, während sie bei konvexer Monotoniesensitivität abnehmen müssten. Hier sind lediglich die Paare aus 60 und 80 sowie aus 80 und 100 Prozent des Bedarfs höchst signifikant ($p \leq 0.001$), alle übrigen sind nicht signifikant ($p > 0.05$) (Tabelle 7, 8).

Zusammenfassend zeigt sich damit im Aggregat, dass die Annahme einer streng monoton steigenden Gerechtigkeit für den Bereich der Unterversorgung auch empirisch geteilt wird. Eine besondere Bedeutung erlangt dabei offensichtlich der Sprung von 80 auf 100 Prozent der Bedarfsdeckung, sowohl hinsichtlich der absoluten Gerechtigkeitseinschätzungen als auch hinsichtlich der marginalen Veränderungen, bei denen der Sprung von 80 auf 100 Prozent des Bedarfs signifikant größer ist als bei den marginalen Veränderungen von 60 auf 80 oder von 100 auf 120 Prozent. Die Gerechtigkeitsbewertungen von 0 bis 200 Prozent der Bedarfsdeckung zeigen dabei einen s-förmigen Verlauf.

5 Erste Reflexionen auf Grundlage einer empirisch erweiterten Grundgesamtheit von Intuitionen

Es ließen sich in unterschiedlicher Häufigkeit alle vorgestellten Formen von Monotonie und Monotoniesensitivität beobachten. Mit Blick auf die Mittelwerte hat sich zum einen ein erheblicher Anstieg der Gerechtigkeitsbewertung mit Erreichen der Bedarfsgrenze beobachten lassen, zum anderen gab es einen stetigen Anstieg der Mittelwerte sowohl im Bereich der Unterversorgung als auch im Bereich der Überversorgung. Ferner ließ sich über die Mittelwerte im Bereich der Unterversorgung eine konvexe und im Bereich der Überversorgung eine konkave Monotoniesensitivtät beobachten.

Zum einen ist dabei allerdings nicht klar, wie bewusst den Teilnehmern die Implikationen einer konvexen Sensitivität unterhalb der Bedarfsgrenze waren und ob sie diese auch unterstützen würden, wenn ihnen die resultierenden Folgen klar wären: nämlich, dass es die Gerechtigkeit einer Verteilung stärker anheben würde, wenn man eine betragsgleiche Summe einem relativ gut versorgten Individuum gibt, statt sie jemandem zu geben, der sehr schlecht versorgt ist. Hier scheint eine Problematisierung der gefundenen Gerechtigkeitsvorstellungen angebracht.

Zum anderen bleiben die Beobachtungen im Bereich der Überversorgung nach wie vor vielschichtig; diese Heterogenität sollte näher untersucht werden. Hier scheint es sinnvoll, die im Rahmen der Vignette präsentierten Kontextfaktoren systematisch zu variieren, um weitere Aussagen über ihren Einfluss und damit den Ursprung des aggregierten Verlaufs der Gerechtigkeitseinschätzungen treffen zu können. Im Rahmen explorativer Studien hat sich bereits gezeigt, dass die Anwendung verschiedener Gerechtigkeitsprinzipien oder -einschätzungen einer Reihe von möglichen Einflussfaktoren unterliegt, die ihrerseits herangezogen werden können, um Heterogenitäten in den Ergebnissen empirischer Studien zu erklären. Aus dieser Erkenntnis wird die Forderung abgeleitet, diese Einflussfaktoren zu kontrollieren, um darüber an ein unverzerrtes Bild der Einstellungen zu gelangen (Schwettmann 2009, S. 28). Dabei kann davon ausgegangen werden, dass der dargestellte hypothetische Kontext Einfluss auf die Gerechtigkeitsbewertungen der Teilnehmer hat (Deutsch 1975, Törnblom 1992). Konow (2003, S. 1215) schlüsselt diesen Kontext für die Betrachtung von Verteilungsgerechtigkeit auf. Zum einen ist die Darstellung der geschilderten Individuen sowie deren jeweiliger Charakteristika relevant. Hier können zum Beispiel das Geschlecht, der Beruf oder die soziale Position Einfluss auf das Urteil eines Beobachters haben, etwa dadurch, dass er mehr Empathie für das eigene Geschlecht oder die angenommene eigene soziale Position aufbringt (Schwettmann 2009, S. 30). Auch die Güter beziehungsweise deren Eigenschaften, die im Zentrum eines geschilderten Verteilungsproblems stehen, können einen Einfluss auf das Urteil der Teilnehmer haben, wie Yaari und Bar-Hillel (1984) gezeigt haben, indem sie für Früchte entweder deren Vitamingehalt oder deren Geschmack in den Fokus gerückt und dadurch verschiedene Verteilungspräferenzen bei den Teilnehmern beobachtet haben. Zusätzlich kann die Art und Weise, in der eine hypothetische Situation präsentiert wird, einen Einfluss auf die Urteile von Teilnehmern haben, wie Tversky und Kahnemann (1981) früh gezeigt haben. Für den Fall von Gerechtigkeitseinschätzungen haben Gamliel und Peer (2006) hier beispielsweise den Einfluss von positiver oder negativer Konnotation von Konsequenzen hervorgehoben, die zu unterschiedlichen Präferenzen für Verteilungsregeln geführt haben.

Die sich im Aggregat abzeichnende s-förmige Funktion der Gerechtigkeitsbewertungen lässt ferner Analogien zur Wertfunktion der Neuen Erwartungstheorie (*prospect theory*; Kahneman und Tversky 2000) zu, die als möglicher Erklärungsversuch in Betracht gezogen werden kann: Hier ist die Evaluation relativ zu einem Referenzpunkt, wobei betragsgleiche Verluste stärker gewichtet werden als entsprechende Gewinne: „losses loom larger than gains" (Kahneman und Tversky 1979, S. 279).[11] Es ist denkbar, dass die Bedarfsgrenze einen entsprechenden Ankerpunkt darstellt, wobei Unterversorgung im Sinne von Verlusten und Überversorgung im Sinne von Gewinnen gelesen werden.

Neben diesen wichtigen Impulsen für weitere Forschung folgen aus diesen Ergebnissen einige reflexive Punkte hinsichtlich der Axiome: Die Ergebnisse verdeutlichen, dass die Abschnitte, entlang derer die Axiome das Verhalten eines Maßes bestimmen, nicht nur von der Bedarfsschwelle, mithin einem Erreichen der exakten Bedarfsdeckung, abhängen müssen, sondern sich auch in den Bereich der Unter- oder der Überversorgung verschieben können. So wäre es beispielsweise denkbar, das Axiom wechselnder Monotonie dahingehend anzupassen, dass der Scheitelpunkt erst nach einer gewissen Überversorgung angesetzt ist, um damit dem Umstand Rechnung zu tragen, dass nicht jede, sondern etwa nur eine extreme Überversorgung als ungerecht anzusehen wäre. Erreichen ließe sich dies durch die Einbindung eines Wohlfahrtsparameters ω, der bei der Betrachtung der Differenzen berücksichtigt werden soll:

Axiom 5. *Wechselnde Monotonie mit Wohlstand* Wenn ein $\vec{y}_b$ aus $\vec{y}_a$ dadurch hervorgeht, dass für ein $i \in \mathcal{P}$ ein δ gegeben ist, so dass gilt $\gamma_{bi} = \gamma_{ai} \pm \delta$, dann $J(\vec{y}_a, \vec{v}) > J(\vec{y}_b, \vec{v})$, wenn $|(v_i + \omega_i) - \gamma_{ai}| > |(v_i + \omega_i) - \gamma_{bi}|$, beziehungsweise dann $J(\vec{y}_a, \vec{v}) < J(\vec{y}_b, \vec{v})$, wenn $|(v_i + \omega_i) - \gamma_{ai}| < |(v_i + \omega_i) - \gamma_{bi}|$.

Ein solcher Wohlstandsparameter ω könnte gesellschaftlich kollektiv sein oder individuell von unterschiedlichen Faktoren abhängig. Seine Bemessungsgrundlage könnte von Kennzahlen wie dem Bruttoinlandsprodukt einer Gesellschaft

---

[11] Die Theorie geht dabei zurück auf psychophysische Modelle (McDermott 1998), wie sie auch Jasso (1978, S. 1414) – neben Bernoullis Nutzenfunktion – mit Weber (1846) und Fechner (1860) als Bezugspunkt angibt.

abhängen oder Legitimationsmomente wie die individuelle Leistung miteinbeziehen, weswegen er in diesem Beispiel ebenfalls indiziert ist.

Allgemein zeigt sich hier die Vielschichtigkeit und Weite eines jungen Forschungsbereiches; „jedem nach seinen Bedürfnissen!" (Marx 1987, S. 21) ist schnell gesagt. Weit weniger schnell kommt man auf die Spur dessen, was mit dieser Aussage eigentlich zum Ausdruck kommen soll.

Dank

Das vorliegende Kapitel basiert auf meiner Abschlussarbeit, die ich bei Mark Siebel und Arne Robert Weiß an der Carl von Ossietzky Universität Oldenburg verfasst habe. Die empirische Forschung entstand in Zusammenarbeit mit Arne Weiß (siehe auch Weiß, Bauer und Traub 2017). Er und Mark Siebel standen mir stets mit gutem Rat und guter Tat zur Seite. Ohne ihre intensive Betreuung wäre diese Arbeit kaum vorstellbar gewesen. Beiden verdanke ich, dass sie für mich weit mehr als nur eine Pflichtübung wurde. Sie wurde als Arbeitspapier der Forschergruppe „Bedarfsgerechtigkeit und Verteilungsprozeduren" veröffentlicht (Bauer 2018).

Sämtlichen Teilnehmerinnen und Teilnehmern an unserer Studie sowie an den Vortests zu unserer Studie sei an dieser Stelle sehr herzlich gedankt, außerdem den Mitarbeiterinnen und Mitarbeitern sowie den Hilfskräften des Experimentallabors der Fakultät für Wirtschafts- und Sozialwissenschaften der Universität Hamburg.

Adele Diederich, Claudia Landwehr, Stefan Liebig, Andrea Loffi, Maximilian Lutz, Malte Maria Unverzagt und Yannic Peper danke ich ferner für Hinweise und Zugang zu Literatur.

Für entscheidende Fingerzeige sowie Gespräche und Diskussionen gilt mein Dank zudem Meike Benker, Frank-Michael Henn, Thomas Hilbig, Jakob Koscholke, Sabine Neuhofer, Malte Ingo Meyerhuber, Jan Romann, Nils Springhorn und Stefan Traub sowie allen an dieser Stelle nicht genannten Mitgliedern der Forschergruppe „Bedarfsgerechtigkeit und Verteilungsprozeduren" der Deutschen Forschungsgemeinschaft.

Mein besonderer Dank gebührt darüber hinaus Lena Marie Zomer für ihre Geduld sowie Michael Schippers für einen entscheidenden Hinweis, ohne den diese Arbeit ihren Anfang nicht gefunden hätte.

Anhang A – Abbildungen

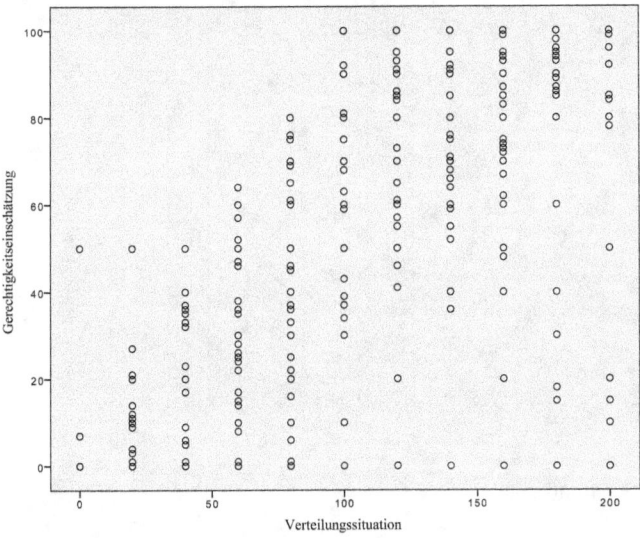

Abb. 4: Zweidimensionales Streudiagramm

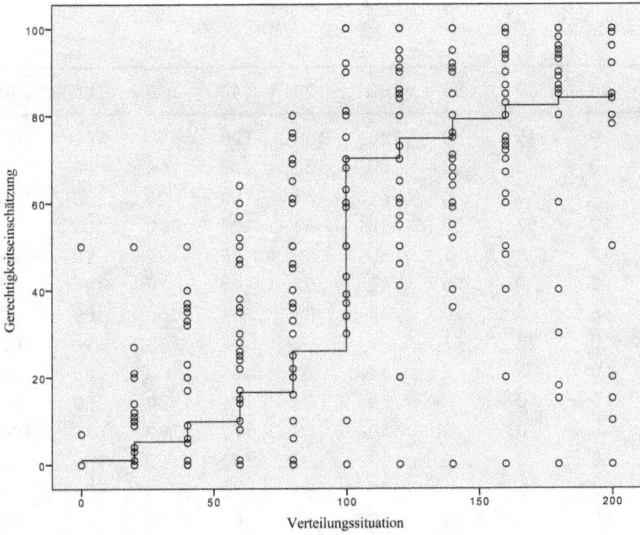

Abb. 5: Zweidimensionales Streudiagramm mit Mittelwerten

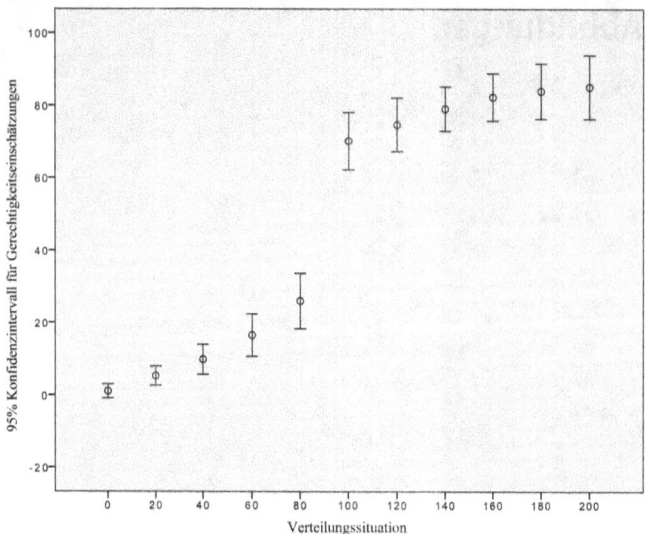

Abb. 6: 95-Prozent-Konfidenzintervalle

Anhang B – Tabellen

Tab. 1: Datenmatrix (id 1 bis 26)

id	0	20	40	60	80	100	120	140	160	180	200
1	0	0	0	15	30	100	100	100	100	100	100
2	0	0	0	0	0	80	100	100	50	30	0
3	0	0	0	0	0	81	86	90	94	96	100
4	0	20	40	52	60	90	93	100	100	100	100
5	0	1	1	1	1	50	60	70	80	90	100
6	0	0	0	0	16	43	57	68	74	86	100
7	0	4	6	8	10	63	86	91	100	100	100
8	0	0	0	28	69	90	91	92	93	94	100
9	0	0	0	0	6	37	50	59	100	85	84
10	0	0	0	0	0	50	65	75	100	100	100
11	0	0	0	0	0	50	61	71	80	90	100
12	0	0	0	0	0	0	0	52	72	90	100
13	0	0	0	0	0	30	50	76	83	90	100
14	0	20	40	60	80	100	90	80	70	60	50
15	0	20	40	60	80	100	80	60	62	40	20
16	0	21	37	46	61	68	73	90	93	93	100
17	0	3	9	14	22	100	100	100	100	100	100
18	0	0	0	10	20	90	95	95	99	98	96

Tab. 1: Datenmatrix (id 1 bis 26) *(Fortsetzung)*

id	0	20	40	60	80	100	120	140	160	180	200
19	0	11	36	64	76	100	0	0	0	0	0
20	0	0	0	0	0	100	100	100	100	100	100
21	0	0	0	0	20	70	84	95	99	98	99
22	0	10	20	30	40	50	60	70	80	90	100
23	0	0	0	0	0	0	20	40	60	80	100
24	7	10	33	57	75	92	100	100	100	100	100
25	0	0	0	0	0	10	20	40	60	80	100
26	0	11	35	47	69	100	100	70	48	18	15

Tab. 2: Datenmatrix (id 27 bis 52)

id	0	20	40	60	80	100	120	140	160	180	200
27	0	0	0	0	0	100	100	100	100	100	100
28	50	50	50	50	50	100	100	100	100	100	100
29	0	0	0	0	0	75	85	90	90	95	100
30	0	0	0	0	0	60	70	85	85	90	100
31	0	0	0	0	0	50	60	80	95	100	100
32	0	14	23	35	50	100	100	100	100	100	100
33	0	0	0	0	0	50	100	100	100	100	100
34	0	0	0	0	20	50	50	85	90	100	100
35	0	0	0	0	0	50	60	75	85	95	100
36	0	1	5	15	50	100	80	40	20	15	10
37	0	0	0	0	0	100	73	36	20	0	0
38	0	3	9	17	37	50	55	66	75	86	100
39	0	12	17	25	30	59	50	55	67	89	100
40	0	27	32	36	46	100	100	100	100	100	100
41	0	0	0	0	0	100	100	100	100	100	100
42	0	0	0	0	10	50	100	70	40	30	20
43	0	0	0	24	36	50	70	75	87	87	92
44	0	9	20	26	65	100	100	100	100	100	100
45	0	0	0	0	0	39	41	64	90	100	78
46	0	10	20	50	70	90	100	100	100	100	100
47	0	0	0	22	33	100	100	100	100	100	100
48	0	0	0	0	0	60	65	70	80	90	100
49	0	10	20	30	45	70	80	85	90	100	100
50	0	0	0	0	0	34	46	66	73	95	80
51	0	9	20	38	50	100	100	100	100	100	100
52	0	0	0	0	25	70	80	90	100	90	85

Tab. 3: Ränge für Wilcoxon-Test zur Monotonie

		N	Mittlerer Rang	Rangsumme
20–0	Negative Ränge	0[a]	0,00	0,00
	Positive Ränge	20[b]	10,50	210,00
	Bindungen	32[c]		
	Gesamt	52		
40–20	Negative Ränge	0[d]	0,00	0,00
	Positive Ränge	19[e]	10,00	190,00
	Bindungen	33[f]		
	Gesamt	52		
60–40	Negative Ränge	0[g]	0,00	0,00
	Positive Ränge	24[h]	12,50	300,00
	Bindungen	28[i]		
	Gesamt	52		
80–60	Negative Ränge	0[j]	0,00	0,00
	Positive Ränge	30[k]	15,50	465,00
	Bindungen	22[l]		
	Gesamt	52		
100–80	Negative Ränge	0[m]	0,00	0,00
	Positive Ränge	50[n]	25,50	1275,00
	Bindungen	2[o]		
	Gesamt	52		
120–100	Negative Ränge	6[p]	26,67	160,00
	Positive Ränge	32[q]	18,16	581,00
	Bindungen	14[r]		
	Gesamt	52		
140–120	Negative Ränge	6[s]	27,75	166,50
	Positive Ränge	29[t]	15,98	463,50
	Bindungen	17[u]		
	Gesamt	52		
160–140	Negative Ränge	6[v]	27,17	163,00
	Positive Ränge	28[w]	15,43	432,00
	Bindungen	18[x]		
	Gesamt	52		
180–160	Negative Ränge	11[y]	17,59	193,50
	Positive Ränge	21[z]	15,93	334,50
	Bindungen	20[aa]		
	Gesamt	52		

Tab. 3: Ränge für Wilcoxon-Test zur Monotonie *(Fortsetzung)*

		N	Mittlerer Rang	Rangsumme
200–180	Negative Ränge	11[ab]	15,41	169,50
	Positive Ränge	19[ac]	15,55	295,50
	Bindungen	22[ad]		
	Gesamt	52		

Tab. 4: Ränge für Wilcoxon-Test zur Monotonie (Anmerkungen)

a.	20 <0	p.	120 <100
b.	20 >0	q.	120 >100
c.	20 = 0	r.	120 = 100
d.	40 <20	s.	140 <120
e.	40 >20	t.	140 >120
f.	40 = 20	u.	140 = 120
g.	600 <40	v.	160 <140
h.	60 >40	w.	160 >140
i.	60 = 40	x.	160 = 140
j.	80 <60	y.	180 <160
k.	80 >60	z.	180 >160
l.	80 = 60	aa.	180 = 160
m.	100 <80	ab.	200 <180
n.	100 >80	ac.	200 >180
o.	100 = 80	ad.	200 = 180

Tab. 5: Statistik für Wilcoxon-Test zur Monotonie (20–0 bis 100–80)

	20–0	40–20	60–40	80–60	100–80
z	–3,925	–3,827	–4,290	–4,790	–6,161
asymptotische Signifikanz (zweiseitig)	0,000	0,000	0,000	0,000	0,000

Tab. 6: Statistik für Wilcoxon-Test zur Monotoniesensitivität (20–0 bis 100–80)

	20–0	40–20	60–40	80–60	100–80
z	–0,532	–1,715	–1,789	–5,672	–5,945
asymptotische Signifikanz (zweiseitig)	0,5944	0,0864	0,0736	0,0000	0,0000

Tab. 7: Statistik für Wilcoxon-Test zur Monotoniesensitivität (120–100 bis 180–160)

	120–100	140–120	160–140	180–160
z	0,570	0,547	0,653	−0,517
asymptotische Signifikanz (zweiseitig)	0,5684	0,5844	0,5135	0,6053

Tab. 8: Matrizen der Verteilungssituationen

Szenario 1		Szenario 7	
braucht	jeder Haushalt 1.000	braucht	jeder Haushalt 1.000
bekommt	0	bekommt	1.200

Szenario 2		Szenario 8	
braucht	jeder Haushalt 1.000	braucht	jeder Haushalt 1.000
bekommt	200	bekommt	1.400

Szenario 3		Szenario 9	
braucht	jeder Haushalt 1.000	braucht	jeder Haushalt 1.000
bekommt	400	bekommt	1.600

Szenario 4		Szenario 10	
braucht	jeder Haushalt 1.000	braucht	jeder Haushalt 1.000
bekommt	600	bekommt	1.800

Szenario 5		Szenario 11	
braucht	jeder Haushalt 1.000	braucht	jeder Haushalt 1.000
bekommt	800	bekommt	2.000

Szenario 6	
braucht	jeder Haushalt 1.000
bekommt	1.000

Literatur

Adams, Stacy (1965): „Inequity in Social Exchange". In: Berkowitz, Leonard (Hrsg.): *Advances in Experimental Social Psychology*. Bd. 2. New York: Academic Press. S. 267–299.
Ahlert, Marlies; Funke, Katja und Schwettmann, Lars (2013): „Thresholds, Productivity, and Context. An Experimental Study on Determinants of Distributive Behaviour". In: *Social Choice and Welfare* 40 (4), S. 957–984.
Aristoteles (2006): *Nikomachische Ethik*. Reinbek bei Hamburg: Rowohlt.
Arts, Wil; Hermkens, Piet und van Wijck, Peter (1991): „Income and the Idea of Justice. Principles, Judgments, and Their Framing". In: *Journal of Economic Psychology* 12 (1), S. 121–140.
Atkinson, Anthony (1970): „On the Measurement of Inequality". In: *Journal of Economic Theory* 2 (3), S. 244–263.
Atkinson, Anthony und Bourguignon, François (1987): „Income Distributions and Differences in Needs". In: Feiwell, George (Hrsg.): *Arrow and the Foundation of the Theory of Economic Policy*. London: Palgrave Macmillan. S. 350–370.
Bar-Hillel, Maya und Yaari, Menahem (1993): „Judgements of Distributive Justice". In: Mellers, Barbara und Baron, Jonathan (Hrsg.): *Psychological Perspectives on Justice*. Cambridge: Cambridge University Press. S. 55–84.
Bauer, Alexander Max (2016): „Empirisch informierte Maße der Bedarfsgerechtigkeit. Zwischen normativer Theorie, mathematischer Formalisierung und empirischer Sozialforschung". In: Haberstroh, Susanne und Petersen, Susanne (Hrsg.): *forschen@studium. Tagungsband*. Oldenburg: Behrens Druck- und Verlagsgesellschaft. S. 18.
Bauer, Alexander Max (2017a): „Axiomatische Überlegungen zu Grundlagen für Maße der Verteilungsgerechtigkeit am Beispiel von Bedarfsgerechtigkeit". In: *„forsch!" – Studentisches Online-Journal der Universität Oldenburg* 3 (1), S. 23–42.
Bauer, Alexander Max (2017b): „Axiomatic Foundations for Metrics of Distributive Justice Shown by the Example of Needs-Based Justice". In: *„forsch!" – Studentisches Online-Journal der Universität Oldenburg* 3 (1), S. 43–60.
Bauer, Alexander Max (2018): „Monotonie und Monotoniesensitivität als Desiderata für Maße der Bedarfsgerechtigkeit. Zu zwei Aspekten der Grundlegung empirisch informierter Maße der Bedarfsgerechtigkeit zwischen normativer Theorie, formaler Modellierung und empirischer Sozialforschung". In: *FOR 2104 Diskussionspapiere* 2018–01. http://bedarfsgerechtigkeit.hsu-hh.de/dropbox/wp/2018–01.pdf, abgerufen am 7. November 2018.
Bauer, Alexander Max (2019): „Gerechtigkeit und Bedürfnis. Perspektiven auf den Begriff des ‚Bedürfnisses' vor dem Hintergrund der Bedarfsgerechtigkeit". In: Bauer, Alexander Max und Baratella, Nils (Hrsg.): *Oldenburger Jahrbuch für Philosophie 2017/2018*. Oldenburg: BIS-Verlag. S. 285–327.
Bauer, Alexander Max und Meyerhuber, Malte Ingo (Hrsg.) (2020): *Empirical Research and Normative Theory. Transdisciplinary Perspectives on Two Methodical Traditions Between Separation and Interdependence*. Berlin und Boston: Walter de Gruyter.
Berger, Joseph; Zelditch, Morris; Anderson, Bo und Cohen, Bernard (1972): „Structural Aspects of Distributive Justice. A Status Value Formulation". In: Berger, Joseph; Zelditch, Morris und Anderson, Bo (Hrsg.): *Sociological Theories in Progress*. Bd. 2. Boston: Houghton Mifflin Harcourt. S. 119–146.

Braß, Helmut (1993): „Gerechte Verteilung als mathematisches Problem". In: Braunschweigische Wissenschaftliche Gesellschaft (Hrsg.): *Jahrbuch 1993*. Göttingen: Erich Goltze. S. 85–96.

Brickman, Philip; Folger, Robert; Goode, Erica und Schul, Yaacov (1981): „Microjustice and Macrojustice". In: Lerner, Melvin und Lerner, Sally (Hrsg.): *The Justice Motive in Social Behavior. Adapting to Times of Scarcity and Change*. New York: Springer. S. 173–202.

Buskirk, Trent; Saunders, Ted und Michaud, Joey (2015): „Are Sliders Too Slick for Surveys? An Experiment Comparing Slider and Radio Button Scales for Smartphone, Tablet and Computer Based Surveys". In: *Methods, Data, Analyses* 9 (2), S. 229–260.

Cappelen, Alexander; Moene, Karl; Sørensen, Erik und Tungodden, Bertil (2013): „Needs Versus Entitlements. An International Fairness Experiment". In: *Journal of the European Economic Association* 11 (3), S. 574–598.

Chakravarty, Satya (2009): *Inequality, Polarization and Poverty. Advances in Distributional Analysis*. New York: Springer.

Christen, Markus (2010): „Naturalisierung von Moral? Einschätzung des Beitrags der Neurowissenschaft zum Verständnis moralischer Orientierung". In: Fischer, Johannes und Gruden, Stefan (Hrsg.): *Die Struktur der moralischen Orientierung. Interdisziplinäre Perspektiven*. Berlin: LIT Verlag. S. 49–123.

Christen, Markus und Alfano, Mark (2014): „Outlining the Field. A Research Program for Empirically Informed Ethics". In: Christen, Markus; van Schaik, Carel; Huppenbauer, Markus und Tanner, Carmen (Hrsg.): *Empirically Informed Ethics. Morality Between Facts and Norms*. Cham: Springer. S. 3–27.

Christen, Markus; van Schaik, Carel; Huppenbauer, Markus und Tanner, Carmen (2014): „Bridging the Is-Ought-Dichotomy". In: dies. (Hrsg.): *Empirically Informed Ethics. Morality Between Facts and Norms*. Cham: Springer. S. IX-X.

Christman, John (1991): „Self-Ownership, Equality, and the Structure of Property Rights". In: *Political Theory* 19 (1), S. 28–46.

Cowell, Frank und Schokkaert, Erik (2001): „Risk Perceptions and Distributional Judgments". In: *European Economic Review* 45 (4–6), S. 941–952.

Deutsch, Morton (1975): „Equity, Equality and Need. What Determines Which Value Will be Used as the Basis of Distributive Justice?". In: *Journal of Social Issues* 31 (3), S. 137–149.

Dworkin, Ronald (2000): *Sovereign Virtue. The Theory and Practice of Equality*. Cambridge: Harvard University Press.

Eckhoff, Torstein (1974): *Justice. Its Determinants in Social Interaction*. Rotterdam: Rotterdam University Press.

Eriksson, Kimmo (2012): The Accuracy of Mathematical Models of Justice Evaluations". In: *The Journal of Mathematical Sociology* 36 (2), S. 125–135.

Farwell, Lisa und Weiner, Bernard (1996): „Self-Perceptions of Fairness in Individual and Group Contexts". In: *Personality and Social Psychology Bulletin* 22 (9), S. 867–881.

Fechner, Gustav (1860): *Elemente der Psychophysik*. Bd. 1. Leipzig: Breitkopf und Härtel.

Feinberg, Joel (1974): „Noncomparative Justice". In: *The Philosophical Review* 83 (3), S. 297–338.

Firebaugh, Glenn (1999): „Empirics of World Income Inequality". In: *American Journal of Sociology* 104 (6), S. 1597–1630.

Flink, Robert und van Praag, Bernard (1991): „Subjective Poverty Line Definitions". In: *De Economist* 139 (3), S. 311–330.

Forsyth, Donelson (2006): „Conflict". In: ders.: *Group Dynamics*. Belmont: Wadsworth. S. 388–389.
Funke, Frederik (2010): *Internet-Based Measurement With Visual Analogue Scales. An Experimental Investigation*. Unveröffentlichte Dissertation an der Universität Tübingen.
Furnham, Adrian (1986): „Response Bias, Social Desirability and Dissimulation". In: *Personality and Individual Differences* 7 (3), S. 385–400.
Gaertner, Wulf und Schokkaert, Erik (2012): *Empirical Social Choice. Questionnaire-Experimental Studies on Distributive Justice*. New York: Cambridge University Press.
Gamliel, Eyal und Peer, Eyal (2006): „Positive Versus Negative Framing Effects Justice Judgments". In: *Social Justice Research* 19 (3), S. 307–322.
Gini, Corrado (1914): „Di una misura della dissomiglianza tra due gruppi di quantitá e delle sue applicazioni allo studio delle relazioni statistiche". In: *Atti R. I. Veneto* 74, S. 185–213.
Goedhart, Theo; Halberstadt, Victor; Kapteyn, Arie und van Praag, Bernard (1977): „The Poverty Line. Concept and Measurement". In: *Journal of Human Resources* 12 (4), S. 503–520.
Hassoun, Nicole (2009): „Meeting Need". In: *Utilitas* 21 (3), S. 250–275.
Herlyn, Estelle (2012): *Einkommensverteilungsbasierte Präferenz- und Koalitionsanalysen auf der Basis selbstähnlicher Equity-Lorenzkurven. Ein Beitrag zur Quantifizierung sozialer Nachhaltigkeit*. Wiesbaden: Springer.
Höffe, Otfried (2015): *Gerechtigkeit. Eine philosophische Einführung*. München: C. H. Beck.
Homans, George (1974): *Social Behavior. Its Elementary Forms*. New York: Harcourt Brace.
Honneth, Axel (2014): *Freedom's Right. The Social Foundations of Democratic Life*. New York: Polity.
Jasso, Guillermina (1978): „On the Justice of Earnings. A New Specification of the Justice Evaluation Function". In: *American Journal of Sociology* 83 (6), S. 1398–1419.
Jasso, Guillermina (1983): „Fairness of Individual Rewards and Fairness of the Reward Distribution. Specifying the Inconsistency Between Micro and Macro Principles of Justice". In: *Social Psychology Quarterly* 46 (3), S. 185–199.
Jasso, Guillermina (1999): „How Much Injustice Is There in the World? Two New Justice Indexes". In: *American Sociological Review* 64 (1), S. 133–168.
Jasso, Guillermina (2007): „Studying Justice. Measurement, Estimation, and Analysis of the Actual Reward and the Just Reward". In: Törnblom, Kjell und Vermunt, Riël (Hrsg.): *Distributive and Procedural Justice. Research and Social Applications*. Burlington: Routledge. S. 225–254.
Jasso, Guillermina und Wegener, Bernd (1997): „Methods for Empirical Justice Analysis. Part 1. Framework, Models, and Quantities". In: *Social Justice Research* 10 (4), S. 393–430.
Kahneman, Daniel und Tversky, Amos (1979): „Prospect Theory. An Analysis of Decision Under Risk". In: *Econometrica* 47 (2), S. 263–291.
Kahneman, Daniel und Tversky, Amos (2000): „Advances in Prospect Theory. Cumulative Representation of Uncertainty". In: dies. (Hrsg.): *Choices, Values and Frames*. New York: Cambridge University Press. S. 44–66.
Kakwani, Nanak (1980): „On a Class of Poverty Measures". In: *Econometrica* 48 (2), S. 437–446.
Kamm, Frances (2007): *Intricate Ethics. Rights, Responsibilities, and Permissible Harm*. New York: Oxford University Press.

Knobe, Joshua und Nichols, Shaun (2008): „An Experimental Philosophy Manifesto". In: dies. (Hrsg.): *Experimental Philosophy.* Oxford: Oxford University Press. S. 3–14.

Kockläuner, Gerhard (2012): *Methoden der Armutsmessung.* Berlin: Logos.

Konow, James (2001): „Fair and Square. The Four Sides of Distributive Justice". In: *Journal of Economic Behavior and Organization* 46 (2), S. 137–164.

Konow, James (2003): „Which Is the Fairest One of All? A Positive Analysis of Justice Theories". In: *Journal of Economic Literature* 41 (4), S. 1188–1239.

Konow, James (2009): „Is Fairness in the Eye of the Beholder? An Impartial Spectator Analysis of Justice". In: *Social Choice and Welfare* 33 (1), S. 101–127.

Lambert, Peter (2001): *The Distribution and Redistribution of Income.* Manchester: Manchester University Press.

Lambert, Peter und Ramos, Xavier (2002): „Welfare Comparisons. Sequential Procedures for Heterogeneous Populations". In: *Economica* 69 (276), S. 549–562.

Machery, Edouard; Mallon, Ron; Nichols, Shaun und Stich, Stephen (2004): „Semantics, Cross-Cultural Style". In: *Cognition* 92 (3), S. 1–12.

Machery, Edouard; Mallon, Ron; Nichols, Shaun und Stich, Stephen (2013): „If Folk Intuitions Vary, Then What?". In: *Philosophy and Phenomenological Research* 86 (3), S. 618–635.

Marx, Karl (1969): „Kritik des Gothaer Programms". In: Institut für Marxismus-Leninismus beim ZK der SED (Hrsg.): *Karl Marx, Friedrich Engels, Werke.* Bd. 19. Berlin: Karl Dietz. S. 11–32.

McDermott, Rose (1998): „Prospect Theory". In: dies.: *Risk-Taking in International Politics. Prospect Theory in American Foreign Policy.* Ann Arbor: University of Michigan Press. S. 15–44.

Miller, David (1992): „Distributive Justice. What the People Think". In: *Ethics* 102 (3), S. 555–593.

Miller, David (1994): „Review of K. R. Scherer (ed.): Justice. Interdisciplinary Perspectives". In: *Social Justice Research* 7, S. 167–188.

Miller, David (1999): *Principles of Social Justice.* Cambridge: Harvard University Press.

Nederhof, Anton (1985): „Methods of Coping With Social Desirability Bias. A Review". In: *European Journal of Social Psychology* 15 (3), S. 263–280.

Nichols, Shaun; Stich, Stephen und Weinberg, Jonathan (2003): „Metaskepticism. Meditations in Ethno-Epistemology". In: Luper, Steven (Hrsg.): *The Skeptics. Contemporary Essays.* Aldershot: Ashgate. S. 227–258.

Nozick, Robert (1974): *Anarchy, State and Utopia.* New York: Basic Books.

Popper, Karl (1989): „Falsifizierbarkeit, zwei Bedeutungen von". In: Seiffert, Helmut und Radnitzky, Gerard (Hrsg.): *Handlexikon zur Wissenschaftstheorie.* München: Ehrenwirth. S. 82–85.

Popper, Karl (2005): *Logik der Forschung.* Tübingen: Mohr Siebeck.

Rawls, John (1975): *Eine Theorie der Gerechtigkeit.* Frankfurt am Main: Suhrkamp.

Scheicher, Christoph (2009): *Armut, Reichtum, Umverteilung. Begriff und statistische Messung.* Lohmar und Köln: Eul.

Schokkaert, Erik (1999): „M. Tout-le-monde est ‚post-welfariste'. Opinions sur la justice redistributive". In: *Revue Economique* 50 (4), S. 811–831.

Schwettmann, Lars (2009): *Trading Off Competing Allocation Principles. Theoretical Approaches and Empirical Investigations.* Frankfurt am Main: Peter Lang.

Schwettmann, Lars (2012): „Competing Allocation Principles. Time for Compromise?". In: *Theory and Decision* 73 (3), S. 357–380.
Seidl, Christian (1988): „Poverty Measurement. A Survey". In: Bös, Dieter; Rose, Manfred und Seidl, Christian (Hrsg.): *Welfare and Efficiency in Public Economics*. Berlin und Heidelberg: Springer. S. 71–147.
Sen, Amartya (1976): „Poverty. An Ordinal Approach to Measurement". In: *Econometrica* 44 (2), S. 219–231.
Severin, Franziska; Schmidtke, Jörg; Mühlbacher, Axel und Rogowski, Wolf (2013): „Eliciting Preferences for Priority Setting in Genetic Testing. A Pilot Study Comparing Best-Worst Scaling and Discrete-Choice Experiments". In: *European Journal of Human Genetics* 21 (11), S. 1202–1208.
Siebel, Mark (2017): „To Each According to His Needs. Measuring Need-Based Justice". In: *FOR 2104 Diskussionspapiere* 2017–14. http://bedarfsgerechtigkeit.hsu-hh.de/dropbox/wp/2017–14.pdf, abgerufen am 1. November 2018.
Singer, Peter (2005): „Ethics and Intuitions". In: *The Journal of Ethics* 9 (3–4), S. 331–352.
Skitka, Linda und Tetlock, Philip (1992): „Allocating Scarce Resources. A Contingency Model of Distributive Justice". In: *Journal of Experimental Social Psychology* 28 (6), S. 491–522.
Springhorn, Nils (2017): „Comparative and Noncomparative Measurement of Need-Based Justice". In: *FOR 2104 Diskussionspapiere* 2017–15. http://bedarfsgerechtigkeit.hsu-hh.de/dropbox/wp/2017–15.pdf, abgerufen am 11. November 2018.
Strack, Fritz (1992): „,Order Effects' in Survey Research. Activation and Information Functions of Preceding Questions". In: Schwarz, Norbert und Sudman, Seymour (Hrsg.): *Context Effects in Social and Psychological Research*. New York: Springer. S. 23–34.
Törnblom, Kjell und Ahlin, Elva (1998): „Mode of Accomplishing Positive and Negative Outcomes. Its Effect on Fairness Evaluations". In: *Social Justice Research* 11 (4), S. 423–442.
Traub, Stefan; Bauer, Alexander Max; Siebel, Mark; Springhorn, Nils und Weiß, Arne Robert (2017): „On the Measurement of Need-Based Justice". In: *FOR 2104 Diskussionspapiere* 2017–12. http://bedarfsgerechtigkeit.hsu-hh.de/dropbox/wp/2017–12.pdf, abgerufen am 14. November 2018.
Traub, Stefan; Seidl, Christian; Schmidt, Ulrich und Levati, Maria (2005): „Friedman, Harsanyi, Rawls, Boulding – or Somebody Else? An Experimental Investigation of Distributive Justice". In: *Social Choice and Welfare* 24 (2), S. 283–309.
Tversky, Amos und Kahnemann, Daniel (1981): „The Framing of Decisions and the Psychology of Choice". In: *Science* 211 (4481), S. 453–458.
Vaesen, Krist; Peterson, Martin und van Bezooijen, Bart (2013): „The Reliability of Armchair Intuitions". In: *Metaphilosophy* 44 (5), S. 559–578.
von der Lippe, Peter (1996): *Wirtschaftsstatistik*. Stuttgart: UTB.
Walster, Elaine; Berscheid, Ellen und Walster, William (1976): „New Directions in Equity Research". In: Berkowitz, Leonard und Walster, Elaine (Hrsg.): *Advances in Experimental Social Psychology*. New York: Academic Press. S. 1–42.
Walzer, Michael (1983): *Spheres of Justice. A Defense of Pluralism and Equality*. New York: Basic Books.

Weber, Ernst (1846): „Der Tastsinn und das Gemeingefühl". In: Wagner, Rudolph (Hrsg.): *Handwörterbuch der Physiologie mit Rücksicht auf physiologische Pathologie*. Bd. 3. Braunschweig: Vieweg. S. 481–588.

Weinberg, Jonathan; Gonnerman, Chad; Buckner, Cameron und Alexander, Joshua (2010): „Are Philosophers Expert Intuiters?". In: *Philosophical Psychology* 23 (3), S. 331–355.

Weiß, Arne Robert; Bauer, Alexander Max und Traub, Stefan (2017): „Needs as Reference Points. When Marginal Gains to the Poor Do Not Matter". In: *FOR 2104 Diskussionspapiere* 2017–13. http://bedarfsgerechtigkeit.hsu-hh.de/dropbox/wp/2017–13.pdf, abgerufen am 24. November 2018.

Wringe, Bill (2005): „Needs, Rights, and Collective Obligations". In: Reader, Soran (Hrsg.): *The Philosophy of Need*. Cambridge: Cambridge University Press. S. 187–207.

Yaari, Menachem und Bar-Hillel, Maya (1984): „On Dividing Justly". In: *Social Choice and Welfare* 1 (1), S. 1–24.

Alexander Max Bauer und Malte Ingo Meyerhuber
Epilog[1]

Zwischen *doxa* und *aletheia*

English titel and abstract: *Epilogue. On Doxa and Aletheia.* This is the epilogue of the volume. It refers to the long-standing line of thought in western philosophy that the mere *doxa* – the opinion – of people is of little relevance for the pursuit of *aletheia*, the truth. Whitehead famously noted that the "safest general characterization of the European philosophical tradition is that it consists of a series of footnotes to Plato". It might thus be worthwhile taking a look at Plato to discover where this strand of thought might origin from. Indeed, Plato is well known for the separation between *doxa* and *aletheia*. The question remains: How did he come to hold his views on this topic? Hannah Arendt formulated a talk that seeks to answer this question looking at Plato's relationship to Socrates and his inability to cope with the death sentence that Socrates received.

Von dem Nachwort eines Bandes, der sich mit Philosophie zwischen Sein und Sollen befasst, könnte man vielleicht erwarten, eine eindeutige Antwort auf die Frage zu erhalten, wie sich diese Beziehung nun im Einzelnen eigentlich gestaltet oder gestalten soll. Der interessierten Leserin und dem interessierten Leser mag beim Durchgang durch die vielfältigen Perspektiven dieses Bandes deutlich geworden sein, dass die Sache so einfach nicht ist. Es zeichnet sich kein Konsens darüber ab, in welcher Beziehung Sein und Sollen oder empirische Forschung und normative Theorie zueinander stehen oder stehen sollten. Die meisten – wenn auch nicht alle – Autorinnen und Autoren dieses Bandes sprechen empirischer Forschung zumindest einiges an Relevanz für die Beantwortung normativer Fragen zu, mit verschieden ausgeprägten Einschränkungen:

Kurt Bayertz (Kapitel 2) diskutiert in seinem Beitrag den Begriff des „Glücks" und die mögliche Rolle empirischer Wissenschaft in seiner Ergründung. Er schlussfolgert, dass die begrifflichen Grundlagen der empirischen Untersuchungen nicht selbst vollständig mit empirischen Mitteln formuliert werden können. Daher sei die empirische Wissenschaft auf einen Denk- und Argumentationstypus angewiesen, der für die Philosophie charakteristisch ist. Im Anschluss daran er-

---

[1] Die Ausführungen zu Arendt finden sich auch in dem Nachwort zu unserem englischsprachigen Schwesterband (Bauer und Meyerhuber 2020).

örtert Sebastian Schleidgen (Kapitel 3), inwieweit ethische Theorien von empirischen Daten oder empirisch begründeten Beschreibungen und Erklärungen abhängig sind. Er kommt zu dem Schluss, dass gewisse ethische Erwägungen zwangsläufig auf empirische Erkenntnisse angewiesen sind, und reflektiert dies vor dem Hintergrund verschiedener metaethischer Annahmen. Mark Schweda (Kapitel 4) beschreibt die Rolle von empirischer Sozialforschung in der Medizinethik und erörtert typische Argumente gegen eine Integration von empirischer Forschung in ethische Überlegungen, wobei er resümiert, dass die Öffnung der angewandten Ethik für Ansätze empirischer Sozialforschung dazu beitragen mag, die methodische Qualität von Theorie- und Urteilsbildung – entgegen eher reservierten Befürchtungen – maßgeblich zu steigern. Mit Kant argumentiert Widukind Andreas Schweiberer (Kapitel 5) gegen den bloß kontingenten Umgang mit Werturteilen und für ein Verfahren, bei dem das Gute als ein unbedingtes intelligibles Ideal verstanden wird. Dieses gelte es demnach durch Vernunft zu erschließen und anschließend seinen freien Willen dazu zu bestimmen, es ins Werk zu setzen. Im Anschluss argumentiert Philip Penew (Kapitel 6) mit Hegel für das Werkzeug der immanenten Kritik, nicht nur im negativen Sinne. Es sei eine Möglichkeit, normative Theorie positiv zu begründen, ohne auf einen externen Bewertungsrahmen angewiesen zu sein, der seinerseits Begründung erfahren müsste. Elsa Romfeld (Kapitel 7) plädiert nachfolgend angesichts einer beschränkten Leistungsfähigkeit von Brückenprinzipien für mehr Mut zum wohlverstandenen Sprung über die Kluft zwischen Sein und Sollen, wobei sie insbesondere auf die Relevanz einer bewussten Selbst-Verortung in Raum und Zeit hinweist. Reinhard Schulz (Kapitel 8) illustriert anschließend die wechselseitige Hervorbringung von Normativität und Reflexivität. Er argumentiert mit der Praxistheorie für ein Modell zur Untersuchung von Forschungsgegenständen, die zwischen den beiden fraglichen Sphären zu verorten sind. Daniel Füger (Kapitel 9) zeigt im Anschluss daran aus wissenschaftshistorischer Perspektive normative Dimensionen in der Debatte zwischen Anhängern der Oxidations- und der Phlogiston-Theorie auf. Alexander Max Bauer (Kapitel 10) illustriert abschließend mit einem Beispiel aus der Praxis, wie – in diesem Fall ethische – Reflexion sich von empirischen Daten inspirieren lassen kann.

Insbesondere mit den Beiträgen von Widukind Andreas Schweiberer und Philip Penew findet sich auch hier das für die Philosophie klassische Paradigma wieder, nach dem – zumindest in gewissen Bereichen – nur durch eine besondere Methode des Denkens Wissen erlangt werden könne. Damit einher geht die deutliche Abwertung der bloßen Meinung. Hier ist die Annahme grundlegend, dass doxastische Konzepte von Laien falsch, konfus oder unpräzise sein können, da ihre Träger nicht mit den angemessenen Mitteln der Reflexion operieren. Dabei mag man sich – ein wenig vielleicht in der Tradition Nietzsches, des selbsterklärten Antiplatonikers – fragen, wo diese Ablehnung der bloßen Meinung zugunsten der Wahrheit eigentlich ihren Ursprung hat. Mit Whitehead im Sinn[2] kann man hier den Blick auf Platon wenden, wie es auch Hannah Arendt schon getan hat: Im Frühjahrssemester 1954 hielt sie eine Reihe von Vorträgen unter dem Titel „Philosophie und Politik – Das Problem von Handeln und Denken nach der Französischen Revolution" an der Universität von Notre-Dame. In ihrem dritten Vortrag nahm sie dabei das Verhältnis von Sokrates und Platon in den Blick. Ein besonderes Augenmerk legte sie dabei auf Pluralität, die sie in ihrem Denktagebuch als ein zentrales Moment der *conditio humana* ausmachte. Dieser Pluralität, schreibt Arendt, könne man sich nicht nur im Zusammensein mit anderen Menschen nicht entziehen:

> Selbst wenn ich ganz allein leben würde, so lebte ich doch mein Leben lang im Zustand der Pluralität. Ich muss mit mir selber zurechtkommen, und nirgendwo zeigt sich dieses Ich-mit-mir deutlicher als im abstrakten Denken, das immer ein Dialog in der Gespaltenheit, zwischen den Zweien-in-Einem ist. Der Philosoph, welcher der Grundbedingung der menschlichen Pluralität zu entkommen sucht und in die absolute Einsamkeit flieht, ist dieser jedem Menschen inhärenten Pluralität sogar noch radikaler ausgeliefert als ein Anderer. Denn es ist ja das Gespräch mit anderen, das mich aus dem Aufspaltenden Gespräch mit mir selbst herausreißt und mich wieder zu Einem macht (zitiert nach Bormuth 2016, S. 8f.).

Damit beruft sie sich auf Platon, für den „das Denken selbst dialogisch ist: Es ist der schweigende Dialog mit mir und mir selbst" (zitiert nach Bormuth 2016, S. 27).

„Die Wahrheit" aber, schreibt sie mit Nietzsche an Karl Jaspers, „beginnt zu zweit" (zitiert nach Bormuth 2016, S. 10). Darin angedeutet findet sich bereits die Bedeutung des Diskurses, der schon für das attische Leben als zentrales Moment ausgemacht werden kann: „Das Überreden, peithein, war die spezifisch politische Form der Rede, und die Athener waren stolz darauf, im Gegensatz zu den Barbaren ihre politischen Angelegenheiten durch die öffentliche Rede und nicht durch den Zwang zu regeln" (zitiert nach Bormuth 2016, S. 36). Vor diesem Hintergrund geht Arendt in ihrem Vortrag unter anderem auch dem Verhältnis von Sokrates und Platon in deren Zeit einer „politisch verfallenden Gesellschaft" (zitiert nach Bormuth 2016, S. 35) nach.

Sokrates wird dabei charakterisiert als ein Mensch, der die Öffentlichkeit und das Gespräch sucht. Mit Xenophon lässt sich entsprechend sagen:

> So tat gerade er stets alles in voller Öffentlichkeit. Am frühen Morgen ging er nämlich nach den Säulenhallen und Turnschulen, und wenn der Markt sich füllte, war er dort zu sehen,

---

[2] Dieser hat geschrieben: „The safest general characterization of the European philosophical tradition is that it consists of a series of footnotes to Plato" (Whitehead 1979, S. 39).

und auch den Rest des Tages war er immer dort, wo er mit den meisten Menschen zusammen sein konnte. Und er sprach meistens, und wer nur wollte, konnte ihm zuhören (Xenophon 2014, S. 11).

Bei diesem Sprechen stand für Sokrates der Dialog im Vordergrund, wobei er nicht für sich in Anspruch nahm, weise zu sein (vgl. Arendt 2016, S. 43). In diesen Dialogen sollten nicht die Meinungen der anderen zerstört und durch eine objektiv als wahr geltende Prämisse ersetzt werden; vielmehr ging es ihm nach Arendt darum, die fraglichen Meinungen wahrhaftiger zu machen (vgl. Arendt 2016, S. 49). Er stellte seine Meinung gegen die der anderen, forderte sie heraus, ohne eine *orthe doxa*.

Als Sokrates 399 vor Christus vor einem Volksgericht in Athen unter der Anklage stand, die Jugend zu verderben und gottlos zu sein, stellte er sich auch hier in diesen Dialog. Er scheiterte und wurde mit dem Tode bestraft. Nach Arendt muss diese Erfahrung ein einschneidendes Erlebnis für seinen Schüler Platon dargestellt haben, wie Bormuth feststellt:

> Im Kern zeigt sie [Arendt] großes Verständnis für die tiefe Krise, in die Platon durch den Prozess des Sokrates gestürzt wurde. Dass sein Lehrer mit seiner Apologie kein Gehör bei den Athenern fand, sondern diese auf sein irritierendes Fragen und selbstgewisses Denken mit Unverständnis und Todesurteil reagierten, erscheint ihr als dramatischer Wendepunkt in Platons Bewusstsein (Bormuth 2016, S. 20).

In dieser Krise soll Platon den Schluss gezogen haben, „dass es einen unversöhnlichen Gegensatz gibt zwischen Wahrheit und Meinung" (Arendt 2016, S. 39). Nicht mehr der Mensch soll Maß aller Dinge sein, sondern etwas Göttliches (vgl. Arendt 2016, S. 42).

> In enger Verbindung mit seinem Zweifel an der Effektivität des Überredens steht Platons wütende Polemik gegen die doxa [siehe auch Arendt 2016, S. 47f., 54f.], die bloße Meinung. Diese Polemik zieht sich wie ein roter Faden durch seine politischen Werke, sie gehört zu den Grundlagen seines Wahrheitsbegriffs. Die platonische Wahrheit ist selbst dort, wo diese doxa nicht eigens erwähnt wird, immer der genaue Gegensatz zur beliebigen Meinung. Das Schauspiel, wie Sokrates seine eigene doxa gegen die unverantwortlichen Meinungen der Athener stellt und von einer Mehrheit niedergestimmt wird, brachte Platon dazu, Meinungen insgesamt zu verachten und sich nach absoluten Maßstäben zu sehnen. Maßstäbe, an denen sich Handlungen messen ließen und an denen das Denken eine gewisse Verlässlichkeit gewinnen konnte, waren von nun an das Hauptziel seiner politischen Philosophie; der Wunsch nach ihnen beeinflusste selbst die rein philosophische Lehre von den Ideen entscheidend (Arendt 2016, S. 37f.).

Anschaulich wird diese platonische Perspektive, die der *doxa* eine *episteme* oder *aletheia* entgegenstellt, im Höhlengleichnis, das Platon im siebenten Buch seiner *Politeia* formuliert (vgl. Platon 2004).

Arendt spricht in diesem Zusammenhang von Platons „Tyrannei der Wahrheit", „weil Platon selbst als Erster die Ideen zu politischen Zwecken gebrauchte – um absolute Maßstäbe in das Reich der menschlichen Angelegenheiten einzuführen, wo sonst – ohne Maße, die das Irdische transzendieren – alles relativ bliebe" (Bormuth 2016, S. 19 f.). Man sagt – mit Marcus Tullius Cicero (1998, S. 325) gesprochen –, Sokrates habe die Philosophie vom Himmel auf die Erde gerufen. Mit Hannah Arendt nun ließe sich ergänzen: Platon wiederum hat die Philosophie von der Erde in den Himmel gehoben.

Literatur

Arendt, Hannah (2016): „Sokrates". In: dies.: *Sokrates. Apologie der Pluralität*. Berlin: Matthes & Seitz. S. 34–85.

Bauer, Alexander Max und Meyerhuber, Malte Ingo (2020): „Epilogue. On Doxa and Aletheia". In: dies. (Hrsg.): *Empirical Research and Normative Theory. Transdisciplinary Perspectives on Two Methodical Traditions Between Separation and Interdependence*. Berlin und Boston: Walter de Gruyter.

Bormuth, Matthias (2016): „Einleitung". In: Arendt, Hannah: *Sokrates. Apologie der Pluralität*. Berlin: Matthes & Seitz. S. 7–33.

Cicero, Marcus Tullius (1998): *Gespräche in Tusculum. Tusculanae disputationes*. Düsseldorf und Zürich: Artemis & Winkler.

Platon (2004): „Der Staat". In: ders.: *Sämtliche Werke in drei Bänden*. Bd. 2. Darmstadt: Wissenschaftliche Buchgesellschaft. S. 5–407.

Whitehead, Alfred (1979): *Process and Reality*. New York: Free Press.

Xenophon (2014): *Erinnerungen an Sokrates*. München und Zürich: Artemis.

Zu den Autorinnen und Autoren

Alexander Max Bauer, M. A., ist Lehrbeauftragter und Doktorand am Institut für Philosophie der Carl von Ossietzky Universität Oldenburg sowie Wissenschaftlicher Mitarbeiter in der Forschergruppe „Bedarfsgerechtigkeit und Verteilungsprozeduren" der Deutschen Forschungsgemeinschaft, wo er zu Grundlagenfragen der Verteilungsgerechtigkeit zwischen normativer Theorie, formaler Modellierung und empirischer Sozialforschung mit einem Schwerpunkt auf Bedarfsgerechtigkeit forscht. Zu erreichen ist er unter: Carl von Ossietzky Universität Oldenburg, Institut für Philosophie, Ammerländer Heerstraße 114–118, 26129 Oldenburg, alexander.max.bauer@uni-oldenburg.de

Prof. Dr. **Kurt Bayertz** war bis 2017 Professor für Praktische Philosophie an der Westfälischen Wilhelms-Universität Münster und ist seitdem Seniorprofessor am dortigen Exzellenzcluster „Religion und Politik". Er arbeitet unter anderem zu Ethik, Anthropologie und zur Geschichte der Philosophie. Zu erreichen ist er unter: Westfälische Wilhelms-Universität Münster, Philosophisches Seminar, Domplatz 23, 48143 Münster, bayertz@uni-muenster.de

Daniel Füger, M. A., promoviert am Institut für Philosophie der Justus-Liebig-Universität Gießen zum Verhältnis von Evidenz und Ethos in der frühen Chemiewissenschaft. Zu erreichen ist er unter: Justus-Liebig-Universität Gießen, Institut für Philosophie, Rathenaustraße 8, 35394 Gießen, daniel.t.fueger@phil.uni-giessen.de

Malte Meyerhuber, M. Sc., absolvierte den Research Master „Behavioral and Social Sciences" an der Rijksuniversität Groningen in den Niederlanden mit einem Fokus auf Sozial- und Organisationspsychologie. Hierbei sowie bei seiner Tätigkeit als wissenschaftliche Hilfskraft legte er einen besonderen Schwerpunkt auf Kreativitäts- und Innovationsforschung. Seit 2019 ist er als Unternehmensberater tätig. Zu erreichen ist er unter: m.meyerhuber@gmx.de

Philip Penew, M. A., studierte Philosophie an der Carl von Ossietzky Universität Oldenburg. Er arbeitet unter anderem zum Deutschen Idealismus und insbesondere zu Hegel. Zu erreichen ist er unter: philip.penew@uni-oldenburg.de

Elsa Romfeld, Mag. Art., ist Akademische Mitarbeiterin und Geschäftsführende Assistentin im Fachgebiet Geschichte, Theorie und Ethik der Medizin der Medizinischen Fakultät Mannheim der Universität Heidelberg. Sie arbeitet unter anderem zu Medizinphilosophie, Meta-Ethik und Philosophischer Anthropologie. Zu erreichen ist sie unter: Universitätsmedizin Mannheim, Fachgebiet Geschichte, Theorie und Ethik der Medizin, Ludolf-Krehl-Straße 13–17, 68167 Mannheim, elsa.romfeld@medma.uni-heidelberg.de

Sebastian Schleidgen, Mag. Art., ist Wissenschaftlicher Mitarbeiter am Lehrstuhl für Ethik, Theorie und Geschichte der Medizin an der Philosophisch-Theologischen Hochschule Vallendar. Er arbeitet unter anderem zu Angewandter Ethik, insbesondere Bio- und Medizinethik, Metaethik sowie Politischer Philosophie. Zu erreichen ist er unter: Philosophisch-Theologische Hochschule Vallendar, Lehrstuhl Ethik, Theorie und Geschichte der Medizin, Pallottistraße 3, 56179 Vallendar, sschleidgen@pthv.de

Prof. Dr. **Reinhard Schulz** war außerplanmäßiger Professor am Institut für Philosophie der Carl von Ossietzky Universität Oldenburg. Er arbeitet unter anderem zu Fach- und Hochschuldidaktik, Hermeneutik, Naturphilosophie sowie der Bildungs-, Subjektivierungs- und Jaspers-Forschung. Zu erreichen ist er unter: Carl von Ossietzky Universität Oldenburg, Institut für Philosophie, Ammerländer Heerstraße 114–118, 26129 Oldenburg, reinhard.schulz@uni-oldenburg.de

Prof. Dr. **Mark Schweda** ist Professor für Ethik in der Medizin an der Carl von Ossietzky Universität Oldenburg. Er arbeitet unter anderem zu Politischer Philosophie, Angewandter Ethik und Bioethik. Zu erreichen ist er unter: Carl von Ossietzky Universität Oldenburg, Department für Versorgungsforschung, Abteilung Ethik in der Medizin, Ammerländer Heerstraße 114–118, 26129 Oldenburg, mark.schweda@uni-oldenburg.de

Widukind Andreas Schweiberer, M. A., ist Lehrbeauftragter am Institut für Philosophie der Carl von Ossietzky Universität Oldenburg. Er arbeitet unter anderem zu idealistischer Philosophie, rationalistischer Philosophie und Metaphysik. Zu erreichen ist er unter: Carl von Ossietzky Universität Oldenburg, Institut für Philosophie, Ammerländer Heerstraße 114–118, 26129 Oldenburg, widukind.andreas.schweiberer@uni-oldenburg.de

Prof. Dr. **Mark Siebel** ist Professor für Theoretische Philosophie mit einem systematischen Schwerpunkt an der Carl von Ossietzky Universität Oldenburg. Er arbeitet unter anderem zu Erkenntnis- und Wissenschaftstheorie, Philosophie der Sprache, Philosophie des Geistes, Logik sowie zu den Ursprüngen der analytischen Philosophie bei Bolzano und Frege. Zu erreichen ist er unter: Carl von Ossietzky Universität Oldenburg, Institut für Philosophie, Ammerländer Heerstraße 114–118, 26129 Oldenburg, mark.siebel@uni-oldenburg.de

Stichwortverzeichnis

Ableitung 3, 8, 17, 76, 94 f., 122–124, 127, 129, 130–133
Advokatorisches Argument 80, 83
Akteur 83, 126, 130, 135, 146, 148 f., 151, 160, 172 f.
Aletheia 9, 219, 223
Analytik 51, 64, 78, 84, 103, 129, 141, 174
Annahme 1, 9, 14 f., 19 f., 22–24, 27–29, 59 f., 65–67, 75, 79 f., 113, 118 f., 123, 181, 183 f., 195, 203, 220
– Ideologische Hintergrundannahme 133
Anthropologie 2, 4, 184
Antike 5 f., 40, 47, 49 f., 114, 141 f., 182
Antinomie 99
Apodiktik 101, 108, 111, 169
A posteriori 1, 108, 147
A priori 1, 77, 98, 108, 119, 147, 169
Aristotelik 6, 19, 21, 76, 164, 169, 183, 185
Aufklärung 7, 76, 81, 113, 147, 149, 164
Autonomie 27 f., 55, 57, 67, 81, 99, 102, 105, 108, 110, 145, 147, 149, 152
– Patientenautonomie 55–57, 81
Axiologie 7, 93 f., 96, 98 f., 103
Axiomatik 9, 179, 181–183, 186, 188–192, 199, 205

Bedarf 1, 9, 13, 27, 83, 114, 130, 179–184, 186–194, 197–200, 203–206
Bedürfnis 64, 81, 124, 149, 154, 164, 189, 206
Begriff 6 f., 19, 22, 39 f., 48, 50 f., 54, 60, 75, 77, 82 f., 86, 93–95, 98, 102–104, 106 f., 122, 124, 126 f., 140, 142, 144–146, 148, 150–152, 154, 162, 164, 166, 169 f., 173, 219
– Begriffsanalyse 28
Beobachtung 2, 16, 20, 63, 74, 77 f., 82, 103, 122, 155, 162, 193 f., 200 f., 204
Betroffenenperspektive 75, 84–87
Bewusstsein 24, 73, 98, 117–119, 130, 133, 140 f., 150–152, 175, 222
Bias 21 f., 24, 28, 185, 195

Biologie 15, 20, 22, 42, 123, 127 f., 144, 146, 151, 153
Bios theoretikos 141

Chemie 5, 8, 43, 160–162, 164, 166–168, 170, 172–174, 175
Common sense 21, 48
Conditio humana 221

Datum 6, 23, 41, 58–60, 67, 130, 143, 184, 196, 199 f.
Deliberation 6, 23, 27, 73, 75, 82–85, 87 f.
Desideratum 179, 182, 186
Deskription 1 f., 15, 18 f., 57, 59, 61 f., 66, 75 f., 79, 95, 101, 107, 122 f., 132, 153 f., 184
Determinismus 24, 106–108, 145
Dialektik 102
Diktatorspiel 23
Ding an sich 98, 105, 142
Diskriminierung 78, 175
Diskurs 2, 5, 8, 13 f., 16, 74, 85–88, 93, 111, 122, 150, 152, 179 f., 221
Doxa 9, 19 f., 22, 51, 219 f., 222 f.

Elfenbeinturm 133, 175
Emotion 1, 4, 42, 49, 61, 86, 108, 184
Emotivismus 61
Empirie 1 f., 4, 6 f., 9, 14–28, 30, 39–41, 43, 45–51, 53–60, 63–68, 73–83, 88, 94 f., 97–100, 102, 104–108, 110, 117–119, 124–127, 132–134, 141–144, 146–149, 151, 153, 155, 160–163, 169, 173, 175, 179, 181, 183–186, 192 f., 203 f., 219 f.
– Empirische Daten 19, 21, 54, 57–60, 65–67, 185, 220
– Empirische Wende 6 f., 58 f., 67 f., 73 f., 87 f., 147
Empirismus 1, 63
Entelechie 105
Epistemologie 15, 17, 21 f., 46, 59 f., 63–66, 82, 86, 99 f., 159, 165, 167, 175, 185

Erfahrung 63, 76, 78, 82, 86, 88, 104, 106 f., 142, 162, 222
Ethik 1 f., 6, 13, 16, 25, 39 f., 51, 53–61, 63, 67 f., 74–78, 80 f., 85 f., 88, 99, 102, 121, 123 f., 127 f., 132–134
– Angewandte Ethik 5 f., 58, 78 f., 80 f., 88, 140, 148, 150, 220
– Aristotelische Ethik 76, 79
– Bereichsethik 58 f., 65–68, 80
– Deontologische Ethik 55, 79, 126
– Diskursethik 82, 85
– Empirisch informierte Ethik 4, 24 f., 57, 78, 88
– Eudaimonistische Ethik 54
– Evolutionäre Ethik 125
– Fürsorgeethik 81 f., 85
– Kognitivistische Ethik 123, 125
– Medizinethik 5 f., 58, 73, 81, 148, 220
– Metaethik 6, 53, 59 f., 62–68, 220
– Tugendethik 134
– Utilitaristische Ethik 79, 82, 85, 95, 108
Ethos 77, 85, 134, 166, 174
– Ethos der Wissenschaft 166, 168, 174 f.
– Egalitärer Ethos 77, 102
Eudaimonia 50, 79, 141
Evaluation 15, 23, 44, 75–77, 150, 159, 205
Evidenz 24, 64, 74, 142, 147, 159 f., 168–175
– Selbstevidenz 63, 114, 169 f.
Existenzialismus 133
Experiment 16, 24, 43, 75, 143, 160, 163, 167, 169, 171, 194 f.
Experte 20 f., 24, 87 f., 142, 185
Explikation 8, 45, 121
– Experimentelle Explikation 25
Expressivismus 61
Externalismus 64 f., 67

Fakt 1, 5, 8, 20, 22, 25, 27, 44, 58, 66, 77 f., 95, 101, 122–130, 132, 134, 160, 162, 172, 183
Falsifizierung 22, 107, 119, 143, 184

Forschung 3 f., 6, 13–15, 27 f., 41, 48, 51, 73, 75, 78 f., 88, 139 f., 143 f., 147 f., 163, 165, 167, 170 f., 174, 195 f., 205
– Empirische Forschung 2, 4, 6–9, 13, 16–22, 24–30, 43, 47–51, 76, 124, 145, 148, 151, 153, 155, 183 f., 193, 206, 219 f.
– Empirische Sozialforschung 6, 24, 73–75, 79–84, 87 f., 179 f., 220
– Forschungsparadigma 28
– Geschlechterforschung 14
– Glücksforschung 6, 39, 45–51
– Qualitative Forschung 74, 83 f.
– Quantitative Forschung 48, 82–84, 141
– Sozialforschung 84, 146
Freiheit 75, 77, 88, 95, 99, 101 f., 105, 108, 145 f., 150, 153 f., 164, 174 f.
– Freier Wille 24, 100, 110, 220

Genealogie 148, 152
Gerechtigkeit 9, 13, 23, 78, 95, 107, 153 f., 179 f., 181–183, 187–205
– Bedarfsgerechtigkeit 9, 13, 179, 181–184, 186, 190, 192, 206
– Verteilungsgerechtigkeit 4, 9, 179–182, 184, 192 f., 197, 204
Gewissheit 8, 119, 126, 141 f., 155, 169
Glauben 64, 96, 127–130, 170, 193
Glück 5 f., 39–51, 121, 141, 219
Goldene Regel 96
Goldwater-Regel 4, 29
Gott 2, 114, 122, 127, 222
Graben 1 f., 4 f., 121, 124, 128 f., 132

Handlung 3 f., 27, 46, 54–58, 62, 64, 67, 76, 79 f., 100, 105–108, 110, 124–127, 132, 134 f., 146, 150 f., 153, 169, 172, 195, 221 f.
Hermeneutik 85, 141, 147, 148
Heterogenität 94, 182, 189, 194, 199, 204
Heteronomie 106, 108, 110, 145, 147
Historie 4 f., 14, 16 f., 27 f., 58, 139–141, 146–151, 153, 162, 164, 166, 170, 175, 183 f.
Humanismus 165
Humes Gesetz 2, 19, 75 f., 121 f.
Hypothese 4, 47 f., 168
– Hypothesenbildung 143

Ideal 17, 23, 77, 85, 93, 110, 117–119, 127f., 133, 143f., 149, 153, 180, 220
Idealismus 1, 17
Ideologie 13, 14, 88, 164
Immanenz 7f., 93, 113, 115–120, 220
Imperativ 61, 97, 105, 109, 148, 166
– Hypothetischer Imperativ 100, 124
– Kategorischer Imperativ 96, 100, 124, 153
Induktion 7, 100, 102, 109, 162
Intelligibilität 93, 97, 101, 105, 110, 142, 146, 220
Interdisziplinarität 24, 51, 139f., 144, 146–148, 151f., 175, 180
Internalismus 64f., 67
Interpretation 39, 53, 60, 200
Introspektion 19, 21, 24, 28, 181, 185
Intuition 4, 20–22, 24f., 28, 63, 66, 77, 81, 133, 179, 184–186, 192, 203

Kairos 129, 131
Kantianismus 77, 79
Kausalität 8, 17, 42, 48, 64, 106–108, 110, 145–148, 150, 153, 155
Kluft 8, 75, 121, 124, 128, 146, 220
Kognitivismus 61f., 64–66, 123, 125
Kohärenz 5, 24, 53, 60f., 63, 66, 81, 129, 131, 192
Kommensurabilität 103f., 110
Konsequentialismus 7, 79, 85, 95, 100, 103
Konsistenz 53, 60, 67, 131, 186
– Logische Konsistenz 64, 124
Kontextsensitivität 25
Kontingenz 110
Kopernikanische Wende 98, 142
Kryptonormativität 27, 59

Laie 9, 19–22, 24, 160, 175, 184f., 192, 220
Liberalismus 77, 79, 101, 103, 143
Linguistische Wende 68

Materialismus 93, 95, 99, 106, 126, 142 146
Mathematik 9, 14, 141f., 144f., 164, 180f., 188
Medizin 6, 22, 42, 58, 65–67, 73–76, 78f., 80, 86, 134, 142, 148, 151, 164, 194

Metaphysik 2, 18, 76, 99f., 122, 134, 140, 169
Methodologie 59, 74, 81, 84f., 117, 120, 160, 170
Mittelalter 17, 141, 169
Modell 8, 19, 75, 81, 142, 146, 160, 166f., 170f., 180, 186, 205, 220
Moral 2, 4–6, 8, 13f., 16, 22f., 25, 27f., 44, 46, 49, 53–60, 62–68, 74–79, 81, 83–86, 88, 93, 97f., 101f., 104, 109f., 122–128, 130–134, 145, 147–149, 151–153, 184
Motiv 6, 15, 17, 64, 67, 73, 79f., 84, 104, 126, 128f., 132, 164, 168, 193, 195f.
Münchhausen-Trilemma 114, 116–120, 132

Natur 1f., 28, 42f., 49f., 53, 64, 98, 114, 121–123, 130, 142, 147, 162f., 165, 170, 183
Naturalismus 16, 62f., 66, 125
Naturalistischer Fehlschluss 19, 122
Negation 118, 153
Neurobiologie 42
Neuropsychologie 148
Neuzeit 75f., 141f., 145, 148f.
Nihilismus 148
Norm 4f., 15, 17, 23, 25, 28, 54–61, 66f., 77, 83, 85, 122–124, 126, 128f., 131–133, 140, 147, 152–155, 159, 174
Normativität 1f., 5–9, 13–15, 17–19, 21f., 24f., 27–30, 50, 53, 57–61, 67, 73–75, 77, 79, 82–86, 88, 102, 107, 110, 113–115, 117–120, 122f., 128, 131, 139, 146–155, 159f., 166f., 170, 173–175, 179f., 183–186, 189, 219f.
Notwendigkeit 60, 73, 77, 99f., 108f., 162, 197

Objekt 7, 93, 98, 100, 103f., 106, 108, 140, 146, 148f., 152, 171
Objektivierung 146, 149
Objektivität 1f., 7, 14, 24, 40, 44f., 49f., 61, 75, 82, 87, 94, 99f., 102, 104, 106f., 109, 111, 130f., 133, 160, 170f., 173, 183, 222
Ockhams Rasiermesser 14

Ökonomie 18, 23, 42, 47, 86, 93, 95, 161, 163–165, 171–173, 181
– Positive Ökonomik 18
– Sozioökonomik 21f., 41, 185
– Verhaltensökonomie 4, 18, 153, 184
Ontologie 59–61, 64–66, 75f., 93, 119, 141, 159, 167, 175

Pädagogik 147f.
Paradigma 19, 28, 118f., 174, 220
Paradigmenwechsel 74, 87f., 148
Phänomen 44f., 48, 51, 123, 133, 146, 160, 162f., 170f.
Philosophie 1, 3f., 9, 13, 16–18, 20–22, 24, 28, 39–45, 47–51, 74–76, 78, 86, 98–100, 121, 128, 130, 132f., 139–142, 144–149, 151f., 166, 168f., 172, 180–182, 184f., 219–223
– Bewusstseinsphilosophie 141, 148, 150
– Existenzphilosophie 148
– Experimentelle Philosophie 4, 24
– Moralphilosophie 7, 77, 79, 81f., 96, 110, 146, 152
– Naturphilosophie 51
– Praktische Philosophie 5, 76, 80, 123, 141, 145, 151, 184
– Transzendentalphilosophie 1, 146f., 151
Physik 3, 14, 20, 29, 43f., 141f., 145f., 171
Pluralismus 77, 99, 101, 103, 131, 147, 221
Positivismus 152f.
– Positivismusstreit 18
Poststrukturalismus 148
Prämisse 2, 8, 23, 59–61, 79, 103, 105, 123f., 184, 222
Präskription 2, 15, 18f., 60–62, 64, 109, 153f.
Praxis 8, 17, 23, 58, 65–67, 74, 78, 80f., 124, 129f., 132, 134f., 149–153, 155, 161–164, 167, 170, 172, 174, 184, 220
Prinzip 7, 14, 27, 58, 60, 81, 85, 99, 105, 108f., 113–118, 122–128, 131f., 134, 167, 181f., 189f., 192–194, 204
– Brückenprinzip 5, 8, 55f., 58–60, 67, 121, 124–134, 220
– Praktikabilitätsprinzip 8, 56, 67, 121, 125, 127
– Prinzip der Folgenadäquatheit 56

– Prinzipienproblem 113–120
Proposition 2, 24
Prospect theory 205
Psychologie 3f., 13, 24, 29, 41, 43, 47, 49f., 77, 133, 147f., 153, 184
– Moralpsychologie 64

Qualität 39, 41, 44, 46, 60, 62f., 82–84, 88, 95, 129, 131, 133, 141, 143, 146, 170, 220
Quantität 48, 82–84, 95f., 103, 117, 133, 141, 144, 146, 148, 182, 186f.
Quid facti 7, 93, 101, 104
Quid iuris 7, 93, 101, 104

Rationalismus 18, 134
Rationalität 88, 129, 133, 149
Realität 64, 134, 153, 169, 183
Realismus 22, 62, 65
Reduktionismus 104
Reflexion 3, 6f., 9f., 16, 19–21, 24, 28, 43, 74–78, 85f., 88, 111, 130, 133, 140, 151, 154, 181, 184f., 203, 205, 220
Regulation 124
– Regulative Idee 97, 127
– Regulatives Prinzip 127
Relativismus 99, 103f., 107
Reliabilität 173
Reproduzierbarkeit 171, 173
Revolution 27, 142, 159, 160f., 168, 173f., 175, 221

Schiefe Ebene 79
Schleier der Unwissenheit 23
Scholastik 14, 162, 169, 174
Sein 1–9, 14–21, 23–30, 40, 42–50, 54–59, 61f., 64–68, 75–77, 79, 83, 88, 94–111, 113–117, 119, 121–135, 140f., 144–147, 149–155, 159, 161f., 164–172, 174f., 180f., 183, 185, 187, 189–191, 193, 195, 197, 199, 201, 205f., 219f., 222f.
– Seiendes 16, 26–28, 76f., 141
– Sein-Sollen-Dichotomie 8, 19, 121f., 126, 132
– Sein-Sollen-Fehlschluss 122
Semantik 15, 60, 62, 64–66, 84, 144

Sinnenwelt 98, 105, 162
Sollen 1–6, 8f., 15f., 19, 24f., 27, 30, 55, 59f., 66, 75f., 88, 94, 101, 103, 121, 123–126, 128–131, 133f., 146f., 151f., 154, 163, 180–182, 185–187, 189, 193f., 196, 219f.
– Sollendes 25–28
Soziale Norm 8, 153–155
Soziale Wirklichkeit 79, 88
Sozialisation 14, 172
Soziologie 18, 146–149, 152, 170
Statistik 46f., 82–84
Subjekt 7, 46, 49, 93, 96, 98–100, 102, 106, 108, 140–142, 146, 148–153, 183
– Subjekt-Objekt-Relation 7f., 93, 102, 146, 148
Subjektivismus 40, 42, 49, 149f.
Suffizientarismus 190
Syllogismus 79
Synthetisch 103
System 2, 17, 53f., 60, 63, 66, 78, 109, 111, 117f., 122, 140, 144, 150, 165–168, 168f., 171f., 199

Tatsache 15, 27, 42, 48, 50f., 61–64, 66, 75, 124, 126f., 146, 163, 169
Telos 1, 17, 27, 76
Theologie 151
Theorie 2, 5–9, 14, 16, 18f., 21–23, 25, 28, 30, 39f., 42, 45, 61, 63, 73f., 81, 84, 88, 93, 95, 97, 109, 115–120, 129, 140–145, 147–150, 159–165, 167–169, 171–174, 179, 184, 205, 220
– Erkenntnistheorie 2, 7, 109, 170
– Kritische Theorie 18, 152
– Motivationstheorie 60, 64f., 67
– Normative Theorie 6–9, 13, 16–18, 22–28, 30, 114f., 124, 148, 151, 154f., 179f., 183–185, 219f.
– Politische Theorie 18
– Praxistheorie 5, 8, 148f., 151–154, 220
– Systemtheorie 152
– Theoriebildung 4, 6, 14, 18f., 21, 27f., 42, 51, 76, 142–145, 184f.
Transzendenz 98f., 101, 108–110, 142, 147, 152, 155, 169, 223
Tugend 129–131, 190

Überlegungsgleichgewicht 81
Überzeugung 2, 19, 41, 49, 62–64, 66f., 75, 77f., 81, 83, 85, 88, 101, 113, 116, 123, 130, 132f., 142, 144, 162, 169, 172
Umfrage 20, 24, 77, 83f., 194f.
Umwelt 6, 54, 58, 100, 143, 160
Universalisierbarkeit 64, 85, 120
Universalismus 147, 166
Urteil 6–9, 18, 20, 23, 26f., 30, 40, 44, 46, 49, 66, 73f., 76, 79, 84, 88, 93, 100, 102, 105, 108, 132, 135, 169f., 204, 220, 222
– Moralisches Urteil 27, 61–64, 66f., 132, 151

Validität 47, 173
Verantwortung 27, 29f., 65, 67, 107, 131, 134f., 154, 163, 165, 175, 193, 222
Verifikation 107
Vernunft 7, 44, 77, 88, 95, 97f., 102f., 105, 107–110, 126, 129, 132, 134, 141f., 146, 148, 161, 169, 173, 183, 220
Verzerrung 21f., 24, 28, 185, 195
Vorannahme 74f., 79, 88
Vorhersage 16, 30, 100, 108, 160, 167, 174, 192

Wahrheit 9, 17, 19, 23, 61–63, 77, 105, 107, 110, 114, 116f., 119, 123, 127, 140, 142, 147, 169, 221–223
Wert 1, 3, 7, 42, 47, 60f., 77, 82, 84f., 93–104, 108f., 119, 123f., 128, 140, 150f., 154, 166, 174, 198f.
– Wertfreiheit 14, 75f.
– Wertgütertheorie 7, 98f.
– Werturteil 7f., 18, 27, 49, 93–95, 98–111, 194, 220
– Werturteilsstreit 17
Widerspruchsfreiheit 7, 28, 105, 110, 115f.
Wille 55–57, 94, 97–105, 108, 110f., 126, 151, 220
Wirksamkeit 54–56, 58–60, 64, 66f., 87, 126, 196
Wissen 16, 20, 23f., 43f., 63, 104f., 110, 115, 119, 123, 127, 129f., 132–134, 140f., 146f., 149, 153, 164, 169f., 174, 220

Wissenschaft   1–5, 8 13–15, 17–19, 29f., 40–42, 48, 53, 57f., 60f., 63, 67, 73f., 77–79, 87f., 93, 95, 99, 104, 108, 111, 116–118, 124, 140, 142–144, 152, 154, 159–175, 184f., 220
– Einzelwissenschaft   4, 17, 144
– Empirische Wissenschaft   6, 17, 22, 41, 43f., 47f., 78, 99–101, 122, 147, 153, 219
– Geisteswissenschaft   139, 143, 145, 147f.
– Kommunikationswissenschaft   144
– Kulturwissenschaft   53, 141, 144
– Lebenswissenschaft   6, 73, 75, 89
– Naturwissenschaft   2f., 43, 51, 53, 63, 75, 100, 109, 123, 142f., 145, 148f., 166, 170, 175
– Neurowissenschaft   148
– Politikwissenschaft   23, 184
– Praktische Wissenschaft   54
– Sozialwissenschaft   4, 17, 41, 59, 73–75, 78f., 80f., 84, 93, 184, 194, 206
– Wirtschaftswissenschaft   42, 182
– Wissenschaftstheorie   14, 17, 28, 53, 57f., 60, 63, 160, 169f.

Zeitgeist   14, 28, 111, 140
Zellforschung   22
Zirkularität   114, 119f., 154f., 170
Zweck   1, 3, 17, 29, 57f., 74, 96–104, 108f., 126, 131, 153, 163f., 223
– Reich der Zwecke   97, 146
– Selbstzweck   97, 102, 110
– Zweck-Mittel-Relation   56, 58, 95

Namensverzeichnis

Adorno, Theodor Ludwig Wiesengrund 17f., 152
Albert, Hans 17f., 27, 114, 124, 132
Arendt, Hannah 5, 9, 19, 219, 221–223
Aristoteles 16, 21, 27, 51, 76, 80, 129, 141, 169, 189f.
Ashley-Cooper, Anthony 77
Austin, John Langshaw 123
Ayer, Alfred Jules 2, 27, 61f.

Bacon, Francis 162–164
Beckmann, Johann 164
Bernoulli, Daniel 205
Berthollet, Claude-Louis 172
Black, Joseph 171
Böttger, Johann Friedrich 163
Bourdieu, Pierre Félix 149, 152
Butler, Judith 152

Carnap, Paul Rudolf 2
Cassiodorus, Flavius Magnus Aurelius 16

de Fourcroy, Antoine François 172
de Morveau, Louis Bernard Guyton 172
Delamétherie, Jean-Claude 172
Descartes, René 16, 139, 141f., 169
Dilthey, Wilhelm 17
Dürrenmatt, Friedrich Reinhold 29

Einstein, Albert 3, 29
Engels, Friedrich 111

Fechner, Gustav Theodor 205
Fichte, Johann Gottlieb 100
Foot, Philippa Ruth 4, 65, 76
Foucault, Paul-Michel 148, 150, 152f.

Gassendi, Pierre 169
Gmelin, Johann Friedrich 162
Goldscheid, Rudolf 17
Goldwater, Barry Morris 4, 29

Habermas, Jürgen 16, 18, 23, 85, 152, 154

Haeckel, Ernst Heinrich Philipp August 22
Hegel, Georg Wilhelm Friedrich 5, 7f., 17f., 100, 113, 117–120, 153, 220
Heidegger, Martin 16, 131
Heisenberg, Werner Karl 29
Horkheimer, Max 152
Hume, David 2, 19, 75, 77, 121
Husserl, Edmund Gustav Albrecht 145, 152
Hutcheson, Francis 77

Jaspers, Karl Theodor 13, 139f., 146, 221
Jonas, Hans 27, 76
Juncker, Johann 164

Kant, Immanuel 1f., 5, 16f., 40, 45, 77, 94, 96–101, 105–110, 124, 127, 142, 145–147, 149, 151–153, 169, 220
Kierkegaard, Søren Aabye 121, 128–130
Kirwan, Richard 168
Kuhn, Thomas Samuel 28, 74, 87, 173

Latour, Bruno 139, 141, 152
Lavoisier, Antoine Laurent 159f., 166–168, 171–173
Lavoisier, Marie-Anne Pierrette Paulze 166
Lessing, Gotthold Ephraim 128
Liebig, Justus 159, 163, 175, 206
Lorenz, Konrad Zacharias 29, 123
Luhmann, Niklas 152
Luxemburg, Rosa 27

MacIntyre, Alasdair Chalmers 76
Marat, Jean Paul 168
Marx, Karl 18, 111, 152, 206
Mill, John Stuart 18f., 21, 23, 181, 183, 192
Moore, George Edward 19, 63, 122f.

Nietzsche, Friedrich Wilhelm 28, 103, 133, 148, 152, 220f.

Ortega y Gasset, José 128

Platon 5, 9, 19, 219, 221–223

https://doi.org/10.1515/9783110613773-017

Popper, Karl Raimund 18, 127, 143, 184
Priestley, Joseph 167

Rawls, John 23, 183
Roosevelt, Franklin Delano 3, 29
Rorty, Richard McKay 4, 152
Russel, Bertrand Arthur William 2

Schatzki, Theodore 152
Schelling, Friedrich Wilhelm Joseph 100
Schiller, Johann Christoph Friedrich 102
Schmoller, Gustav Friedrich 17
Searle, John Rogers 123, 152
Simmel, Georg 17
Singer, Peter Albert David 25, 50, 85, 185
Smith, Adam 24, 77
Sokrates 5, 9, 19, 40, 221–223
Sombart, Werner 17
Stahl, Georg Ernst 161
Stevenson, Charles Leslie 2, 27, 62

Tolstoj, Lew Nikolajewitsch 2
Trommsdorff, Johann Bartholomäus 162
Trump, Donald John 3 f., 29

von Aquin, Thomas 141
von Sachsen, Albert 1
von Tschirnhaus, Ehrenfried Walther 163
von Weizsäcker, Carl Friedrich 29

Weber, Maximilian Carl Emil 2 f., 17, 19, 85, 101, 139, 205
Whitehead, Alfred North 9, 19, 219, 221
Wiegleb, Johann Christian 162 f.
Wilson, Edward 127
Wittgenstein, Ludwig Josef Johann 144 f.

Xenophon 221 f.

www.ingramcontent.com/pod-product-compliance
Lightning Source LLC
Chambersburg PA
CBHW062016220426
43662CB00010B/1355